U0515347

| 中 外 财 经 史 研 究 |

近代中国
地方政府债务研究

A STUDY OF
LOCAL GOVERNMENT DEBT
IN MODERN CHINA

马金华 著

中国财经出版传媒集团
经济科学出版社
Economic Science Press

图书在版编目（CIP）数据

近代中国地方政府债务研究/马金华著. --北京：
经济科学出版社，2023.2
（中外财经史研究）
ISBN 978 - 7 - 5218 - 4567 - 9

Ⅰ.①近…　Ⅱ.①马…　Ⅲ.①地方政府 - 债务管理 -
研究 - 中国 - 近代　Ⅳ.①F812.7

中国国家版本馆 CIP 数据核字（2023）第 035870 号

责任编辑：王　娟　李艳红
责任校对：李　建
责任印制：张佳裕

近代中国地方政府债务研究

马金华　著

经济科学出版社出版、发行　新华书店经销
社址：北京市海淀区阜成路甲 28 号　邮编：100142
总编部电话：010 - 88191217　发行部电话：010 - 88191522
网址：www. esp. com. cn
电子邮箱：esp@ esp. com. cn
天猫网店：经济科学出版社旗舰店
网址：http://jjkxcbs. tmall. com
北京季蜂印刷有限公司印装
710 × 1000　16 开　31.25 印张　500000 字
2023 年 8 月第 1 版　2023 年 8 月第 1 次印刷
ISBN 978 - 7 - 5218 - 4567 - 9　定价：128.00 元
（图书出现印装问题，本社负责调换。电话：010 - 88191545）
（版权所有　侵权必究　打击盗版　举报热线：010 - 88191661
QQ：2242791300　营销中心电话：010 - 88191537
电子邮箱：dbts@ esp. com. cn）

序

马金华教授的《近代中国地方政府债务研究》书稿即将付梓，这是她的又一部新著。因为我是她攻读博士研究生时的指导教师，故受邀为之写序。

金华教授于2001年至2004年，在中国人民大学清史研究所攻读博士学位。她在校时，勤奋学习，刻苦钻研，其博士学位论文《外债与晚清政局》荣获校优秀博士论文奖，并推荐参评全国百篇优秀博士论文。毕业后，她在中央财经大学工作，2006年进入财政部财政科学研究所作为应用经济学博士后从事研究工作。曾访学于美国加州大学洛杉矶分校和香港中文大学。她潜心钻研，笔耕不辍，在清代债务史、财税史以及民国财税史、外国财政史等学术领域获得了丰硕的研究成果，撰写出版有《中国外债史》《外债与晚清政局》《民国财政研究》《英国金融组织变迁》等专著，还主编《中国赋税史》教材一部，参编著作七部，发表有关财税史论文九十余篇，主持国家社科基金项目两项，并主持财政部、国家税务总局、北京市税务局设立的多项研究课题。

《近代中国地方政府债务研究》是金华教授的最新研究成果。我国近代的地方政府债务始于晚清，扩展于北洋政府时期，规范于20世纪二三十年代民国政府时期，限制和取缔于抗日战争全面爆发后。地方政府债务在近代中国经历了一个由发轫到成熟、从无序到有序的发展过程，积累了一些值得总结的经验教训。

当前，在我国经济保持中高速增长的大前提下，地方政府为筹措发展资金而举债的现象较为普遍，地方债发行量明显增加，这自然引起了中央政府的高度重视。从21世纪第二个十年起，国务院出台了加强地方政府债务管理的措施，既赋予地方政府一定的举债权，又实行严格的限额管理和预算管控，以防范和化解地方政府债务风险。至今，整理地方政府债务，规范其发债行为仍是我国面临的一个重要课题。正是在这样的背景下，深入研究近代中国地方政府债务的源头，把握其产生、发展的规律，总结其膨胀、泛滥的经验教训，就显得十分必要。这也正是金华教授此部著作的可借鉴之处和现实价值所在。

当然，一部学术著作之所以有价值，还在于它着眼创新。我们需要在前人研究的基础上前进，但又不能因循守旧、人云亦云。科学的生命力就在于不断有新的发现、新的观点、新的成果，《近代中国地方政府债务研究》正是在视角、内容、方法上表现出了颇多新意。以前对地方政府债务的研究，往往从一省、一区域的个案切入，而本书则对地方政府债务做了全面、系统阐述。从书稿内容看，既有对近代地方政府债务的全景分析，也有分省份解剖。既有对地方债与地方银行业、地方债与地方商会商民互动关系的探讨，也有对地方债与央地集权分权、财权事权关系的考察。这些内容在以往研究中并不多见。从研究方法看，本书把历史学的描述归纳和经济学的实证演绎结合在一起，绘制了90余张图表，这无疑是种有益尝试。

当然，本书也存在需要改进之处。比如，本书的创作主旨是对中国近代地方政府债务作全景式研究，但在实际操作中，有些内容就显得单薄，缺乏深入剖析，这是美中不足。相信假以时日，金华教授的此项研究必能精益求精，百尺竿头，再进一步。

杨东梁

2021 年 9 月 28 日于海淀时雨园

目　　录

绪　　论

一、研究缘起和价值意义

随着我国经济高速发展，地方政府为解决资金问题借债现象越来越凸显。特别自 2008 年金融危机爆发后，我国实行了积极的财政政策和适度宽松的货币政策，国民经济持续增长的同时也带动了地方政府债务的膨胀。2009 年，央行和银监会联合发文提出有条件的地方支持地方政府设立融资平台，加之专业化信托公司也越来越多地成为地方政府融资的新途径，最终导致地方政府债务规模不断扩大，潜在风险日益累积，引起中央政府高度重视。2014 年出台的《国务院关于加强地方政府性债务管理的意见》，首先明确了政府和企业的债务责任，标志着我国开始对地方债加强管理。2015 年首次修正后的《预算法》开始实施，我国正式赋予地方政府一定举债权，规定对地方债实行严格的限额管理和预算管控。2017 年起，中央层面不断加强对地方政府债务尤其是隐性债务的管控，陆续出台《关于进一步规范地方政府举债融资行为的通知》《关于坚决制止地方以政府购买服务名义违法违规融资的通知》等文件。但自 2020 年伊始，我国遭遇新冠肺炎疫情冲击，在一系列抗击疫情、稳定增长的措施下，地方政府债务快速增长，部分地区债务风险加剧。中共十八届三中全会提出，要建立规范合理的中央和地方政府债务管理及风险预警机制，把控制和化解地方政府性债务风险作为经济工作的重要任务。"十四五"时期作为我国开启全面建设社会主义现代化国家新征程的第一个五年，防范地方政府债务风险是"十四五"规划中"防范经济和金融风险"的重中之重。统筹发展和安全是我国当前立足新发展阶段国际国内新形势情况下的重大战略，当前经济面临外部环境复杂多变、内部经济动力不足的双重挑战。民间投资不足、投资贡献下降，政府为保持公共投资合理增速、稳定经济运行，扩张债务的动机仍然强烈。很多地方政府借政府与社会资本合作模式（PPP）之道变相负债，表明地方政府债务规模仍在隐性扩张，因此，政府采取措施整理债务，规范发债行为仍是当下中国面临的一个重要课题。

当前的地方政府债务膨胀在我国历史上并不是第一次出现。近代中国也出现过地方政府债务大规模膨胀。近代中国的地方政府债务产生于中央集权逐步式微、地方财政做大的晚清时期，泛滥于政治动荡财权分裂的北洋政府时期，规范于南京国民政府1927~1937年经济快速发展时期，限制和彻底取缔于抗日战争时期。近代地方政府债务深受西方列强势力、国内国外战争、中央与地方财权博弈、地方割据势力坐大等诸多因素的影响，经历了从不成熟走向成熟、从无序走向有序的发展过程。因此，综合运用历史学和应用经济学的研究方法整体系统地对近代中国地方政府债务的举借、成因、规模、来源、用途、发行、管理、偿还等整个运行过程作深入细致研究，从中国历史上吸取债务膨胀和泛滥的深刻教训，总结把握债务产生发展的内在规律，这对建立社会主义市场经济体制下的地方政府债务制度、推动当前地方政府债务和财政制度的理论研究和实际工作都具有重要和必要的借鉴意义和现实价值，这也是本书的写作缘起。

二、概念界定与研究述评

（一）概念界定

公债是指政府为筹措财政资金，运用国家信用方式，向国内外投资者所借的债务。政府向国内单位和个人举借的债称为内债，政府向国外举借的债称为外债；按照债务主体则可分为中央政府发行的国债和地方政府发行的地方债。

地方政府债务（以下简称地方债）是指地方政府根据信用原则、以承担还本付息责任为前提而筹集资金的债务凭证，是有财政收入的地方政府及地方公共机构发行的公债或债券。

近代中国地方内债和地方外债相互转化。近代中国的地方政府债务，既包括地方内债，也包括地方外债。地方外债是地方政府向外籍银团公司息借的债务，利率较高，偿期较严，须以公有产业或主要税源作为偿债的担保，如果本息稍有愆付，则利权因即丧失，更易使地方财政陷入枯竭之境。地方内债分普通债务与公债债务两种：地方普通债务，是指地方政府向当地银行、钱庄或殷实商户的临时透支或短期赊借；地方公债债务包括地方政府依照一定规定发行的公债与库券。

本书所研究的近代中国的地方政府债务，是指 1840 年到 1949 年中国近代史上由地方政府①（主要是省政府、特别市）按照一定规定和程序向社会公开发行的公债券、库券；也包括地方政府向当地银行、钱庄或殷实商户的临时透支或短期赊借；还包括地方政府向外籍银团及公司息借的债务。

地方普通债务与地方公债债务虽然同为地方政府的信用收入，将来都须计息偿付，但其形式多不相同。具体区别在于：第一，公债债额的大小，利率的高低，清偿期限的长短，均于发行初期，由债务人（地方政府）自行决定，但借款之成立，其数额、利率、偿期等项，均由债务人与债权人共同商定；第二，公债强迫人民接受，借款则必须征得债权人的同意；第三，公债须有债票的发行，且债票可以自由买卖、抵押和作为公务上保证金的替代品；借款系由债务人与债权人共同签订合同，此项合同虽有时亦可用于抵押，但不能自由买卖或充保证金之替代品；第四，借款的债务人如果不能履行合同规定清偿债务，债权人有处分借款担保品的权利；公债虽然也指定偿债担保，但如果债务人不能照规定清偿时，债权人则无法处分；第五，借款如有愆期，得照所逾期限加付利息；但公债本息均有定额，虽经愆付，仍然不加付利息；第六，公债的发行，须征得上级机关的核准，借款则否。② 公债与库券两者性质也不相同。就一般情形比较而言，公债债额多在一百万元以上，库券多

---

① 因为县、市地方政府债务在近代中国较少发行，且有关资料非常分散，所以暂付阙如。
② 万必轩：《地方公债》，大东书局 1948 年版，第 1—2 页。

在一百万元以内；公债清偿期限自一年乃至数十年，库券清偿期限大多不出一年；公债的发行程序比较严格，库券的发行程序简单；公债多用于生产建设事业，库券多为弥补预算的不足。

当然，近代中国政局动荡，兵戈扰乱，军费膨胀，财政收支失衡，所以近代中国的地方政府债务实际情况千差万别。

（二）近代中国地方政府债务的文献综述

1. 早期近代地方政府债务的记录和描述。

梁启超《中国国债史》（广智书局1904年出版）是较早研究中国近代内债史的著作之一。梁启超认为地方公债是将来的赋税，是将现在的负担延展到后代，但有利于经济发展，"租税直接以赋之于现在，而公债则间接及赋之于将来""不过将吾辈今日应负之义务，而析一部分以遗诸子孙云尔""租税尽其力于一时，公债将纤其力于多次"[①]。1910年，梁启超发表《论直隶湖北安徽之地方公债》一文，特别细致考证了当时直隶、湖北和安徽三省发行的地方公债的性质、内容及危害，并把这类不合世界公债惯例的地方政府债务命名为"袁世凯式公债"。

民国时期对公债问题的研究首推贾士毅的《民国财政史》（商务印书馆1917年4月版）、《国债与金融》（商务印书馆1930年10月版）和《民国续财政史》（商务印书馆1932年11月版）三部著作。他在《民国财政史》记述1912年至1916年间民国财政状况，第四编"国债"里，按照财政部经管的长期内债与短期内债、农商部内债与交通部内债、地方内债、整理国债、偿还国债的顺序，对清末至民国五年的国内公债状况进行说明，但描述多，分析少。他在《国债与金融》书中记述清末至民国时期中央政府内外债务及沿革，对内外债"现时"性做了说明，基本勾画了近代中国内外债与财政金融关系。《民国续财政史》[②]虽然增加了地方财政的介绍，但欠缺资料性和研究深度。《民国续财政史》第四编"公债"中罗列了北洋政府时期的公债状况和国民政府时期的公债情况，对1917年至1931年的国内公债债项进行了

① 梁启超：《饮冰室合集》（第3册），文集之二十一，中华书局1989年版。
② 贾士毅：《民国续财政史》，商务印书馆1934年版。

缕析。这些著述都是后人研究债务史和财政史的必备参考书。

　　较早涉及地方政府债务资料的还有徐沧水《内国公债史》（商务印书馆1923 年版），该书附录部分收录了上海银行周报社编《各省地方公债考略》，简要记述了 1905 年至 1923 年各省地方公债的发行①。蒋士立《国债辑要》（上海商务印书馆，日本"日进社"印刷）中对于地方外债、地方内债做了简要梳理。胡文炳《内国公债》（上海土山湾工艺局 1920 年版）附录部分介绍了财政会议整理各省内外债款之议决案等。万籁鸣《整理中国外债问题》（上海光华数据 1927 年 11 月版）介绍了中国各种外债及其整理、偿还的方法与计划。晏才杰《中国财政问题·第四编·公债论》（新华学社 1921 年版）有专门介绍地方外债和地方内债，以及内外债的比较方面的论述。上海银行周报社编《各省地方公债考略》分三节简述了自 1905 年到 1923 年我国各省地方公债发行情况。杨汝梅《民国财政论》也对省内外债问题有描述分析。他撰写的《各省市近三年财政状况述评》②《中央及地方预算法规之研究》③《宪法公布之省财政问题》④ 对地方政府债务有所涉及。凌文渊《省债》（北平银行月刊社 1928 年版），辑入 16 省区积欠内外债款额及签订条件等资料。万必轩《地方公债》（上海大东书局 1948 年版）分五章详细记录了各省公债的发行、用途、利率、评论、整理等重要资料，是当下研究近代中国地方政府债务的必读参考资料。千家驹（1933）、陈柄章（1947）、徐义生（1962）统计了近代外债的举借概况。

　　一些省级政府和地方志中也对地方公债有所研究。安徽省财政厅主编的《安徽财政史料选编》前七卷晚清民国部分是研究近代安徽地方公债的重要资料。安徽地方志编纂委员会编《安徽省志·财政志》对近代安徽历次公债做了初步整理。安徽整理旧债委员会编《安徽整理旧债委员会报告》（1923 年 2 月版）内容是 1913 年到 1922 年各项收支及债务统计表与说明。中国银行重庆分行编《四川省之公债》记录 1932～1933 年刘湘的二十一军发行的

　　① 银行周报社编：《各省地方公债考略》，见徐沧水《内国公债史》（附录），商务印书馆 1923 年版。
　　② 《各省市近三年财政状况述评》，载《政治评论》1935 年第 146 期。
　　③ 《中央及地方预算法规之研究》，载《银行周报》1936 年第 20 卷第 13 期。
　　④ 《宪法分布之省财政问题》，载《银行杂志》1924 年第 1 卷第 7 期。

13 种公债库券，并述及其发行原因、经过和现状，以说明该省当时的财政状况。① 财政部四川财政特派员公署编《四川财政概况》一书，记述了 1912 年以后四川省的财政沿革，详细介绍了四川省公债的发行情况。② 周开庆《四川经济志》（1972）专门设立四川公债一章。③ 浙江兴业银行编《一年来之中国公债》内容为 1933 年政府应付内债本息统计表及说明，附录为该年的特种及地方公债统计。财政部财政调查处编《各省区历年财政汇览》第一编第二册（浙江省、福建省）涉及两省的地方债务。杨卓庵《福建财务统计》对福建历史上部分地方债务发行偿还做了记录；④ 民国时期福建省财政厅秘书长王孝泉《福建财政史纲》第七章梳理了福建地方债；⑤ 中国第二历史档案馆选编的《1927—1934 年福建省发行债券一览》，对这一时期的福建省的地方公债、省库券、垫款进行了罗列⑥；《民国文献类编》（国家图书馆出版社 2015 年版）收录了《福建省政府财政厅民国二十二年一月至十月收支各项报告表》。广东财政厅编译室在 1943 年编印的《广东财政》一书，大体对历届广东地方政权发行公债数额做了记载；广东省地方志编纂委员会编《广东省志·财政志》对部分广东地方债做了整理；广东省救国公债劝募委员会梅县分会编《广东省救国公债劝募委员会梅县分会经募公债数目清册》；广东省调查统计局编《二十五年全年工作总报告》列有 1936 年本省历年公债库券统计表。湖南省公债监管委员会第一届委员会编制了《民国二十二年湖南省公债监管委员会报告书》以及《民国二十二年湖南省公债条例》，详细记录了第一次抽签还本演词和湖南省公债条例等内容⑦。何浩若《湖南财政整理报告书》⑧（湖南省财政厅 1935 年版）、陈子钊《湖南之财政》⑨（湖南经济调查所 1934 年版）、胡善恒《二十月来之湖南财政》（民国二十八年十月至

---

① 中国银行重庆分行：《四川省之公债》，中国银行 1934 年印行。
② 财政部四川财政特派员公署编：《四川财政概况》，1936 年印行。
③ 周开庆：《四川经济志》，台湾商务印书馆 1972 年版。
④ 杨卓庵：《福建财务统计》，福建省政府秘书处 1930 年印行。
⑤ 王孝泉：《福建财政史纲》，远东印书局 1935 年版。
⑥ 中国第二历史档案馆选编：《1927—1934 年福建省发行债券一览》，载《民国档案》1986 年第 2 期。
⑦ 湖南省公债监管委员会：《民国二十二年湖南省公债条例》，湖南省档案馆藏。
⑧ 何浩若：《湖南省财政整理报告书》，湖南省财政厅 1935 年版。
⑨ 陈子钊：《湖南之财政》，湖南经济调查所 1934 年版。

三十年五月）在论述当时的湖南地方财政内容时都涉及了湖南地方债务的一些情况。《上海特别市发行市政公债条例简章》（1929 年 9 月初版）附上海市还本付息表及用途说明书。江苏省建设公债基金保管委员会编《江苏省建设公债基金保管委员会报告汇刊》（1931 年第 1 编）、《江苏省建设公债基金保管委员会二十年度工作报告》（第 2 编）和《江苏省建设公债基金保管委员会二十一年度工作报告》（第 3 编）内容都是不同年份江苏省建设经费预算计划、建设公债条例等资料。清理甲债委员会编《湖北省清理甲债始末报告书》（1935 年 3 月版），辑入 1934 年为清理 1926 年前该省发行的各种债券而成立的"清理甲债委员会"的资料。

民国时期，作为公债的发行和管理部门的财政部、交通部也对一些地方内外债资料进行初步的整理统计。中国银行总管理处经济研究室编辑有《中国外债汇编》（1935 年），部分内容涉及晚清及民国时期地方外债。民间经济团体主办发行的财政经济类刊物，如 1917 年 5 月创刊的《银行周报》，内容除了刊载各地工商财政金融调查和银行、钱庄统计资料外，对各地内外债问题也有涉及。国民政府财政部调查处编《各省区历年财政汇览》[①]，载有北洋政府时期江苏、浙江、福建、京兆、山东、直隶、贵州、广西等省区地方财政及地方政府债务的资料。国民政府财政部财政年鉴编纂处 1935 年 9 月编的《财政年鉴》（初编），是第一部综合反映 1912 年（民国元年）至 1934 年（民国二十三年）中央及地方财政事务的年鉴，综合汇总了民国政府前 22 年财政资料。地方财政章节对 1927 年以来各省市发行债券的状况进行了详细的描述，是研究国民政府前期地方公债的重要资料。

民国时期的地方财政研究，也涉及地方政府债务问题。王琴堂编《地方财政学要义》[②] 卷末附《地方政府债务》一文。周成《地方财政学》[③]（上海泰东图书局 1929 年版）、杨叙然《地方财政论》[④]（长沙同文印刷公司 1933 年版）、陈公契、曹希正《财政学》[⑤]（江苏省区长训练所讲义）、朱博能

①　财政部调查处编：《各省区历年财政汇览》1927 年版。
②　王琴堂：《地方财政学要义》，出版地和时间不详。
③　周成：《地方财政学》，上海泰东图书局 1929 年版。
④　杨叙然：《地方财政论》，长沙同文印刷公司 1933 年版。
⑤　陈公契、曹希正等：《财政学》，江苏省区长训练所讲义，出版时间不详。

《地方财政学》①（正中书局，1942 年版）、朱博能《县财政问题》②（正中书局，1943 年版）、秦庆钧《地方财政学》③（广州大学出版社 1948 年版）都是民国时期地方财政学的重要论著，里面都涉及论述地方债务的一些内容。彭雨新《县地方财政》④ 一书清楚地论述了南京国民政府时期县财政收支情况和财政面貌。财政部地方财政司编《十年来之地方财政》⑤ 简要叙述了省、县地方财政的发展历程，泛泛介绍了地方政府债务概况。

2. 对近代某省或某时期地方政府债务的研究。

首先要当属潘国旗《近代中国地方公债研究——以江浙沪为例》和《近代中国地方公债研究——以皖川闽粤为中心的考察》两部专著，对近代浙江、江苏、上海、安徽、四川、福建和广东七省的地方公债进行了比较系统的梳理，这七省在近代发行地方政府债务最多，而且具有持续时间长、债务依存度高和公债发行复杂等特点，有研究的典型意义。潘国旗（2002、2009、2013）也有多篇文章论述地方债。其他有关地方公债方面的研究主要有：陈克俭、林仁川主编的《福建财政史》部分章节介绍了福建地方公债发行概况；储东涛（1992）对江苏省地方公债发行做了简单介绍，阐述了当时地方公债对江苏财政的作用；张晓辉（1992、2004）对于民国时期广东省社会经济做了全景式描述和介绍，涉及广东地方公债的举借和发行，但缺乏深层次研究和归纳；刘志英（2005）梳理了近代上海地方公债，归纳特点，并高度评价了上海的建设型公债；李爱丽（2007）以粤海关档案为基础，从发行办法、公债观念、还款担保和影响因素等方面对广东省 1894 年息借商款和 1905 年广东公债的情况进行了翔实的考察；刘杰、孙语圣（2011）对安徽晚清民国公债的债务依存度进行了测算；刘杰（2016）以安徽省为中心考察了民国时期地方公债与社会的互动冲突；赵天鹏（2011）对四川省防区制时期（1920～1934 年）的经济和债务情况做了描述；黄传荣（2012）对清末湖北省地方政府军政外债做了评述。马陵合（1996）提出中央与地方财权结构的

① 朱博能：《地方财政学》，正中书局 1942 年版。
② 朱博能：《县财政问题》，正中书局 1943 年版。
③ 秦庆钧：《地方财政学》，广州大学出版社 1948 年版。
④ 彭雨新：《县地方财政》，商务印书馆 1945 年版。
⑤ 财政部地方财政司编：《十年来之地方财政》，中央信托局印 1943 版。

变化会折射和影响晚清地方举债态度和发行数量；马陵合（2005、2011）重点介绍了民国时期安徽地方外债情况。聂水南（2008）详细考察了清末安徽发行公债的数量日期和结果①。王菊梅（2009、2012）对北洋政府时期和南京国民政府时期福建省的地方公债进行了较为深入研究②。张卫星、夏红艳、张或定（2013）考证了清代"湖北公债票"。潘国旗、许文轩（2019）以民国二十四年青岛市政公债为例探析民国时期特别市公债。陈海懿（2015）以南京特别市特种建设公债为例研究了民国地方公债发行。张侃（2000）论述了北洋政府时期地方政府外债多用于地方军阀的军事开支，期短息重因担保不实或未经中央批准而影响信用等实为恶性债务；姜良芹（2004）认为南京国民政府公债监管规范化程度提高，但公债市场管理主体分散，法规不完善。

3. 当代经济学者对近代地方政府债务的研究。

许毅（1996）简要介绍了清代的地方政府外债举借情况；吕珊珊（2011）概括介绍了晚清时期的地方政府债务情况；张侃（2000）介绍了北洋政府时期的地方外债；樊丽明、黄春雷、李齐云（2006）在论述我国的地方政府债务管理时单独开辟一章论述了近现代地方政府债务的成因和经验教训；梁发芾（2011）认为晚清民国时期的多数公债得到偿付，利弊得失值得借鉴；陈俊竹（2012）认为晚清和北洋政府地方公债、外债转内债，新债还旧债，建立地方政府偿债能力保障机制非常重要。

4. 国外直接专门研究近代中国地方债务的著作或文章。

毕业于哥伦比亚大学的黄风华在1919年著的《中国的公债》被收录于哥伦比亚大学"历史、经济和公法丛书"第35卷，1919年哥伦比亚大学出版。论文的第六章为"省级贷款：国内和国外"，介绍了地方政府国内和国外方面的贷款，国内贷款方面分别介绍了直隶、湖北、湖南、江苏、浙江和福建等省的贷款，在国外贷款方面分别介绍了湖北、广东、云南、直隶和浙江等省的贷款。黄风华认为中国的地方政府债务很大程度上与政治挂钩，认为中国不应该从外国机构借款，有些借款仅仅是为了管理需要，无异于饮鸩

① 聂水南：《清末安徽公债票发行章程考》，载《安徽钱币》2001年第3期，第21-22页。
② 王菊梅：《北洋时期福建省地方公债初探》，载《金卡工程》2009年第7期，第242-243页。

止渴。他提出"议会对财政应该有严格的控制",国家必须进行税制改革。[①]

库尔曼（Kuhlmann）、威尔赫姆（Wilhelm，1983）强调地方外债是中国近代地方政府债务的重要部分；戈茨曼、威廉、安德烈·乌霍夫和朱宁（Goetzmann，William，Andrey Ukhov and Ning Zhu，2007）认为近代中国债务融资市场发展与世界金融市场发展密切相关；何振宇和李丹（Chun‐Yu Ho，Dan Li，2008）提出近代地方政府债务加剧了国内的政治冲突；黄海洲和朱宁（Haizhou Huang，Ning Zhu，2009）发现国家主权的妥协与市场的混乱是导致地方政府债务出现的重要因素；陈志武（Zhiwu Chen，2012）指出为度过太平天国运动带来财政危机，清政府下放地方政府的借债权，但危机得到解决后，中央政府不再代地方政府偿还债务而是仅仅给予政治荣誉，这种失信行为使得清政府在甲午战争之后难以再次融资。

综上，前人对于地方债的研究及所取得的丰硕成果都给本书提供了重要的参考和借鉴，但也存在不足：第一，近代地方政府债务研究是涉及历史学和财政学的交叉学科问题。但目前现有研究成果多数是历史学的叙事和描述，缺乏运用应用经济学理论来剖析近代地方政府债务；第二，研究内容多是某省或某一政府统治时期的债务的专题研究，仅有的区域角度出发的研究成果，学科交叉较少，缺乏综合性、系统性、整体性的研究；第三，资料来源多是档案史料，较少利用各省地方志和财政志资料，进行计量分析更为少见；第四，从大多数已有研究成果看，仅存在就债论债的问题，忽视了公债作为财政收支手段的社会意义和影响，没有从地方公债与地方银行、地方公债与地方商会商民的关系中去分析地方公债的发行、偿还和整理等问题。

当前，国内学术界对中国地方政府债务的讨论非常热烈。学界对国外地方公债的研究开始增多，比较注意从发达国家和新兴市场经济国家借鉴相关经验和教训。相比之下，对近代中国历史上的地方政府债务的系统性、整体性、多学科研究还很缺乏，对历史经验的借鉴显得非常不足。本书综合运用历史学和应用经济学的系统整体性对近代中国地方政府债务的成因、来源、发行、规模、用途、管理、偿还等整个运行过程作一个完整梳理和深入研究，

---

① 邹进文：《近代中国经济学的发展：以留学生博士论文为中心的考察》，中国人民大学出版社2016年版，第78–79页。

总结近代地方政府债务产生发展的内在规律，这对于当前加强债务管理、维护债务信誉具有十分重要的理论和现实意义。

三、主要内容和重要观点

本书主要分为八个部分对近代地方政府债务情况进行研究。

绪论。本部分首先阐释了近代地方政府债务问题的研究缘起和理论现实意义。运用经济学的债务理论对中国近代地方政府债务界定内涵和外延。近代中国的地方政府债务，是指1840年到1949年中国近代史上由地方政府（主要是省政府、特别市）按照一定规定程序向社会公开发行的公债券、库券和向当地银行、钱庄、商户短期赊借或临时透支；还包括地方政府向外籍银团公司息借的债务。本部分从国内和国外、民国时期和当代著述多方面进行了详细的文献综述。

第一章近代中国地方政府债务的兴衰。本部分分别概述了近代中国的地方内债和地方外债。近代中国的地方政府内债产生于中央集权逐步瓦解、地方财政逐步做大的晚清时期（1840~1911年），泛滥于政治分裂、经济凋敝的北洋政府时期（1912~1927年），规范于南京国民政府的经济快速发展时期（1927~1937年），限制并彻底取缔于动荡的南京国民政府后期（1938~1949年）。地方外债主要发生在晚清和北洋政府时期，主要包括以地方政府名义举借的用于对内对外战争和政费开支的军政外债和用于维持官办企业、平息金融风潮等实业性外债。地方外债并不是纯粹地方政府自借、自用、自还的地方外债，而是具有国债的特点，这与近代财政体制相关。

第二章近代中国地方政府债务全景分析。这是本书的主体部分。包括成因分析、来源分析、用途分析、发行与管理、整理和偿还。近代资本主义的发展、近代财政危机的形成与深化、近代金融业的兴起和发展以及近代法律条件的逐渐具备是近代地方政府债务产生的背景条件。但主要成因仍是债务背后各历史时期财权、事权的博弈比较。近代地方政府债务起初来源于晚清票号官银钱号垫借款、外国政府及金融机构的担保借款、直接发行债券、中央代省发行债券、向地方银行借款或华商银行抵押借款。各种来源的比重和方式不一。民国时期公债发行额基本处于上升趋势，债务管理从无序走向有序。从清代地方政府债务管理的混乱无序，到北洋政府时期国债管理机构和公债基金的设立，南京国民政府对地方政府债务的整理，并建立起自上而下的债务制约和监督管理机制，最后南京国民政府垄断和取缔地方政府债务的发行。

第三章近代中国地方政府债务分省分析。因各省的军事、政治和经济背景的差异，在民国时期地方政府债务的举借在各省的表现千差万别，特点迥异。本书挑选了民国时期发债数量较多、规模较大的省份进行重点研究，包括广东、湖北、安徽、福建、上海、四川、浙江、江西、江苏、云南、山东，着重探讨了这些省份的债务发行情况和发债特点，多维度全方位地展现近代地方债务情况。

第四章近代中国地方政府债务与地方银行业。"中国的公债是一根神奇的香肠，它的一端养活了政府军队，另一端喂肥了银行家。"① 地方公债，对地方银行信用活动有着很大的刺激和促进作用。近代地方公债举借兴盛时期，也是银行设立增长快速时期。本章论述了晚清时期银行为地方财政服务、北洋政府初期银行为财政的出纳，北洋政府中后期银行独立、南京国民政府时期银行与财政合一的历程。展示了地方银行业如何经营地方公债，两者形成千丝万缕的联系，以及地方政府债务对当时的金融市场的影响。

第五章近代中国地方政府债务与地方商会商民。公债的核心环节即在于怎样募集并发行出去。近代地方政府发行公债与地方商会组织、同业公会有密不可分的关系，从某种程度上说，政府公债最可依赖的对象，便是各地商会组织和同业公会组织，商会和同业公会也都成为承销公债的主体。政府要求商会发行公债，地方商会针对政府发债积极发表意见，甚至直接参与地方公债的发行、劝募、承销、偿还及基金保管。商会会根据债务实际情况和本地商业情况来定夺是否支持政府，商民会根据商会要求和自身情况来决定采取何种态度和应对措施，商民会根据商会的要求和政府的态度对公债采取逃避、减免等不同的策略。本章选取直隶短期公债作为个案剖析了政府、商会、

---

① 徐矛等主编：《中国十银行家》"前言"，上海人民出版社1997年版，第5页。

商民三者之间的博弈关系。

第六章近代中国地方政府债务与央地财权事权。近代国地税划分不清晰是导致地方债滥发的主要原因之一。国地收支划分上的央地实力博弈深刻影响地方债举债程序，反之，地方债的滥发和军事化用途，又加剧国地税划分的复杂混乱和央地离心力。集权与分权纠葛，财权与事权错配，既阻滞了近代央地财税划分进程，又深刻影响中央对地方举债控制力程度。

第七章近代中国地方政府债务的规律与启示。近代地方政府债务曾一度加剧了地方财权的做大，加剧了财政支出规模的膨胀和财政支出结构的不合理，成为引发国内起义的因素之一，财政危机的出现迫使政府调整财政收支政策，财政原则出现了根本性变化。债务各部分来源主要以外国政府及外国金融机构为主，成为近代中国政治经济受到来自西方列强的影响和干预的原因之一。债务管理从无序走向有序，从微观走向宏观，这与近代中国的政治经济局面密不可分。本章总结了近代中国地方政府债务的运行规律，重点从中央与地方政府财力事责分配、地方政府债务筹措方式、地方政府债务管理机制、加强政府信用等方面提出对我国当前地方政府债务的有益启示。

本书基本观点包括以下几点。

第一，近代中国地方政府债务并非完全是自借、自用、自还的。很多债务均经过中央政府或者是中央政府某部门的授权、批准、认可，甚至有时中央政府授权让地方政府举借，因此，地方举债并不完全用于本地方事务，偿还也并非完全是地方收入偿还，有时是用于中央事务，由中央代借代还的。

第二，中央地方财政体制的变革和财权财力分配是影响近代地方政府债务从萌芽、泛滥、发展、限制，到结束整个过程中最主要的因素之一。近代地方政府债务的发行次数和举债额度受到中央政府对地方举债认可程度与控制程度的影响，中央政府对地方举债态度、政策变化及管理程度又深刻影响地方政府债务的规模变化及偿还程度，折射出了债务背后中央与地方在财权、事权、行政权上的权力结构博弈。

第三，近代中国地方银行从最初仅为公债提供担保和借款，到后来直接经营公债，为政府垫款，再后来银行全面参与地方债务的公债发行、劝募、承销、保管等整个融资系统，地方银行业通过地方政府债务这一中坚业务与地方政府结下复杂的政治经济利益关系，既成为缓解政府财政困顿之工具，又与政府债务结下紧密的联系。这种复杂关系加剧近代中国金融市场畸形化和金融市场的不稳定性。

第四，近代各地商会组织和同业公会往往是近代地方承销公债的主体。政府与商会因为债务纽带而变得既密切关联又微妙复杂。政府要求商会发行公债，商会根据债务实际情况和本地商业情况来定夺是否支持，商民会根据商会要求和自身情况来决定采取何种态度和应对措施。政府、商会、商民三者围绕债务的复杂博弈关系实质反映出近代中国官场、商场、市场三方的发育程度和复杂交织关系。

第五，近代中国地方政府债务整体上具有发行程序从无序到规范、债务担保从无到复杂、实际用途从单一到多样化、债务管理从松散到法制化，债务来源范围广、债务依存度周期化、偿还方式多样化、举债成本高、政治性较强等特点，但具体到各个省份，地方政府债务在每个省又凸显特殊的本省债务特征，近代地方政府债务对近代中国的政治和经济产生积极和消极双重影响，体现了债务的二重性。

第六，近代中国的地方政府债务运行规律和膨胀泛滥给当今地方政府债务问题提供历史镜鉴。妥善处理中央政府与地方政府的财政关系，控制好地方政府的举债规模；加强债务管理，维护债务信誉，培育与规范地方政府债券中介机构；正确处理因地方政府债务发行而导致的地区间经济发展差距扩大等问题，既是历史的经验教训，又是现实的经济需要。

四、研究方法和创新之处

本书主要采用的研究方法有以下四种。

第一，跨学科研究法。近代中国地方政府债务研究属于经济史（财政史）的范畴，涉及历史学、财政学、金融学和统计学等相关学科知识，本书制作了96张图表，综合运用多学科知识，努力全面展示近代地方债的情况。

第二，比较研究法。对近代中国各个历史时期的地方政府债务进行纵向比较，对地方公债进行省际之间、用途之间、抵押方式之间的横向比较，找出异同，探寻近代中国地方政府债务运行的规律。

第三，个案分析法。本书涉及诸多的地方公债，情况千差万别。为能给读者一个债项的完整的系统面貌，特选取了直隶短期公债作全面的个案分析。

第四，历史计量法。将经济理论和定量分析应用于历史学分析，聚焦于中国自身的债务历史问题研究。本书共制作了96张图表，全景式、多维度还原展示了近代各历史时期地方政府债务的债项发行、利率、规模、用途、结构、偿还等定量分析情况，力图摆脱单纯的定性分析法的局限。

本书创新之处有以下三点。

第一，研究内容完整性，点面结合。过去对地方政府债务的研究基本是针对某一省或某一区域或者某一笔债的个别研究，潘国旗在近代中国地方政府债务领域研究颇深，但主要集中在江、浙、沪、皖、川、闽、粤七省，而且主要集中论述地方内债。本书充分吸收潘著成果，补充了江西、河北、云南、山东、山西、湖南、甘肃等省举债情况。不仅论述地方内债，也剖析地方外债，并且结合新近发现的档案史料和最新成果，整理了近代各省地方债的总体情况。

第二，研究视野多元性，纵横结合。近代中国地方政府债务研究，从债项的发行、募集、发行额与实际认购额、用途、偿还及影响都会在当时的著述、历史文献、财政年鉴或报刊上留下记载。但需要甄别比对，去伪存真，数据工作相当繁杂，需要研究者花费大量时间精力去综合归纳，理清债项的原貌，总结分析特点等，本书突破就债论债的局限，把地方债与地方银行、地方债与地方商会商民、地方债与央地财权事权有机结合起来。

第三，研究方法创新性，学科融合。运用经济学和历史学跨学科研究，以及历史计量法、案例研究等。本书将经济理论和实证演绎分析运用于历史的描述归纳研究，在经济学和史学范式的融合上做出尝试。如运用博弈论模型分析地方政府与商会、商民在债务发行和承购上的博弈关系，既有地方债的整体研究，又有某项具体债项的系统梳理，做到点面结合。

第一章

近代中国地方政府债务的兴衰

从理论上讲，地方政府债务是地方政府向国内人民或者外国政府及民间举借的债项，包括地方内债和地方外债，并非中央政府对外举借的国债。但是，近代地方政府债务很多经过中央政府（或中央政府某一部门）的授权、批准或认可，甚至有时地方政府代表中央政府举借，所借债款也不完全用于地方事务和用地方收入来偿还，因此近代地方政府债务并非纯粹是自借、自用、自还的地方政府债务。本章第一节和第二节主要论述的是省级地方政府债务，第三节主要论述的是市政公债。

第一节　近代中国地方政府内债的变迁

近代中国的地方政府内债产生于中央集权逐步瓦解的晚清时期，泛滥于政治分裂的北洋政府时期，规范于南京国民政府统治初期，限制和取缔于动荡的南京国民政府后期。每个历史时期地方债的形式表现和举债规模都呈现了别样不同的特点，总体特点是借债笔数和借债规模越来越大，发行方式越来越多样。

一、萌芽：始借涌现、收效甚微的晚清政府时期

"我国地方公债，实际肇始于光绪末年；缘于逊清季叶，内政失修，外

祸日亟，庚子战败，赔款过巨，国库匮乏，无以为应，乃责成各省地方政府筹款，协济国用；复以当时维新之风正盛，各省或创办实业，推行新政，或扩充军备，拥兵自重，地方支出，因以增繁，乃自行募借内外债款，以为挹注；此仅为地方负债之始，尚无公债之发行。直至光绪三十一年二月，袁世凯总督直隶，以扩充北洋军备，需费至巨，遂以藩库银、运库银及永平七属盐款余利暨铜元局余利为担保财源，募集直隶公债四百八十万两，是为我国地方公债之滥觞；宣统年间，湖北、湖南、安徽、上海等省市，相继援例发行公债一百二十万乃至二百四十万两；在此时期，各省既未印发债票，基金亦欠确实，徒有公债之名，实与借款无异；故此时期，实为地方公债之萌芽时期。"[1]

晚清时期的第一笔地方内债是在袁世凯任直隶总督时，1905 年在直隶省发行的，用途为扩充北洋陆军军费。梁启超把直隶公债称为"袁世凯式之公债"，因为后来的安徽、湖北的公债基本是直隶公债的翻版，在世界公债史上颇具有开创性，"实为全世界各国所未闻，吾无以名之"，乃曰"袁世凯式公债"[2]。因是开创性的第一次地方公债，所以这里详细叙述之。

1904 年底，袁世凯以实行"新政"的名义筹集费用，决定增练新军二镇一协。他预计招募经费和军火、器械、营房地价、工料等，需银 500 万两，考虑到直隶当年可筹之款年约 480 万两，乃决定以此充基金，招募国内公债银 480 万两以应此需。1904 年 12 月，袁世凯上奏拟试办直隶公债票折，力陈"此事系属创行"，"今欲开募债票，宜自公家严守信实，俾民间便利通行，方足以挽浇风，召天下。然示信之道，非可空言，又宜预筹的款，备偿本息，无论何项，不得挪用；又准其交纳本省库款、关税各项，随处皆可兑用。信如四时，令如流水，既易筹集，尤便推行。在国家无利源外溢之虞，在商民得子母流通之益，维挽民心，恢张国力，皆在此举"。如蒙准予"试办"，"拟请降旨作为永远定案""倘有违改定章……照误国病民论，予以应

① 万必轩：《地方公债》，大东书局 1948 年版，第 2 页。
② 梁启超：《论直隶湖北安徽之地方公债》，《饮冰室文集》（二十一），中华书局 1932 年版，第 99 页。

得之罪"。旋获谕旨照准。① 光绪皇帝上谕"袁世凯奏，拟试办直隶公债票一折，外洋各国遇有军国要需，临时募债，无不闻风踊跃，独中国办理公债，辄多观望不前，良由官吏不能践言，民信未孚之所致。兹据该督奏称，开募债为以取信便用为宗旨，洵为扼要，所陈筹有的款，按年付息，分年还本，发给票据，准其交纳本省库款关税各项，并随处皆可兑用，拟具章程，尚属周妥，即准其试办。"② 1905 年 1 月 20 日，袁世凯上奏《试办直隶公债票酌订章程折》，袁世凯所立章程，一时被人盛赞为"完善"之举。招募办法是将全省州县分为三等，派定数额分别为 24 万两、18 万两和 12 万两，然后进行"劝募"。分 6 年还本，年息六厘，逐年递增一厘，末年加至一分二厘。自光绪三十二年起，每年还本 80 万两，此后按年实行偿还，预定六年还清。公债票大票库平足银或行平化宝银 100 两，小票库平足银或行平化宝银 10 两，按甲、乙、丙、丁、戊、己分号列收，无记名式。期满之票计本息向天津银号兑现，亦可交纳直隶地丁钱粮、关税、厘金、盐课、捐款。长芦盐运使与直隶布政使联合担保，后改指烟酒税 40 万两担保。偿还本息财源指定直隶布政使库收入 30 万两，长芦盐运使库收入 35 万两，永平七属盐厘余利 16 万两，直隶银元局余利 40 万两，合计 120 万两。③ 1905 年 2 月 24 日，袁世凯上奏《通饬各属劝办公债票不准抑勒摊派札》，特意强调"直隶地瘠民贫，阛阓困苦，大乱之后，元气未复，生计益艰。本部堂方休养生息之不遑，奚忍稍加晙削。此次直隶开办公债票，原期绅商富户激发天良，出其有馀。上佐公家之急，故不曰摊派而曰劝募。各牧令自应顾名思義，延请绅耆，反覆劝告，晓以大義，感以至诚，俾各乐于输将，未便稍加抑勒。"④ 1905 年 3 月 14 日，袁世凯奏《批邯郸县禀遵饬筹办公债票各绅原按村庄大小筹办请示遵由》，"该县绅董拟按村庄大小，设法捐办，迹近摊派，深恐累及齐民，仰仍

---

① 直隶总督袁世凯奏拟试办直隶公债票折，附上谕，光绪三十年十二月。《东华续录》，光绪朝第 56 册，第 26 - 27 页。《论中国"外债"之真相》，载《东方杂志》，第 8 卷第 2 号，译自日本报纸，1911 年 6 月。
② ［日］佐藤铁治郎：《袁世凯传——一个日本记者三十年中国、朝鲜生活札记》，吴小娟译，安徽人民出版社 2012 年版，第 116 页。
③ 天津图书馆、天津社科院历史研究所编：《袁世凯奏议》（下册），天津古籍出版社 1987 年版，第 1066 - 1523 页。
④ 骆宝善、刘路生主编：《袁世凯全集》（第一三卷），河南大学出版社 2013 年版，第 210 页。

督饬该绅董等，妥为劝导，务令勒从，毋滋扰累，是为至要。"① 1906 年 8 月
25 日，袁世凯上奏《核明公债项下动支各款善单具陈折》，再次强调"试办
直隶公债，逐年摊还，则借款仍在华民，权自我操，绝无流弊。"② 1906 年
10 月 17 日，袁世凯又上奏《劝募公债出力人员请仍照原保给奖折》，期望通
过奖赏公债出力人员达到"民间始晓然于此次筹办公债，国家视为极重，期
以信行"③ 的目的。

　　踌躇满志的袁世凯原认为以他的威望，此公债肯定会很快募集完毕，但
"甲午商款及昭信股票，已全行失败矣。盖当时官民皆不知公债为何物，直
视为一种之报效，其失败自不能免"④，在贪婪成性的县官书吏经手下，发行
公债对他们来说无异于得一"诛求"的新口实。名为"招募"，实为勒捐和
苛派，最终使得债票售出仅百余万两就导致民间怨声载道。"奏准之后，袁
氏亲邀请天津富豪，劝其担任，而应者仅得十余万。卒乃复用强逼之法，硬
分配与各州县，令大县认二万四千两，中县一万八千两，小县一万二千两。
官吏借此名目，开婪索之一新径。时甫经团匪之后，疮痍未复，怨声载道。
至第二次收银期届，应募者犹不及一百万两。袁氏坐是为言官所劾，计无复
之，卒乃向日本正金银行借三百万以塞责。犹有不足，则强上海招商局及电
报总局承受之。此直隶办公债之实情也。"⑤ 日本人实质是觊觎此债的担保品
长芦盐税和直隶税人的芦盐之利。著名的"袁世凯公债"以地方内债之名
始，以地方外债之实终，"直隶公债虽可称为袁世凯政绩之一，其实亦外债
也。"⑥ 中国历史上的第一次地方政府举借内债最终质变为地方外债。

　　1909 年 9 月，湖广总督陈夔龙以湖北历年筹办新政，用项浩繁，陆续挪
借，积欠华洋商款达 300 余万两；认定改募内债确是一种办法，乃援用直隶

---

①　骆宝善、刘路生主编：《袁世凯全集》（第一三卷），河南大学出版社 2013 年版，第 210 页。
②　天津图书馆、天津社科院历史研究所编：《袁世凯奏议》（下册），天津古籍出版社 1987 年
版，第 1372 - 1374 页。
③　天津图书馆、天津社科院历史研究所编：《袁世凯奏议》（下册），天津古籍出版社 1987 年
版，第 1386 页。
④　《论中国外债及财政之前途》，载《东方杂志》，第 8 卷，第 4 号，第 2 页，1911 年 6 月 21 日
版。此文原系日人所写，发表于日本报纸，由《东方杂志》译籑。故为日人之口吻。
⑤　梁启超：《论直隶湖北安徽之地方公债》，《饮冰室文集》（二十一），中华书局 1932 年版，
第 95 - 97 页。
⑥　《论中国外债及财政之前途》，载《东方杂志》，第 8 卷，第 4 号，第 2 页，1911 年 6 月 21
日版。

章程，发行国内公债 240 万两。1909 年 10 月 26 日得到清廷批准，募债办法与直隶基本相同，结局也与之类似。债票分十两、百两两种，年息七厘，每年递增一厘，末年至一分二厘，自宣统二年起每年还本付息。到期本息可纳田赋、关税、盐税、统捐等项并可将债票向官钱局担保借款。偿还财源指定为：湖北藩库收入 6 万两、湖北运库收入 10 万两、汉口海关收入 6 万两、官钱局余利 20 万两、彩票局余利 3 万两、其他收入款 7 万两。最终，债票总额中的 96.5 万两分别由横滨正金银行（76.5 万两）和华俄道胜银行（20 万两）承购，于是也蜕变为外债。

安徽巡抚朱家宝于 1909 年底也以"库款奇绌，援案试办公债"上奏清廷。他在折中称：安徽岁入在 500 万两上下，岁出超过 600 万两，年有赤字。近年"添练陆军、增认海军经费"等，加上为立宪"八年预备事宜"，如设咨议局、审判厅等经费，"预计又岁须 100 余万（两）"，只有募公债为弥补之计；何况直隶创于前，湖北继于后，"皖省事烦款绌"，只有援照直隶章程，参酌湖北办法，发行公债银 120 万两。清廷交度支部议复，后者以朱家宝奏事属实，且已有例在先，建议"自应准予照办，以资要用"。1910 年 2 月 25 日上谕："依议"。朱家宝授权安徽裕皖官钱局发行一种公债票，发行章程记载："票面值以库平足银 100 两为一股，每股尚可分为 10 张，每张面值白银 10 两，用安徽财政局每年 14 万两白银的杂项税收和牙厘局所收 14 万两白银的稻米出口税还本付息。"[①] 发行总额为白银 120 万两，年息七厘，每年递增一厘，末年加至一分二厘。分六年平均还本。1911 年 11 月 5 日驻皖浔军因军饷不济，发生哗变，乱军放火焚烧，抢劫了藩库内银两，巡抚朱家宝当晚逃离安庆，公债票自然未能如期还本付息，最终的发行结果，所有债票几乎全为怡大洋行所认购，内债也变成了外债。[②]

1910 年 8 月 21 日，湖南巡抚杨文鼎也以该省"财力殚竭，积亏过巨"向清廷要求援案试办公债 120 万两，清廷批令度支部复议，后者认为"所称财政困难，自系实在情形"，要求"试办"与"直鄂视同一律"，"姑允所

---

①② 中国社会科学院经济研究所藏：《户部议复安徽巡抚朱家宝试办公债票折》，宣统二年正月十六日，户部奏档抄本。凌文渊编：《省债》（安徽），第 8 页。

请"。清廷于 9 月 5 日朱批"依议"。① 湖南公债也是年息七厘，每年递增一厘，末年至一分二厘，分六年平均还本，偿还保证是布政使官矿处印文，偿还财源指定为：官矿处余利、水口山铅矿余利合计二十六万五千两。发行结果，省内承购的只有 20 万两。其余由日本人"全部承募"其未出售部分。日本正金银行、三井洋行在其本国使领人员的"援助"下，在与德国礼和洋行作了一番激烈的竞争后如愿以偿。② 日本的真实目的是作此项公债担保品的水口山铅矿。可见，晚清以发行内债取代外债，出发点是好的，可是实行的结果又没有一次不质变为外债。这表明当年地方财政也已掉进致命的陷阱而难以自拔。③ 对于地方政府将内债转化为外债，当时就有人对此深表忧虑："试问这些公债票是卖与外国人的多，还是卖与本国人的多呢？"这种情况也是财政紊乱、败落的一种突出表现："政府既不见信于其国民，欲更求一钱之内债而不可得，乃转丐之于外，外国人之富而冒险者，倚本国政府强有力之后援，乘人之危而索重利以贷付之。此外债特别之恶现象也。"④

　　由上可知，清末地方公债发行主要集中于清末新政时期。中央政府为了摊派巨额债款并鼓励各地方政府支持新政，开始允许国内各省公开发行国内公债。但当时有案可查的地方公债数并不多，民国时期财政史专家贾士毅利用北洋政府档案，仅列了直隶、湖北、安徽、湖南四笔公债，其他则"无案可稽，暂从阙略"⑤。据考证，1907 年 8 月，闽浙总督崇善奏请"拟按照直隶现办章程，劝募公债一百二十万元"，并以各府州县及税厘局卡差缺酌提平余银两为担保财源。度支部要求崇善详细声明"每年提取各项平余究有若干，如何摊还"⑥，后再行核办。1909 年，吉林巡抚陈昭常以该省银价日昂，市面凋敝，币制财政整理，实需巨款，向咨议局提议募集公债 1000 万元。咨

---

①　中国社会科学院经济研究所藏：《户部议复湖南巡抚杨文鼎试办公债票折》，宣统二年八月初二日，户部奏档抄本。
②　中国社会科学院经济研究所藏：《日本驻汉门总领事松村贞雄致外务大臣小村寿太郎报告》（1911 年 1 月 5 日）。《又致驻京公使伊集院彦吉报告》，1911 年 1 月 10 日，日文档案。
③　汪敬虞主编：《中国近代经济史（1895—1927）》（上册），经济管理出版社 2007 年版，第 317–318 页。
④　梁启超：《驳某报之土地国有论》，《辛亥革命前十年时论选集》（第 3 卷），三联书店 1987 年版，第 336 页。
⑤　贾士毅：《民国财政史》（上册），商务印书馆 1928 年版，第 106 页。
⑥　天津图书馆等：《袁世凯奏议》（下册），天津古籍出版社 1987 年版，第 1066–1523 页。

议局以本省商民交困，此项公债恐难募集为由拒绝，后吉林巡抚意不谓然，令该局下次开会，再为切实商议①。1910 年咨议局如何决议，情况不详。1910 年春，云南总督李经羲兴办实业，筹款困难，度支部准其募债 300 万两以应急需，但此项公债终未成；1910 年 9 月，两江总督张人骏试图募集公债银 240 万两；1910 年秋，东北三省总督锡良准备募集公债 200 万两；同年，直隶总督陈夔龙想再次奏请募集公债 320 万两用于新政费用；1911 年 7 月，江西总督冯汝骙也想拟请试办公债 200 万两。② 上述公债因各种各样原因都未发行。

据统计，1905 年到 1910 年，仅由湖北、直隶、安徽、湖南、上海所发行的内债就有 1296 万两白银，③ 如表 1-1 所示。从内债利率来看，大部分债款的利率都在年息七八厘左右，利率较低。就发债抵押品来看，地方政府内债抵押品主要包括捐税收入、藩库银、矿务及盐务余利。这一时期地方公债主要特点是以下几方面。

第一，其他各省发行的地方债无论从发行章程还是相关规定上基本是以"袁世凯公债"为模板，可见直隶公债的影响力。

第二，此时期的地方债基本用于军事建设和市政新政上，这主要源于这时期的借债起因就在于各省新政实业举办资金匮乏。

第三，这时期内债债信不高，最终因苛派丛生、人民生活困难、债券信誉不佳等诸多原因收效甚微，导致很多省份纷纷效仿"袁世凯公债"，地方内债大多都转化成地方外债。主要原因在于当时晚清政府中央财权式微，严重扰乱社会经济发展，地方民众不仅没有余钱去购买政府债券，而且对政府公债也认识不足。几千年来的封建集权统治使得借债政府和地方民众皆把债务当作财政困难的急救措施，民众恐怕认购债券之后政府永无还本付息之日。因此，地方政府内债发行之后收效甚微，很难筹集到可观的收入。

① 周棠：《中国财政论纲》，1911 年版，第 248-249 页。
② 周育民：《晚清财政与社会变迁》，上海人民出版社 2000 年版，第 439-441 页。
③ 贾士毅：《民国财政史》，商务印书馆 1918 年版，第 1159 页。

表1-1 1905～1911年晚清地方政府债务统计

债务名称	举借主体	发行年份	债务规模	抵押品	用途（举债目的）	年利率（厘）	偿还时间	实际发行
直隶公债	直隶	1905	480万两	藩库银、连年银、盐款以及铜元局余利	训练新军等军费开支	7～12厘	6年	
上海华界第一次地方公债	上海	1906	3万两	大达公司租银	兴办工场		3年	
上海华界第二次地方公债	上海	1908	3万两	大达公司租银	举办市政工场	8厘	3年	
湖北公债	湖北	1909	240万两	藩库6万两、盐库10万两、江汉关6万两、整顿税契7万两、官钱局盈余20万两、签捐局盈余3万两	筹办新政	7～12厘	6年	96.5万两分别由横滨正金银行和华俄道胜银行承购
安徽公债	安徽	1910	120万两	指定藩库14万两、牙厘局出口米厘15万两	增练新军	7～12厘	6年	几乎全为怡大洋行所认购
湖南公债	湖南	1910	120万两	官矿处和水口山山铅矿	政府支用	7厘	6年	省内承购的只有20万两，其余由日本人"全部承募"。
上海华界第三次地方公债	上海	1910	10万两	大达公司租息、船捐、车捐	筹集市政建设经费	8厘	5年	实际募得38189两
直隶第二次公债	直隶	1911	320万两	藩库30万两、运库35万两、永平七属盐务余利15万两	筹议军镇改良办法等	7～12厘	6年	

资料来源：万必轩：《地方公债》，大东书局1948年版；贾士毅编撰：《民国财政史》，商务印书馆1917年版；中国第二历史档案馆编：《中华民国史档案资料汇编》（第三辑）财政，江苏古籍出版社1991年版；《中国财政历史资料选编》第9～12辑，中国财政经济出版社1987～1990年版。

第四，内债管理方面，清政府始终对地方内债执行限制的政策，但实际情况是屡禁不止。此时的晚清朝廷既没有能力，也缺乏有效手段来制止中央权威的日渐没落和地方政府债务的混乱局面。

二、活跃：发行活跃、效果不佳的南京临时政府时期

南京临时政府既是一个短命的政权，又是一个白手起家的政府。经济上没有从清政府继承任何的遗产，政治地位还面临各国不承认的困境，财政之窘迫无法想象。光复后的各省地方政权林立，各自为政，并不完全听命中央政府。不但不为中央政府财政分忧，还纷纷举借地方公债自顾自己。南京临时政府时期地方公债发行情况如表1-2所示。地方债的举借客观上缓解了地方财政困难，巩固资产阶级新生政权。但因为发行效果与预期相差太远，加之政府债信尚未确立，所以发行效果不佳。

由表1-2可知，尽管南京临时政府存续时间非常短暂，但发行地方内债的省份有浙江、上海、湖北、福建、江西、陕西、江苏。内债发行抵押品主要有租税收入及公司租息，除了上海市和福建省利率较高外，其余省份利率水平一般，大致在年息5厘至7厘之间。

这一时期公债凸显的特点有以下几个方面。

第一，公债发行笔数相对于南京临时政府的政权短暂的几个月时间而言，公债发行还是相对活跃。主要原因一方面是资产阶级革命发展迅猛，出于革命的需要，各军政府纷纷发行公债以缓解财政困难；另一方面地方军政府各自为政在一定程度上也导致了地方公债发行的无序。

第二，发行内债主要用于筹集军事费用，内债发行效果甚微，大多没能达到预期目标。除湖北军事公债发行效果较好外，其余原定发行额和实际发行额差别都很大，浙江、福建实际发行额仅占原定发行额还不及1/10，江西"民国元年地方公债"发行所得竟然不及预定额数的1/25。南京临时政府后期考虑到统一财政的需要，以及中央政府顺利发行公债的需要，多次下令叫停地方公债。

表1-2　南京临时政府时期地方公债发行情况

省份	债券名称	发行时间	用途	原定发行额	实际发行额	年利率	期限	发行办法
湖北	中华民国政府军事公债	1911年10月	军费	2000万元	2400万元（国外募集2000万元，国内募集400万元）	5厘	10年	公债发行无折扣，每张票面额5元，以湖北汉阳铁厂、武昌纱布丝麻四局、造纸厂、红砖厂八处产业共银2385万两作抵；公债券由外洋各埠实商家银行经理发行流通；公债不记名，可自由买卖
上海	中华民国公债票	1911年12月	弥补财政	1000万元	不详	9厘起	6年	分4次还清，每次偿还250万元，由沪军政府及民政、财政两总长担保；还本付息经理机构为上海中华银行
浙江	爱国公债	1911年12月	弥补财政	500万元	49.9万元	7厘	4年	以浙西盐课厘收入作抵；债票无记名，九五折扣发行；军政府财政部特设公债票总经理处为发行机构
江西	民国元年地方公债	1912年1月	军政费	600万元	22.9万元	不详	不详	因军政府债信不足，实际认购的只有14户
福建	中华民国闽省军务公债（又称南洋公债）	1912年1月	军政费	300万元	30.7225万元	2分5厘	2年	福建军政府成立闽省公债局，发行对象是南洋侨胞
陕西	军需公债	1912年1月	军费	银200万两	不详	6厘	3年	第一期发行100万元，派员分赴关中各县进行推销。第二期发行未成功
浙江	维持市面公债	1912年2月	疏通金融	100万元	不详	6厘起	5个月	总额100万元，各庄号领借各业领款50万元使用，凡各户提现在100元以上者可将债票抵付，领借各庄号可将债票自由发支

资料来源：刘院泉：《南京临时政府地方公债发行探讨》，载《江西财经大学学报》2012年第2期，第108-109页；晏才杰：《中国财政问题》第四编·公债论》，新华学社1912年版，第117-118页。

三、紊乱：举债泛滥、阶段明显的北洋政府时期

"迨满清颠覆，民国肇造，地方财政，正式奠立，各省收支，尚能力求适合；但民六以后，南北分裂，内战频仍，政局糜乱，军费日增，而亏累日巨，主政者冀图侵蚀中饱，理财者唯知剜肉补疮，乃于预征赋税或截留国税以外，遂多乞灵于公债，军需政费，胥赖于是，新债旧债，愈积愈巨，基金原非确实，更不按期偿付，致债信日坠，财政日乱，故此时期，可称为地方公债之紊乱时期。"①

北洋政府时期地方债的紊乱与当时混乱的军事、政治及财政经济状况是分不开的。在北洋政府统治的大部分时间内，除了袁世凯时期短暂的统一外，其余时间大小军阀粉墨登场，称霸一方，军事混战，耗费巨资。当时的《财政年鉴》在首页描述北洋政府财政状况时，直言："民六以还，局势纷乱，军阀专横，称兵无已，中央财政渐随当时局势，转入紊乱之途。就军费支出而言，辄占总收入十分之九，甚至举全国收入，悉充军费，犹觉供不应求""民十以后，政局益紊，军阀跋扈，财权分散。不仅各省专解各款停顿，甚至常关税、印花、烟酒税，悉被截留"。② 不仅如此，各省的财政境况困难重重。浙江省报告说："上年光复后至今年三月无丝毫入款"。③ 江苏省也同样报告："辛亥年忙漕至今尚未扫清，本年忙银则解数尤属寥寥"。④ 收入减少的同时则是地方行政支出的扩大，主要是军费支出，各省的军饷费是巨大的财政负担，1923 年各省军费占财政支出的比重如表 1-3 所示。由此可见北洋政府时期多省财政开支至少一半用于军费。

① 万必轩：《地方公债》，大东书局 1948 年版，第 3 页。
② 中华民国财政部财政年鉴编纂处：《财政年鉴》，上海商务印书馆 1935 年版。
③ 《浙都督筹解洋款之通电》，载《申报》1911 年 11 月 22 日第 6 版。
④ 《江苏都督咨送江苏省颁布征收地税暂行章程》，载《申报》1912 年 12 月 6 日第 6 版。

表1-3   1923年各省份军费占财政的比重

省份	军费所占百分比（%）
直隶	49.00
山东	59.00
河南	84.00
山西	80.00
江苏	41.00
安徽	59.00
江西	53.00
湖北	94.00

资料来源：许毅主编：《北洋政府外债与封建复辟》，经济科学出版社2000年版，第309页。

　　面对着混乱的财政局面，地方政府要想进行有效的、有条理的财政收支是不可能的，因此他们就筹划了许多非正常的财政手段来应对财政困难以及临时出现的资金需要，其方法无非有两方面：一方面，从内部想办法，如设立苛捐杂税、滥发纸币拼命地搜刮；另一方面，从外部想办法，利用外国资本缓解困难，这就是举借外债。

　　据初步统计，从1911年至1926年，江浙皖川赣闽粤等主要15省、特别市①共举借公债、库券90次，发行额折合银元达30175.8万元，如表1-4所示。

表1-4   1911~1926年主要省（市）公债发行统计

省别（含特别市）	笔数	发行额（万元）	各省（市）发行额占该省发行总额的百分比（%）
江西	16	4238.81	36.29
浙江	8	1960	13.74
河北	7	1930	12.56

----

　　① 1921年7月北洋政府公布《市自治章程》，将市分为特别市与普通市两种，北京等市被列为特别市。由于特别市的地位比普通市高，与省并列，故此处将北京、上海两特别市公债计入。

省别（含特别市）	笔数	发行额（万元）	各省（市）发行额占该省发行总额的百分比（％）
山东	7	5425	77.56
云南	6	1710	36.31
湖南	8	2459.48	37.21
江苏	4	1100	15.71
福建	7	719.51	8.42
安徽	12	605	23.77
四川	2	600	1.91
奉天	3	6000	75.00
河南	2	220	21.57
湖北	4	2700	33.37
贵州	3	308	75.49
山西	1	200	4.87
合计	90	30175.8	

注：此处的"发行额"都是根据公债条例上的发行定额统计的，与公债的"实募额"有一定的差距。因受发行折扣、手续费、募销困难等影响，"实募额"往往只有"发行额"的五六成，高的有七八成，低的可能只有一二成。安徽发行额只统计银元，另有 60 万两漕平银另计；河北发行额只统计银元，库平银另计；这一时期广东省发行 8 笔，发行额涉及毫银、银元、法币，货币单位兑换关系复杂，故另计。

资料来源：根据本书附录"晚清民国时期省（含特别市）公债统计总表"绘制。

从表 1-4 可以看出，这一时期举借地方公债的省（市）分布较广，发行地方公债的省份有江西、湖北、奉天、湖南、山东、河北、浙江等十多个省份。但债务比较集中，赣浙冀鲁湘苏鄂 7 省占到了全国的 81.90%（其余省市仅占举借总额的不足 20%），其中尤以江西省为甚，无论是举借次数还是举借金额均位居全国第一。主要原因是从 1913 年到 1926 年，北洋系军人李纯、陈光远、蔡成勋、方本仁、邓如琢相继督赣，扩军备战和聚敛财富是他们的主要任务和精力所在。军费与日俱增，预算不能编制执行，惟赖举债弥补。而每发行一种公债，常作数用，致债额增加、基金不足，不得不再发行新债偿还。所以该时期江西省所发公债的一个显著特征是 80% 以上的债款用于弥补军政经费，而且大多采用发新债偿旧债的方法。其他各省的情况大致与江西类似，因"师旅林立，军费时有增加，多者几逾总额之半，少亦三分之一"，导致财政极其困难。中央自顾不暇，外来补助无望。袁世凯死后，军阀混战加剧，想要各省裁兵减员更是无法想象的，所以各地只能通过举债来解决严重的入不敷出问题。

北洋政府时期地方政府内债主要有以下特点。

其一，不同省份债务筹集规模差距较大。由于全国各地经济发展水平、财政状况、政治和军事形势不同，各省在北洋政府时期借债的规模差距较大。政权混乱、军阀割据严重，战事频繁的江西、安徽、福建以及广东等省的公债发行规模较大，尤以江西最多。

其二，地方政府内债的担保品较为广泛，主要以地方税、捐为担保品。其余用作担保品的税捐收入主要有丁漕、米厘、货物税、盐税、煤税、契税、烟酒税、统税、田赋、租税、屠宰税、盐捐、丝绢、皮毛捐等。

其三，发行内债主要用于军政费用。在有债务用途记录的62笔内债中，将近一半的债款用于弥补军费。绝大多数省份发行的内债主要受控于当地主政军阀的意愿，用于筹集军费。

其四，地方政府内债规模在不同军阀主政时期有明显的阶段性特征。在袁世凯统治时期对地方债控制较为严格，所以各省地方债发行规模不大。袁世凯死后，各省份当政军阀拥兵自重，为快速筹备军费，纷纷发行地方内债，完全靠举债为生，各地军阀统治时期地方债规模剧增。北洋政府末期债务成为各军阀政府的巨大负担和包袱，长期拖欠未偿还的债务早已使得民众和工商业者对政府失去信心，银行与其他金融机构也不愿再承销这些没有确实保障的地方债款，使得北洋政府末期地方债规模和发行量有所减少。

其五，北洋政府时期地方政府公债未能完全得到清偿的现象十分普遍。据统计，"在北洋时期地方政府有偿还记录的29笔公债中，真正完全清偿的只有12笔，有3笔借款甚至完全未清偿，其余都是仅偿还一部分"[1]，对部分偿还的债券进行统计，其偿还额仅占债券发行额的52%左右。在14笔偿

① 马金华：《近现代中国地方政府债务的发展历程》，《中国财税博物馆近现代财税历史研讨会论文集》，经济科学出版社2014年版。

清的债券中，还有 3 笔是依靠发行新公债或金融库券换回的，这对于地方政府公债债信势必有很大的影响，导致很多公债无法顺利发行，据粗略统计，实际发行额仅占预计发行额的 77%。

其六，公债主要依靠强行摊派获得。摊派制度的形成大致在清朝雍正之后。北洋军阀统治时期的地方内债摊派花样层出不穷。摊派在不同名义下可以采取许多不同形式，但均与某种假定的紧急情况有关，如果军阀的正常税收不足应付紧急需要（北洋政府时期这种情形常常发生），则大肆采用摊派的方式将债务负担强加给县和村，尤其在那些军阀统治并不牢固、常面临被推翻危险的地区，摊派更加频繁，使得当地财政负担非常沉重。

四、规范：规模较大、形式多样的南京国民政府前期

"国民政府奠都南京以后，政局渐趋统一，宋子文接长财政，力谋整顿，于十七年七月召开第一次全国财政会议，划分国地收支，充实地方收入，同时并议定发行公债及订借款项限制办法；同年立法院复拟具公债法原则草案呈请国民政府提送中央政治会议议决，于十八年六月公布施行，其中对于呈请发行公债之程序、借款用途、基金之担保与保管等项，均由严密之规定；至二十一年三月，复将监督地方财政暂行法予以修正公布，对于地方政府之举债，更有严格之限制；自兹以后，章则渐备，地方政府发行公债，始有规则可循，而中央对于地方财政之稽考，乃有正确之根据；故此时期，可称为地方公债之正轨时期。"①

南京国民政府统治前十年即 1927～1937 年因为政治局势稳定，国民经济好转，财政制度较规范。然而，表面上统一平静的政治局面掩盖不住各派军阀的你争我夺，大规模的战争就有六七次，中小军阀间的混战更是频繁，为了进行战争，从中央到地方都不断扩充军队，增加军备，这使得各地方政府的军费支出居高不下，加之混乱的北洋政府时期遗留的巨额债务，大部分省市依然存在着财政拮据、收不抵支的情况，所以，公债依然是各地方政府筹

---

① 万必轩：《地方公债》，大东书局 1948 年版，第 3 页。

资的重要方式。1927～1936 年主要省份发行地方公债如表 1－5 所示。

表 1－5　　　　　　1927～1936 年主要省（市）公债发行统计

省别（含特别市）	笔数	发行额（万元）	各省（市）发行额占该省发行总额的百分比（％）
四川	13	21120	67.26
浙江	11	12650	81.04
江西	12	3440	29.45
江苏	11	4900	70.00
山西	3	2900	70.73
辽宁	1	2000	25.00
湖南	6	2350	35.56
湖北	9	4050	50.06
福建	10	1259	14.74
山东	8	1320	18.87
云南	2	3000	63.69
河北	4	1590	50.15
广西	3	400	13.79
安徽	9	939.94	36.93
河南	1	300	29.41
陕西	2	600	16.25
贵州	1	100	24.5
合计	104	62918.94	

注：此处的"发行额"都是根据公债条例上的发行定额统计的，与公债的"实募额"有一定的差距。因受发行折扣、手续费、募销困难等影响，"实募额"往往只有"发行额"的五六成，高的有七八成，低的可能只有一二成。

资料来源：根据本书附录"晚清民国时期省（含特别市）公债统计总表"绘制。

从表 1－5 可知，在南京国民政府前期，四川省发行公债在十余个发债省中是最多的，达 13 种、发行额计 21120 万元。其次是浙江省，在本期内共发行 11 种省债、债额共计 12650 万元。再其次是湖北、江西和江苏三省。湖北省本期内共发行省债 9 种，发行额计 4050 万元。① 江西省共发行公债和库券 12 种、计 3440 万元；江苏省共发行省债 11 种，债额共计 4900 万元。上述五省的发行额达到 46160 万元，约占本期地方公债总额的 73.36%，其余省份的发债额大都较小。如安徽本期内共发行 9 种省债，债额仅 939.94 万元；再如福建省，本期共发行了 10 种公债和库券，种类比较多，但发行额仅排在各省的第 12 位。究其原因，实缘于本期内福建省政局不稳，经济残破，事变迭起，又受制于民国政府"省府非经中央政府核准，不得募集一百万以上之公债"② 的规定限制，福建省地方政府只得发行 90 万元以下的短期库券应付日趋贫困的经济，同时规避中央政府立法院的审查。

地方支出项下，若干省份债务费支出占比巨大。表 1–6 是 1934 年部分省份债务费支出及占省岁出总额的比重。可见大多数的省份，收支均不能相抵，弥补财政的办法无非是在附加税和就地举债上做文章，1934 年甚至出现了内地几省发行省债跑到上海去设法抵押的现象，这显然是因为内地金融枯竭，只好将一部分地方财政的重心移向口岸。

表 1–6　　　　　　1934 年部分省份债务费支出及占省岁出总额的比重

省份	岁出总额（千元）	债务费支出（千元）	对岁出总额之百分比（%）
山西	17766	10797	60.77
广东	38284	19903	52.24
浙江	24699	6429	26.03
湖北	17023	4236	24.88
江苏	222004	4175	18.97

资料来源：中国现代史资料编辑委员会：抗战的中国丛刊之二《抗战中的中国经济》，中国现代史资料编辑委员会翻印，1957 年版，第 371 页。

据统计，南京国民政府前十年共发债 104 笔合计约 6.29 亿元。发行公债

① 浙江省于 1936 年 5 月发行的"整理公债"6000 万元，全部用于抵换此前所发各债，故未计入该省总额。

② 财政部财政科学研究所、中国第二历史档案馆编：《国民政府财政金融税收档案史料（1927—1937 年）》，中国财政经济出版社 1997 年版，第 156 页。

的省份有安徽、上海、湖北、四川、广东、福建、北平、天津等15省（市）之多。南京国民政府时期地方政府借债笔数多且规模大，一是因为1931年中央政府将地方政府的主要收入厘金改为统税，同时将统税收入划归中央，使得许多省份财政收入不足。二是这一阶段财政支出目的更加多样化，不仅需要偿还北洋政府时期的高额债务，为国民党筹集大量军费，还需要发展地方实业，进行基础设施建设，财政支出大幅增长。三是因为地方政府内债的投向，南京国民政府时期的公债主要投向可生利的实业建设，为债务的后期偿还提供了保障。

南京国民政府时期地方政府内债主要有以下特点。

其一，内债发行担保品更加多样化。这一阶段，地方政府发行内债担保品主要以正税为主，以附加、政府财产收益以及中央协款为辅。这一时期内债担保品的主要特征是更加多样化，一笔债往往提供数种担保品。担保品的多样化一方面说明在南京国民政府初期，地方政府收入来源丰富；另一方面也说明当时各地方政府苛捐杂税之泛滥。

其二，地方政府发行内债多用于发展实业及建设基础设施。国民政府初期政府发债用途最明显的特征就是政府发行内债的主要目的不再为了筹集军政费用或偿还赔款，而是主要用于实业建设，助力各省发展本地经济。这使得1927～1937年整个国民经济向上发展，农业生产、工业生产、交通运输、商业贸易都有不同程度的增长。

其三，南京国民政府时期地方债的举借形式主要有两种：一种是以债券、库券形式公开发行的公债，另一种是省（市）政府向银行等机构的其他借款。后者一般借款数量较少。各省军政府采用抵押债券以向银行借款的比重较大，也是主要债务表现形式。20世纪30年代的研究者曾有如下描述："政府发行公债，多当需款孔殷之求，等不得债票拿去发售，预先就以债票向银行抵押借款，然后由银行陆续按市价而出售，等到债券售出，再行结账。"[①]这类抵押借款一方面大大强化了银行业与地方政府的千丝万缕的关系，另一

---

① 千家驹：《国民政府与内国公债》，载《东方杂志》第30卷第1号，1933年1月1日。转引自吴景平：《近代中国内债时研究对象刍议——以国民政府1927—1937年为例》，载《中国社会科学》2001年第5期，第178页。

方面也大大增强了各省军政府的借款能力，加速了这一时期地方政府债务规模的膨胀。

五、结束：债期较长、清偿较好的国民政府后期

"民国二十六年，中日战事发生，国库支出日增，至民国三十年，中央应付事变，决定实行统收统支政策，改订财政收支系统，将原属省预算之一切收入支出，并入国家财政之内，由中央统筹收支，所有各省历年发行之公债，亦照案例列入国家财政之内，由财政部接收整理，并规定自三十一年度起，限令各省不得再有新公债之发行；而是时，重要都市均已先后沦入敌手，其财政无形停顿；县公债向少发行，地方公债，至此乃告一段落；故此时期，可称为地方公债之结束时期。"①

抗战爆发后，国民政府面临着严重的财政困难，财政收入锐减，财政支出猛增，财政危机频现。据统计，从 1937 年至 1941 年取缔地方政府债务，各省共发行债券 44 笔合计约 33815 万元。如表 1－7 所示，发行地方政府债务的省份有四川、福建等 14 省之多。这一时期各省公债平均发行利率不到六厘，与前几个阶段相比是最低的。债券发行和偿还情况较好，实际发行额几乎占到计划发行额的 80%，在有偿债记录的八次债券发行中，债券均得到及时的清偿。

国民政府后期地方政府内债有以下特点。

其一，地方政府发债规模较大，期限较长。战争背后就是财力的竞争。在短短的四年间，各地政府发行了约 33815 万元的债额，平均每笔债券达到 768.5 万元，是历史上各个阶段最高的，平均偿债时间都超过十年。

其二，发债目的从筹集军费逐渐转向促进经济发展。1937 年和 1938 年各地政府发行的公债主要还是用于筹集军费、支援抗战，但是 1939 年后，公债用途转向了兴办经济建设事业、调节社会经济、增加银行资本、活泼地方金融、整理旧债等方面。这也标志着地方公债在经历了几十年的波动发展之

---

① 万必轩：《地方公债》，大东书局 1948 年版，第 3 页。

后逐渐走向了成熟，地方公债也慢慢走向良性循环。

其三，这一时期为了集中全国财力应付战时需要，财政体制进行了较大的集权性调整，取消省级财政，强化中央财政。将全国财政分为国家财政与自治财政两大系统，各省发行地方公债的权利也被中央政府下令终止，所有已发行而未售出的余存债票，一律缴国库保管，其用于抵押的债票也一并移缴。为完成公债的收回整理工作，1943 年，财政部发行了"整理省债公债"1750 万元，专门用来调换收回原有各种省公债。

表 1－7　　　　1937～1941 年主要省（市）公债发行统计

省别（含特别市）	笔数	发行额（万元）	各省（市）发行额占该省发行总额的百分比（%）
四川	5	9600	30.57
福建	21	6565	76.84
江西	3	4000	34.25
广西	2	2500	86.21
湖南	1	1800	27.23
湖北	2	1300	16.07
安徽	2	1000	39.29
山西	1	1000	24.39
江苏	1	1000	14.29
浙江	1	1000	6.41
陕西	2	2800	75.81
河南	1	500	49.02
西康	1	500	1.47
山东	1	250	3.57
合计	44	33815	

注：此处的"发行额"都是根据公债条例上的发行定额统计的，与公债的"实募额"有一定的差距。因受发行折扣、手续费、募销困难等影响，"实募额"往往只有"发行额"的五六成，高的有七八成，低的可能只有一二成。另山东省发行额只统计银元数，另有一笔50亿元法币未计人。

资料来源：根据本书附录"晚清民国时期省（含特别市）公债统计总表"绘制。

第二节 近代中国地方政府外债的轨迹

地方外债主要是指以各地地方政府名义所举借的外债。在近代中国，地方外债主要包括两种基本形式：一以地方政府名义举借的用于对内对外战争和用于政费开支的军政外债。二是以地方政府名义举借的用于维持官办企业、平息金融风潮等实业性外债。近代中国地方外债并不是地方政府自借、自用、自还纯粹的地方外债，而是一定程度上具有国债的特点，这与近代财政体制相关。近代地方外债早于地方内债。地方外债总体呈现出发行笔数和规模越来越少的趋势特征。发行时间主要集中在晚清和北洋两个历史时期。

一、兴起：兴起泛滥、默认允许的晚清政府时期

近代地方外债主要集中于晚清时期。在漫长的中国历史中，政府向民间募债已经成为统治者垂鉴的对象，因此晚清政府宁愿举借外债而不愿留下举借内债的"笑柄"，所以，晚清时期地方外债早于地方内债，地方外债在晚清时期经历了从尝试举借到泛滥失控的历程，成为晚清时期中央与地方财政体制格局中一个难解的症结。

晚清时期地方政府外债，最早开始于镇压太平天国运动。鸦片战争外国人入侵使得中国割地赔款，镇压太平天国起义又耗费了清政府大量财力，在八旗兵吸食鸦片战斗力下降的情况下，清政府启用湘淮军来镇压农民起义。在中央政府无力支付军饷的情况下，清廷不得不允许地方就地筹饷。就地筹饷权的下放使得各省不仅采取盐斤加价的传统筹款方式，还开辟厘金，染指关税，更甚者，直接向外国洋行洋商举债。中国历史上地方政府第一次举借外债发生在 1853 年，为配合太平天国起义，上海爆发小刀会起义，为筹措军费，上海道台吴健彰第一次举借地方外债，以 13000 元银洋（约合库平银71342 两）的价格雇英美板船三只，由江海关分两期支付，年利近 16%。这说明地方政府以举债的形式获取外国的武器装备已成为地方政府与外国军事

合作的一部分。咸丰帝竟然对于这一行为并未加以指责，甚至表示"汝果能剿办合宜，仍可受上赏，不必先以此存心也。"① 这种默许的态度进一步助长了地方外债的举借。紧接着，1854 年，两广总督叶名琛为镇压天地会起义，向美商旗昌银行借款 26 万两；1857 年，闽浙总督王懿德为镇压小刀会起义，向福州英商借款 50 万两；1863 年，苏松太道吴煦向上海阿加剌银行借规银 10 万两，实收 96400 两。② "据统计，在 1861～1865 年，江苏、福建、广东等省，先后至少向英美各国洋商举借十二笔地方外债，借款总额达 1878620 两。"③ 因清政府依赖各地政府为其镇压农民起义，所以对于各地地方外债都采取了默许的态度。太平天国被镇压下去后，中央政府试图收回"就地筹饷"权，但事与愿违，不但收不回去，伴随着各地筹划海防、举办洋务的实践，"就地筹饷"逐步向"就地筹款"演变，用钱的范围扩大了，地方外债也就进一步扩大。1883～1884 年，两广总督张树声和湖广总督张之洞，为筹划海防建设，先后举借洋商五笔外债，达 700 万两。据徐义生统计，甲午战前，各省举借的自借、自用、自还的地方外债就达 1440 万两。④ 西征借款中，为保证军饷的足额到位，左宗棠"使出了变协饷为各省所欠外债的杀手锏，使协拨省份加盖关防的海关印票代替了难具约束力的中央催解，先后六次委托上海采运局道员胡光墉向外商借款合计达 1595 万两，为保证西征战事的顺利进行扫清了资金障碍。"⑤ 由此西征借款成为第一批由中央政府授权批准的地方政府债务。改变了过去地方借债多是"先斩后奏"或干脆"不奏"，中央政府默许不声张的格局。西征借款后的中央政府再也不能对地方外债采取听之任之，熟视无睹的态度了，而是规定：地方大员借用地方政府债务，必须上奏朝廷批准，并且事后要上报，赋予了地方政府债务的官方性质。

甲午战争后，巨大的外债和赔款压力使得清政府在财政上只得继续沿"就地筹款"的道路走下去。1897 年 3 月，户部奏折称："迭经钦奉谕旨，饬

---

① 蒋廷黻编：《筹办夷务始末补遗》（咸丰朝，第 1 册），北京大学出版社 1988 年版，第 94 页。
② 中国人民银行总行参事室编：《中国清代外债史资料（1853—1911）》，中国金融出版社 1991 年版，第 11－12 页。
③⑤ 马金华：《晚清中央与地方的财政关系——以外债为研究中心》，载《清史研究》2004 年第 1 期，第 95 页。
④ 徐义生：《甲午中日战争前清政府的外债》，载《经济研究》1956 年第 5 期，第 105－127 页。

令各省考核钱粮，稽核荒田，开办蚕桑，振兴商务，并行令各省督抚就地筹款。"① 就地筹款名正言顺地成为地方扩大收入的途径。清末新政时期，中央规定"近年来因筹办各项新政，需款浩繁，国家财力不足以支办之，乃各量地方所出以谋地方所入"②。这显然是放手让地方在中央财政系统之外，自筹自用，不向户部（后改为度支部）负责。因此各省不约而同群相仿效，地方政府债务再次勃兴。

1901 年 11 月中旬，闽浙总督许应骙因库款支绌，拟向日本台湾银行商借银 300 万两，经与日本驻厦门领事上野专一、该行买办施增商定，于同年 12 月 21 日由该行提供贷款银 150 万元。这笔借款年息 6.5%，期限 15 年，以福州附近常关税厘充作担保。③

1905 年，闽浙总督、船政大臣兼管闽海关税务崇善，以船政局旧欠外国厂商的料价亟待清偿及重新采购一些新料为由，于该年 6 月与汇丰银行签订合同，借银 30 万两，期限 3 年，年息 7%。以涵江、铜山、泉州三处常关年征税饷约 35 万两和在建的马江闽关铜币总局及该局日后所得之利作为抵押；如果到期本利欠付，则上述税饷即交予海关办理，汇丰银行则将铜币总局的产业出息作抵。④

1909 年 1 月 4 日，福建布政使尚其亨为弥补本省财政亏损，用福建省厘金做担保向日本台湾银行借取按日金和银元计各 5 万元，月息率 0.9%，借期 1 年。此后，福建地方外债全由日本台湾银行独家承揽。如 1911 年 4 月，由福建度支公所出面，借库平银 5 万两，以福建省厘金担保，用以弥补该省地方财政亏空。6 月 30 日由布政使尚其亨出面，再向同一银行举借银元和日元各 7.5 万元，拨还本省当年 2～5 月份应解庚子赔款汇往上海的费用。⑤ 这家银行通过对贷款的担保品的控制，实际控制着福建地方财政，进而增强日本在福建的势力和影响。

广东地方外债多由汇丰银行承揽。1904 年 1 月，两广总督岑春煊为筹措

①　中国人民银行总参事室编：《中国清代外债史资料》，中国金融出版社 1991 年版，第 235 页。
②　马陵合：《论晚清地方外债的阶段性特点》，载《安徽师范大学学报》1996 年第 1 期，第 28－35 页。
③④⑤　董继斌、景占魁：《晋商与中国近代金融》，山西经济出版社 2002 年版，第 168 页。

慈禧生日节礼的采办经费及整编省内军队费用，向汇丰银行举借港币140万元。1907年6月11日又借一笔，计库平银200万两，充作广东省军政费用。张鸣岐继任总督后情况依旧，先后共借三笔：1910年10月28日为弥补广东财政赤字，向该行借港币300万元，并开始以厘金作保；第二年6月，为供作广东官银钱局兑付纸币基金，向日本台湾银行借日金160万元，以广东小饷押、硝磺捐等杂税、杂捐作担保；同年8月30日向汇丰、汇理、德华3家银行共借港币500万元，为清偿前借汇丰之款的本利，先扣除其中大部，余则充作兑换省钞基金。① 此时因清政府颁布铁路干路国有令，在广东激起民间反对，风潮中有人倡议拒用纸币，以致人心惶惶，市面一日数惊。汇丰等3家银行及时提供贷款，这是对广东地方当局的极大支持，也使后者付出了极大的代价。除了以广东厘金银240万两为第一抵押外，又规定必要时，"将广东省他项已核准的税收补足厘捐收入"。②

在北方，1903年，新疆巡抚潘效苏谋求增强地方统治力量，维持社会治安而准备整编省内军队，俄国给予积极响应，由道胜银行出面，以全疆矿产及垦荒权益作抵，于该年6月1日提供库平银200万两借款一笔。1907年1月，伊犁将军长庚为改组新疆伊犁军队筹措饷款，向来把活动重点置于中国东南地区的汇丰银行，立即给予积极回应，提供库平银100万两的借款。③

1906年初，湖广总督张之洞声称要为修建汉口的道路筹措经费，实际则是决定新建武昌炮兵营和扩大陆军小学堂，为解决建设费用的"急需"。先是派人向日本三井洋行要求贷款，后者认为这种"仅属单纯借贷"，"不伴随特殊权利"，索要年息8厘4毫的高利，不积极承揽。这时英国麦加利和德国德华两银行乘虚而入，愿以年息6厘承揽这一借款，事后被日本外务大臣林董察觉，当即指示横滨正金银行总行安排汉口分行速与湖广督署进行直接交涉，并于同年7月25日正式签订湖北善后总局借款合同。其中详细规定借款额洋例银40万两，年利率7%，借期5年，以汉口城内肖家垸一带及城关等处善后局的427亩地皮契纸作为抵押。如借款未能按期清偿，这些地皮应听贷方"一律售出，变价偿还"。签署者除了借贷双方代表，还有日本驻汉口

①③ 董继斌、景占魁：《晋商与中国近代金融》，山西经济出版社2002年版，第168页。
② 《清季外交史料》，宣统朝，第22卷，第49－50页。

领事，并盖用善后局关防，以示郑重。接着，9 月 4 日又达成借用洋例银 200 万两的协议，年利率 8%，10 年期，先 3 年还本，后 7 年兼还本息。[1] 善后局所收盐厘改从加价项每年进款 40 万两作抵，如届期不能照付本息，兼以大冶矿山作保。这笔款项的用途，口头上是用于新设机器、呢绒、针、钉 4 个工厂的兴建，实际用途是备清偿前向日本川崎造船厂订购的炮舰、水雷艇等价款的余欠。

1910 年 8 月 14 日，新任湖广总督瑞澂为弥补湖北省财政的亏空，向汇丰、汇理、德华、花旗 4 行，合借洋例银 200 万两，以本省的筹饷银、酒、烟草、砂糖等货税厘充作担保。9 月 21 日由该省度支公所和工赈所出面，向华俄道胜银行各借洋例银 10 万两，共计 20 万两；瑞澂援前任举借新债偿还旧欠例，于 1911 年 3 月底奏请拟借外债 200 万两，以资归还。度支部复议结果，认为并零欠为整欠，转重息为轻息，变短期为长期，"尚无不合"。瑞澂为一方，汇丰、德华、东方汇理三家银行和美国财团为另一方，于该年 8 月 14 日订立湖北省宣统三年 7 厘银借款合同，规定借款额为洋例银 200 万两，10 年期，年利 7%，分 10 批偿还，以宜昌盐厘为第三次抵押，并以他项税收作为补充，如果不能按期还本付利，作为担保的税收交给海关管理。[2]

1908 年 7 月 1 日，江苏为筹措赈灾用款，由江苏裕宁官钱局向日本正金银行借洋例银 100 万两，提供安徽省境长江以南茶厘作为担保。1910 年上海发生橡皮股票风潮，为救济沪上市面银根奇紧局面，两江总督张人骏经向清廷奏准，由上海道蔡乃煌与汇丰、德华、东方汇理等 9 家银行商妥，于 8 月 10 日由后者提供贷款规平银 350 万两。接着，为偿付源丰润等号对外商与外国银行的欠款，由张人骏与汇丰、汇理、德华 3 家银行商妥，于 12 月 11 日再提供贷款规银 300 万两，以江苏省盐厘充作担保。[3]

1910 年 5 月 21 日，东三省总督赵尔巽向横滨正金银行借款日金 150 万元，用以购买军械和收回奉天纸币——官帖；一个月以后又借日金 70 万元，

① 杜恂诚：《日本在近代中国的投资》，上海社会科学院出版社 2019 年版，第 359 页。
② 汪敬虞：《中国近代经济史（1895—1927）》，上册，人民出版社 2000 年版，第 422 页。
③ 董继斌、景占魁：《晋商与中国近代金融》，山西经济出版社 2002 年版，第 169 页。

以抵收回官帖经费的不足。①

1910 年 7 月，上海正元、啸余、兆康三钱庄破产致各商家大起恐慌，1910 年 8 月 4 日，上海道蔡乃煌从日、英、美、德、俄、法、比、荷八国银行借款 360 万两救济。分别是汇丰银行 80 万两、花旗银行 30 万两、德华银行 50 万两、横滨正金银行 30 万两、华比银行 15 万两、俄华银行 50 万两、加大陀银行 50 万两、法兰西银行 30 万两、荷兰银行 25 万两，合计 360 万两。② 利息为年四分，从七月调印之日起算每半年支付。1915 年中分四季偿还之：1915 年 7 月 14 日以前偿还 87.5 万两；1915 年 7 月 21 日前偿还 87.5 万两；1915 年 7 月 28 日以前偿还 87.5 万两；1915 年 8 月 4 日以前偿还 87.5 万两，合计 350 万两。

1911 年 4 月，云南因准备各项新政及编制新军，需费甚巨，又因鸦片禁令，岁入大减，不得已向英法隆兴矿山公司借入外债 180 万两。利息年五分，每年二回支付，从本契约缔结之日起算二十五年每年分还。③

山东巡抚孙宝琦为弥补本省财政的亏空，于 1910 年 11 月 30 日向德华银行借规银 40 万两，12 月 30 日又向同一银行举借规银 15 万两。④

从上述不难看出，时至清王朝临近崩溃之时，不仅中央，乃至地方财政也深深陷入于债务的恶性循环。各省有时遇事商借款项，竟不经度支部便"彼此自相通融协借"，但因借款为地方自筹之款，度支部"亦无从过问"。⑤ 据日本人根岸佶估算，清末各省及各部所借外债，"以日本论已在二千万元以上，则合诸国总在亿元"。⑥ 清末各省举借外债情况如表 1–8 所示。

① 董继斌、景占魁：《晋商与中国近代金融》，山西经济出版社 2002 年版，第 170 页。
② 童丽：《民国时期银行家的思想与实践》，世界图书出版公司 2017 年版，第 17 页。
③ 胡钧：《中国财政史》，商务印书馆 1920 年版，第 384 页。
④ 以上各省借款资料，除加注者外，均据徐义生：《中国近代外债史统计资料，1853—1927》，中华书局 1962 年版，第 38–53 页。
⑤ 刘锦藻：《清朝续文献通考》，《国用九》，卷七一，商务印书馆 1955 年版，第 8279 页。
⑥ 刘秉麟：《近代中国外债史稿》，三联书店 1962 年版，第 50 页。

表1-8　　　　　　清末各省举借地方外债统计（1900~1911年）

时间	借款名称及数额	借款者	贷款者	借款用途
1900年8月	湖广借款75000英镑	鄂督张之洞	英国汇丰银行	军费
1901年	两广借款70万两	两广总督	洋商	凑还汇丰洋款
1901年6月	奉天借款28万两沈平银	盛京将军增祺	华俄道胜银行	奉天省善后事宜
1901年12月	福建借款150万银元	福建善后局	日本台湾银行	弥补赤字
1903年6月	新疆借款200万两	新疆当局	华俄道胜银行	军费
1903年7月	闽省樟脑借款银元20万元	闽督许应骙	日本台湾银行	兴办樟脑局
1903年12月	两广借款100万两	两广当局	英国汇丰银行	整顿广东军队
1903年	广东借款400万马克	广东善后局	德商	
1905年3月	临城煤矿借款300万法郎	直隶总督	法东方汇理银行	办矿
1905年4月	福建船政局借款30万银元	福州将军松寿	英国汇丰银行	开设铜币局
1906年1月	直隶公债300万两	直隶袁世凯	日本正金银行	北洋军政费
1906年7月	湖北善后局借款洋例银40万两	鄂督张之洞	日本正金银行	军费
1907年1月	伊犁借款100万两	伊犁将军	汇丰银行	军费
1907年6月	广东借款200万两	粤督岑春煊	汇丰银行	军费
1907年9月	湖北官钱局借款洋例银200万两	湖北官钱局	日本正金银行	弥补赤字
1908年7月	江苏裕宁总局借款100万洋例银	裕宁官银钱局	日汉口正金银行	赈灾
1908年7月	湖北善后局续借款洋例银50万两	湖北官钱局	日本正金银行	军费

续表

时间	借款名称及数额	借款者	贷款者	借款用途
1908 年 10 月	东三省借款 110 万两沈平银（1）	东三省总督徐世昌	汇丰银行	中日合办木植公司
1908 年 10 月	湖北借款洋例银 15 万两	湖广总督陈夔龙	日本正金银行	军费
1909 年 1 月	福建借款日金 5 万元	福建布政司	日本台湾银行	弥补赤字
1909 年 4 月	安徽公债 110 万两	皖抚朱家宝	英商怡太洋行	军政费
1909 年 8 月	湖广总督借款洋例银 50 万两（2）	湖广总督瑞澂	英国汇丰银行	筹备善后政治学务实业
1909 年 10 月	湖北公债 76.5 万两	鄂督陈夔龙	日本正金银行	弥补赤字
1910 年 5 月	东三省借款日金 150 万元（2）	东三省总督赵尔巽	日本正金银行	购买军械
1910 年 6 月	东三省借款日金 70 万元（3）	东三省总督赵尔巽	日本正金银行	兑付纸币
1910 年 6 月	井陉煤矿借款 75 万行平银	井陉矿务局	日汉口正金银行	运营费用
1910 年 11 月	山东借款 40 万两	山东巡抚孙宝琦	德华银行	弥补赤字
1910 年 12 月	江苏借款 300 万两	江督张人骏	汇丰/汇理/德华	维持市面
1911 年	滇省借款 25.2 万镑	云南	英德洋行	
1911 年 8 月	赎回云南矿权借款 150 万库平银	滇省当局	比卢汉铁路公司	赎回矿权
1911 年 1 月	湖南公债 50 万两	湖南官钱局	日本正金银行	弥补赤字
1911 年 1 月	福建借款 5 万日元	福建布政司	日本台湾银行	弥补赤字
1911 年 4 月	福建借款 5 万两	度支公所	日本台湾银行	弥补赤字
1911 年 5 月	福建借款 2 万两	度支公所	日本台湾银行	弥补赤字
1911 年 6 月	福建借款日金 7.5 万元	福建布政司	日本台湾银行	用于庚子赔款

续表

时间	借款名称及数额	借款者	贷款者	借款用途
1911 年 8 月	湖广总督借款 洋例银 200 万两（3）	鄂督瑞澂	汇丰/德华/汇理/ 花旗银行	弥补赤字
1911 年 8 月	湖南公债 70 万两	湖南官钱局	德商礼和洋行	弥补赤字
1911 年 8 月	广东借款港币 20 万元	粤督张鸣岐	汇丰/汇理/德华	兑付纸币
1911 年 9 月	湖北借款 洋例银 10 万两	度支公所	华俄道胜银行	急需用款
1911 年 9 月	湖北借款 洋例银 10 万两	工赈所	华俄道胜银行	急需用款
1911 年 10 月	山东借款 10 万两	山东巡抚孙宝琦	德华银行	急需用款

资料来源：本表据邓绍辉：《晚清财政与中国近代化》（1851～1911），华东师大出版社 1996 年版，第 140 页；徐义生：《中国近代外债史统计资料》，中华书局 1962 年版，第 38－53 页；许毅：《从百年屈辱到民族复兴——清代外债与洋务运动》，经济科学出版社 2002 年版，第 430－445 页编制而成。

表 1-8 中 41 次地方外债，共计 4000 余万两。其中湖北借款 9 次，共计 625 万库平银，还有 1 次公债 76.5 万两；福建借款 7 次，共计 170 万库平银；东三省 3 次，共计 110 万两又日金 220 万元；直隶、江苏各 1 次，各 300 万两；山东 2 次，共 50 万两；湖南 2 次共 120 万两；安徽 1 次 110 万两，伊犁 1 次 100 万两；所借外债，一般数额不大，期限从 1 年到 10 年不等，多为 4～6 年，年息 7% 左右。多通过当时刚成立的银行和官钱局经办。有的得到中央批准或默许，有的未经中央同意，纯属滥借。并且省与省之间互相援引成案，债与债之间辗转套搭。从借款用途上看，呈现单一的军事需要向诸如维护市面、发展实业、救济救灾及行政费用等多元化用途发展；从借款的条件、对象及分布上看，各项借款大多指定以该省某项特定收入、事业或权益为担保，其中又以厘金做担保的为多。如 1911 年福建布政司和度支公所的借款都是以福建省厘金作保；粤督张鸣岐向汇丰、汇理、德华三家银行的借款是以广东省厘金作保；湖广总督瑞澂向英法美德四国银行的借款是以宜昌盐厘作保等。从债权国看，放款的国家包括了英、日、德、俄、法等

主要帝国主义国家，其中英国、日本最多，以日本借贷的势头发展最为迅速，41 次借款中，日本承揽了 18 次，难怪日本学者根岸估所述："中央各署及直省督抚因紧要而向外人银行私贷者亦不少，即以日本论，已在二千万元以上，则合诸国总在亿元。"① 这反映了 20 世纪初列强在中国争夺角逐的基本态势。

从借款分布的地区看，沿海与内地、大省与小省、穷省与富省都有借款。而新政事业多、赔款负担重的几个省份则借款最多，如湖北、奉天、直隶、广东等省相对其他省份则借款较多，这在一定程度上也反映了清末"新政"的形势。其中，湖北在张之洞的控制下是新政举措繁多的省份，也是借外债次数和数额最多的省份。

为维持当地商业和金融市面两者的稳定，地方政府还常常打着"新政"旗号，滥借地方外债。前者如 1911 年 1 月 17 日，两江总督张人骏以华商资产作押向外商借款 200 万两；同年，广东为维持市面请订借 300 万两等；后者如 1911 年，两江总督张人骏举借 200 万两，但"并非救济沪市之用，系用诸实业、海陆两军等。"② 地方政府通过举债来办新政实业，但新政实业兴办无疑又增加了地方督抚的实力，实力增加的地方政府又以新政为名滥举外债，形成循环举债的局势。对于各省举借外债，梁启超在《中国国债史》中有段精彩的评述。

中国政治之组织，有种种不可思议者，即各省督抚之权限亦其一端也。谓其有权力耶，中央政府之奴隶而已；谓其无权力耶，则美国各省政府、德国各联邦政府所不能行之权，而我督抚能行之者不一见也。他勿具论，即如借债一事，各国地方行政区虽有地方公债，然皆借诸本区，或本国之国民（其债券或竟辗转售诸外国人者亦有之，然其性质固内债也），未有能直接为国际交涉以借外债者。有之，则自中国始。光绪十三、四年间，前山东巡抚张曜因垫发欠饷，借上海德商泰来洋行合规平银二十万两，又借上海德商德华银行四十万两。德华合同第六款云：张抚院如有升迁，此项欠款即归新任东抚承办。第七款云：张抚院如不能清偿，即将所欠数目奏请朝廷给还并给利息。实为地方官借洋债之嚆矢。光绪二十七年，则张之洞以湖广总督之名

---

①　刘锦藻：《清朝续文献通考》（卷72），商务印书馆 1955 年版，第 8251 – 8252 页。
②　马陵合：《晚清外债史研究》，复旦大学出版社 2005 年版，第 354 页。

义借五十万于汇丰。此例一开，各省纷纷效尤。近则山东也，广东也，直隶也，两江也，外债之事，迭有所闻。今未得确实之调查，其数不能确指也。而此次解补镑亏，湖北广东又拟借债。而外部、户部且致电南北洋及鄂督，令其代各省借债，分借、合借皆可（本年十月初六日电，见《上海时报》）。天下之奇闻未有过于是者。夫各省借，与中央政府自借，则何所择。各省借，而将来万一不能偿还，则其责任岂不仍在政府。政府借，而将来摊还本息，则其负担岂不仍在各省。若中央政府以为重借新债，万不容已，则竞自借之可耳，而必将其交涉卸诸各疆吏何也？一言蔽之，则图卸目前个人之责任而已。而其敝也遂使全国财政毫无统一，棼如乱丝，而涓涓不塞，将来流毒遂不可思议。呜呼！一政府之债务足以亡国，而况更益以十八小政府之债务耶！吾未知其所终极矣。[1]

梁启超的分析一方面说明地方外债危害甚大，将来会达到不可收拾的地步；另一方面地方债也会加剧中央财权被地方架空，地方财政呈现相当强的独立性。

对于各省各部的大借外债，中央政府曾三令五申："对外借款由度支部经理；各省各部借外债须经度支部同意，由该部借入后转交各省各部；外债偿还由度支部统一负责，不得各行其是。"[2] 对于中央的禁令，各省并不认真执行，因为财政危机的日益深重，各省财权日渐做大。因此，中央虽然口头上严格限制，但实际操作上也无可奈何允许地方举债。如 1905 年底，两广总督岑春煊奏请中央，要求借洋款一千万两举办要政，"作为母金，专为地方生利要政"，1906 年 1 月 19 日清廷朱批"著户部议奏"。但户部提出几条理由反对大举借债：首先，甲午前后所借外债，除赔款外，也有"规行要政，为富强久远之谋"，但"事既不成，亏累已盈千万。……几居一岁财赋之半，遂至竭蹶不遑"。因此，对于借款，"当谅力而动，非可贸然以从事也"。其次，"外国所谓国债，亦商民借助为多。即不得已而贷诸邻，实合全国通筹，

---

① 梁启超：《梁启超论各省自借洋债》，《中国国债史》，商务印书馆 1904 年版，第 44－46 页；中国人民银行总行参事室：《中国清代外债史资料（1853—1911）》，中国金融出版社 1991 年版，第 658－659 页。
② 北京大学图书馆藏：《度支部清理财政处档案》，《度支部奏请清理财政明定办法折》。

以执政者操其消息，岂若中国各分行省疆吏自理其财，则不足而举债于人，犹是内顾一隅之计。"① 再其次，地方兴办"新政"、开发实业虽是大事，不能不办，但依赖借款兴办，各省还不敢提议，假如广东一省开了先例，他省相继仿行，则更不好办。而且，如果广东"必待息借洋款，始能兴办要政，譬犹富家中落，日用渐已不供，而广田自荒，不宵以丝粟为积累，窃窃然称贷豪强，……所谓鹜虚名而处实祸也"。户部最后认为，"方今形势所迫，不能不变法自强，即筹款之为难，人亦当相谅。乃必以千万之资并举，恐难确有把握，倘不幸取决一时，遗他日无穷之患，恐疆臣不能当此重咎"②。"息借洋债，利权终于外溢""实不得不郑重""用款应就地求之"。户部此奏上达后，朝廷表示赞许，广东省借款搁置下来。但经过岑春煊的多次呈请，反复上奏，清廷终于批准借款，但要求"专为生利之用，凡非生利之事，无论何项要政，均不得指拨挪借。"③ 1907 年 6 月 11 日，200 万两借款最终成立。

据统计，晚清时期地方外债中，一般的军政实业外债（不包括赔款性的外债和铁路外债）占 40% 左右，总额达 9936.62 万两。④ 对于清末新政实业的举办客观上起了积极作用。但新政时期地方政府债务具有弥缝一时的特点。中央政府对地方举债一直表示要加以制止，但实际上却往往又在强调自借自还的前提下加以默认或事后追认。而地方政府对自借自还并不以为然，强调"自借自还，于部中无涉，此本不合理之议"，因为"地方者，国家之地方也"⑤。所以，中央与地方财政界限划分不清晰导致债务人的认定问题存在盲区，地方外债的失控也正源于此。

面对地方政府债务规模越来越大以及由此带来的地方财权的做大，清政府开始清理财政，目标是以度支部为财政中枢，加强对全国财政的监督控制，集财权于中央。其重点是理顺中央与地方的财政关系。但是，自太平天国之后，中央政府对财政运行监管的失控，财权不断下移。地方督抚因财政支绌而大量举借地方政府债务，对此中央一直无力加以制止，只能放任自流。

①② 朱寿朋、张静庐等校点：《光绪朝东华录》（五），中华书局 1984 年版，第 5468 页。

③ 许毅：《清代外债史资料》（中），档案出版社 1990 年版，第 301－302 页。

④ 中国人民银行总参事室编：《中国清代外债史资料》，中国金融出版社 1991 年版，第 1015 页。

⑤ 《清理财政议》，载《津报》1909 年 2 月 4 日。

另外，此时有两笔特殊的外债，分别是 1910 年 11 月招商局公债和 1910 年 12 月的汉冶萍公司债务。1910 年 11 月 15 日，招商局向汇丰银行借款 150 万两（约 25 万英镑），以招商局股票为抵押。借款内容该契约中有非经汇丰银行之承诺本契约不得提示第三者之规定。1910 年 12 月 28 日，汉冶萍公司向日本三井物产会社借款日币 100 万元，年息八分，一年以内偿还，以汉冶萍公司所属汉阳铁工厂及大冶铁矿的全部财产作抵押。[①] 招商局公债和汉冶萍公债名义上是公司借债，实际上是地方政府外债。官革两军交战中，革命军以私设公司之名义招募外债，此种外债从表面上视之不过公司的私债，但实际上是军事公债，与普通公司债不可同日而语，至南北统一，此种债务已经成为一种地方外债。

清末地方外债的兴起表现了半殖民地半封建国家财政内在的深刻矛盾。庞大的赔款及清政府中央、地方政府滥借的为数众多的外债汇成了对清政府沉重的压力，这种压力随同政治压力一道压垮了落后腐败的清政府。

二、活跃：财政独立、大举外债的临时政府时期

南京临时政府成立后，中央政府几无财政可言。政府北迁后，财政状况也没有得到好转。"县款不解于省，省款不解于中央。"1912～1913 年两年间，中央财政收入不过 2000 万元左右，无法满足军政各费的需要。中央与地方只能用各种借款来维持局面。蔡锷曾称："改革以还，中央势成坐困，各省亦元气大伤，其于行政种种需要，相率借用外资，饮鸩止渴，势何可久。"[②] 据统计，在南京临时政府时期，所借外债合计达 1604 万元，实收额达 1558 余元。所借外债收入，占政府财政收入总额的 68.81%[③]。在悲观的气氛中，甚至有人主张缩小中央权力，采用联邦主义，将大部分政务让予各省负责。但这一建议并不为社会舆论所赞成，尤不能为谋求专权的袁世凯所

① 孙波：《汉冶萍公司与日本的关系——以汉冶萍公司对日借款的形成为考察中心》，载《忻州师范学院学报》2015 年第 4 期，第 55 页。
② 中国第二历史档案馆：《中华民国史档案资料汇编·第三辑·财政（二）》，江苏古籍出版社 1991 年版，第 1025 页。
③ 徐义生：《中国近代外债史统计资料》，中华书局 1962 年版，第 95 页。

接受。袁世凯力主建立强有力中央政府，反对中央之财政消极主义，应对各省采取干涉主义。

辛亥革命当中，独立各省纷纷减免田赋，废除厘金，停征苛捐杂税，此后虽然恢复了赋税征收，但是新财政体制的建立相当缓慢。各省的财政收入远远达不到前清的水平，而各省的财政支出尤其是军费支出远远超过前清。同时前清的外债也往往成为各省财政上的负担。当时的爱国民主人士蓝公武在《论大借款》一文中称："若夫各省之自借小款，则正今日所痛心疾首而不能不急设法以纠正之者也。乃亦举之为主张大借款之理由乎。以今日政权尚未集中之时，中央岁入，全赖各省之供应，乃各省不仅置中央于不顾，且时迫中央之接济，中央无款以应，则又据为借款之理由。纷纷以本省之公产为抵押，自向外人私借小款，少者数百万，多者或至千万，其举动之乖谬，实足为亡国之张本。"① 民初财政部也多次表示中央财政困难，负债累累，与地方滥借外债密切相关。"辛亥九月武昌起义，南北两方面同时筹饷，同时购械，凡所需用，大都出以借债。因之，旧债既难照付，新债又复繁生，而且所生新债，无不息重期短，指日满限。益以到期旧债及从前各省所借，因改革以后未能筹付，请示中央代还债款各数千万。于是中央近年所负债额，不啻较前骤增数倍。"② 辛亥革命以后，各省在军费浩繁、财政困顿的巨大压力下，纷纷举借地方外债。

1912 年 4 月，直隶省以全省烟酒草茶税收入作抵，向德商瑞记洋行借款80 万镑，利息为年七分每年二回支付，从本契约调印之日起算十年内每年一回年赋偿却，偿还财源为将来募集之大借款，用于补充北洋政府行政费。③

1912 年 4 月，浙江省为弥补政费经费，向德意志军器商会借款 500 万马克，年六分每年二回支付，第一回大举外债收受之际当全部偿还。偿还财源为将来募集之中央政府大外债，担保品为浙江省厘金及捐税收入。附带特殊条件为浙江省将来当从德意志军器公司购买 200 万马克以上的军器。④

---

① 上海经世文社辑：《民国经世文编》（陆），北京图书馆出版社 2006 年版，第 10 页。
② 财政部财政科学研究所、中国第二历史档案馆：《民国外债档案史料》（第一卷），档案出版社 1992 年版，第 77 页。
③ 蒋士立：《国债辑要》，日进舍日本大正民国四年版，第 99 页。
④ 蒋士立：《国债辑要》，日进舍日本大正民国四年版，第 100 页。

1912 年 5 月，云南省为弥补财政，向法领安南东京鸦片专卖局借款 250 万两，年六分，本借款应募之报酬云南省当予法领东京鸦片专卖局之云南鸦片买收权及云南铁道附近矿山采掘权。①

1912 年 6 月，湖北省为弥补财政，向德商捷成洋行借款 300 万两，年六分每年二回支付，从本契约调印之日起二个年间偿还本金全部。以矿石代价供偿还之资，汉口诸税做担保。德商捷成洋行于此二个年间予以龙角山矿石贩卖权及龙角山附近所置矿石器具以 60 万两于本公债扣除。②

其他借款有：黎元洪以汉口各税做抵押，向德商定借三百万两，利息六厘；直隶省以全省矿产作抵，借比国资本家一千万两；云南省蔡锷向英法隆兴矿山公司借款；江苏省与德国资本家订立借款五十万英镑；四川省因乱事频繁与费用支拙，与德国订结借款多种；奉天省与日本曾订结借款一次而后取消；山东省以全省地租及印花税为担保品，胶州与高蒂男爵订结借款五十万英镑，年息六厘③；湖南省以全省矿产作抵，向日本银行借款二千五百万元等。④ 各省财政独立，政府无术以制之。"中央国库空虚，收入毫无。且迫于偿还公债，支应军饷，益无余资以补助各省。至于各省方面，因不得中央之资助，乃自由行动，经济上纯趋取入于联邦制度。又因忍受革命之痛苦，滥发纸币之影响，解散军队费之浩巨，于是经济上之信用荡焉无存。"⑤

南京临时政府成立后，中央政府一直想收回地方举债权，财政部还成立公债司这一专门机构来负责全国的公债发行和管理，"为公债募集，不宜杂乱，以杜流弊而免厉民事。窃维公债之担负，在于国民；公债之利病，视乎办法，发行有方，则偿还可必，经理划一，则募集不紊。"⑥ 随着三令五申，更考虑到中央政府公债发行顺畅，南京临时政府勒令停止了各地自己发行的地方债券，实行由中央统一发行公债。"此次发行公债，原统一财政，巩固信用……查沪军政府发行债票，诚为救急之本，其在中央债票未发行之前所

① 蒋士立：《国债辑要》，日进舍日本大正民国四年版，第 101 页。
② 蒋士立：《国债辑要》，日进舍日本大正民国四年版，第 102 页。
③④ 来新夏主编：《北洋军阀》，中国近代史资料丛刊，上海人民出版社 1993 年版，第 511 页。
⑤ 上海经世文社辑：《民国经世文编》（陆），北京图书馆出版社 2006 年版，第 3790 页。
⑥ 中国社会科学院近代史研究所编：《孙中山全集》（第 2 卷），中华书局 1982 年版，第 148 - 149 页。

售之票，本部长准其发行，其在发行中央债票以后，所有沪军政府未售之票，即当截止。"① 同时有意识地区分内外债与其他财政活动，使外债成为制度化的财政构成。

三、滥借：先斩后奏、滥借横行的北洋政府时期

北洋政府时期，起初因袁世凯北洋政府势力强大，虽然财政依然困难，但由于善后大借款发行较好，所以列强比较信任袁世凯，政府债务信誉较好，对地方举债袁世凯持慎重态度。他认为"偿还义务虽在各省，稽核之任仍属中央"②。1912 年中央政府不断出台政策三令五申，对涉及铁路、矿山、田赋等方面的地方外债进行特别的规定，明确限制地方举借外债。"各省各种借款或铁道借款，如未得中央政府之许可者，概不得订结。"③ 针对当时各省商办铁路"颇有借用外款，并未禀请中央政府允准，径向外国商民私自订借情事"，袁世凯下令"凡各省铁路，虽系商办者，如借用外款，非经中央政府核准，不能有效。各国商人，亦应于订借之先，禀请本国驻京大臣，询明确系已经政府允准，方可借给，以期妥慎"④。明确表明对地方债务不予以支持的态度。与此同时，日本政府也迎合袁世凯提出了省借款的担保条件："一、省借款之订结须由中央政府许可；二、用途须呈报中央，不得滥费；三、担保品须确凿可靠。"⑤ 但是，这些条件事实上很难遵行。"盖当时中国各行省中，除直隶、山东、陕西尚服从中央命令外，其余如江苏、福建、广东、安徽、四川、云南诸省均形同独立，行动自由。"⑥ 1912 年 9 月 9 日，财政部为查明各省自借外债具体情况致电各省都督，要求将辛亥革命以来各省借外债的实际情况如实呈报，强调"但无论内债外债，均与国家信用有直接关

---

① 中国社会科学院近代史研究所编：《孙中山全集》（第 2 卷），中华书局 1982 年版，第 168 页。
② 中国第二历史档案馆编：《民国外债档案史料》（第一卷），档案出版社 1989 年版，第 67 页。
③ 上海经世文社辑：《民国经世文编》（陆），北京图书馆出版社 2006 年版，第 3790－3791 页。
④ 财政部财政科学研究所、中国第二历史档案馆：《民国外债档案史料》（第一卷），档案出版社 1989 年版，第 65 页。
⑤ 上海经世文社辑：《民国经世文编》（陆），北京图书馆出版社 2006 年版，第 3791 页。
⑥ 阙名：《民国外债通史》，《民国经世文编》财政六，第 64 页。

系"①。尽管袁世凯三令五申禁止地方举债，但实际上各省借外债现象依然无法杜绝，在1912年，省借外债14笔，中央政府28笔，到1916年，省借外债5笔，中央政府26笔。② 禁止省借外债的措施终未取得预期效果。

袁世凯之后，北洋集团分裂，地方政权自行其是，割据分裂。各地政府以实业经费为名不断向中央请求拨济，甚至直接举借外债相要挟。1913年6月，财政部向相关省份要求，未经允许不得自借外债，强调"嗣后关于借款事宜，应由财政总长一手经理，以专责任，而杜纷岐。……无论京外各处，何项借款，非由财政总长签字不能有效。诚以借款一事，外关国际信用，内增人民负担，万一稍涉纷岐，非惟失信于列邦，抑且遗累于后日"③。蒋士立《国债辑要》中阐释："革命战争告终，民国成立对于募集外债有燃眉之急，盖整理战时财政，遣散横暴军队，均须急切之巨款，徵诸国内之情势，知内债一事毫不可靠，不得已乃又商之六国银行团，然后以两方意见扦格颇不易决，而所需之款又迫不及待，于是乃命各省募集地方外债，但其契约调剂必经中央之核准。"④ 同时，财政部会同外交、工商、农林共四部，先后制定《实业借款条例》《暂准自由借款规程》《取缔民办事业借款办法》，"严格限制滥借外债并集权于中央"⑤。然而，实际情况是"中央以'统一'之名，东讨西伐；地方藉自治之口，拥兵相抗，合众连横，究其实，不过大小军阀之祸国殃民耳，……中央不惜以补助等办法，拉拢地方，而竭力限制地方财政，藉以防制地方财政势力之膨胀。地方为挟持中央政权，自亦坚持其固有财源，毫无放松，甚至截留国税，擅发纸币，无所不为，盖所谓财政，早已变成大小军阀穷兵黩武之经济基础"⑥。一般而言，地方政府举债仍然要得到中央政府的认可，只是这种认可多数是事后的追认。从现有的资料看，北洋政府时期大量的地方政府举债时采取先斩后奏的手段，就是先签订合同，然后再要

① 财政部财政科学研究所、中国第二历史档案馆：《民国外债档案史料》（第一卷），档案出版社1989年版，第67页。
② 徐义生：《中国近代外债史料统计资料（1853—1927）》，中华书局1962年版，第241页。
③ 财政部财政科学研究所、中国第二历史档案馆：《民国外债档案史料》（第一卷），档案出版社1989年版，第76页。
④ 蒋士立：《国债辑要》，日进舍日本大正民国四年版，第99页。
⑤ 《申报》1913年3月7日，12月6日要闻一；1914年2月5日要闻二。
⑥ 张一凡：《民元以来之地方财政》，《银行学会》，银行周报社1948年版。

求中央承认。这与晚清比较起来并无明显的区别。

在外重内轻的政治局势下，地方外债滥借横行。据马陵合的统计，袁世凯政府时期地方外债有 40 笔，31519731 银元，皖系统治时期（1916 年 6 月～1920 年 7 月）32 笔，24015744 银元，合计占到整个北洋政府时期的地方外债 90% 以上。[①] 据张侃按照省份来统计，广东省和奉天省借款都是 19 笔，广东省借款数额达 11363694 银元，奉天省借款数额 15995141 银元。其次是江苏省和沪军都督，借债 9 笔，达 3417482 银元。江西省借债 5 笔，数额 1756871 银元。直隶、湖北、福建借债 4 笔，山东借债 3 笔，陕西和新疆借债 2 笔，其余省份热河、浙江、安徽、云南、四川、广西和河南借债 1 笔。[②] 上述债款主要分为军政借款和实业借款。实业借款只有四笔："湖北省赎回炭山湾煤矿借款、呼兰糖厂债券款、呼兰糖厂德华银行借款、广东省台湾银行水灾借款，总金额约 267 万银元，只是全部地方政府借款的 4.3%,[③] 这些借款不是地方政府主动进行实业建设的结果，而是在与外商的合作过程中出现纠纷后或者遭受自然灾害后进行的借款。"[④] 军政借款则占绝对地位，是总数的 95% 左右，军政借款主要是军械借款和军饷借款、行政借款、整顿或援助金融借款、借新还旧借款。北洋政府时期各省地方债中，属广东省和奉天省地方外债次数最多。广东省的政治军事斗争相对集中，其中有南北各种势力的斗争，有粤系与桂系的斗争，有革命派与反革命派的斗争，因此外债作为军事目的显而易见。奉天省是皖系军阀段祺瑞的起家地盘，皖系是日本在中国的代理人，日本对皖系政府给予经济和政治上的支持，日本寺内内阁的对华借款中有 1857 万日元的地方政府借款，大约是皖系 4 年统治时期中地方政府借款的 77%[⑤]。加之为挽救东三省官银号，整治地方金融秩序的混乱，奉天省陷入了借新债还旧债的循环。

另外，蒋士立的统计与张侃的统计存有较大差异。张侃统计中并不包含

　　① 马陵合：《外债与民国时期经济变迁》，安徽师范大学出版社 2013 年版，第 24 页。
　　②④ 张侃：《论北洋政府时期地方外债》，载《中国社会经济史研究》2000 年第 1 期，第 69 - 79 页。
　　③ 许毅主编：《北洋政府外债与封建复辟》，经济科学出版社 2000 年版，第 318 页。
　　⑤ 中国史学会、中国社会科学院近代史研究所：《北洋军阀（1912—1928）》（第三卷），武汉出版社 1990 年版，第 804 页。

吉林、蒙古，且新疆的数据差别很大。蒋士立的统计数据中，特意提到，吉林省为进行纸币改革，以全省厘金做抵押，向德商捷成洋行借款 1000 万元，五厘（实收九十四），十年外二十年内偿还；1915 年，新疆以全省家畜税及其他杂税做抵押，为本省制造毛皮开垦采矿并开行自行车以便交通，向英商某资本团借款 1500 万元，六厘（实收九十二），自签字起三十年内分期偿还；1915 年，蒙古以库伦铁路建设权及库伦福建之金矿十六处的采掘权做担保，向俄国借款 300 万卢布，七厘（实收九十五），十年外三十年内分期偿还。①

北洋政府时期的地方政府借款一共 78 笔合计 6200 多万银元，但是与北洋政府时期总的借债数 468 笔总额达 13.37 亿银元②的外债相比，只占到了 17% 和 4.6%，③ 因此地方政府借款并不能说是当时政府借款的主要部分，地方政府更多地依靠横征暴敛与开借内部公债，"强借与公债更层出不穷"④。但是这一时期的地方政府外债分布差异极大，某些省份借债特别多，比如广东和直隶。债务结构极不合理，地方所借之款绝大部分耗费在非生产性的军政事业中，只会加剧地方与中央分庭抗礼的割据势力，而对地方经济发展毫无益处。另外，地方外债担保五花八门非常混乱。有的是地方或中央的证券，有的是地方企业的股票或财产，这些担保只是名义上的，实际上根本没有担保，所以直接导致债务风险性。另外，很多外债借款名义与实际运用根本不符，如安徽省三井洋行铜官矿砂抵押借款，名义上是开铜矿，实际是军饷借款⑤；奉天省沙逊公司借款，名为振兴实业，实为借新债还旧债⑥；直隶省安华土银行借款，名义上用于公家工程，实际充作军政费用⑦；江西省九江台湾银行三次借款，名为兴修实业水利，实则为军政费用⑧。

此外，北洋政府时期还有一些各省商借未定的外债款项。除了已经批准

---

① 蒋士立：《国债辑要》，日进舍日本大正民国四年版，第 99 - 102 页。
② 徐义生：《中国近代外债史统计资料》，中华书局 1962 年版，第 224 页。
③ 许毅主编：《北洋政府外债与封建复辟》，经济科学出版社 2000 年版，第 325 页。
④ 中国史学会、中国社会科学院近代史研究所编：《北洋军阀（1912—1928）》（第一卷），武汉出版社 1990 年版，第 514 页。
⑤ 财政科学研究所等编：《民国外债档案史料》（第四卷），档案出版社 1990 年版，第 142 页。
⑥ 财政科学研究所等编：《民国外债档案史料》（第五卷），档案出版社 1990 年版，第 26 页。
⑦ 财政科学研究所等编：《民国外债档案史料》（第四卷），档案出版社 1990 年版，第 359 页。
⑧ 财政科学研究所等编：《民国外债档案史料》（第六卷），档案出版社 1990 年版，第 54 页。

正式签字的地方外债外，还有些屡经交涉已有成议，但契约犹未正式成立，或以他种原因虽然契约成立而中止其效力者。主要有以下几笔。[①]

四川兴业借款（法国）。民国二年十月法国中法银行与四川民政署在成都订立契约借款1200万两，利息六厘，实收九十二，期限五年外二十年内分期偿还，以四川全省油税及屠宰税为担保，其草约已经北洋政府批准，后为四川省人民所反对，一时致未成立。其用途虽云振兴实业，实则以作整理纸币之用。属于政治借款的一种。

云南矿业借款（美国）。民国三年美商普尔济与云南民政长所交涉金额200万两，用途充该省矿产开采费，一切条件尚未确定，就因各方反对最终未成立。

广东币制借款（英国）。民国三年该省都督民政长与汇丰银行菲律雅氏所订结用途充广东纸币整理，金额1000万两墨银，利息五厘，实收九十二，十年间偿还，担保以广东全省公有财产，惟该银行以担保不确，一时契约尚未成立。

湖北水泥厂借款（德国）。该工厂旧欠有日本三菱公司之债，民国三年三菱要求以该工厂抵债，于是该工厂总理程祖复乃谋与天津德国保商银行借款以清此债，其内容是借款成立时，该工厂即归德国银行管理，后来虽经国务院批准，但股东总会尚多异议，契约一时未见成立。

汉口市场借款（美国）。汉口市场于革命时大遭兵火，故拟仿各国都市办法重新建筑，1913年湖北军民两长与美国财团交涉借款三百万镑，利息五厘，十年内二十年外偿还，以该市场之道路、水道、洋车、电车、家屋营业、码头等税为抵押。因之前中法实业公债款内业已列入此项借款，并有武汉架桥费，今又此交涉，殊不可解，且中法借款既为英国所反对，则美国财团借款也未成功。

江苏救恤借款（法国）。与江苏外债同一性质，用作救恤南京商民所蒙受的损害。向中法银行交涉，借入200万元，利息六厘，二十年内分还，以南京城内铁道及电灯事业为抵押，已有成约，但尚未正式发表。

---

① 蒋士立：《国债辑要》，日进舍日本大正民国四年版，第107—109页。

两粤借款（德国）。两粤因纸币下落乃与德商克伯庯公司有交涉，债额五千万马克，利息五厘，二十年内偿还，以两粤厘金盐税杂税为抵押，契约内容五千万马克中三分之一是由该公司以军器纳交中央政府，三分之二以现金交两省充纸币整理费。已得中央许可，尚未正式签字。

山西票商借款（澳国）。山西票商受革命影响，破产者十四家，被倒金额达2500万元，为谋救济，组建西帮汇商公司，举范元澍、马聚英、翟国章、王诘廷、侯增芳等同业代表，与澳商华利公司，订结此项借款，因担保尚未择定，最终契约未成立。

江南机器局借款（美国）。民国三年上海郑镇守使，拟整理江南机器局，向美国资本团议借三百万元，以百万元清偿旧债，以二百万元购买材料招职工，并充运转资金，已得中央许可，屡次交涉磋商条件，但契约一时尚未成立。

江苏借款。德商礼和洋行五十万元，尚未成立。

浙江借款。德商礼和洋行五十万元，尚未成立。

奉天实业借款。日商正金银行百万元，尚未成立。

安徽借款。美国某商团二百万元，尚未成立。

汉口水利公司借款。日本某商团，未成立。

四、结束：强化清理、禁止举借的国民政府时期

南京国民政府时期的一个重要议题就是处理晚清政府和北洋政府时期遗留下来的巨额外债。1928年7月，全国财政会议通过的财政部施政大纲中明确提出："内外债凡有确实抵押品者，维持原案继续履行"；"清理内外债，其无确实抵押品者，设立理事委员会，分别整理审查之"①。1929年1月，国民政府国务会议通过了1928年末国民政府外交委员会要求设立整理内外债委员会的提议，并在关税新收项下每年拨出500万元作为整理无确实担保内外债的基金。指出："历年北洋政府以及各省积欠内外各债，种类繁杂，性质

---

① 《国闻周报》，第5卷，第28期。

复杂，为保持国信、活动金融计，亟应从事整理，而于增高新债之信用，关系尤为重要。"① 1934 年 5 月，行政院又就整理外债的范围作出具体细致的决定："1. 由财政部全部继续承认整理 1925 年关税会议时旧财政部承认整理的各项债务；2. 地方债务及各机关债务、欠薪并赔偿损失等，仍由各省及各机关自行拟定清理办法；3. 铁道、交通两部已确定整理办法的债务，由两部照该办法办理。"② 有关这一时期地方外债的整理方法，基本上可以以自由偿还法和减债基金法两种涵盖。自由偿还法。"依财政之现情，在预算案内，揭其定额，不顾国债偿还之程序，而为分偿之用，此自由偿还法也。"现今各国多采用之，盖皆不储蓄基金，常由预算上之岁入，提一定之额为岁出预算中之偿还公债费。于是其次年，应还之额，既应前年应还之额而减少，故其利息之担负，亦可同时减少，预算上之利息费，遂有剩余，而再以此剩余买回国债，遂可再减轻元金利息的负担。因此这种方法比较良善，各国多采用。但缺点是"恒足以致怠于债务，而难达消减公债之目的。"③ 减债基金法。即依复利的原则，辗转殖利，与自由偿还法，同收效果。缺点是"较自由偿还法多基金之管理费及手续等"④。

除清理地方外债，南京国民政府还下令严厉禁止各省举借地方外债，非经中央批准的地方债务，中央一律不承认。"盖自共和以后，地方行政需费日繁，而军费骤增，更无限制，重以水旱、兵灾，租税日减，出入不敷之数，遂每与借债为缘，重重相因，旧债未偿，新债又负，自顾不暇，尚有何余力可以协助中央？且自政争以来，南北政府各行其是，省有省债，县有县债，担保随意指定款额，无可稽查，苟非分别清理，确定统计，其妨害财政统一，丧失国家权利，弊害尤多。查民国二年各省旧债曾由中央于善后借款项下分拨二千余万两，分别清偿，地方凤累，赖以一清，各省元气渐次恢复，使非迭经政变，则内外财政互相调剂，秩序必大有可观。今各省负担不堪，中央绝不过问，亟应统筹全局，分别债款，或由中央筹定的款按期清偿，或特许

① 财政科学研究所、中国第二历史档案馆编：《民国外债档案史料》（第二卷），档案出版社 1991 年版，第 34 页。
② 财政科学研究所、中国第二历史档案馆编：《民国外债档案史料》（第二卷），档案出版社 1991 年版，第 129 页。
③④ 万籁鸣：《整理中国外债问题》，光华书局 1927 年版，第 76 页。

地方新借外债，廓清旧累，但此后地方起债，除将来宪法完成别有规定外，限制无论内外债款，非经中央核准，不得有效。总之，中央果能尽其职责以维持各省斯，各省自当出其余力以协济，中央统一局势乃可完成，公债系统于以确定。"① 在国民政府的严厉高压和强化管理下，地方外债在国民政府时期逐渐偃旗息鼓，所以地方外债在这一时期寥寥无几。

第三节 近代中国市政公债发展概况

近代市政公债是指各地市政府所发行的甲种或乙种公债，也是地方公债的一种。上海市是当时重要的特别市，上海市公债将在第五章近代地方政府债务分省分析中详细分析，下面是天津市、南京市、汉口市、北平市、青岛市、南昌市、重庆市、杭州市、汕头市的举债情况。

一、天津市

天津是交通要塞，北方重镇，在改组特别市以前，即有公债的发行。天津之市政公债自 1925 年以来，先后共有三次。

天津市政公债。天津市政府为改良市政，于 1925 年发行公债国币 300 万元，以天津工巡捐务处收入为担保。利率周息一分，分六年还清。每年 4 月及 10 月末日，各举行一次，第一年只付利息，自第二年起至第六年止，每半年用抽签法偿还十分之一，② 至第六年止，悉数还清。但发行后除第二号息票外，本息均未偿付。

天津特别区市政短期公债。天津市政府改为特别市后，支用增繁，于 1927 年 4 月发行公债 50 万元，年息八厘，指定天津特别一、二、三区每年收入之地租杂捐一部分为担保品。亦分六年还清，每年 6 月及 12 月末日，偿

---

① 晏才杰：《中国财政问题·第四编·公债论》，新华学社 1922 年版，第 363 页。
② 潘国旗：《近代中国地方公债研究——以江浙沪为例》，浙江大学出版社 2009 年版，第 275 页。

付本息。第一年祇付利息，后五年分期偿还本金，每次百分之十，至1932年12月31日全数偿清。但惟其还本付息，未曾举行。

第三次动议于1930年7月，定名天津特别市市政短期公债，总数50万元，为修筑该市马路沟渠工程之用，但因种种困难未曾发行。

二、南京市

民国初年，南京市财政收支属于江苏省范围内，当时并无债务，到1927年改为特别市后，为建设市政，才有公债的发行。1932年编制市预算时，虽以不募债为原则，但因建设款项过巨，岁入不能增加，仍然依赖举债。

发行兴业公债。1929年6月22日，首都建设委员会召开第一次会议，通过发行南京特别市兴业公债的决议，定额3000万元，由政府指定以车税款保息。此外，各省分担2000万元。此为南京市首次发行公债，公债首先用于城市房屋建设：所有市产收入，皆充入公债基金。[①]

南京特别市特种建设公债。该市自国民政府奠都以后，人口激增，全市房屋，供不应求，急需要兴办首都自来水工程，南京特别市市政府为兴办首都自来水工程及建筑市民住宅，只得于1929年10月发行南京特别市特种建设公债国币300万元。以三分之二兴办自来水工程，三分之一建筑市民住宅，年息定为八厘，以该市车捐及市产收入还本付息基金。每半年还本付息一次，原定前三期祇付利息，自1931年起分10年还清，每年抽签还本二次，至1940年12月末日全数清偿，后经决定提前偿还。于1929年12月底开始第一次还本，清偿期限也提前一年有半。截至1933年12月底止，已还本9次，抽签45支，共还本金135万元，后因战事影响未能清偿。[②]

南京市短期库券。1937年初，该市以预算收支不敷，呈请以该市房捐为担保基金，发行本库券96万元，分4期发行，每三个月发行一期，每期24

---

① 中共南京市委党史工作办公室、中共南京市委宣传部编：《南京百年风云1840—1949》，南京出版社1997年版，第380页。
② 秦孝仪主编：《革命文献》第九十一辑，《抗战前国家建设史料——首都建设》，台北中华印刷厂1982年版，第273页。

万两，均按票面九八实收。年息八厘，分21个月还清。自各期库券发行日起每六个月付息一次。第六个月起，每个月底抽签还本金15000万元，并将到期本金每六个月之利息，同时支付，至第21个月全部偿清。发行和还本付息委托市民银行经理。无记名式，可自由买卖抵押。

三、汉口市

在省市财政划分以前，所有汉口市历年收支，均列入湖北省预算内，自然无债权债务。1929年曾由湖北省政府代发该市市政公债一种，因其基金是以该市区税收为担保，且用于该市市政建设，于是改为直辖市，省市财政划分后，即由该省继续偿付本息。

汉口市市政公债。汉口特别市市政府为改良该市市政，增进市民福利，曾发行市政公债两期，各150万元，利率均定为年息八厘。第一期于1929年1月发行，以该市各种市税收入为付息基金，土地税为还本基金，每半年付给本息一次，以6月及12月末日为偿付之期，自每期发行之日起，三年内祇付利息，自第四年起用抽签法分五年偿还，每年抽签二次，每次抽还十分之一，至满第八年止，全数清偿。截至1933年12月底，第一期债票已还本四次，一元、五元、十元、百元四种债票各抽签四十支，千元票抽签二十支，共还本金60万元。第二期于1932年7月发行，鄂省政府以剿匪急需，以汉口市营业税为担保，发行第二期债票150万元，因用以剿匪，后由鄂省财政厅接管，改作善后公债发行。①

民国二十四年汉口建设公债。该市政府以办理建设，特以市税收入为担保，发行本公债150万元，年息六厘，自1935年5月发行，至1941年12月偿清。

---

① 国民政府财政部财政年鉴编纂处：《财政年鉴》初编（第十三篇），商务印书馆1935年版，第2454页。

四、北平市

北平市一切建设，很早就初具规模，自 1927 年改为特别市后，税收尚且宽裕，很少发行公债，仅有市政公债一种。

民国二十五年北平市市政公债。该市政府以市政亟待改进，需款较巨，但财力不够，于是在 1936 年 12 月，呈奉核准，以该市车铺捐为基金担保，发行本公债 300 万元，规定年息六厘，至 1942 年 11 月偿清，但因为 1937 年中日战事全面爆发，该市沦陷，实际的募集还付情形，已经很难稽考。[①]

五、青岛市

民国二十四年青岛市政公债。该市自划为院直辖市后，市政府为谋改良市政建设，特以该市码头捐增加费及自来水费加价收入为担保，发行公债 150 万元，以资因应，规定年息七厘，自 1935 年 1 月发行，至 1938 年 12 月偿清，但受中日战事影响，自 1937 年 7 月起，尚负 90 万元，停未还付。[②]

民国二十五年青岛市建设公债。该市政府为兴修市区内各马路，改良电话，以及自来水供应，特以 1935 年市政公债基金余额为担保，发行本公债 600 万元，分两期发行，第一期 1936 年 11 月，第二期 1937 年 11 月，每期债额 300 万元，按票面额九八实收，本公债利率定为周年六厘，每年 4 月 30 日及 10 月 31 日各付息一次，本公债还本期限定为八年。均自 1939 年 4 月 30 日起开始还本，以后每届半年，还本一次，第一次抽还总额的 4%，第二次抽还 7%，第三次至第五次各抽还 8%，第六次至第十次各抽还 9%，第十一次第十二次各抽还 10%，至 1944 年 10 月 31 日本息全数偿清。八年还清本息，仍以码头增加费及自来水加价费为还本付息基金，并由市政公债基金保

① 潘国旗：《近代中国地方公债研究——以江浙沪为例》，浙江大学出版社 2009 年版，第 276 页。

② 潘国旗：《近代中国地方公债研究——以江浙沪为例》，浙江大学出版社 2009 年版，第 275 页。

管委员会兼代保管，由财政局按月拨付经理机关，即中央银行青岛分行和青岛市农工银行专款存储各付。

六、南昌市

南昌市公债。1928 年 12 月，南昌市财政局发行市政公债 30 万元，以该市房屋捐全年收入为基金。自 1930 年起，分 5 年偿清。自发行之日起，仅能募集到 93366 元，即行停募。1930 年 1 月，复将未发行之债票，继续补募，自 1930 年 3 月 1 日开募之日起，至 8 月 11 日止，仅募到债额 12831 元。前后两次，共计募到额 106197 元，但其本息自发行均未照付。[①]

七、重庆市

重庆市改良电话公债。重庆市政府于 1931 年因改良电话，曾募集公债 140268 元，以市府奖券每月盈余提交基金保管委员会保存备抵，上项公债本金照年息八厘计息，自 1931 年 1 月 1 日起，至 1933 年 6 月 30 日止，计该利息洋 28053.6 元，合计本息洋 168322.6 元，至 1933 年 7 月市政府修正办法，发行公债总额 168000 元，尾数用现金找补。利率仍为周息八厘，每届三个月抽签还本付息一次，用摇球摇出一百号，共分 14 次偿完。[②]

八、杭州市

1930 年 7 月浙江省杭州市因建设自来水厂，发行公债国币 250 万元，定名浙江省杭州自来水公债，年息八厘，以该市土地税收入及自来水厂营业盈余作为还本付息基金，前三年祗付利息，自 1933 年 12 月底起开始还本，至 1950 年 6 月底全数清偿，每半年还本付息一次，此项公债，1930 年份发行，仅 150 万元，1932 年又继续发行 50 万元。1933 年 12 月 31 日第一次还本，

---

①②　张梓生、章倬汉编：《申报年鉴》（民国二十三年），申报年鉴社 1934 年版，第 552 页。

计还本金国币二万元。①

九、汕头市

汕头市为完成地方自治，于 1932 年 11 月发行汕头市地方自治公债三万元。以市库收入为担保基金。年息八厘，自 1933 年起，每年 6 月 1 日付息，1934 年 6 月 1 日起还本，每三个月抽签一次，分期十次，全数清偿。②

可见，近代市政公债发行次数较少，债额最高为三千万元，低仅三万元，用途也多为市政建设需要，在城市建设中发挥了积极作用。

近代中国县公债发行较少，主要原因有：其一，农村经济崩溃，人民贫困，所有收入，基本用于供生活费还感不足，根本没有余力购债。其二，农民缺少购债习惯，加以政府债信日落，人民不愿购买，如果发行公债，将无法募销。其三，农村高利贷款，极为盛行，而公债利低期长，有资金者均投向高利贷，不愿购债。其四，1941 年财政改制以前，地方财权集中于省、县之收入，以土地房契等税为主，支出多为自治经费，如发生意外支出，基本依赖省补助或向地方摊派捐款，不须发行公债；加上公营企业不发达，实无募债必要。其五，县金融市场缺乏，如发行公债，政府人民均感不便。因此，种种原因，导致县公债在近代发行不多且分散，因此，本书略而不述。

---

①②　财政部直接税处编：《十年来之公债》，中央信托局印刷处 1943 年版，第 11 页。

第二章

近代中国地方政府债务全景分析

第一节 近代中国地方政府债务成因分析

近代中国地方政府债务产生的原因有很多。根本原因在于近代中央与地方的财政体制本身。近代中央政府与地方政府权责关系不清晰，导致中央地方政府围绕财权财力进行一系列的博弈。近代资本主义的发展和银行业的发展是近代地方政府债务的外部原因；近代财政危机的深化，近代地方外债难以为继则是近代地方内债产生的内在因素。

一、根本原因：中央与地方财政博弈

中央与地方财政关系是指中央与地方政府财政收支划分及其财力财权的划分，本质是一国财权财力在中央与地方间如何配置的问题。清代中央与地方财政关系从中央高度集权一步步迈向地方独立分权，北洋政府时期中央与地方财政关系表现为中央财政严重削弱，地方财权恶性膨胀；南京国民政府时期，通过变化频繁的财政体制改革以此强化中央集权，收回地方财权。近代以来，伴随着中央财权的式微和地方财权的做大，中央和地方财政关系充满着矛盾和博弈，国地财政关系的变化随着中央和地方总体实力而变化，反

过来又对经济发展与国家财政职能的发挥产生重要影响。

（一）晚清中央与地方财政关系：高度中央集权到地方独立分权

清末以前我国向无地方财政之名。地方财政始于鸦片战争后。鸦片战争之前，中央政府在财政关系中掌握大量的财政收入和承担大量财政支出。中央一级管理全国财政的中枢机关是户部，负责管理全国的户口、赋税、饷银等财政收支事宜并颁布国家财政收支政令；地方没有财政机构，布政司只是户部的派出机构和代理机构①，"一省所入之款，报明听候部拨，疆吏不得专擅"②。中央政府通过解协饷制度、奏销制度、考成制度和交代制度等一系列的财政管理制度加强对地方的财政控制。鸦片战争后，面对对外战争赔款和对内镇压农民起义的内忧外患，财政耗费巨资，国库亏空，收不抵支，赤字严重，中央筹款无门，只得将就地筹款的任务下放给地方。就地筹饷权的下放，意味着清政府将财政资金的筹集权力部分下放给地方，给予地方一定的财权，打破了中央集权的财政体制，开始了财权下移的先河。解协饷制度和奏销制度逐步废弛，地方外债和厘金成为地方拥兵自重的物质基础，反而从经济上增加了地方的独立性。甲午战争后，巨额的赔款使清政府背上了沉重的外债包袱，中央财政无力承担，只能采取将外债偿付向各省硬性摊派的办法。筹款重心由中央移向地方，进一步加剧了中央与地方财政收支上的矛盾，加速了中央财权的下移，带来了整个财政体制的变迁。清末最后十年推行"新政"和"预备立宪"，这些"地方"事业由各地自筹经费。因大举兴办"新政"而需费浩繁的一些省份如直隶、湖北等就通过发行公债来筹集经费，从而出现了直隶公债、湖北公债、安徽公债、湖南公债、广东公债等近代中国地方公债的最初形式。因当时清政府债信名誉扫地，国内筹款无门，这些内债的绝大部分被外国银行或公司所购买，地方公债转化为了外债，③清朝末年，中央财政失控明显，地方财政日趋独立。地方公然截留上缴中央的大

---

① 魏光奇：《清代后期中央集权财政体制的瓦解》，载《近代史研究》1986 年第 1 期，第 207 – 230 页。

② 曾国藩：《江西牙厘请照旧经收折》，《曾文正公全集·奏稿》（卷三），世界书局，第 634 – 636 页。

③ 许毅、金普森等：《清代外债史论》，中国财政经济出版社 1996 年版，第 605 页。

部分的财政收入，中央只得将解协款制度改为摊派制。即使如此，每次摊派筹款仍有一些省份不执行更不上缴。中央对地方的财政管理基本失控，中央集权的财政体制濒临崩溃。虽然晚清政府派五大臣出国，学习西方先进财税制度，进行清理财政、划分国地税、试办预决算等一系列财政体制改革，但最终无法挽救中央财权旁落的危机，1911 年 10 月 10 日，辛亥革命爆发，清王朝统治结束。自武昌起义至清帝退位期间，清政府曾致电各省督抚，"现在时局危破迫，库款告罄；筹措外债，又称画饼；累蒙慈圣颁发内帑，藉资挹注，刻已无可再发""倘不速筹的款，则哗溃即在目前"，[1] 被迫承认财政已经完全破产。清帝退位以后，各省停止向中央缴解款项，标志着中央集权的财政制度的彻底崩溃。[2]

（二）北洋政府时期的中央地方财政关系：中央财权严重削弱地方财权恶性膨胀

民国全面继承了晚清政府在财政收支结构和管理体系方面的遗产，包括所欠各项债务。北洋政府从制度上确认晚清业已形成的中央与各省两级财政以及地方自治财政。袁世凯执政期间，采取中央集权的财政措施，中央对地方的财政控制力加强，但是在袁世凯被推翻之后，中央与地方的财政关系陷入了更加混乱的状态。但是值得肯定的是，晚清政府构想的分税制在北洋政府时期第一次真正以法律文件的形式提出，这是我国迈向国地财政关系现代化的重要一步。北洋政府时期中央和地方的财政关系可以分为三个阶段。

第一阶段为北洋政府成立到"民二税法"法案颁布。北洋政府初期标榜实行"立宪政治"，为了编制国家预算和地方预算，决定实行国地财政的划分。1913 年财政部起草了《国家税与地方税法案》和《国家费目与地方费目标准案》，即历史上著名的"民二税法"，并于 1914 年修正、公布并实施。此次国地税划分将国家的大宗税收，如田赋、盐课、关税划分给中央，各省、

---

① 中国第一历史档案馆藏：《宣统三年十一月初十日内阁、度支部致东三省总督赵尔巽电》，外交部·综合电报类，4596 号。

② 马金华、钱婧倞：《集权与分权：近代中央与地方财政关系变迁》，载《创新》2014 年第 4 期，第 54－59 页。

县开征的苛捐杂税列作地方的税目。这种偏向于中央集权的划分制度不可避免地遭到了地方割据势力反对，地方公然截留中央税款有增无减。此外，此次划分只涉及省，没有具体提出省与县的税收划分，反而促使地方税制紊乱。此次国地划分制度终因地方阻挠未能施行。

第二阶段是袁世凯企图称帝，废除国地税划分，实行中央集权的财政体制。1914 年 6 月，财政总长周自齐呈请取消国家税地方税名目，所有收入均"解交各省主管财政官署审度缓急，酌量支配"①。紧接着袁世凯以大总统命令颁布了《财政厅办事权限细则》，规定各省财政厅"直隶于财政部，凡支配款项及关于一切财政事务均受财政部之指挥，遇有重要事件得迳呈大总统"②。"奉特别命令，受巡按使之监督"③，在规定范围内，"一切当受成于本部（财政部）"④。财政厅的设立，标志着北洋政府建立起中央集权的财政体制。1915 年袁世凯推行中央专款制度，将烟酒牌照税、印花税、烟酒税增收、验契费、契税增收五项税收作为专款，责令各省财政厅将税款解缴中央。后来又增加六项收入，共为十一项收入。总体上来说袁世凯时期地方财权得到控制，中央财力得到加强。

第三阶段是袁世凯垮台，各派军阀重新划分国地税，地方财权膨胀。袁世凯死后，中央与实力相当的地方就国地财政划分问题一直无法达成共识。直到 1923 年，曹锟上台并颁布"中华民国宪法"，其将所得税、营业税、关税、盐税等 15 种税收划归中央；将田赋、契税、屠宰税等 8 种税收划归地方。宪法将财政划分为中央和省两级，较为详细地限制了省地方财政收支权限。将田赋这一重大税源划归地方给予了地方一定财权。随着曹锟的迅速下台，此划分制度依然没有实施。中央与地方依然相互分立，各自为政，各地方政府为筹款除截留国税外，纷纷增设杂税，滥发地方债。

---

① 《财政总长呈请取消国税地方税名目文并批令》，《政府公报分类汇编·财政》，第 23 页。
②③ 《财政厅办事权限细则》，《政府公报分类汇编·财政》，第 3 页。
④ 《财政总长周自齐呈各省巡按使应否监督财政拟随时呈请亲裁以重特权请核示文》，载《政府公报》1914 年 6 月 10 日。

（三）国民政府时期中央与地方财政关系：中央财权强化，财政体制改革频繁

1927 年南京国民政府成立到 1949 年国民党统治结束，中央与地方财政体制的改革经历了两级制—三级制—两级制—三级制的频繁变革，财政体制改革一直在中央、省、县三级关系上摇摆不定。

1. 第一阶段："实省虚县"与中央、省两级财政体制。

1927 年成立的南京国民政府在财政上面对的是北洋政府遗留下来的支离破碎的赤字局面。军费支出和债务支出庞大，二者之和约占财政支出总量的 70%，财政入不敷出。财政收入分散于地方，财政集中度较低。1927～1935 年中央政府收支情况如表 2－1 所示。

表 2－1　　　　　　　　1927～1935 年中央政府收支情况　　　　单位：百万银元

年度	支出净数	税收净数	赤字	赤字占支出（%）	弥补财政赤字	
					出售公债库券	银行垫款
1927	189	55	134	70.90	98	36
1928	412	332	80	19.42	69	11
1929	539	438	101	18.74	91	10
1930	714	497	217	30.39	193	24
1931	683	553	130	19.03	125	5
1932	645	559	86	13.33	26	60
1933	769	622	147	19.12	88	59
1934	941	745	196	20.83	196	0
1935	1057	674	383	36.23	54	329

资料来源：（1）《中华民国史档案资料汇编》第五辑第一编，财政经济（一），第 240、564、596 页。（2）1935 年的数字转引自张公权《中国通货膨胀史（1937—1949）》，文史出版社 1986 年版，第 71 页。

为解决财政收支失衡的现状，南京国民政府继续进行财政整顿工作的探索。1927 年颁布了《划分国家收入地方收入暂行标准案》和《划分国家支出

地方支出暂行标准案》，将财政制度划为中央与地方两级体制，将田赋划给省地方，地方财政以省为主体，省控制着全部地方税源，在国家财政中的地位有所提高。县附属于省，没有独立的税收收入。在推行过程中遇到的最大问题是各省"不能尊重法令一致奉行"①。为解决实践中面临的问题，1928年召开的第一次全国财政会议上通过修正的《划分国家收支地方收支标准案》，新的标准案依然将大部分税源划归中央，同时也提高了省级地方的财政地位，将县级财政虚悬起来，导致县级百姓负担加重，苛捐杂税丛生。

2. 第二阶段："虚省实县"与中央、省、县三级财政体制。

1928年国民政府实施的"实省虚县"的分税制体制导致县级财政混乱，为改变这一状况，1934年，南京国民政府召开第二次全国财政会议，通过了《财政收支系统法》《划分省县收支五项原则》草案，开始实行中央、省、县三级的财政税收体制，较大范围地调整国地财政收支划分标准，把土地税、田赋附加、三成印花税、三成营业税全部划给了县级财政，大大充实县级财政收入，对于抑制苛捐杂税的泛滥大为有利。1937年国民政府又公布《财政收支系统法施行条例》，此一收支系统法还没来得及准备实行就因抗日战争爆发而被迫搁置。

3. 第三阶段：战时财政体制转型：国家财政与自治财政。

抗日战争爆发使得国民政府丧失了重要的经济区，战时财政支出剧增，而财政收入锐减，赤字严重。1936~1945年中央政府收支情况如表2-2所示。

表2-2　　　　　　　1936~1945年中央政府收支情况　　　单位：百万元法币

年份	预算支出	实际支出	收入	赤字（盈余）	银行垫款	增发钞票额
1936~1937	—	1894	1972	（78）	0	0
1937~1938	1001	2091	815	1276	1194	397
1938年下半年	856	1169	315	854	854	666

① 中国第二历史档案馆：《中华民国史档案资料汇编》（第五辑第一编），江苏古籍出版社1995年版，第174、175页。

年份	预算支出	实际支出	收入	赤字（盈余）	银行垫款	增发钞票额
1939	1705	2797	740	2057	2310	1982
1940	2488	5288	1325	3963	3834	3580
1941	4610	10003	1310	8693	9443	7266
1942	17311	24511	5630	18881	20081	19227
1943	36236	58816	20403	38413	40857	41019
1944	79501	171689	38503	133186	140090	114082
1945	263844	2348085	1241389	1106696	1043257	842471

注：1938 年仅是 7 月至 12 月的数字，1938 年政府的数字是由财政年度换算为通常年度而成的。
资料来源：张公权：《中国通货膨胀史（1937 - 1949）》，第 80、95 页。1936～1937 年少数盈余系 1936 年统一公债未动用的余额。1937～1944 年的数字系根据《财政年鉴》第三编第 129 - 150 页所刊载的财政部和国民政府主计处的统计数字编制而成。

由表 2 - 2 可见，中央财政困难连年财政赤字，在这种情况下，中央政府规定所有中央收入应完全解交中央、各省自行解决本省不足之开支。不得已，各省只得依靠举借债款、苛捐杂税、恢复厘金乃至截留中央税款，依赖中央补助来解决地方财政问题。据统计，抗战全面爆发至 1940 年底的 3 年半中，各地方政府的借款总额达到 5 亿元①。有的省份的中央补助费收入甚至占到该省全部岁入的 80% 以上。债款收入与补助收入合计占总岁出的比重在财政最严重的 1939 年、1940 年两年各省平均达到 46%，如表 2 - 3 所示。

表 2 - 3　　1936～1940 年各省份债款收入与补助收入合计占总岁出百分比　　单位：%

省别	1936 年	1937 年	1939 年	1940 年
江苏	20. 51	16. 02	72. 06	96. 80
浙江	20. 26	53. 89	35. 12	不详
安徽	28. 16	33. 30	45. 43	不详

---

① 严仁赓：《所望于第三次全国财政会议者——论如何改进战时之地方财政》，载第三次全国财政会议秘书处编：《第三次全国财政会议汇编·杂组·舆论一斑》，财政部总务司 1941 年印刊，第 58 页。

续表

省别	1936 年	1937 年	1939 年	1940 年
江西	21.98	39.35	20.00	26.21
湖北	24.57	24.87	65.56	不详
湖南	16.92	39.31	39.51	20.67
四川	不详	18.20	23.11	30.61
云南	2.12	12.61	17.32	不详
贵州	34.68	79.00	81.60	63.38
福建	34.95	68.84	47.73	33.74
广西	15.38	18.72	47.19	17.49
山西	19.38	不详	86.31	84.68
河南	23.62	17.86	50.95	不详
陕西	26.70	18.62	13.42	不详
甘肃	26.13	40.54	32.71	27.85
宁夏	24.87	16.61	31.06	不详
青海	10.85	43.37	35.69	38.96
西康	不详	不详	81.94	81.94

注：1938 年数据缺失。

资料来源：陈昭桐：《中国财政历史资料选编》（第 12 辑·下册），中国财政经济出版社 1990 年版，第 86 页。

　　可见，1936 年各省债务和补助两项收入最高的两个省份是福建和贵州，大体占总岁出的 1/3，1937 年抗战爆发两省两项收入占比增至 2/3。而到了 1939 年、1940 年，两项收入最高可抵总岁出 80% 以上的省份达到了四个（贵州，山西，西康，江苏），意味着这几省全部岁出的八成要依赖借债与补助方可度日，这表明这一时期的省级财政是很不健全的。但随着抗战持久发展，中央政府自身的财政困难也达到极点，自然对地方的补助逐渐减少。各省为弥补收入，不得不开征新税，或在中央税课上附征捐款，如各地对盐税的附加经过数次征课，最后竟有每斤涨到 10 元以上高价者。地方截留中央税款者也常见。如当时学者认为："抗战以来地方因事实上需要开征之捐税，名目繁多，或则增加既存税捐之税率，或添增附加，或则另立名目，随意征收。其结果不仅使中央地方努力10年已逐渐芟除之苛捐杂税及过重之附加，死灰复燃，前功尽弃，且其紊乱之程度，较之以往，尤有过之。"①针对地方财政的混乱局面，中央政府曾三令五申加以限制，但地方政府常以财源亏短为由阳奉阴违。大敌当前，国民政府必须设法限制省财政割据的局面，以此来集中权力一致抗战。为此，1941年第三次全国财政会议召开，决定对财政体制进行重大调整，11月正式颁布《改订财政收支系统实施纲要》，规定自1942年1月1日起实行新的财政收支系统：全国财政收支分为国家财政与自治财政两大系统。国家财政包括原属国家及省与行政院直辖市（除自治财政收支部分外）之一切收入支出；自治财政以县（市）为单位，包括县（市）、乡（镇）的一切收入与支出。省级财政并为国家财政，省级财政一切收支，纳入国家预算，由中央统收统支。②这种体制的最大特点是省级财政被虚悬起来，县级财力得到充裕，有利于推进地方自治和中央集权，但造成省级财政施政难有作为的后果。地方财政"税收多集中于中央，财源枯乏，……而中央补助之税源，每有缓不济急之苦。各种支出，因大军过境，供应浩繁而剧增，舍非法摊派以外，别无他图。因此，造成民国以来人民负担摊派之最高纪录，中央地方与人民交受财政之痛苦，此为实行两级制财政系统所发生之困难"③。抗战胜利以后，战时国家地方的财政关系无法维持，国地收支划分又提上重议日程。

4. 第四阶段：国民政府后期三级财政体制最终确立。

抗战结束后，国民政府后期中央税收主要依靠货物税、关税、盐税和直接税四大主体税种。但这四种主体税因为战争对国民经济的重创，增加缓慢，无法满足日益扩大的财政开支。"在财政收支严重不平衡时，地方政府一般用摊派、处分公产和举债等办法来寻求平衡。摊派无异于田赋附加和苛捐杂

①　严仁赓：《所望于第三次全国财政会议者——论如何改进战时之地方财政》，载第三次全国财政会议秘书处编：《第三次全国财政会议汇编·杂组·舆论一斑》，财政部总务司1941年印行，第60页。
②　邹进文、李彩云：《中国近代地方政府间财政分权思想研究》，载《贵州财经学院学报》2011年第2期，第9页。
③　赵既昌：《论重划国地财政收支系统》，载《中央日报》1946年6月7日。

税；而处分公产则主要是变卖地方政府所有的公产，如地产和企事业。中央政府因国内财力入不敷出，连政府公债都无法继续发行。在这种走投无路的情况下，国民政府只能通过对内通货膨胀，对外乞求美援的下下策勉强度日，使得财政收支更不能平衡，赤字呈几何级数上涨。”① 1945～1948 年中央政府收入、支出与赤字如表 2－4 所示。

表 2－4　　1945～1948 年中央政府收入、支出与赤字　　单位：百万元法币

年份	支出	增长倍数	收入	增加倍数	赤字额
1945	2348085		1241389		1106696
1946	7574790	3.2	2876988	2.3	4697802
1947	43393895	5.7	14064383	4.9	29329512
1948 上半年	655471087	—	220905475	—	434565612

资料来源：转引自张公权：《中国通货膨胀史（1937—1949 年）》，文史资料出版社 1986 年版，第 101 页。

为从根本上解决财政收支失衡和通货膨胀的严重问题，国民政府着手再次改革分税制财政体制，这次的重点是发挥省级财政的作用，使地方经济尽快恢复。1946 年 6 月，国民政府召开第四次全国财政会议，7 月 1 日，国民政府正式颁行修改后的财政收支系统法及施行条例，将财政系统分为中央、省及院辖市县、县市三级财政体制，重新确立省一级财政。明确规定中央税为所得税、遗产税、印花税、关税、货物税（包括盐税、矿产税、货物出厂税及取缔税）、特种营业税（对银行、信托、保险、交易所等征），以及省、县土地税的部分。省财政只占土地税的两成和营业税的五成，再加契税附加。这次划分既没有“虚省”也没有“虚县”，逐步向更加合理的财税体制靠拢。但“各省政府以改制之初，田赋尚未开征，划归省县各税，亦均收数未旺，省级政费多属支绌万分”②。四联总处遂给各省政府贷款，其中广东省为 26

① 马金华、钱婧倞：《集权与分权：近代中央与地方财政关系变迁》，载《创新》2014 年第 4 期，第 54－59 页。

② 中国第二历史档案馆编：《中华民国档案资料汇编》（第五辑第三编《财政经济（三）》），江苏古籍出版社 2000 年版，第 354 页。

亿元，以本省田赋实物收入为抵。① 自 1946 年财政收支系统改订，省市财政开始独立，次年 9 月，行政院又制定整理省市财政办法，公布实施，各省随即开始整理，但成果还未显著，政权就岌岌可危。

从近代国地财政关系的变化可以看出，财政关系受制于当时的生产力水平和政治混乱的时局，中央地方财政博弈的背后反映着中央与地方政治、经济、军事实力的较量。

二、外因因素：近代金融业的发展

一是票号等民间金融机构的衰弱。在我国历史上，旧式民间金融机构先于官方金融机构而产生。票号是我国最早的民间金融机构之一，创办于清代，起初面向封建官僚、地主和一般商人专营汇兑，后兼营存、放款业务。票号与晚清地方财政发生联系是在太平天国运动时期。太平天国运动以后，票号业务受到了极大的影响，为了维持生存票号的业务活动日益转向了清政府财政方面。另外，从清政府财政角度讲，经过第二次鸦片战争，经济与金融中心移至上海，加上太平天国运动进入后期，捻军起义和回族起义截断了清政府京饷南来的通道，清政府开始利用票号汇兑京饷和协饷，以济财政之急，这也促进了票号在南方的发展。当财政入不敷出时，清政府也利用票号进行垫借以解急需。随着汇兑业务的发展，通过票号汇兑的财政款项也由开始的京饷进一步发展到内务经费和协饷以及各项专项经费。1894 年票号发展到鼎盛时期，成为全国金融网络，已有分号 441 家，遍布全国各地。然而，随着省官钱银号与中国通商银行等官办银行的兴起，票号随之衰落。后期随着清代各种新式银行的兴起，票号业务急剧衰落。辛亥革命后，因无法收回对官僚的放款，大多数票号相继停业，少数勉强维持也改组为钱庄。

二是近代银行业的兴起。早在中国银行业出现之前，西方资本主义国家的银行在中国已陆续设立。外国银行在中国的发展，通过大量发放贷款，主动提供借款，索要抵押品，逐渐操纵了中国的经济命脉和垄断了中国的金融

---

① 中国第二历史档案馆编：《中华民国档案资料汇编》（第五辑第三编《财政经济（一）》），江苏古籍出版社 2000 年版，第 284 页。

市场。19 世纪七八十年代，面对一些国家对中国沿海及沿边侵略滋扰活动的不断增多的局势，为了抵制侵略，也为了平息镇压国内起义维持稳定局面，一些省的督抚开始向外国在华银行举借债款。"在中国现代银行业发展起来之前，外商银行特别是汇丰银行，成为中国政府与国外资本市场之间不可或缺的联系纽带。在中国政府向海外举债之时，它通过外商银行发行债券，结果，外商银行成为政府举债的代理机构。"① 国外银行在中国市场上攫取了大量的利益，刺激了中国人兴办自己银行的意愿。1897 年成立的中国首家银行——通商银行。据统计，"自咸丰年间至甲午之战前，各省设立的官银钱号只有 12 家，甲午及庚子之战前，增设 8 家，而庚子之战至清政府垮台前就增设了 19 家，可见其发展速度之快"。② 中国的近代银行出现后并没有完全替代传统的金融业，而是在相当长的时间内与钱庄并行发展。晚清时期中国的银行业先后有中国通商银行、户部银行、交通银行、四明银行等华商银行17 家③。在地方上，过去的省级政府直接注资创办的省官钱银号逐渐发展演变成各省立银行，成为中国近代银行体系中的重要组成部分，在地方政府融资中扮演重要的角色，不仅对维持地方财政起到了关键作用，而且省级财政也通过地方银行来发债，既增强了地方债的发行规模，又强化了地方财政。

三是外资银行的涌入。19 世纪末 20 世纪初是世界资本主义迅速发展并向垄断资本主义过渡的时期，资本主义经济体系不断向全世界扩张，急需资本输出。在 1895 年至 1927 年间，发达国家的金融资本大量涌入我国。这一时期外资银行开设的数量之多、经营范围之广，都远远超过以往。具体来看，首先，1895~1927 年的 32 年间外资银行（包括中外合资银行）在上海设立营业机构共计 35 家，远远超过 1843~1894 年和 1928~1949 年两个时期所设立的机构数量。其次，1894 年之前只有英国、法国、德国和日本四国银行，1895 年之后又有俄国、美国、比利时、荷兰、意大利和挪威等 10 个国家设立银行。到 1935 年时，全国洋商银行达 60 家，其中英国、美国、法国、德

---

① 中国人民银行总行参事室编：《中国清代外债史资料（1853—1911）》，中国金融出版社 1991年版，第 3 页。
② 姜宏业：《中国地方银行史》，湖南出版社 1991 年版，第 3 - 4 页。
③ 杨荫溥：《五十年来之中国银行业》，见《五十年来之中国经济》，中国通商银行创立五十周年纪念册，中国通商银行 1947 年 4 月编印。

国等西商洋行 25 家，而日本一国在华的银行达 35 家（包括业务只限于东北者），1935 年前全国在华洋商银行分布情况如表 2 - 5 所示。外国银行在华资本十分雄厚，1934 年之前，外国银行所有的白银约占全国所有白银的三分之一至二分之一。[①] 外商银行的势力几乎遍及全国各地，而尤以华北、华南、西南影响最大。例如在华南，由于两广政局不稳，政潮迭起，老百姓更乐于接受港洋，因此外国银行在这里的纸币发行量较大。据香港汇丰、麦加利、有利三银行的报告，该三行在 1931 年、1932 年、1933 年三年平均每年发行额超过 1.5 亿港洋，这些纸币均流通在广州、汕头等华南各地。[②] 又如在云南省，虽然外国银行只有东方汇理银行一家，但其对云南省的财政影响极大，曾一度支配云南的财政金融，它不仅吸收大宗存款，而且操纵云南省的对外贸易和汇兑市场；外国银行对各省财政金融界的渗透操纵，对各地政局和财政金融都有不可估量的影响。

表 2 - 5　　　　　　　　1935 年前全国在华洋商银行一览表

银行名称	总行所在地	全国分行及数目
大英银行	伦敦	香港、上海二处
大通银行	纽约	香港、上海、天津三处
中法工商银行	巴黎	香港、天津、上海、北平四处
天津商业放款银行	天津	
友邦银行	上海	香港一处
有利银行	伦敦	香港、上海二处
荷兰银行	阿姆斯特丹	香港、上海二处
东方汇理银行	巴黎	广州、汉口、昆明、上海等八处
花旗银行	纽约	广州、大连、沈阳、上海、天津等九处
美国信济银行	上海	上海、哈尔滨、呼伦三处

---

① ［美］阿瑟·恩·杨格：《一九二七至一九三七年中国财政经济情况》，陈泽宪、陈霞飞译，中国社会科学出版社 1981 年版，第 304 页。
② 中国人民银行总行参事室编：《中华民国货币史资料》（第二辑），上海人民出版社 1986 年版，第 233 页。

续表

银行名称	总行所在地	全国分行及数目
美国运通银行	纽约	香港、北平、上海、天津四处
美丰银行	上海	天津一处
莫斯科国民银行	伦敦	上海一处
荷国安达银行	阿姆斯特丹	厦门、上海、香港等四处
麦加利银行	伦敦	广州、汉口、天津、北平等八处
华比银行	布鲁塞	厦门、广州、烟台、九龙等十处
华义银行	上海	天津一处
达商银行	上海	
汇丰银行	香港	厦门、广州、烟台、九龙等十处
汇源信托银行	上海	天津一处
新沙逊银行	香港	上海一处
义品放款银行	布鲁塞	上海、天津、汉口、香港四处
滨都银行	上海	
德华银行	柏林	广州、汉口、北平、上海等六处
横滨正金银行	横滨	广州、长春、北平、上海等十三处
正隆银行	大连	长春、旅顺、天津、青岛等十三处
朝鲜银行	汉城	长春、大连、上海、天津等十六处
三井银行	东京	大连、上海
三菱银行	东京	上海一处
台湾银行	台北	厦门、广州、福州、上海等五处
济南银行	济南	青岛一处
住友银行	大阪	上海一处
天津银行	天津	北平一处
华南银行	台北	广州一处
上海银行	上海	

注：本表所列银行不包括其银行业务只限于东北者，此类银行除法国的法亚银行外，其余皆为日本的银行，计有满洲银行、长春银行等24家。

资料来源：根据《申报年鉴》（1935年），上海申报年鉴社1935年版，第H13－15页；贾德怀著：《民国财政简史》（下册），商务印书馆1941年版，第514－520页重新制作。

三、内因因素：财政危机的不断深化

一是近代每个历史阶段地方内债的发展膨胀都与当时财政危机的不断深化有关。1840 年之后，中国历经两次鸦片战争、中法战争、甲午战争、八国联军侵华战争，西方资本主义列强不断向中国发动战争。大量的巨额赔款迫使清王朝不得不去举借大量外债，导致财政收支规模急剧扩大，巨额战争赔款和外债借款使得中央财政罗掘俱穷，不得已只好转嫁各地方政府摊还，而地方政府财政收入主要依赖于地方税收收入，而税收收入水平又和当地经济发展水平密切相关。在清朝末年，历经战火洗礼的地方政府经济停滞、财政收入严重缩水。据刘锦藻对各省财政说明书的统计，"光绪三十四年（即1908 年）各地政府岁入 234800000 两，岁出 237000000 两，收支相抵赤字2200000 两，可见其财政缺口之大"①。地方政府是洋务运动和新政实施的主要支持者和中央政府债务的主要摊还者，只能通过举债这种短平快的方式筹集大量资金。同样，北洋政府时期和国民政府时期，分别面临着国内政局动荡，经济凋敝，对外战争爆发，国内财政收不抵支的情况，地方债开始大规模发行。

二是地方政府外债举借难以为继。西方国家很早就将发行政府债券作为筹措财政资金的普遍做法，然而我国几千年的封建统治奠定了统治阶级的绝对权威，在这种"君权神授"的统治思想下，要求封建统治者向被统治者借债且要求其"欠债还钱"，是根本不可能的，社会阶级关系的硬性约束使得债权债务双方都不可能理性、科学地认识到自己在借债行为中享受的权利及应尽的义务。因而即使在战乱、灾荒等特殊时期内，统治阶级宁愿采用加税或发行货币的方式筹措财政资金，也不愿向自己所统治的民众伸手借债。由于外国的侵略战争使地方政府背负了巨额财政负担，各地方政府不得不效仿西方的公债制度，开始以向外国政府或金融机构借债来维持财政重负，以弥补财政空缺。清朝末期地方外债发行大致始于 1853 年，而内债的发行却远远

---

① 刘锦藻：《清朝续文献通考》，商务印书馆 1955 年版，第 8249 页。

晚于外债的发行，直到 1905 年才发行第一笔地方政府内债——袁世凯公债。

然而，清末时期地方政府举借外债受到越来越多的限制，国外金融机构对中国地方政府借款时条件较为苛刻，尽管外国资本向中国地方政府放贷很大一部分原因在于通过放贷附加条件间接控制中国经济，以谋取其政治和经济利益，然而并不能忽视外国资本的逐利性，通过对地方外债的分析，地方政府外债利率相对较高，而且对担保品要求严格，多以易获取的税收或易变现的政府性资产作为抵押放贷，同时随着这一时期越来越混乱的军阀战争，地方政府不断拖欠债款，中国地方政府的债信不断降低，外国投资者对中国地方政府放贷的意愿也越来越小，迫使人们开始考虑获取财政资金的另一条途径——举借内债。相较于外国资本苛刻的借债条件，地方政府向本国或者本地发放债款随意性相对明显，并且每笔借债数额巨大。向本国借债对本国经济影响相对较小，也不涉及主权或其他政治性问题，同时政府借债在一定程度上可以利用其政治权力向公众"强制"推销，快速便捷地获取大量债款。

四、思想因素：时人公债认识的深入

梁启超是中国近代公债思想的集大成者，他深受西方经济学思想及早期维新派马建忠等人的影响，早在 1910 年他就对当时社会上流行的"借债亡国论"和"借债救国论"做了客观剖析，认为"外债之本性，无善无恶，而其结果则有善有恶。善恶之机，惟在举借用债之政府"[1]。主张公债发行要遵循生计主义、量力而行、经济效益、统筹兼顾等原则；他提出了公债发行的五个条件："一、政府财政上之信用孚于其民；二、公债行政纤悉周备；三、广开公债利用之途；四、有流通公债之机关；五、多数人民有应募之资力。五者缺一，则公债不可得举也。"[2] 他认为，公债最适合做保证金、抵押品、公积金、安放游资。公债偿还的两大主要方式是自由偿还法和偿债基金法，

---

① 梁启超：《梁启超全集》，北京出版社 1999 年版，第 2292 页。

② 梁启超：《论直隶湖北安徽之地方公债》，《梁启超全集》（第四册），北京出版社 1999 年版，第 1963 页。

在晚清、民国政府信用岌岌可危的情况下，比较而言，基金偿还法更为严格，但遇到政府财政困难和紧张的情况，偿债基金能否实行令人质疑。梁启超客观甚至主张建立证券公司来推行公债的偿还。

近代著名实业家张謇对地方公债更是持积极支持的态度。1921年4月，张謇专门写了《劝募地方公债简言》："募公债，非募捐。捐是人分我之利，债是人为我生利。地方募公债，非政府募公债。政府不还钱，无处讨；地方不还钱，有讨处。人藏钱于家，怕贼怕盗；藏公债票，不怕贼，不怕盗。钱无凭据，公债票有凭据。人放私债有时讨不到：人借钱去，若是应急用，生不出利，所以往往讨不到，连本折。公债是合众人之力，营极有利之业，又是大家看得见，不但有利，且有厚利，并且分年当众抽签还本。大众想想，用地方公债，为地方大家发财，好不好？欧美人多以公债为财产。公债信用富，收藏便，转活动故也。我营实业二十四五年矣，从前望我南通大家发财的意思，怕人不信，不敢说出来；去年今年，见我地方大众明白交通道路的道理，大家肯做，我想南通望［往］后有大家发财之兆，故敢劝大众应公债，买公债票。我从来不骗人，大众该可以相信。"① 因此，张謇积极向大众宣传购买公债，并亲自实践举借地方债用于当地经济发展。民国九年，为建南通电汽工厂和公共汽车募集公债就是例证之一。

作为政府财政的掌门人，当时财政要员对公债的认识和态度也是积极客观的。1933年，孔祥熙任财政部部长和中央银行总裁。他主张，其一分配债额必须公平；"对于摊派公债，应即积极进行，其发行数目，似尚可增加，其推销方法，应着重于强派，惟于分配数目时，必须公道无私，以免负担不均。目前富人多在都市，故其摊派应先由各大都市与各省会起，然后再派至各重要县份等。对于各地财富之调查，可由政府与党部青年团合作，限期查报。希一面设计准备，一面将具体办法于一个月内拟具呈报。"② 其二，国民应当自动购债："未参加战阵之同胞，应率先倡导自认巨债，以表现有钱出钱之精神，补充浩繁战费之一部而激励拼命疆场之战士，赢取盟国共同之胜

---

① 李明勋、尤世玮编：《张謇全集》（论说·演说），上海辞书出版社2012年版，第482页。
② 财政部财政年鉴编纂处编：《财政年鉴》第三编（上册），商务印书馆1948年版，第8页。

利，此实我同胞必具之忠诚，以吾中华民族天性中高尚蕴存之志概。"① "募债须以公平普遍为原则，尤以注重向民间募集，避免由国家银行承购，致间接增加法币之发行。"②

1944 年 11 月俞鸿钧任国民政府财政部部长，同年兼中央银行经济研究处处长。他积极推行公债，认为借债为筹措战费之优良方法。其一，战时军费瞬息万变，战费支付贵能迅速，而所需之数复巨，若仰赖增税，必感杯水车薪舆缓不济急。其二，所借之债将来必须偿还，购债者不致感受压迫。其三，借债吸收国民之游资，不但无伤国民经济，且有平抑物价之效。其四，借债可以促进国民之储蓄，节约物资之消耗。其五，偿债期于战后，可使后代国民分担战费。其六，如债为外债，则换取第三国物资，以供作战之需要，既可以减轻人民之物资负担，又可以减少国库之货币支出，更切合于战时财政经济之原则。是以战时各国支出，莫不以取自借债者为最巨，我国不能例外。救国公债政策之推进，为我国战时财政之重要目标。③

社会人士对地方债的负面后果的认识和评论也比较理性和客观。比如，针对民国初年地方债滥借的情况，当时就有"且各省财政紊乱不过一时，将来若实行整理，犹有挽回之余地。独此滥发之公债，加一人之债额，则人民须以一分之负担，延及子孙，在各省因政局关系甲仆乙兴各自据一部分疆舆，预存京兆之心，为一纲打尽之计，固有此倒行逆施之现象，而重要以全国统治权之所在，于此全国人民增加负担之事，乃纯取放任主义，置若罔闻。故近年省债地方，既无监督之机关重要，又不负综核之责任，任情滥发，客所为循，是以往恐将来，即欲求一债额之实数而不可得，而各省人民万世子孙之负担，亦因此无有穷期，斯言近是，然中鹄之道，反求诸身，近来中央发行各债，其情形与各省无甚异同，而尤以元、八两年公债随时公布号码，国人以无实数可稽，多滋疑议，最近政府对于旧债虽有整理之办法，然年年发行新债，其结构内外财政同处于困难之地位，欲为根本之整顿，非将内债、

---

① 财政部财政年鉴编纂处编：《财政年鉴》第三编（上册），商务印书馆 1948 年版，第 9 页。
② 财政部财政年鉴编纂处编：《财政年鉴》第三编（上册），商务印书馆 1948 年版，第 16 页。
③ 财政部财政年鉴编纂处编：《财政年鉴》第三编（上册），商务印书馆 1948 年版，第 37 页。

外债、旧债新同时债，双方兼顾终无系统之可言也"①。剖析了地方债滥借可能导致的后果以及债务必须根本整顿的必要性，可谓是认识深刻，分析透彻深入。

由此可见，无论是政府高层，还是社会商业层面、文化人士和公众人士，都对公债持积极肯定和冷静分析的态度，这也在思想层面推动了公债的举借和整理。财政部为维持债信，顾全债权人权益起见，于战事结束后，即经参照复员区情形，分别缓急，拟定各种公债普遍恢复照常偿付办法，次第施行。"所有三十年起发行之公债，已于上年十二月间宣布，在收复区普遍先付本息，至民国三十年以前所发各种公债，最近亦经规定，自本年七月一日起，在全国各地普遍兑付，此项普遍兑付，自应依照各该公债原定条例办理。"②

第二节　近代中国地方政府债务来源分析

一、晚清时期地方政府债务来源

第一，向国内金融机构的借款。包括向票号及向官钱银号的垫借款。票号在为晚清政府举办捐输抽饷，财政垫借方面起到了决定性作用。据统计，粤海关、广东省、福建省和闽海关，由票号垫解的款项分别占全部汇解款的54.64%、47.44%、40.63%、26.22%，说明这两省关对于金融机构的依赖已经相当深了。③ 另外，浙江省（1880年）、浙海关（1882年）、淮安关（1891年）、江西省（1899年）、湖南和四川省（1902年）也都不断需要垫款才能按限解款。④ 除了垫借汇饷之外，票号还向地方和清军贷款。比如，左宗棠军在镇压捻军和回族起义中，协饷不济，除六次向外商借长期借款

①　晏才杰：《中国财政问题·第四编·公债论》，新华学社1912年版，第125－126页。
②　财政部财政年鉴编纂处编：《财政年鉴》（第三编），商务印书馆1948年版，第37页。
③　周育民：《晚清财政与社会变迁》，上海人民出版社2000年版，第281页。
④　中国人民大学清史研究所编：《清史研究》（第四辑），四川人民出版社1986年版，第332页。

1590万两外，向上海、汉口、西安的票号短期借款8823730两。① 庚子以前，清地方政府的内债还主要是临时性的、为解决周转资金困难而举债的临时垫款、临时短期借款，而且数额相对较小，有的随借随还。但庚子以后地方政府的借垫规模和次数大量增加，而且随着官钱银号向省银行的过渡，清地方政府开始大量转向官钱银号借款。与向票号借款相比，清地方政府向官钱银号借款更为方便和直接。省官钱银号的放款有长期放款、短期放款和往来欠款三种形式，其中往来欠款的对象主要是与省财政相关的。在数量上，官钱银号的财政性垫欠占省官钱银号往来欠款的绝大多数比重。比如，湖北省1907年各署局、学校和机关借款占往来欠款的89.41%，1908年占93.5%，1910年占88%。而奉天和江西的清末官号放款总额中，往来款项就分别占74.2%和63.66%。其他省份虽然没有这么高的比重，但也一般在30%以上。② 省官钱银号的垫借款甚至成为一些省的财政支柱。如江西官银号在1908年实际先后垫借的款额达246万余两。③ 湖南财政公所借欠湖南官钱局达100.78万两，湖北官钱局垫借公家的款额达375万两。④ 这些只是清朝灭亡之后的截止数。由此可见，清末最后10年中地方与省银行的借款发生数在历史上是空前的。

第二，向外国政府或金融机构的借款。我国近代的外债始于太平天国时期，最初是由较低层次的地方政府举债的。19世纪五六十年代外债开始阶段，少数几笔地方官员举债的外债，数额较小，期限也较短，都属于临时周转的用途。⑤ 据统计，为了用于镇压太平天国运动，1861年至1865年间，江苏、福建、广东等省先后举债外债12笔，共1878620两，利息率从低于八厘到高达一分五厘不等。⑥

庚子赔款以后地方外债迅速发展。庚子赔款使各地方政府背上了极其沉重的债务负担，在民穷财尽的情况下，有的省份不得不借洋款以资应付。同

---

① 中国人民大学清史研究所编：《清史研究》（第四辑），四川人民出版社1986年版，第332页。
② 彭泽益主编：《中国社会经济变迁》，中国财政经济出版社1990年版，第697页。
③ 彭泽益主编：《中国社会经济变迁》，中国财政经济出版社1990年版，第715页。
④ 周育民：《晚清财政与社会变迁》，上海人民出版社2000年版，第442页。
⑤ 汪敬虞主编：《中国近代经济史（1895—1927）》（上册），人民出版社1999年版，第489页。
⑥ 周育民：《晚清财政与社会变迁》，上海人民出版社2000年版，第159页。

时，外国列强的策动也使处于财政亏空状态的清末南方各省掀起了借外债之风。《辛丑条约》之后，地方为了应付中央制定的所谓"新政""立宪"等需要，纷纷以举借外债作为筹款捷径。这一时期的地方外债十分盛行，与此前相比借款数额增大，次数频繁。为了取得外国银行的极力支持并随时应付各项紧急开支，各地方政府甚至不惜以本省货税厘以及盐厘等各项厘金收入、矿产、垦荒权益、地皮契纸和税收收入作为抵押，频频出卖国家财政主权，外国政府通过控制这些抵押品或者抵押财权实际上控制着各省的财政命脉。而且随着债务额的不断累积，地方财政也因此陷入了深深的借债还债的恶性循环之中。清地方政府除了一部分直接举借外国债务之外，还有相当一部分是由内债转变而来。1905 年直隶公债等 6 次公债在发行中就有 4 次部分或全部转为外债。外债在发行总额中的比重，直隶公债为 62.5%。湖北公债为 40.21%，安徽公债为 91.67%，湖南公债为 93.87%。①

第三，发行债券借款。清朝末期地方外债发行大致始于 1853 年，而内债的发行却远远晚于外债的发行，直到 1905 年才发行第一笔地方政府内债——袁世凯公债，究其原因，主要与中国封建传统债务观念有关，对此，早期维新派郑观应曾说："昔周赧王欲拒秦师，军资匮乏，称贷于民，厥后兵溃无偿，人民哗噪，乃筑台以避之。至今传为笑柄，故我中华以为殷鉴，向无国债之名。有之，自泰西各国始。凡兴建大役，军务重情，国用不敷，可向民间告贷，动辄千万。或每年仅取子金，或分数年连本交还，隐寓藏富于民之义。"郑观应认为国债在中国行不通，因为"彼中习尚如此，岂中土万余年来，吝惜涣散之风气所能效之乎?"② 在中国人的观念里政府向百姓借债是很丢政府面子的事情，所以早期清朝政府宁可举借外债也不愿意举借内债，但当外债的抵押条件越来越苛刻甚至威胁到中国主权时，人们不得不重新考虑获取财政收入的另一条途径——举借内债。并且当时正值庚子赔款和兴办实业热潮的兴起，中央政府无暇顾及地方政府的日益加深的财政危机，不得不允许其公开发行公债以解燃眉之急。清朝末期实际发行公债共 7 次，其实际

① 周育民：《晚清财政与社会变迁》，上海人民出版社 2000 年版，第 442 页。
② 施正康：《困惑与诱惑——中国近代进程中的投资理念与实践》，上海三联书店 1999 年版，第 206 页。

发行额为 896.5 万两，发行渠道有以下四种：民间筹集、外资银行借款、国内银行借款、强制商局发行。各渠道发行额比例如图 2-1 所示。晚清时期地方内债资本主要来源于外资银行借款（占总发行额的 68.77%），其次是民间筹集和国内银行借款（各占总发行额的 11.15%），最后为强制商局发行（占8.92%）。总体来说，后三种筹资方式占比大致相同，为 10% 左右。

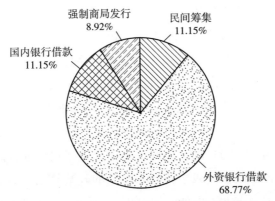

图 2-1 1905～1911 年晚清地方政府内债资本来源

二、南京临时政府时期地方政府债务来源

南京临时政府时期地方政府债务的资金来源主要为向民间筹集，其原因是鉴于清政府借债而产生的种种弊端，国民对于外债仍是"置之如鸩毒"，因此对于各地政府的申明并不是那么容易接受，只要政府提出借款，他们便本能地予以抵制和反对。加之帝国主义列强对南京临时政府抱着落井下石的态度，既不承认它，更不相信它有偿还债务的能力，因此非但不愿借债，还控制南方各口岸全部海关税收，不让各地政府收取分文，趁机从政治、经济、军事、外交等各方面对南京临时政府施加压力。南京临时政府时期，中央政府都是如此，地方政府更是难以筹集到外债，因而只能把目光投向国内公债。

三、北洋政府时期地方政府债务来源

社会的动荡导致北洋政府和北洋时期地方政府举借了大量债务，还承接了一大批从清政府延续下来的未清偿债务。连年的战乱、社会动荡和军事割据使得民国时期国家财政形势严峻，地方政府财政收入本就难以维持其支出水平，而中央政府为集中统治又将大额税收项目全部收归中央，地方政府只能大量借债以解决其财政收支不平衡的问题。

北洋政府时期地方政府以外债为主，外债募集不到时，才转而求助于内债。北洋掌权的各派军阀政府力求自己能够生存下来，因受前清外债泛滥的影响，加上国内工商业发展的滞后，都把"仰给外债"作为弥补财政不足、增强自身实力的一个重要条件。各国列强也以借款为手段达到其控制北洋各派军阀，进而控制中国的目的。因此，举借外债不仅使北洋军阀解决了财政困难，同时也使各军阀在混战中找到了自己的政治靠山。只有在外债募集不到时，北洋政府才会求助于内债。如表 2－6 所示，在北洋政府统治期间，内债仅占财政募债总额的38%，没有占据主导地位。

表 2－6　　　　　北洋政府时期地方政府内外债发行额及比重　　　单位：百万元

年份	内债发行额	外债发行额	总计	内债占募债总额的比重（%）
1912	6.2	111.7	117.9	5
1913	6.8	331.9	338.7	2
1914	25.0	33.5	58.5	43
1915	25.8	1.6	27.4	94
1916	8.8	35.1	43.9	20
1917	10.5	68.8	79.3	13
1918	139.4	126.2	265.6	52
1919	28.4	34.0	62.4	46
1920	122.0	36.2	158.2	77
1921	115.4	27.4	142.8	81

续表

年份	内债发行额	外债发行额	总计	内债占募债总额的比重（%）
1922	83.2	9.7	92.9	90
1923	5.0	31.0	36.0	14
1924	5.2	16.2	21.4	24
1925	15.0	125.9	140.9	11
1926	15.4	1.9	17.3	89
总计	612.1	991.1	1603.2	38

资料来源：姜良芹：《南京国民政府内债问题研究（1927—1937）——以内债政策及运作绩效为中心》，南京大学出版社，第31-32页。

（一）地方外债来源分析

北洋政府时期地方政府借款中，债权国分布情况如表2-7所示。

表2-7　　　　　　　　北洋政府时期地方外债的债权国分布情况

国别	笔数	金额（银元）
日本	49	37350410
英国	14	7652830
德国	8	9090422
美国	3	1601200
俄国	2	966547
法国	1	100000
比利时	1	5000000

资料来源：许毅：《从百年屈辱到民族复兴》，经济科学出版社2006年版，第163页。

从表2-7中可以看出，各国参与地方政府借款程度不同，其中日本是当时各国家中最积极的，它动用了大量金融机构与地方政府达成外债借款，借款笔数占全部地方政府借款笔数的63%，借款金额占全部地方政府借款金额的60%，在各国中占有绝对优势。不同国家对于中国地方政府借债参与度与北洋政府时期不同派系军阀当政时期所受各国支持的情况相关。袁世凯当政时期，四国银行团主要给袁世凯以财政支持。段祺瑞当政时，日本主要给予其财政支持，日本在这段时间借给中国的外债多数交给北洋政府，同时也借给东北、湖北、广东、直隶的地方政府。直系的后台主要是英国和美国，此阶段接受英美外债较多，而奉系集团控制北洋政府时，外债来源又回到日本。通过考察北洋政府时期政权权力的更迭和当权者与帝国主义列强的关系，我们可以看出，在袁世凯时期以及皖系、奉系掌权时期，日本都作为主要债权国参与地方政府的外债举借。

此外，日本积极向地方政府贷款，与其对华政策是分不开的。日本为了扩大自己的势力范围，独占中国的资源以实现其成为世界霸主的野心，使用外债手段间接控制中国各地方的财政和经济，同时还控制各地金融以及透过外债手段谋取实业上的优惠。可以说，日本对华地方政府的借款成为侵略中国战略的重要组成部分。除日本外，英国与德国对地方政府借款数目也均在600万银元以上。英国作为老牌资本主义国家，其金融机构与北洋各级政府有着深远的利益联系，而德国主要通过输出军火形成对地方政府借款。

（二）地方内债来源分析

北洋政府时期各地方政府主要以内债作为筹款方式。北洋政府时期逐年发行的内债与库券、借款金额如表2－8所示。公债、库券、盐余借款、银行短期借款四种发行方式中，公债发行明显占据主要地位。

表2－8　　　　　　　　　北洋政府发行内债及借款一览表　　　　　　单位：元

年份	公债发行额	库券发行额	盐余借款额	各银行短期借款额
1912	6248460	—	—	—
1913	6842200	—	—	—
1914	24970520	—	—	—
1915	25834155	—	—	1159970
1916	8770515	844300	—	—
1917	10516790	180000	—	10000000

续表

年份	公债发行额	库券发行额	盐余借款额	各银行短期借款额
1918	139363760	5867267	—	
1919	28359700	3490298	—	6688800
1920	121960450	11211474	1965760	730000
1921	115362248	22892400	25146138	12655738
1922	83234910	3200000	3809279	3076345
1923	5000000	8483750	—	5858433
1924	5200000	81018	—	185287
1925	15000000	—	—	
1926	15400000	—	—	

资料来源：姜良芹：《南京国民政府内债问题研究（1927—1937）——以内债政策及运作绩效为中心》，南京大学出版社 2003 年版，第 207－208 页。

四、南京国民政府时期地方政府债务来源

国内银行和钱庄是南京国民政府时期地方政府债务的最主要的资金来源，银行和钱庄经常以如下的三种方式认购地方政府债券。第一是银行直接购买公债以作为投机工具。而且公债利率往往远远高于市场利率，以便吸引更多认购者，大量的地方公债养肥了一大批金融资本家和钱号投机者。第二是在银行购买债券并作为发钞准备金。政府为了鼓励银行承销公债，甚至将公债以票面价格折价卖给银行，允许银行自由抵押买卖，银行将债券用作保证金。第三是地方政府以债券作为抵押从银行和钱庄直接借款。20 世纪 30 年代的研究者曾有如下描述："政府发行公债，多当需款孔殷之求，等不得债票拿去发售，等到债券售出，再行结账。"[1] 我们可以从南京国民政府的财政开支（如表 2－9 所示）中看出公债、库券和银行借款的情况。

---

① 千家驹：《国民政府与内国公债》，载《东方杂志》第 30 卷第 1 号，1993 年 1 月 1 日。转引自吴景平：《近代中国内债时研究对象刍议——以国民政府 1927—1937 年为例》，载《中国社会科学》2001 年第 5 期，第 178 页。

表2-9　　　　　　　南京国民政府的财政收支（1929~1937年）　　　　单位：百万元

项目	1929年	1930年	1931年	1932年	1933年	1934年	1935年	1936年	1937年
收支和赤字									
岁入（不包括借入款）	333	438	498	553	559	622	745	817	870
岁出	413	539	714	683	645	769	941	1073	1167
赤字	80	101	216	130	86	147	196	256	297
占岁出（%）	19.4	18.7	30.3	19.0	13.3	19.1	20.8	23.9	25.4
赤字的弥补									
国内公债及库券	69	91	193	125	26	80	164	148	223
银行借款及透支	32	10	24	5	86	91	36	128	113
美国棉麦借款	—	—	—	—	—	8	25	—	—
税收									
关税	179	276	313	370	326	352	353	272	379
盐税	30	122	150	144	158	177	167	184	197
统税	30	41	53	89	80	106	105	135	158
全部税收	323	462	535	616	587	660	649	624	769
减稽征费用	10	46	61	66	55	67	—	—	—
税收占岁入（%）	94.0	95.0	95.2	99.5	95.2	95.3	87.1	76.4	88.4
财政支出									
军事费	210	245	312	304	321	373	368	390	521
占岁出（%）	50.8	45.5	43.7	44.5	49.8	48.5	39.1	36.3	44.6
债务支出	160	200	290	270	210	244	356	294	305
占岁出（%）	38.7	37.1	40.6	39.5	32.6	31.7	37.8	27.4	26.1
实业、交通、建设费	—	—	—	—	—	14	40	101	62
占岁出（%）	—	—	—	—	—	1.8	4.3	9.4	5.3

注：本表年份为会计年度，即上一年7月1日至表列年6月30日。

资料来源：马金华：《中国外债史》，中国财政经济出版社2005年版，第153页。

第三节　近代中国地方政府债务用途分析

不同历史时期，地方债用途的投向侧重点不同。

一、晚清时期：军费实业　弥补财政

表 2-10 是晚清时期的地方政府债务的用途，可见，地方外债占绝大多数，表中 49 项晚清地方外债中 13 项主要用于军费开支，11 项用于弥补财政赤字，5 项用于兴办实业。地方内债中也是用于军费和实业开支。

表 2-10　　　　　　　　晚清地方外债、地方内债用途

序号	时间	借款（债务）名称及数额	借款（债务）用途
1	1900 年 8 月	湖广借款 75000 英镑	军费
2	1901 年	两广借款 70 万两	凑还汇丰洋款
3	1901 年 6 月	奉天借款 28 万沈平银	奉天省善后事宜
4	1901 年 12 月	福建借款 150 万银元	弥补赤字
5	1903 年 6 月	新疆借款 200 万两	军费
6	1903 年 7 月	闽省樟脑借款银元 20 万元	兴办樟脑局
7	1903 年 12 月	两广借款 100 万两	整顿广东军队
8	1903 年	广东借款 400 万马克	
9	1905 年 3 月	临城煤矿借款 300 万法郎	办矿
10	1905 年 4 月	福建船政局借款 30 万银元	开设铜币局
11	1906 年 1 月	直隶公债 300 万两	北洋军政费
12	1906 年 7 月	湖北善后局借款洋例银 40 万两	军费
13	1907 年 1 月	伊犁借款 100 万两	军费
14	1907 年 6 月	广东借款 200 万两	军费

续表

序号	时间	借款（债务）名称及数额	借款（债务）用途
15	1907 年 9 月	湖北官钱局借款洋例银 200 万两	弥补赤字
16	1908 年 7 月	江苏裕宁总局借款 100 万洋例银	赈灾
17	1908 年 7 月	湖北善后局续借款洋例银 50 万两	军费
18	1908 年 10 月	东三省借款 110 万两沈平银（1）	中日合办木植公司
19	1908 年 10 月	湖北借款洋例银 15 万两	军费
20	1909 年 1 月	福建借款日金 5 万元	弥补赤字
21	1909 年 4 月	安徽公债 110 万两	军政费
22	1909 年 8 月	湖广总督借款洋例银 50 万两（2）	筹备善后政治学务实业
23	1909 年 10 月	湖北公债 76.5 万两	弥补赤字
24	1910 年 5 月	东三省借款日金 150 万元（2）	购买军械
25	1910 年 6 月	东三省借款日金 70 万元（3）	兑付纸币
26	1910 年 6 月	井陉煤矿借款 75 万行平银	运营费用
27	1910 年 11 月	山东借款 40 万两	弥补赤字
28	1910 年 12 月	江苏借款 300 万两	维持市面
29	1911 年	滇省借款 25.2 万镑	
30	1911 年 8 月	赎回云南矿权借款 150 万库平银	赎回矿权
31	1911 年 1 月	湖南公债 50 万两	弥补赤字
32	1911 年 1 月	福建借款 5 万日元	弥补赤字
33	1911 年 4 月	福建借款 5 万两	弥补赤字
34	1911 年 5 月	福建借款 2 万两	弥补赤字
35	1911 年 6 月	福建借款日金 7.5 万元	用于庚子赔款
36	1911 年 8 月	湖广总督借款洋例银 200 万两（3）	弥补赤字
37	1911 年 8 月	湖南公债 70 万两	弥补赤字
38	1911 年 8 月	广东借款港币 20 万元	兑付纸币
39	1911 年 9 月	湖北借款洋例银 10 万两	急需用款
40	1911 年 10 月	山东借款 10 万两	急需用款
41	1905 年	直隶公债 480 万两	军费开支

序号	时间	借款（债务）名称及数额	借款（债务）用途
42	1906 年	上海华界第一次地方公债 3 万两	举办工场
43	1908 年	上海华界第二次地方公债 3 万两	举办市政工场
44	1909 年	湖北公债 240 万两	筹办新政
45	1910 年	安徽公债 120 万两	增练新军
46	1910 年	湖南公债 120 万两	政府支用
47	1910 年	上海华界第三次地方公债 10 万两	筹集市政建设经费
48	1911 年	直隶二次公债 330 万两	筹议军镇改良费等

资料来源：根据本书附录"晚清民国时期省（含特别市）公债统计总表"绘制。

二、北洋政府时期：军政经费　弥补财政

北洋政府时期，主要省（市）举借的 90 余次公债库券绝大部分是为筹措军政费用而发行的。其中公债条例中明确规定为用于军政经费的为 19336.0394 万元，占该期地方公债总额的 49.10%；规定为用于弥补财政不敷的为 5616.13 万元，占总额 14.26%；用于整理及偿还旧债的为 1380 万元，占 3.50%。以上三项合计为 26332.1694 万元，占总额的 66.86%，都可以归于军政用途。至于用于筹建地方银行、整理金融的 8242.48 万元，也是间接消耗于军政用途的。北洋政府时期的地方银行是在清末各省官银钱号的基础上发展起来的。随着军阀战争的加剧，这类地方银行陆续成为各地军阀出纳银钱的私库，它只对地方财政负责，不对老百姓负责。而地方军阀为了筹措军政费用，让地方银行发行巨额纸币，并经常向地方银行挪借巨款，只借不还，最终导致地方银行的清理或倒闭。新军阀上台（或原军阀通过战争维持住自己的地盘）后，着手新建或整顿地方银行，就需要通过发行公债来筹措资金。在本期总额 39379.8694 万元的公债、库券中，只有 1885.22 万元（占总额的 4.79%）的"兴办实业、筑路"债款和 2920 万元（占总额的 7.41%）的"赈灾、善后"债款稍有利于地方事业和民众，但两者合计仅为 4805.22 万元，仅占总额的 12.2%，如表 2-11 所示。正如时人贾士毅所指

出的:"二十余年间,所举地方政府债务款虑数十种,按诸实在用途,无非补助军费弥缝省库,其因振兴地方事业而筹集债款者,实属罕见。即有时以实业为名,而名亦不能副实。吾国地方财政本足自给,初以军阀横行,靡岁不争,势不得不扩充军队,继以机关增设频年递加行政经费以致度支告匮,罗掘俱穷,于是筹集地方政府债务款以为补充,凡此原因,实寄于军费及行政费负担之过巨而不关于地方事业之发展,良可慨也。"①

表2-11 1911~1926年各省公债用途一览表

用途类别	发行额（万元）	比例（%）
筹措军（政）费	19336.0394	49.10
弥补财政不敷	5616.13	14.26
整理及偿还旧债	1380	3.50
筹建地方银行、整理金融	8242.48	20.93
兴办实业（兴利）、筑路等	1885.22	4.79
赈灾、善后	2920	7.42
合计	39379.8694	100

资料来源:根据本书附录"晚清民国时期省（含特别市）公债统计总表"绘制。

三、南京国民政府前期:兴办实业 调剂金融

南京国民政府前期,本期74029.54万元的省公债中,各债项条例上明确规定为弥补预算的虽仅为6078万元,约占总额的8.21%。但用于军需的18618万元（占总额的25.15%）实际上也被用于弥补各省财政的亏空。用于"偿还旧债、整理金融"的25783.94万元（占总额34.83%）,仍然是用之于弥补财政亏空。因此,综合算起来,本期地方公债的68%以上被用于弥补财政不足,可以看出各省财政对公债的严重依赖程度。受1929年通过的《公债法原则》等法规的限制,本期内有部分地方公债用于交通、水

---

① 贾士毅:《民国续财政史》第七编《地方财政》,商务印书馆1934年版,第185-190页。

利、电气和生产建设等方面的债额为 18162.6 万元，约占本期省债总额的 24.53%，再加上用于赈灾、教育和国防等事业的 5837 万元（占总额的 7.88%），本期有利于国计民生的债额约占总额的 32%，如表 2 – 12 所示。对比北洋政府时期绝大部分地方公债被用于军费，确实是一个较大的进步。

表 2 – 12　　　　　　　　**1927 ~ 1936 年各省公债用途一览表**

用途类别	发行额（万元）	比例（%）
弥补预算不足	6078	8.21
筹措军（政）费	18618	25.15
偿还旧债、整理金融	25783.94	34.83
实业建设、经济建设	18162.6	24.53
赈灾、善后、国防、教育、整理土地等	5837	7.88
合计	74029.54	100

资料来源：根据本书附录"晚清民国时期省（含特别市）公债统计总表"绘制。

四、国民政府后期：经济建设　筹措军需

国民政府后期，各省公债收入基本用于筹措战时军需、平衡财政收支和地方经济建设三方面。

从表 2 – 13 可知，各项用途占比情况。弥补预算和军费分别占本期总额的 4.92% 和 10.31%，用于偿还旧债、整理金融的占本期总额的 39.62%，三项合计占到总额的 54.85%。尤需指出的是，本期的经济建设债款占到总额的 43.27%，跃升为各项用途之首，总计 17486 万元的建设债款中主要用于交通水利等公共事业和公营事业，这可谓是地方债的最大积极作用。此外，本期有 754 万元的债款用于赈灾、教育等其他方面，占总额的 1.87%。

表 2-13　　　　　　　　　1937~1941 年各省公债用途一览表

用途类别	发行额（万元）	比例（%）
弥补预算不足	1990	4.92
筹措军（政）费	4165.85	10.31
偿还旧债、整理金融	16011.0014	39.62
经济建设（交通、水利、公营事业等）	17486	43.27
其他（赈灾、国防、教育、办理土地陈报等）	754	1.88
合计	40406.8514	100

注：山东省 1944 年发行的"同盟胜利公债"50 亿元法币按照实募数 1365.85 万元计。
资料来源：根据本书附录"晚清民国时期省（含特别市）公债统计总表"绘制。

第四节　近代中国地方政府债务的发行与管理

一、清末地方政府债务的发行与管理

（一）地方债务发行阶段性强

清末，地方政府债务的发行呈现出两个明显的特征，一是地方外债的出现早于地方内债的出现，二是地方政府债务在清末呈现出明显的阶段性特征，具体来说，地方政府债务在清末经历一个萌芽—发展—涌现的过程。

1. 地方政府债务的萌芽阶段。

从 1853 年第一次发行地方外债到 1866 年，这期间，上海、福建、广东等地官员 17 次向外商举债，数额达 228.7 万两，地方政府债务开始形成萌芽，标志着地方外债进入晚清的经济生活。当户部所拨之库款难以维持进剿太平起义时，清政府只得允许各省统兵大员"经营筹划，自求生理"①。在就地筹款、自筹军费，以应急需的过程中，地方官员把筹饷之手伸向外国人，

---

① 《钞法汇览》，咸丰三年（1850 年）七月初二日。

形成中国近代最早的一批地方外债。1853 年上海道台吴健彰第一次举借地方外债，以 13000 元银洋（约合库平银 71342 两）的价格雇英美板船三只，由江海关分两期支付，年利近 16%。这说明地方政府以举债的形式获取外国的武器装备已成为地方政府与外国军事合作的一部分。咸丰帝对此举甚至表示"汝果能剿办合宜，仍可受上赏，不必先以此存心也"①。1861 年，清政府也明确表示，"但于剿贼有裨，朕必不为遥制。"② 是年 3 月，曾国藩在《遵旨通筹全局折》中更明确地提出，"拟仍借洋人之力，开诚布公，与敦和好，共保人财。"③ 户部对解决经费问题也曾表示："既不能坐以待困，则必须变以求通"，朱批则是"不可稍存畏难之心"。从中至少可以看出清政府不会反对地方政府借资举债。这段时期地方外债仅处于初始阶段，具有通变权宜，以应急需的特点。

2. 地方政府债务的发展阶段。

1867 年至 1894 年，地方官员以安内攘外为借口，共 25 次向外借款，每次数额多在 100 万两以上，总额为 57488286 两，地方政府债务得到进一步发展。其间有三个高潮：一是左宗棠西征借款共 6 次，总额近 1600 万两；二是中法战争时，为筹边防军费借款共 12 次，总额近 2200 万两；三是甲午中日战争前，为备战借外债 3 次，共 350 万两④。这些外债不仅是一种以应急需、暂时挪借周转之款，而且开始具有政府债款的形式。借债一般要得到朝廷的批准，至少在形式上需要经过这样一道手续，"中枢将不由自己出面，而是授权地方当局设法筹集他们经常所需款项。"⑤ 例如，清政府对左宗棠的首次西征借款明确表示了肯定和支持，"陕甘需饷孔殷，各省协解，恐不能如期。停兵待饷，于剿贼机宜未免延缓，自应照该大臣所请，迅筹巨款，以期集事。"⑥ 并且让曾国藩出面命令各海关开出印票，分 6 个月在各海关税项下拨还。此后，左宗棠又先后 5 次向外商借款，其理由仍是"饷需繁急"和各省

① 《筹办夷务始末补遗》第 1 册，北京大学出版社 1988 年版，第 94 页。
② 《筹办夷务始末》（同治朝）卷 4，中华书局 2008 年版，第 2 页。
③ 曾国藩编：《曾文正公全集》（第 2 册），中国书店出版社 2011 年版，第 459 页
④ 中国人民银行总参事室编：《中国清代外债史资料》，中国金融出版社 1991 年版，第 138 页。
⑤ 汪敬虞：《十九世纪西方资本主义对华经济侵略》，人民出版社 1983 年版，第 253 页。
⑥ 《筹办夷务始末》（同治朝）卷 48，中华书局 2008 年版，第 19 页。

协饷无着。中央政府不得不继续授权他举债："左宗棠奏借洋款，藉资接济，深有裨益，自可援案办理。"① 这较太平天国时期模棱两可的态度有了明显的转变，表明清政府已开始把地方举借外债作为保障地方财政支出的一种手段，形成了一种定势。但又一直强调财政体制"自有定准"，没有把外债列入经常奏销的岁入项目，仅把外债视作地方一种调剂周转之款。

3. 地方政府债务的涌现阶段。

20 世纪初，清政府推行新政，日益恶化的地方财政与练兵、兴办实业的矛盾加剧，地方政府又掀起新一轮举债高潮，地方内债大量涌现。这一时期地方政府债务的用途，从单纯地弥补军需扩大到维护市面、发展实业、救济救灾及行政费用；抵押也已由关税扩展到厘金、盐税、厂矿甚至地皮，涉及的区域已不再局限战争地区、边防地区，而遍及全国 10 余个省份。

清末新政时期，地方政府举债的借口主要是"新政"，地方内债大量涌现。中央财政无力支付新政的创办经费，地方只好自筹自为，史称"近年因筹办各项新政，需款浩繁，国家财力不足以支办之，乃各量地方所出以谋地方所入"②。这显然是放手让地方在中央财政系统之外，自筹自用，不向户部（后改为度支部）负责。直隶在袁世凯时期于 1904 年率先募集公债，这标志着晚清地方政府举借国内公债进入实践阶段，继直隶公债后，地方政府举借公债成为一种时尚。福建、湖北、湖南、江苏、河南、安徽等省大量举办公债，从厘金余项或开矿赢利中偿还。中央政府既不分用公债债款，也不负责偿还，听任地方自为。公债一旦在地方认购不力，地方政府便以公债作抵押举借外债，这种情况在直隶、安徽、湖南、湖北等省都存在。1904 年，袁世凯在直隶拟募公债 480 万两，结果仅募得百余万两，三百余万两，则仰给于外国银行。③ 1909 年，湖北拟募集公债 240 万两，次年汉口华俄道胜银行承购其中 10 万两，正金银行也持有 76.5 万两公债票。④ 这实质上是将内债转化为外债。当时就有人对此深表忧虑，"试问这些公债票是卖与外国人的多，

① 《筹办夷务始末》（同治朝）卷 56，中华书局 2008 年版，第 76 页。
② 《奉天省财政沿革利弊说明书》。
③ 《论中国外债及财政之前途》，载《东方杂志》，第 8 卷第 2 号，1911 年 5 月。
④ 梁启超：《饮冰室文集》，《外债平议》第 69 页。

还是卖与本国人的多呢?"①　这种情况也是财政紊乱、败落的一种突出表现。一方面这一阶段，中央政府的财权已逐步下放到地方，地方政府有了自主的财权，为发行地方政府债务奠定了内在条件，而庚子赔款所需大量资金赔付列强则直接成为这一时期地方政府债务大量涌现的外因。另一方面这一阶段地方政府债务的举借也从国外开始转向国内，继袁世凯发行第一笔国内地方公债后，各省纷纷效仿，共计划发行 13 次，但是实际发行与承募情况并不理想，实际仅发行 6 次，总共募集白银不足 400 万两。

（二）地方债务管理混乱无章

清末对地方政府债务的管理，最初是无章可循，混乱无序，既没有设置专门的管理机构，也没有设置派出专门的管理人员。到后来"清理财政办法"的颁布，形式上确立度支部分管债务，开始着手规范借债程序。因清末预算改革刚刚起步，所以债务并没有被纳入预算管理。

原因之一是受当时国情的影响。首先，清末地方政府债务多是清政府面对内忧外患的国内外环境在逐步放权的过程中由问题倒逼所致，被迫发行，对地方政府债务缺乏相应的监督约束机制。其次，清朝政府的中央集权逐步瓦解，对地方政府债务的管理心有余而力不足，在清末，国内先后发生了太平天国运动、义和团运动等农民起义，而对外则先后发生了甲午中日战争、八国联军侵华战争等，清王朝的统治摇摇欲坠，高度集中的中央集权也开始逐步瓦解，财权逐步由中央下放到地方，在这种情况下即使清王朝想要管理好地方公债也已经心有余而力不足了。

原因之二在于中央政府对地方债务的态度变化。在地方政府债务的萌芽、发展、涌现的各阶段政府部门特别是中央政府，即大清朝廷对待地方政府债务的态度是不同的。具体来说在地方政府债务的萌芽阶段，清政府持不反对、不提倡地方举借外债的中立态度。之所以说是不反对，是因为在地方政府债务萌芽阶段（1853～1866 年），上海、福建、广东等地官员先后 17 次向外商举债，数额达 228.7 万两，如果朝廷反对，这些地方政府债务根本就不可能

---

① 《资政院第一次常年会速记录》第 2 册，第 16 页。

举借。此外这一时期地方借债有一个重要原因是太平天国的发展威胁到了清朝的统治，清政府为"借师助剿"而被迫借债，否则举借外债这种有损天朝威严的事在清政府看来是不容许的，所以从根本上来讲，清政府在当时又是不提倡举借地方政府债务的。到了地方政府债务的发展阶段（1867～1894年），此时清政府对待地方政府债务的态度则已经是明确认可了。在这一阶段，随着对太平天国运动的镇压，中央的财权逐步下放到了地方政府，地方政府有了自己的财权之后又以"安内攘外"为名先后向外借款25次，每次数额多在100万两以上，总额为57488286两；地方政府债务在这一时期得到了中央与地方政府的明确认可。在地方政府债务大量涌现的阶段（1895～1911年），清政府为赔偿甲午战争中对日赔款以及庚子赔款，对地方政府进行大量的摊派，而随着清末新政兴办实业，需大量的财力支持，地方政府发行了大量的债务，这一时期地方政府债务的用途和抵押都迅速扩大，涉及的区域遍及全国10余个省份。

清末清理财政过程中正式确立度支部掌管地方债务，形式上规定借债程序，但并没有纳入预算管理。庚子之后，由于先前的大量赔款和外债偿付，中央财政对地方政府的摊派有增无减，中央无法控制地方财政举债，地方政府不向中央奏销财政收支情况，清廷原有的财政体制无法正常运转，原本不明晰的中央地方财政更加混乱。形势迫使清政府不得不对全国财政进行清理。"奏清理财政以统一财政为先务……一、外债流弊，言之疚心，若准各部各省自为商办，是放任仍旧，益滋其患。请嗣后各部各省必不得已募借外债，须由臣部出名订借，各部各省领用，不得径向外国订借。"[1] 因此，1903年户部设财政处，1907年财政处改为清理财政处，隶属度支部。1908年8月，宪政编查馆、资政院始提出清理财政的具体计划和预决算进程。1908年11月28日，度支部上奏《清理财政办法六条摺》，规定了"清理财政要义有二：曰统一，曰分明。本次二义，于分年筹办之初，而为臣部职权所应及，与现在急当整理者有六：外债之借还，宜归臣部经理。在京各衙门所筹款项，宜统归臣部管理。各省官银号，宜由臣部随时稽核。各省关涉财政之事，宜随

---

① 刘锦藻：《清朝续文献通考》（卷72），上海商务印书馆1955年版，第8281页。

时咨部以便考核。直省管制未改以前，各省藩司宜由部直接考核。造报逾限，宜实行惩处。综此六条，虽不足尽财政奥蕴，实为九年中分年筹办初基所托"。针对借还外债，会议政务处认为"度支部仍应每案先咨明外务部，会商办理，以昭慎重"。同时在肯定"嗣后募借外债之权，专属度支部"的同时，"凡各部各省拟借外债，皆咨明度支部，由度支部出名订借，侯议准借入之后，向度支部领取，其指抵之款，偿还之期，亦由度支部合计全局，预算核定。各该部该省如愿自向外国放债之人相商者，只准商定办法，仍须统归度支部出名，立约承借，均不得径向外国订约借债。"① 度支部针对此的回应是："此次臣等原奏，慎重外债，故深虑事权纠纷，减开侵轶之路，亦欲使预算适合，不误清偿之期，而用意实在于不使轻易募借。倘无论应否举债，准由各部各省自向放债之人商定办法，由臣部出名承借，是放任仍旧，而中央财政益滋其患也。"度支部提出，"请嗣后各部各省，必不得已，募借外债，应先经臣部核准，由臣部会同外务部奏明，再由臣部出名订借，交该部该省领用，各部各省不得径向外国订借。"② 正式规定了借债程序。1908 年，度支部、宪政编查馆奏定《清理财政章程》，该章程共有 8 章 35 条，各省入款和出款等项统由臣部开列条款，交各省清理财政局，将光绪三十四年分各项收支、存储银粮确数，按款调查编造详细报告册，宣统元年底呈由督抚陆续咨送到部。③ 说明债务没有纳入当时的预算。

二、南京临时政府时期地方政府债务的发行与管理

（一）地方债务发行活跃但无序

1912 年 1 月 1 日，南京临时政府宣告成立，但这种"独立"的方式本身已透露着地方意识的潜滋暗长。无论是首都南京，还是各省地方政府，财源都极

---

① 刘锦藻：《清朝续文献通考》（卷72），上海商务印书馆 1955 年版，第 8281 页。
② 《度支部奏本部清理财政处办事章程折》，《度支部清理财政处档案》，清宣统年间铅印本。
③ 《大清光绪新法令》第 2 册，第 1 类《宪政》，商务印书馆 1910 年版。参见《度支部清理财政处档案》，清宣统年间铅印本。

度匮乏，但军需等用项浩繁。各省纷纷报告财政危机，很多省份以地方名义自行募集公债。如湖北军政府于1911年10月发布《募集军事公债简章》12条，定名为"中华民国政府军事公债"，预计募集2000万元。江苏省临时议会于1911年10月议决《江苏第一次短期公债章程案》9条，决定先行募集100万元（即本省通用银元），以后分期募集，其总额以500万元为限。上海沪军都督府在1911年11月6日成立后，立即着手成立银行发行公债券，11月20日沪军政府财政总长公布《中华民国公债票章程》10条。浙江省军政府都督1912年2月颁布《维持市面公债简章》，发行债票100万元。甚至有的省军政府擅自打出"中华民国"旗号，故意使地方政府债务具有中央公债的色彩，以试图逃避中央权力限制，反映出地方政府债务发行的活跃和无序的状态。

（二）地方债务管理限制与叫停

湖北军政府和上海军政府早在民国成立之前就已经发行了地方公债。临时政府成立后，财政部认为"鄂军政府、沪军政府发行债票，有碍统一"，因而，立即"呈准饬令停止发行"。[①] 但上海置若罔闻，仍旧刊载发行地方公债的广告，1912年孙中山再以大总统名义正式发布《命沪军都督停止发行公债令》："为免分歧而昭信用起见，中央公债票既经发行，上海公债票应即停止，自是正办。"[②] 鄂、沪军政府公债发行停止后。财政部这才发现"以地方名义募集公债，而其性质又非地方公债者，不独鄂、沪两地"。考虑实施"财政统一"大政方针的需要，财政部起意准备整顿地方公债乱发的混乱状况，背后的真实目的为压制地方债，提高中央政府公债的筹款能力。1912年1月8日，临时大总统孙中山、副总统黎元洪、财政总长陈锦涛联名签署发行"中华民国元年八厘军需公债"（简称军需公债）。"北虏未摧，南服多事"之时，军需公债发行意义至关重大。"不世之奇勋，争手腕不争喉舌，最终之胜利，在铁血尤在金钱"，临时政府要求国民"联十四省财赋之区，毋分

① 中国社会科学院近代史研究所中华民国史研究室、中山大学历史系孙中山研究室、广东省社会科学院历史研究室：《孙中山全集》（第二卷），中华书局1982年版，第243页。
② 邱远猷、张希坡：《中华民国开国法制史：辛亥革命法律制度研究》，首都师范大学出版社1997年版，第548页。

畛域",① 积极购买公债,而且各地募集款项,要求半数归本省,半数解中央,目的是保证中央军需公债的顺利发行。1912 年 3 月 17 日,孙中山通令全国统一颁发《统一财政限制各省办理公债》②,通令指出:"行政以统一为先,理财以核实为要""现在大局底定,财政亟应整理",③ 此次发行之债票,不独补助军需,亦以之统一财政。惟自军兴之后,百务方新,各省度支,均忧匮乏,诚不得不以借贷之谋,为挹注之计。其在中央债票未发行之前,有以地方名义在各该省自行募集公债者,中央债票发行以后,有以军需不继为词,一再来部请领债票,漫无限制者。"殊不知公债发行,在吾国为未有之创举,既关民国信用,又系外人观听。一纸无异现银,偿还即在转瞬,固不宜自为风气,尤不可稍涉虚糜。"明令各省"嗣后不得借口饷械短绌,径自来部请领债票,以示限制"。"中央债票发行,自应援照鄂、沪成案,将各省所发之债票,一律停止。"④ 此后,南京临时政府还制定和公布了《公债执行简章》14 条以及《财政部咨各省发行公债办法》12 条,明确各地公债处的工作程序,规范公债的实际发行。由于临时政府的限制压制和政府公债信用尚未确立,各地地方政府债务的发行雷声大雨点小,发行结果与预期目标相距甚远,并没有起到缓解财政危机的作用,最终政权在财政拮据中宣告终结。

三、北洋政府时期地方政府债务的发行与管理

(一) 地方政府债务发行混乱与泛滥

1912 年 3 月 10 日袁世凯就任临时大总统,进入北洋军阀统治时期。"在统治初期,因袁世凯势力强大,地方势力暂时受到压抑而没有多少表现自身意志的机会。袁世凯死后,北洋集团分裂,强大的中央政权不复存在,地方政权在很大程度上得以自行其是,呈现出割据分裂局面,各省地方政府纷纷

---

① 邱远猷、张希坡:《中华民国开国法制史:辛亥革命法律制度研究》,首都师范大学出版社 1997 年版,第 544 页。

② 《临时政府公报》1912 年 3 月 17 日第 41 号。

③④ 中国社会科学院近代史研究所中华民国史研究室、中山大学历史系孙中山研究室、广东省社会科学院历史研究室:《孙中山全集》(第二卷),中华书局 1982 年版,第 243 页。

打着筹备实业经费名义，请求中央拨济，或以迫不得已为由举借地方政府债务相要挟。尽管财政部先后制定《暂准自由借款规程》《实业借款条例》《取缔民办事业借款办法》，严格限制地方滥借债务并集权于中央。但在外重内轻的政治局势下，各地纷纷在搜刮、截留、滥借地方政府债务等方面人莫予毒，地方政府债务滥借横行，地方政府债务发行程序，在整个北洋时期并没有一定的规定，甚至主政者一纸命令，即可发行。"① 据统计，北洋时期的地方政府借款（内外债）一共78笔，6200多万银元，②"强借与公债更层出不穷"③。在关税抵押殆尽的情况下，各省纷纷截留盐税并以盐税作抵押举借地方政府债务，其中以四川、江西、浙江居多。这些借款地方政府没有能力偿还，就陷入借新债还旧债的循环中，财政上的混乱反过来加剧政治上的分裂局面。"盖所谓财政，早已变成大小军阀穷兵黩武之经济基础。"④

（二）地方政府债务管理奖赏与失控

在北洋政府前期，袁世凯为巩固中央集权，令财政部会同外交、工商、农林共四部，以及单独由财政部先后制定《实业借款条例》《暂准自由借款规程》《取缔民办事业借款办法》，严格限制地方滥借债务并集权于中央。⑤北洋政府初期规定，无论是内债外债，都与国家信用有直接关系。"倘现在任各省自借，与将来中央政府之信用实有大不利"⑥ 所以"如有因公要需，借用洋款，皆须先行奏明，经中央政府允准，照会各国驻京大臣立案为据。其出借之洋商，亦必先禀报驻京大臣，问明中国政府果系奏明有案，方可借给。若无奏准案据，而私自借给者，无论曾否订立合同，国家概不承认。设有事故，亦不能为之代迫"⑦。也就是说，地方政府外债只有报批中央政府得到同意后，合同才有效，债款才能成立。袁世凯非常重视地方债的募集，为

① 马金华、赵一凡：《民国时期的地方政府债务管理及启示》，载《经济研究参考》2014年第45期，第59-60页。
② 徐义生：《中国近代外债史统计资料》，中华书局1962年版，第224页。
③ 中国史学会、中国社会科学院近代史研究所编：《北洋军阀（1912—1928）》（第一卷），武汉出版社1990年版，第514页。
④ 张一凡：《民元以来之地方财政》，《银行学会》，银行周报社1948年版。
⑤ 《申报》1913年3月7日，12月6日要闻一；1914年2月5日要闻二。
⑥ 财政科学研究所等编：《民国外债档案史料》（第一卷），档案出版社1990年版，第75页。
⑦ 财政科学研究所等编：《民国外债档案史料》（第一卷），档案出版社1990年版，第65页。

此，在1914～1915年连续二十多次发文奖赏地方公债募集人员，如表2－14所示。所以奖赏是袁世凯时期对地方公债管理的一个重要方式。

表2－14　　　　　　　　袁世凯奖励地方公债人员发文汇总

时间	袁世凯发布大总统文	主要内容	资料来源
中华民国四年（1915年）八月二十二日	32－1386. 批财政部呈四川省募集三年公债奖案有无冒滥各员查明请分别办理文	邓孝然、黄云鹏二员应仍照原案撤销，其馀川省募集三年公债案内请奖励奖章暨传令嘉奖各员，应准免其撤销	骆宝善、刘路生编：《袁世凯全集》（第32卷），河南大学出版社2013年版，第400页
中华民国四年（1915年）四月九日	31－254. 批财政部呈广东职商陆祐认购四年公债三十万元请明发命令优予奖励请鉴文		骆宝善、刘路生编：《袁世凯全集》（第31卷），河南大学出版社2013年版，第72页
中华民国四年（1915年）四月十九日	31－558. 批财政部呈为四川山西江西湖南等省承募三年公债出力各大员拟请援照前案傅令嘉奖具呈缮单祈鉴由	胡景伊、阎锡山、李纯、汤乡铭、陈廷杰、金永、戚扬、刘心源、刘莹泽、李祖年、王纯、濮良至、陶思澄，均著傅令嘉奖	骆宝善、刘路生编：《袁世凯全集》（第31卷），河南大学出版社2013年版，第157页
中华民国四年（1915年）四月二十二日	31－642. 批财政部呈江苏湖南江西等省募集三年公债出力暨公债局交通银行及本部办理内债各员择优请奖励章拟定等级缮单具呈祈钧鉴文		骆宝善、刘路生编：《袁世凯全集》（第31卷），河南大学出版社2013年版，第181页
中华民国四年（1915年）四月二十三日	31－668. 批财政部呈拟具承购四年内国公债人员奖励办法请示遵并送清单文		骆宝善、刘路生编：《袁世凯全集》（第31卷），河南大学出版社2013年版，第188页
中华民国四年（1915年）五月十六日	31－1253. 批财政部呈为四川经募三年公债出力各员援案请给奖励缮单具陈祈鉴文	赵椿煦等均准如拟给奖，其奖起鸿等五员均著傅令嘉奖，交政事堂饬铨叙局查照	骆宝善、刘路生编：《袁世凯全集》（第31卷），河南大学出版社2013年版，第353页
中华民国四年（1915年）五月二十三日	31－1435. 批财政部呈山西省经募三年公债出力各员援案请奖缮单祈鉴文		骆宝善、刘路生编：《袁世凯全集》（第31卷），河南大学出版社2013年版，第402页

续表

时间	袁世凯发布大总统文	主要内容	资料来源
中华民国四年 （1915 年） 五月二十六日	31－1514. 批财政部呈甘肃河南两省募集三年内国公债出力应得部奖人员由部给予爱国徽章缮单请钧鉴文		骆宝善、刘路生编：《袁世凯全集》（第 31 卷），河南大学出版社 2013 年版，第 429 页
中华民国四年 （1915 年） 十月六日	33－160. 批财政部呈广东省承募四年内国公债出力人虽蒋继伊等援案分别请奖缮单祈钧鉴由		骆宝善、刘路生编：《袁世凯全集》（第 33 卷），河南大学出版社2013 年版，第44 页
中华民国四年 （1915 年） 十月十五日	33－434. 批财政部呈审案请奖奉天山东湖南三省募集四年公债出力人员唐人寅等缮单呈鉴由		骆宝善、刘路生编：《袁世凯全集》（第 33 卷），河南大学出版社 2013 年版，第 123 页
中华民国四年 （1915 年） 十一月二十日	33－1513. 批财政部呈直隶陕西两省劝募四年公债成效卓著在事出力人员杨以德等援案请分别奖给勋章	杨以德等四员已另有令明发。汪士元、谢嘉祐、林世英、刘赓年、杨宗汉、王垓、张文栋均著传令嘉奖	骆宝善、刘路生编：《袁世凯全集》（第 33 卷），河南大学出版社 2013 年版，第 435 页
中华民国四年 （1915 年） 十月二十九日	33－864. 批财政部呈上海劝募四年公债出力各绅商援案请给奖励缮单呈请鉴核由	胡善登等应准如拟分别给奖，周晋镳等著传令嘉奖	骆宝善、刘路生编：《袁世凯全集》（第 33 卷），河南大学出版社 2013 年版，第 248 页
中华民国四年 （1915 年） 十一月二十四日	33－1599. 批财政部呈福建省承募四年公债出力各员暨独力承购巨额公债绅商援案分别请奖缮单请示由	王善荃、孙世伟、蔡凤机、来玉林、汪守坻均著传令嘉奖	骆宝善、刘路生编：《袁世凯全集》（第 33 卷），河南大学出版社 2013 年版，第 457 页
中华民国四年 （1915 年） 十二月六日	33－1929. 批财政部呈山西吉林二省承募四年公债出力各员分别请奖缮单乞睿鉴由	高翔、熊正琦、万和宣、蔡光辉均著傅令嘉奖	骆宝善、刘路生编：《袁世凯全集》（第 33 卷），河南大学出版社 2013 年版，第 544 页
中华民国四年 （1915 年） 十二月二十二日	33－2395. 批财政部奏为江西省承募四年公债出力各员暨福建厦门募券出力各绅商援案请奖恭摺仰祈圣鉴由	叶崇华已另有令发矣。黄庆元、邓煦、叶崇禄均著傅令嘉奖。濮良至既经解职察看，应即毋庸给奖	骆宝善、刘路生编：《袁世凯全集》（第 33 卷），河南大学出版社 2013 年版，第 676 页

续表

时间	袁世凯发布大总统文	主要内容	资料来源
中华民国四年（1915 年）十二月二十四日	33－2496. 批财政部奏为湖北江苏二省承募四年公债出力人员援案请奖恭摺仰祈圣鉴由	胡俊采等已另有令明发，彭春膏等十四员均傅令嘉奖，余如所拟分别给奖	骆宝善、刘路生编：《袁世凯全集》（第 33 卷），河南大学出版社 2013 年版，第 703 页
中华民国三年（1914 年）十月十八日	29－475. 批财政部呈内国公债局董事缺额待补拟将购募债票最多人员袁乃宽等三员派充以符定章请训示由		骆宝善、刘路生编：《袁世凯全集》（第 29 卷），河南大学出版社 2013 年版，第 138 页
中华民国三年（1914 年）十月十八日	29－476. 批财政部呈请奖给倡购公债粤商陈廉伯闽绅邱立权勋章以昭激励由	陈廉伯已据广东巡按使电奖给勋章明发矣，邱立权亦另有令公布	骆宝善、刘路生编：《袁世凯全集》（第 29 卷），河南大学出版社 2013 年版，第 138 页
中华民国三年（1914 年）十一月十三日	29－1091. 批财政部呈侨商何东认购巨额公债援案请给勋章俾资奖励由		骆宝善、刘路生编：《袁世凯全集》（第 29 卷），河南大学出版社 2013 年版，第 333 页
中华民国三年（1914 年）十二月十二日	29－1705. 批兴武将军督理浙江军务朱瑞署浙江巡按使屈映光呈浙省筹募公债足额扫数清解谨将结束情形呈请鉴核由		骆宝善、刘路生编：《袁世凯全集》（第 29 卷），河南大学出版社 2013 年版，第 519 页
中华民国四年（1915 年）一月十一日	30－251. 批财政部呈盐务署长张弧等募债出力应如何优奖赚案请示文	张弧、徐树铮、叶恭绰、任凤苞，均著给予“利用厚生”匾额一方，以示优奖	骆宝善、刘路生编：《袁世凯全集》（第 30 卷），河南大学出版社 2013 年版，第 69 页
中华民国四年（1915 年）一月十一日	30－252. 批财政部呈交通银行经售内债出力人员晏安澜等拟请择尤照章奖励缮罩请示文	晏安澜等应给勋章已另有令明发矣。陈其瑗等均如所拟分别给奖，杨德森等均著傅令嘉奖	骆宝善、刘路生编：《袁世凯全集》（第 30 卷），河南大学出版社 2013 年版，第 70 页
中华民国四年（1915 年）一月二十三日	30－563. 批财政部呈各省募集公债出力大员冯国璋等可否援案特颁明令锡以匾额缮单请示文	冯国璋等均著傅令嘉奖，即由该部分行知照	骆宝善、刘路生编：《袁世凯全集》（第 30 卷），河南大学出版社 2013 年版，第 235 页

续表

时间	袁世凯发布大总统文	主要内容	资料来源
中华民国四年（1915年）二月一日	30-858. 批财政部呈谨将内国公债局办事出力各员张润普等择尤开单莆奖文	张润普、李光启给予勋章，已另有令明发。张兢仁等均准如拟给奖。虞学溥、王文蔚著傅令嘉奖	骆宝善、刘路生编：《袁世凯全集》（第30卷），河南大学出版社2013年版，第315页
中华民国四年（1915年）一月二十七日	30-692. 批直隶巡按使朱家宝呈直省筹募内国公债业已足额解清请鉴核文		骆宝善、刘路生编：《袁世凯全集》（第30卷），河南大学出版社2013年版，第270页
中华民国四年（1915年）三月十七日	30-2033. 批财政部呈倡记公司经募内国公债出力人员请援案给奖缮单祈鉴文		骆宝善、刘路生编：《袁世凯全集》（第30卷），河南大学出版社2013年版，第664页
中华民国四年（1915年）三月十九日	30-2089. 批财政部呈汇案请奖直隶等省募集三年公债出力人员缮单祈鉴文	林葆恒等已另有令明发矣。余准如拟给奖，谢嘉祐等十三员均著傅令嘉奖，交政事堂饬铨叙局查照	骆宝善、刘路生编：《袁世凯全集》（第30卷），河南大学出版社2013年版，第689页

资料来源：骆宝善、刘路生编：《袁世凯全集》（第29-33卷），河南大学出版社2013年版。

袁世凯在位时，地方债管理还比较有效。袁世凯死后，地方离心涣散，大量的地方政府外债执行都是先斩后奏，即先签订合同，再要求中央承认。比如，奉天省向朝鲜银行借款，"报部之时，已经签字"，财政部当"以奉省财政确属困难，更无研讨之余地，姑准备案"①；等到了奉天省向朝鲜银行续借款时，中央特意强调"借款非经中央核准，不得签字"② 但背后的实际情况是地方政府早已签字。还有的地方债直接瞒着中央政府，如伊犁地方官员向俄商借款，"既未呈明政府，亦未通告新建……而印票已在外人手中，恐终贻为国累"③，地方政府对于中央政令也是阳奉阴违。

此外，北洋政府时期还"设立了国债管理机构和公债基金，成立了关盐

---

① ②　财政科学研究所等编：《民国外债档案史料》（第五卷），档案出版社1990年版，第469页。
③　财政科学研究所等编：《民国外债档案史料》（第四卷），档案出版社1990年版，第521页。

两税抵借外债审核委员会，各省设立了国民公债局，着手管理混乱的地方公债。但因公债基金往往掌握在帝国主义列强手中，反而增强了银行购买公债的信心，加剧了公债发行和银行承购的泛滥，加之北洋政府的迅速垮台，公债管理宣告失败。比如，1927 年 8 月，北洋政府成立了关盐两税抵借外债审核委员会（审核中央债和地方债），对关盐两税抵借之各项外债合同或契约进行审查，对外债还本付息情形进行调查，对关盐两税抵借各种地方外债、保护持票人利益及维持政府信用问题进行研究。但随着 1928 年北洋政府的垮台，整理外债工作随之停止"[①]。

北洋政府后期对地方政府债务的管理失效，地方政府债务泛滥，其根本原因也离不开当时的社会经济背景。一是民族资本主义的发展是公债发行的物质基础。第一次世界大战爆发后，我国的民族工业迎来了春天，民族资本主义的发展为公债的发行提供了充足的社会资本。二是金融机构的支持是公债泛滥的催化剂。一方面，在北洋政府时期，华资银行已形成一定规模，银行特别是地方银行为各地方军阀控制，成为其发行公债筹集军费的金融工具，加剧了地方政府债务的泛滥。另一方面在北洋政府时期，各省先后设立了公债管理局对公债基金进行管理，这在一定程度上加强了银行参与地方公债的承销与募集的信心，从而加剧了地方政府债务的进一步泛滥。三是地方政府债务的高利率是公债泛滥的助推器。地方公债的高利率刺激了地方公债投机的发展，在北洋政府时期，以 1918～1919 年为例，市场利率在月息 7～8 分，而当时地方公债平均 3 分左右，这极大地吸引了银行资本对地方公债进行投机，助推了地方公债的泛滥。此外，北洋政府时期，军阀割据，战乱不断，对军政费的大量开支需要地方公债筹款支持也是这一时期地方公债泛滥的重要原因之一。

---

① 马金华、赵一凡：《民国时期的地方政府债务管理及启示》，载《经济研究参考》2014 年第 45 期，第 61 页。

四、南京国民政府前期地方政府债务的发行与管理

（一）地方政府债务发行形式变异

南京国民政府成立后，国家完成了南北形式上的统一，国内政局相对趋于稳定，"虽然战乱没有北洋政府时期那么频繁，但财政收支仍然较为混乱，主要是国家和地方财政收支的界限不清，地方截留数较大，中央财政收入困难。因此，划分国地收支界限，减少地方截留，保证中央收入，成为政府整顿财政收支的主要任务，为此，1928年7月南京国民政府召开第一次全国财政会议，通过了《划分国家收入地方收入标准案》和《划分国家支出地方支出标准案》，确立了省级财政收支范围，县财政只是省财政的附属。这使得县财政极不稳定，财政秩序混乱。1934年召开第二次全国财政会议，确立了县级财政收支范围和权限，一定程度上限制了省级财权。地方预算由省（院辖市）、县（市）两级组成，初步建立了较完整的分级预算制度，并颁布了旨在加强财政监督的财政法规。但由于南京国民政府始终将强化中央财力，限制地方财力作为国地财政划分的根本宗旨，因此导致地方财权不能与地方支出事权的日益增长相适应，各省入不敷出的情况仍普遍存在。举债也就成为这一时期各省弥补财政赤字的主要手段，尽管与中央举债相比，地方政府举债收入的规模要小得多，但各省之间的差别比较大"①，如表2-15所示。

表2-15　　　　1931~1936年全国18省债务收入及其占岁入的比重

年份	债务收入（千元）	占岁入的百分比（％）
1931	29245	9.64
1932	16785	7.29
1933	10684	5.47

---

① 马金华、赵一凡：《民国时期的地方政府债务管理及启示》，载《经济研究参考》2014年第45期，第61-62页。

年份	债务收入（千元）	占岁入的百分比（%）
1934	12599	4.10
1935	19982	7.38
1936	33316	9.64

资料来源：中国财政史编写组编著：《中国财政史》，中国财政经济出版社1987年版，第595页。

鉴于北洋政府时期地方政府债务发行泛滥干扰了国债的推销，影响了中央政府的财政收入，不利于政府加强中央集权统治等教训，南京国民政府一成立就开始限制地方政府发行公债。虽然南京国民政府对地方政府发行公债采取了一定的限制措施，但是在这一时期仍然发行了大量的地方公债，主要的形式有三类。

一是抵押公债票向银行借款。"政府发行公债，多当需款孔殷之求，等不得债票拿去发售，预先就以债票向银行抵押借款，然后由银行陆续按市价而出售，等到债券售出，再行结账。"[①] 各省军政府通过将债券作为抵押从银行与钱庄大肆借款，以债券为抵押进行借款的手段大大增强了地方政府筹款能力，助推了地方政府债务的膨胀。

二是发行省内公债。在南京国民政府时期，虽然形式上完成了统一，但是各省军阀及地方实力派仍然各自为政，大有不把中央放在眼里之势，中央对此也无能为力，各省实力派为扩充自己的财力，加上这一时期地方银行的发展，大量的省内公债得以发行。例如，江苏省在1927～1937年先后发行建设公债（1930年）700万、短期运河公债（1931年）500万、忙漕抵借券（1932年）400万、水利建设公债（1934年）2000万、土地抵价券（1935年）200万；又如浙江省在1927～1937年先后发行地方政府公债9次，分别为1928年偿还旧欠公债、1928年公路公债、1929年建设公债、1930年赈灾公债、1931年清理旧欠公债、1932年金库券、1934年地方公债、1935年定

---

① 樊丽明、黄春雷、李齐云：《中国地方政府债务管理研究》，经济科学出版社2006年版，第21页；吴景平：《近代中国内债史研究对象刍议——以国民政府1927—1937年为例》，载《中国社会科学》2001年第5期，178页。

期借款、1936 年整理公债；河南省在 1937～1949 年共发行 1 次：1938 年六厘公债。这一方面说明当时发行省内公债是各地方政府扩充自己财力的重要手段，另一方面也说明了当时中央政府对限制地方公债发行的作用有限。

三是中央代发。中央代地方省发行债券虽然不是这一时期主要的发债方式，但在个别省份的特殊时期中央代发债券具有重要的作用，一般是中央政府需要地方政府履行某项或多项特定任务时，中央政府通过代地方政府发行债券为地方政府提供财力支持。例如，南京政府于 1936 年代广东省发行整理广东金融库券 1.2 亿元用以整理该省金融；又如 1935 年，南京政府代四川省发行整理金融库券 3000 万元和善后公债 7000 万元以支持四川省"剿共"。

（二）地方政府债务管理规范与限制

为了维护中央权威、巩固政权，南京国民政府成立伊始，就在全国财政会议上对地方债进行了统一和管理。1928 年 7 月全国财政会议第三次大会议决通过了《全国财政会议关于各省市发行公债事项决议》，规定："各省政府、各特别市政府，如有变更以前发行公债及借款条例，应将所变更及修正理由报告本部核准，再行办理，以免纷岐。各省政府、各特别市政府发行公债及订借款项，须有制定确实基金，报由本部核准，始能举办，以示限制，而归统一。"[①] 1928 年 12 月，南京国民政府发布《关于各省市以国税抵借款项及发行内债需经核准令》强调建设伊始，为统一财政规划需要，要求："嗣后各省市政府以国税抵借国内款项，或募集省市公债，均应将需募债额及基金办法条例等，咨由财政部核明，呈候政府批准，方准发行。其余各项税款如有制定抵借款项者，未于事前呈准核定，概不发生效力。各省管理国税机关长官如未奉有财政部命令，亦不得托许抵押，以杜流弊，而一财权。"[②]

---

① 《全国财政会议关于各省市发行公债事项决议》1928 年 7 月，［国民政府财政部档案三①/2769］。

② 《关于各省市以国税抵借款项及发行内债需经核准令》1928 年 12 月，［国民政府财政部档案三①/2769］。

南京国民政府不仅颁布命令，还开始从机构设置和法律规范方面对地方政府债务的发行、流通及偿还进行了系统的规范和约束。其具体的表现可以概括为"三个机构，三个法案"。

"三个机构"：

一是立法院，立法院是南京国民政府的最高立法机关，承担着南京国民政府时期法律的制定与审核，各省地方政府发行公债如要在立法层面获得通过，各地方政府发行公债条例必须得到立法院的审核。

二是中政会，全称是国民党中央执行委员会政治委员会，是最高权力机关。各省发行地方政府债务的最终"拍板定案"权在中政会，中政会可以对发行不合理不合规的地方政府债务予以否决。1935年，中政会进行了整合与改组，改组后的中政会分为8个专门委员会，财政就是其中的一个专门委员会（1929年1月设立），对地方公债最终能否发行起"一锤定音"的作用。

三是整理内外债委员会。1929年，南京国民政府成立了整理内外债委员会，对北洋政府时期的遗留债务予以承认，并分期整理了遗留债务，提出了偿还办法，其中地方政府债务由各省自行偿还。整理内外债委员会的这些措施维护了政府的信誉，也使得南京国民政府在北洋政府之后能够继续借债筹款。

"三个法案"：

一是《财政部关于发行公债及订借款项限制案》，简称《限制案》。1928年7月公布了《限制案》，明确了中央及地方政府发行公债的权限，对各省发行地方公债作了若干限制性的规定：省市政府的债务由省市财政厅办理，其他各厅局不得自行举办；举债用途专限于建设有利的事业，不得用于消耗性的途径；自民国十七年七月一日起，省市公债发行必须经过财政部的核明，如不经过财政部核明，财政部可以通告取消之；省市债则由各省市政府及审计分院派员，会同公团选出代表联合组织。所有债款非有详细之计划及正当之理由，经委员会通过，不能动用；各省收入解款及拨付基金和还本付息款数应当按月报告财政部核查；基金应设基金委员会保管，省市债则由各省市政府及审计分院派员会同法定公团选出代表联合组织；凡国库借款在一百万元以下，省市库借款在五十万元以下者，不受本案之限制，第偿还期限至多不过一年。① 还明令地方政府机关，"如未经国民政府核准，不得与外人订立和约，借用外资，或准许外人有经营建设事业之特权。"② 显然，《限制案》的主旨是将地方公债的发行权上收到财政部以恢复财务行政的中央集权③。1927～1935 年，据统计，各省政府共发行了 4.1 亿元的省公债，占同时期国债发行总额 25 亿元的 16.4%，可以说《限制案》的颁行在一定程度上遏制了地方公债的滥发，有利于政府债信的恢复。

二是《公债法原则》。1929 年 4 月 20 日经立法院二十次院务会议通过，4 月 22 日公布，第 3 条规定，"中央与地方政府募集公债，均以不得充经常政费为原则。"第 4 条规定："政府募集内外债以充下列三种用途为限：一、充生产事业上资产的投资，但以具有偿付债务能力，而不增加国库负担之生产事业为限，如筑铁路、兴水利及开发富源等皆是。惟富有冒险性质之事业不在此例。二、充国家重要设备之创办用途，但以对于国家人民有长久利益之事业为限，如大规模之国防设备、教育设备、卫生设备等类，虽无经费收入，而对于国家人民确有永久利益者，皆属之。三、充非常紧急需要，如对付战争及重大天灾等类皆属之。"第 6 条规定："各级地方政府非经立法院核议通过，不得募集外债。"第 7 条规定："省府非经中央政府核准，不得募集一百万元以上之公债；县府非经上级政府核准，不得募集五万元以上之公债。"第 8 条规定："各级政府所募公债总额最高限度，以不致紊乱财政，因而妨碍其他政务进行之常态，及能使公债本息均得按期偿还为准。"第 10 条规定："各项公债收支均须编入预算决算，并应由募集机关与监察院每年会同报告一次，并公布之。"第 11 条规定："公债基金由公债基金委员会保管之，委员组织法另行规定，债权者于必要时得推举代表申请参与稽核。"④ 由此可见，《公债法原则》严格规范了地方公债的举借程序、用途投向、预算

---

① 《财政部关于发行公债及订借款项限制案》1928 年 7 月，[国民政府财政部档案三①/2769]。
② 《中国全鉴》编委会：《中国全鉴（1900 年—1949 年）》（第三卷），团结出版社 1998 年版，第 2779 页。
③ 孙建华：《抗战前十年公债结构的变迁、原因及影响》，载《学理论》2009 年 20 期，第 54 - 55 页。
④ 《公债法原则》1929 年 4 月 22 日，[国民政府财政部档案三①/4895]。

管理和基金保管等一系列问题。

三是《国民政府公布之修正监督地方财政暂行法》。1932 年 12 月颁布，根据《国民政府监督地方财政暂行法》第 3 条规定，"各省及直隶于行政院之市，遇有变更税目，增加税率或募集公债时，应依法由省市政府拟具计划，咨由财政部审核签注，呈由行政院核转立法院议决，呈请国民政府令行。"第 4 条规定："各县市非依法律，不得变更税目，遇有增减税率或募集公债时，应依法由县市政府拟具计划，在县市参事会未成立前，召集地方各法团公开讨论，呈报财政厅审按签注，呈请省政府议决令行，并咨送财政部备案。"第 7 条规定："各级地方政府变更税目、增减税率、募集公债，非依本法第 3、第 4 两条之规定，经核准后，不得执行，并不得列入预算。"[1] 这样各省地方政府发行债务就有了一个完整的程序，并且在这个程序中起最终决定作用的是中央政府部门。

南京国民政府不仅对省级债务进行管理，对县级债务也做了规定。1929 年 5 月，国民政府颁布《县组织法》，规定县设财政局，掌握征税、募债、管理公产及其他财政事项，对县长负责，系财务行政性质。县参议会具有财政立法权，有议决县预算决算及募债之职责。[2] 但实际上，县参议会直至 1941 年亦未能组织起来。

南京国民政府通过上述一系列的措施对地方政府滥发公债在一定程度上予以了限制，对巩固南京国民政府的政权、加强中央集权起了一定的作用。但是这种作用在军阀割据的情况下又是有限的，各地方军阀及实力派有"胆量"敢跟中央"叫板"，为了扩充自己的财力，各地方军阀纷纷通过地方银行大量发行货币以弥补赤字，不仅导致了南京国民政府时期高通胀的局面，也使地方政府债务的规模不断膨胀。这在另一个角度也说明了中央虽采取了一些限制措施，但地方落地执行方面又是变通打折的。

---

[1]　财政部财政科学研究所、中国第二历史档案馆编：《国民政府财政金融税收档案史料（1927—1937 年）》，中国财政经济出版社 1997 年版，第 49 页。
[2]　贾怀德：《民国财政简史》（下册），商务印书馆 1941 年版，第 380 页。

五、国民政府后期地方政府债务的发行及管理

（一）地方债务发行关系混乱

抗战全面爆发后，经济凋敝、战费支出剧增，财政严峻，1941 年国民党召开的五届八中全会中通过决议指出：战时财政之补救，加税为稳妥，也要加强公债的推销。根据这一精神，大多数省份收支均不能相抵，各省为举办建设事业和弥补政费，往往在附加税和就地举债上着眼。据《申报月刊》所载，"有几个省田赋仅能收到三分之一，有几个省营业税收数不到一半；在这农村经济崩溃的状态下，地方财政，真有些'来日大难'之威了"①。据统计，仅 1937~1939 年各省为举办建设事业、弥补政费起见，举债就达 11100 万元（如表 2-16 所示），截至 1942 年，省公债总额达到 41774 万元。这一时期地方政府债务的特点是债务关系非常混乱。有些公债的发行是经过财政部核准的，有些则未经核准。公债的发行、偿还期限和偿还方式也是各不相同，公债种类繁多。比如，湖北省 1941 年到 1944 年，每年都发行公债和国库券，公债的种类有战时公债、美金公债、同盟胜利国币公债和同盟胜利美金公债。仅恩施一地，五年共购买公债 500 万~600 万元。②

表 2-16　　　　　　　　**1937~1939 年部分省政府举债情况**　　　　　　单位：元

公债名称	举债年月	债额
民国二十五年湖北省建设公债	1937 年 8 月	5000000
民国二十六年山东省整顿土地公债	1937 年 11 月	2500000
民国二十六年安徽省完成公路公债	1937 年 11 月	2000000

① 章乃器：《中国财政金融之现势》，中国经济现势讲话，申报月刊社 1937 年版，第 31-33 页。
② 《湖北省志·经济综述》，第 77 页；周建树：《抗战时期湖北的财政与金融》，载《湖北文史》2003 年第 2 期，第 110 页。

公债名称	举债年月	债额
民国二十七年广东国防公债	1938 年 3 月	15000000
民国二十七年湖南省建设公债	1938 年 7 月	18000000
民国二十七年甘肃省建设公债	1938 年 7 月	2000000
民国二十七年河南省六厘公债	1938 年 7 月	5000000
民国二十七年福建省建设公债	1938 年 7 月	8000000
民国二十七年浙江省六厘公债	1938 年 7 月	10000000
民国二十七年陕西省建设公债	1938 年 10 月	8000000
民国二十八年广东省政府财政厅短期券	1939 年 1 月	4000000
民国二十八年江苏省整理地方财政公债	1939 年 4 月	8000000
民国二十八年广西省六厘公债	1939 年 5 月	8000000
民国二十八年四川省建设公债	1939 年 8 月	7500000
民国二十八年湖北省金融公债	1939 年 7 月	8000000

资料来源：时事问题研究会编：《抗战中的中国经济》，中国现代史资料编辑委员会 1957 年版，第 386 页。

（二）地方政府债务最终取缔

在这一时期，国民政府为了进一步加强其中央集权，通过一系列的措施逐步取缔了地方公债，这些措施主要有以下几个方面。

一是抗战爆发后，国民政府要求终止各省发行地方公债，将省级政府预算纳入国家预算。抗战爆发后，国土大半沦陷，省地方财政情况简陋不堪，虽然财政部仍责令各省力行预算制度，自 1942 年度起改以县为地方财政主体而进入自治财政时期止，江苏、浙江、安徽、江西、福建、湖南、湖北、山东、山西、河北、陕西、甘肃、青海、察哈尔、绥远、西康、宁夏、河南、广东、广西、四川、云南、贵州、等省以及南京、上海、北平、天津、青岛、威海卫、广州、汉口、杭州、厦门、重庆等市地方预算总额，虽约较战前增加 1～3 倍①，但大多为表面文章，各省实际支出之数大都超出预算，特别是接临战区的省份，因办理军事供应的缘故②，军事费用常常居地方支出之最大项目；"而后方各省，为办理防空、军训及救济等费，为数甚巨，成为地方财政之重累。地方政府的支出迅速膨胀，而其税收收入因战地正常税捐的豁免、税务机构的失常及人民逃往或规避不增反减，于是财政亏短，成为各省财政当局编造概算的难题，是项亏短之数有达全部支出的80% 以上者，各省平均也将及全部岁出的半数，较战前约增一倍。"③

二是针对地方财政的紊乱局面，国民政府召开第三次全国财政会议，公布了《改定财政收支系统实施纲要》和《财政收支系统分类表》，规定自 1942 年 1 月 1 日起施行。该纲要规定：全国财政收支分为国家财政与自治财政两大系统。国家财政包括原属国家及省与行政院直辖市（除自治财政收支部分外）之一切收入支出；自治财政以县（市）为单位，包括县（市）为单位，包括县（市）、乡（镇）的一切收入支出。省级财政并为国家财政，省级财政一切收支，纳入国家预算，由中央统收统支。第三次全国财政会议还通过了一系列相应的配套改革方案。例如，"战地财政应如何维持原有系统以免紊乱而资统筹请讨论案""各省收支划归中央统筹整理分配后改由国库统一处理案""遵照八中全会改进财政收支系统之决议拟订省公债之接收及整理办法案"等。按照规定，各省财政收支，即由国库统一处理，所有各省从前发行之省公债，其债权债务，统一由中央接管，以资整理。

三是财政部设置整理省公债委员会，办理各省公债的接收与整理事宜。国防最高委员会第 137 次常务会议通过了《整理省公债办法》。该办法规定：凡各省依法发行有效之债券，依其发出情形，分为实际发行与非实际发行两种。实际发行之债券为：（1）售出者；（2）换偿旧债者；（3）拨充金融及建

---

① 张一凡：《民元来我国之地方财政》，见朱斯煌主编：《民国经济史》，银行学会，银行周报社 1948 年印行，第 185 页。

② 严仁赓：《所望于第三次全国财政会议者——论如何改进战时之地方财政》，见第三次全国财政会议秘书处编：《第三次全国财政会议汇编·杂组·舆论一斑》，财政部总务司 1941 年印行，第 58 页。

③ 潘国旗：《第三次全国财政会议与抗战后期国民政府财政经济政策的调整》，载《抗日战争研究》2004 年 4 期，第 102－122 页。

设事业之资金或经费者。[①] 实际发行之省公债，其到期应付本息，自 1942 年 1 月 1 日起由中央拨付。在 1941 年底以前如有欠拨的，仍由各省自行清理；实际发行的省公债券，由中央接收整理后，即依其原定利率及清偿年限，以同额 1943 年整理省公债换偿。非实际发行的省公债，如拨充借款抵押品的，其借款属地方普通债务范围，应由各省自行清偿，将债票赎回缴销；其拨充领券或发钞准备者，纯为借用性质，应由借用银行缴还，另筹准备金；其系余存债券，应一律送缴国库。非实际发行的省公债，均不予换偿。如逾规定时间尚未缴交国库者，即予公告作废。[②] 1942 年 1 月前所有到期公债应付未付的本息，责成各省自行偿还。并规定从 1942 年 1 月起，各省不得再发行地方公债，所有已经发行而没有售出的余存债票，一律交国库保管，其用于抵押的债票也一起移缴，各省公债的本息基金均改由国库拨发，此前地方政府发行的省公债均由中央政府负责在战时和战后陆续整理和统一偿还。财政部先后接受的省公债有广东、陕西、河南、山西、西康各 1 种；江西、浙江、广东各 2 种；甘肃、安徽、湖南各 3 种；湖北 4 种；福建 5 种；四川 6 种。共计 14 个省共有公债 35 种，总额达 41774 万元。经详加分析研究，其中大部分均系用以借款抵押品，实际发行者，为 20481 万元有余，除历年已中签还本外，截至 1942 年底，核计尚负债额 173677547 元。[③] 这 35 种省公债之中，清偿手续极不一致，清偿年限有长有短，利率亦有大小；对于持票人之债权，自有重新予以确立的必要，为结清这些省公债，财政部于 1943 年发行了"整理省债公债"17500 万元，利率周息 6 厘。债票按清偿年限之长短，分为 4 类，第一类计 5200 多万元，清偿年限为 1951 年 12 月，第二类计 6600 多万元，清偿年限为 1961 年 12 月，第三类计 4100 万元左右，清偿年限为 1971 年 12 月，第四类计 1400 多万元，清偿年限为 1981 年 12 月[④]。原有各种省公债分别予以调换收回。该次公债整理不仅使各省公债名

---

① 《整理省公债办法》，中国第二历史档案馆编：《中华民国史档案资料汇编》（第五辑第二编《"财政经济"（二）》），江苏古籍出版社 1997 年版，第 594 页。

② 刘晓泉：《国民政府地方公债管理政策述评》，载《江西财经大学学报》2014 年第 1 期，第 101 页。

③ 陈炳章：《五十年来中国之公债》，见中国通商银行编：《五十年来之中国经济》，六联印刷股份有限公司 1947 年印行，第 134 页。

④ 马寅初：《财政学与中国财政问题——理论与现实》，商务印书馆 1948 年版，第 464 页。

目划一，清偿手续趋于简便，也使国民政府财政部完全垄断了各省公债的发行，加强了对地方政府的财政控制。1947年，国民政府颁布《外债事务处理办法草案》，形成了以财政部为核心多部委联合的外债管理体系，加强对外债的宏观管理，该法案将"外债分为政府外债和政府担保外债并分别进行分类管理，政府外债由政府部门负责偿还，而政府担保外债政府部门没有偿还责任，只有监督责任"①。至此，民国时期的地方内外债制度随着南京国民政府集权统治加强而在抗战期间结束。国民政府限制直至取缔地方公债制度，将公债发行权集中于中央，这不仅有助于中央政府集中全国财力并遏制地方割据势力，而且也有利于维护政府在国内的债信，稳定金融和经济。

第五节　近代中国地方政府债务的整理和换偿

一、地方公债的偿还方式

近代中国的地方政府公债，不管政府的掠夺性质如何，不管究竟能收到多大的效果，在发行公债方面，都是着力维护公债债信的。在公债偿还方式上，主要有抽签偿还、偿债基金、中央兜底、借新还旧等方式。

（一）抽签偿还法等

近代地方政府债务的偿还方法有抽签偿还法、比例偿还法、一次清偿法、分期偿还法。四种偿还方式所占比重不同。其中一项债务中还会出现两种偿还方法综合运用的情况。1911~1934年部分地方政府偿还方式如表2－17所示。

---

① 樊丽明、黄春雷、李齐云：《中国地方政府债务管理研究》，经济科学出版社2006年版，第22页。

表 2 - 17　　　　　　　　　1911～1934 年部分省政府债务偿还方式

省份	债名	利率	担保品	偿还期限	偿还方式
北平	京兆短期公债	按月一分	田租	3 年	抽签偿还法
河北	赈灾公债	每年一分二厘	矿产	10 年	一次清偿法
河北	直隶省四次公债	年息一分	税收	6 年	比例偿还法
河北	直隶水利公债	年息一分二厘	煤炭税	10 年	一次清偿法
河北	直隶省五次公债	年息一分	屠宰税	6 年	一次清偿法
河南	河南省公债	年息六厘	地丁款项	10 年	抽签偿还法
热河	八年七厘公债	年息七厘	田赋	20 年	比例偿还法
甘肃	七厘短期公债	年息七厘	杂项收入	14 年	抽签偿还法
甘肃	甘肃省金库券	月息六厘		10 年	比例偿还法
福建	南洋军务公债	每年还本一元、利息一元			
福建	军需公债	年息六厘	租税	5 年	抽签偿还法
福建	半年内国公债	年息七厘	田赋	20 年	抽签偿还法
福建	金库有利公债	月息一分二厘	契税	1.5 年	比例偿还法
福建	军需善后借款证券	年息八厘	丁银及捐税	5 年	抽签偿还法
福建	军用短期证券	年息一分	丁漕	5 年	分期偿还法
安徽	本省八厘公债	年息八厘	丁漕	5 年	分期偿还法
安徽	燕湖米公债				
安徽	本省赈灾公债				
安徽	金库证券	年息一分五厘	税款		分期偿还法
安徽	中华银行基金垫款	年息一分五厘	丁漕	3 年	分期偿还法
江苏	增比债券				
江苏	善后公债				
江苏	兑换券				
江西	税制公债	月息七厘	税收		分期偿还法
江西	民国五年第一次短期公债	月息一分五分			一次偿还法
江西	民国五年第二次短期公债	每百元到期加四元			一次偿还法
江西	民国六年第一次短期公债	每百元到期加五元			一次偿还法

省份	债名	利率	担保品	偿还期限	偿还方式
江西	民国六年第二次短期公债	每百元到期加二元五角	赋税		一次偿还法
江西	民国七年第一次地方短期公债	每百元到期加息五元			一次偿还法
江西	民国七年第二次地方短期公债	每百元到期加息五元			一次偿还法
江西	民国八年第一次地方短期公债	每百元到期加息五元			一次偿还法
江西	民国八年第二次地方短期公债	每百元到期加息五元			一次偿还法
江西	民国九年第一次地方短期公债	每百元到期加息五元			一次偿还法
江西	民国九年第二次地方短期公债	每百元到期加息五元			一次偿还法
江西	民国十年第一次地方短期公债	每百元到期加息五元			一次偿还法
江西	民国十年第二次地方短期公债	每百元到期加息五元			一次偿还法
江西	民国十年地方公债				
湖南	筹饷公债	年息四厘	赋税	10 年	比例偿还法
湖南	省地方有利公债	年息七厘	矿产收入	19 年	
湖南	偿清湖南定期有利金库证券	月息六厘		1 年	一次偿还法
湖南	省路地偿债券	年息六厘	赋税	3 年	一次偿还法
四川	军事有利公债	年息六厘	契、肉两税	1 年	一次偿还法
四川	临时军事公债	年息八厘	酒税	2 年	抽签偿还法
贵州	临时公债	年息五厘		1 年	一次偿还法
贵州	定期有利党券	年息六厘	工商税和关税	1 年	一次偿还法
奉天	七年公债	年息六厘			

资料来源：根据贾士毅《民国续财政史》整理而成。

（二）偿债担保基金

近代中国政府的信用不佳，故无论是国债还是地方公债都需在借债合约中规定偿债基金即确定何种收入作为担保品。近代国内公债的增信方法，重在确定还本付息的来源，其运作机理也颇为简单：政府借债，分期偿还，每年偿还债务的一部分，只要能确保每年还款数量资金即可，这实际上是以时间换空间。选择最为可靠的收入作为还款来源，以取信于投资者，这是近代发行公债普遍采用的方法。"公债之有基金始于民国十年四月一日，规定每

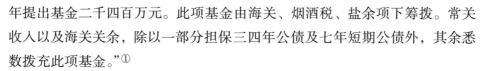

年提出基金二千四百万元。此项基金由海关、烟酒税、盐余项下筹拨。常关收入以及海关关余，除以一部分担保三四年公债及七年短期公债外，其余悉数拨充此项基金。"①

1. 各种形式的偿债基金。

充任偿债基金的，主要是田赋、货物税、关税（关余）、常关税、厘金、多种形式的税收和政府收费、公用事业收入。② 最早被确定为偿债基金的是田赋，安徽省的多次公债都是以田赋作担保。比如，1917 年的八厘短期公债，就是以安徽省漕粮为担保的；1925 年的金库证券 60 万元公债，就是以宣城等 10 县丁漕收入以及 60 县契税收入共 31.8 万元大洋，作为还本付息基金；1932 年 3 月和 9 月的两期有息金库证券，皆以田赋为担保。还有很多公债是以最主要的税种地丁、盐税、关税为担保的。比如，1926 年安徽省金库证券，指定盐河、华阳等厘局的厘金收入和芜湖米捐及 60 县契税作为还本付息基金。1905 年 3 月，直隶首发公债 480 万两，还款来源为直隶岁入 30 万两，长芦盐场税收每年 50 万两，直隶铜元局余利 40 万两。1925 年安徽发行盐余库券 40 万元，从每月盐余中提取 2 万元作为担保基金，如果盐余有变化，由省政府另外筹款。还有某一种公债指定多种基金担保的情况。比如，1913 年安徽发行米商公债，收回皖路公司应还省国库垫付的洋款约 16 万两白银作为第一还款基金；第二还款基金是米捐收入 10 多万两；第三还款基金是从募捐款内预先扣留 3.75 万两。1937 年安徽省发行完成公路建设公债，还款基金有三，分别是省建设厅当年度营业概算原列公路设备费，以后年度由逐年公路营业纯益收入中提取；歙昱路公债的担保基金的剩余款；1935 年公路公债的还款基金的剩余款。③

2. 一般责任债券与专项债券指定不同的担保基金。

一般责任债券与专项债券具有不同的偿债来源。如前文所述，政府发行用于弥补军政费用缺口、兴办公用事业的公债，一般指定税收为担保。对于

---

① 马寅初：《马寅初演讲集》（第一集），山西人民出版社 2014 年版，第 315 页。
② 偿债基金部分参考王峰：《近代中国公债增信方法及偿债基金作用》，载《地方财政研究》2016 年第 2 期，第 92 - 96 页。
③ 安徽省地方志编纂委员会编：《安徽省志》（财政志），方志出版社 1998 年版，第 178 - 185 页。

为兴办具有现金收入的公用事业所发公债，其担保基金一般指定工程项目的当前及未来收入，不足部分还会指定税收作为担保。1931 年安徽省为了清理安庆电灯厂的商股和债券发债，以电灯厂的收入为担保。① 1935 年广东省铁路建设公债以西村士敏土场营业盈余作担保。也有不使用项目收入作为担保的情况，如 1931 年安徽省发行歙昱路公债 50 万元，以安徽省米照费收入作为还本基金；1929 年安徽省发行建筑工路短期公债 100 万元，以当年丁漕及全省通过税附加一成为担保，但该公债发行后，南京国民政府认为此基金担保不当，不予备案。②

3. 偿债担保基金从不确实走向确实。

近代国债大多以关税、盐税和其他国库收入作为担保，相对较为可靠。而地方公债的担保基金在晚清和北洋政府时期都不确实，大多以租税附加、国税截留、特种捐献以及其他收入作为举债之担保，这类担保不但不能提高债信，反而促使地方财政走上竭泽而渔之途。针对此类弊端，国民政府成立后，明确规定：省市公债"由省市政府将详确用途指定确实基金，……提呈国民政府议决办理""各省政府、各特别市政府发行公债及订借款项，须有指定确实基金，报由本部（指财政部）核准，始能举办""基金应设基金委员会保管，……省市债则由各省市政府及审计分院派员会同法定公团选出代表联合组织之"。并申明"嗣后各省市政府以国税抵借国内借款，或募集省市公债，均应将需募债额及基金办法条例等，咨由财政部核明，呈候政府批准，方准发行。其余各项税款如有指定抵借款项者，未于事前呈准核定，概不发生效力"③。由于中央政府的三令五申，此后各省公债的基金担保渐趋确实，有时能提供第二、第三担保。表 2 – 18 所列之特种及地方公债，共 22种，皆有确实之还本付息担保。

---

① 潘国旗等：《近代中国公债研究：以皖川闽粤为中心的考察》，经济科学出版社 2013 年版，第 92 页。

② 潘国旗等：《近代中国公债研究：以皖川闽粤为中心的考察》，经济科学出版社 2013 年版，第 87 页。

③ 财政部财政科学研究所、中国第二历史档案馆编：《国民政府财政金融税收档案史料（1927—1937 年）》，第 154 – 155 页。

单位：万元

表 2－18 22 种有确实还本付息担保的地方公债和特种公债

项别	债券名称	发行日期	利率	发行额	未偿还额（截至 1933 年 7 月 1 日）	还本及付息日期	债票种类	经理银行
铁道部	铁道部收回广东粤汉铁路公债	1930 年 1 月	年息 2 厘	2000	2000	6 月末日及 12 月末日	百元、四十元、四元	广东中央银行
建设委员会	民国十九年建设委员会电器事业长期公债	1930 年 1 月	年息 6 厘	150	114.4	6 月末日及 12 月末日	千元、百元、十元	上海及南京中央中国交通三银行
建设委员会	民国十九年建设委员会电器事业短期公债	1930 年 1 月	年息 8 厘	250	62.4	6 月末日及 12 月末日	千元、百元、十元、五元	上海及南京中央中国交通三银行
合计				2400	2176.8			
江苏省	江苏国家分金库欠款善后公债	1922 年 4 月		700	444	1 月末日及 7 月末日	千元、百元、十元、五元	江苏省省内中国交通二银行
江苏省	江苏省建设公债	1930 年 8 月 1931 年 8 月	年息 8 厘	700	590	1 月末日及 7 月末日	万元、千元、百元、十元	江苏省内中央中国交通江苏四银行
江苏及浙江省	民国二十一年江浙丝业公债	1932 年 12 月	年息 6 厘	500	246	3 月、6 月、9 月及 12 月末日	千元、百元	中央中国交通中国国货江苏浙江地方等六银行

续表

项别	债券名称	发行日期	利率	发行额	未偿还额（截至1933年7月1日）	还本及付息日期	债票种类	经理银行
河北省 河北	直隶兴利公债	1923年10月	年息12厘	100	10	10月10日		天津中国实业银行
	直隶省二次兴利公债	1926年12月	年息10厘	110	66	12月1日	千元、百元、十元	天津中国实业银行
浙江省	浙江省偿还旧欠公债	1928年4月	年息10厘	600	492	4月1日及10月1日	万元、千元、百元、十元	浙江省内之中国浙江地方两银行
	浙江省公路债券	1928年7月	年息10厘	250	152.5	6月末日12月末日	伍佰元、百元、十元、五元	浙江地方银行
	民国十八年浙江省建设公债	1929年11月	年息8厘	1000	710	4月末日及10月末日	千元、百元、十元、五元	浙江省内中央中国浙江实业地方三银行
	民国十九年浙江省赈灾公债	1930年7月	年息8厘	100	97	6月末日12月末日	千元、百元、十元	浙江地方银行
	民国二十年浙江省清理旧欠公债	1931年7月	年息8厘	800	720	6月末日12月末日	千元、百元、十元	浙江省内中央中国浙江兴业浙江实业五银行及上海四明银行
	民国二十一年浙江省短期金库券	1932年8月	月息5厘	600	600	4月、8月及12月末日	百元、十元、五元	浙江省内之中国浙江地方两银行

续表

项别	债券名称	发行日期	利率	发行额	未偿还额（截至1933年7月1日）	还本及付息日期	债票种类	经理银行
湖北省	民国二十年湖北善后公债	1931年2月	年息8厘	300	245	6月末日及12月末日	千元、百元、十元、五元	
	民国二十一年湖北善后公债	1922年10月	年息8厘	500	500	6月末日及12月末日	千元、百元、十元、五元	
合计				6260	4872.5			
上海市	上海特别市市政公债	1929年10月	年息8厘	300	174	3月末日及9月末日	伍佰元、百元、十元、五元	上海中央中国交通上海市四银行
	上海市灾区复兴公债	1932年11月	年息7厘	600	594	6月15日及12月15日	千元、百元	上海汇丰银行
南京市	民国十八年南京特别市特种建设公债	1929年10月	年息8厘	300	280	6月末日及12月末日	千元、百元、十元、五元	南京中央中国交通江苏中南市民六银行
杭州市	浙江省杭州市自来水公债	1930年7月	年息8厘	200	200	6月末日及12月10日	千元、百元、十元、五元	杭州浙江地方银行

续表

项别	债券名称	发行日期	利率	发行额	未偿还额（截至1933年7月1日）	还本及付息日期	债票种类	经理银行
汉口市	汉口特别市市政公债第一期债票	1929年1月	年息8厘	150	105	6月末日及12月末日	千元、百元、十元、五元	汉口四明及浙江实业两银行
	汉口特别市市政公债第二期债票	1932年	年息8厘	150	150	6月末日及12月末日	千元、百元、十元、五元	汉口四明及浙江实业两银行

资料来源：根据贾士毅《民国续财政史》整理而成。

128

4. 建立基金监督保管机制。

北洋政府和南京国民政府时期都设立专门机构来保管公债的还款基金。1914 年，北洋政府财政部设立内国公债局，董事会 16 人，来自财政部、交通部、中国银行、中法银行、税务处派税务司、包商银行等。明确规定公债还本付息的款项，要交付指定的外国银行存储。事实上外国银行保管公债基金在当时起到了增强投资者信心的重要作用，在上海市两次公债发行中的表现可以看出。1932 年，上海市以全市每年约 60 多万元码头捐为担保基金发行灾区复兴公债 600 万元，英商利安洋行负责承销，汇丰银行代理还本付息事宜。实际上最后结果是利安洋行自己承销 400 万元，其余 200 万元委托中央银行、中国银行、交通银行、汇丰银行四家银行代为发行，这 200 万元，购买者十分踊跃，两小时内即售出 378 万余元，超额完成发行任务。此后，1934 年上海指定全市车牌照捐为还本付息基金再次发行市政公债 350 万元，美国新丰洋行负责承销，结果认购总数超过定额 6 倍多，销售火爆。两种公债的不俗表现显示了外商在提高公债债信的强有力作用，也表明了国人对政府的不信任。①

南京国民政府时期，建立专门的基金保管委员会，制定国债基金管理委员会条例。委员会由 19 人组成，代表组成非常广泛，分别来自政府、上海银行业同业公会、钱业公会、上海商会、全国商会联合会、华侨、国债持票人。显示了社会各界共同参与管理、监督的情形，意图保障偿债基金的安全。设基金保管委员会从事保管，以免移用。以浙江省为例，1928 年发行"偿还旧欠公债"时，开始组织基金保管委员会，并专订保管办法。同年发行"浙江省公路公债"时，由省城银钱两业推出代表 8 人组成特设保管委员会保管，规定凡基金提用时，非有委员 5 人以上的盖章不得支用，可见保管手续已较为严密。1929 年发行"浙江省建设公债"时，基金保管委员会的组织，较发行公路公债时更为完备，其委员的组成人员更广泛，基金保管制度更趋严密。当然，由于浙江省政府对于公债基金、偿还办法等力求稳固，所以本期内的

① 潘国旗：《近代中国地方公债研究——以江浙沪为例》，浙江大学出版社 2009 年版，第 213 页。

浙江省地方公债较之其他各省，略胜一筹。①

（三）中央代借代还

除了借新债还旧债、抽签偿还、建立偿债基金等主要债务偿还方式外，还有一个最为直接的方式就是中央直接代还和兜底。

早在袁世凯时期，就出现中央替地方还债的情况。袁世凯不仅对晚清政府拖欠的地方债务予以承认，而且快速予以偿还到期的本息，"民国二年四月间五国善后借款成立，其时大局甫定，秩序未复，各省财政艰窘，所有旧欠各外国银行款项无术筹还，特于善后借款项下提拨英金二百八十余万镑，为代还各省旧债之用"②。究其目的，固然有赢得外国列强信任，期望外国多多支持北洋政府。但客观上也促进了地方债的偿还和债务信誉提升。可见，善后大借款的举借是限制地方举债的重要契机。在善后大借款谈判过程中，中央政府虽无力限制地方政府的举债，但始终试图从政策层面对地方举债进行限制。在善后大借款项下有280余万镑用于偿还各省旧债，这些旧债是晚清时期地方政府向参加银行团的汇丰、汇理、道胜、正金、花旗、德华等银行举借的。

善后大借款代还各省借款乙号附件，各省借款已至期欠款之本息及或欠本并应得之息，其细单存财政部。

上海九银行350万两。

汇丰银行、德华银行、东方汇理银行及代表美国资本家之花旗银行2217804两。

汇丰银行、德华银行、东方汇理银行5882620两。

汇丰银行1630052两。

横滨正金银行5106940两。

汇理银行122700两。

---

① 潘国旗：《近代中国地方公债研究——以江浙沪为例》，浙江大学出版社2009年版，第165页。

② 财政科学研究所、中国第二历史档案馆：《民国外债档案史料》（第四卷），档案出版社1990年版，第440页。

德华银行 661550 两。

道胜银行 337198 两，预算利息 68 万两。

共计约 20138864 两，约合 28.7 万镑①。

通过善后大借款清偿积欠的地方外债，并不代表中央政府承担前清地方外债偿还的责任，其目的只是使"各省得免外人追索之苦，专心一意，经营本省政务"。同时规定，中央代偿各省欠款后，应由各省以后筹款拨还部库。② 各省应该对于"善后借款利息，中央既未比照前清洋款办法按省分摊，而借款项下扣还之旧债，自当仍由各省拨还本部，方符省借省还宗旨"③。1915 年 4 月，财政部致电有关各省，不仅要求归还代偿本利，还要求按原有利率支付 1913 年 7 月至 1915 年 12 月的利息。实际上，从善后大借款中代还的地方外债，地方此后并未归还。善后大借款代还各省外债情况如表 2－19 所示。

从表 2－19 可知，由于向湖北提供贷款的银行多为民国初年五国银行团的成员，该省延付的外债本息大多从善后大借款项下扣除，该省善后大借款偿还比例情况如表 2－20 所示。

北洋政府时期，地方债为中央代借，地方借款被中央挪用的现象很普遍。皖系政府甚至明确表示"日下所必要之资金，仍需贷款，惟以地方借款名义"④。例如，广东省礼和洋行购械欠款，"所有各省购买运军械，应由中央政府收回"⑤；湖北省汉口友华银行借款，"财政厅此次借款系代部借"⑥；济南德华银行借款，"该银行交款之时，适部库待用之际，就便用迄"⑦；山东省

① 财政科学研究所、中国第二历史档案馆：《民国外债档案史料》（第四卷），档案出版社 1990 年版，第 427 页。

② 财政科学研究所、中国第二历史档案馆：《民国外债档案史料》（第三卷），档案出版社 1989 年版，第 468 页。

③ 财政科学出版社、中国第二历史档案馆：《民国外债档案史料》（第四卷），档案出版社 1990 年版，第 439 页。

④ 中国史学会、中国社会科学院近代史研究所编：《北洋军阀（1912—1928）》（第三卷），武汉出版社 1990 年版，第 857 页。

⑤ 财政科学研究所、中国第二历史档案馆：《民国外债档案史料》（第四卷），档案出版社 1990 年版，第 180 页。

⑥ 财政科学研究所、中国第二历史档案馆：《民国外债档案史料》（第七卷），档案出版社 1990 年版，第 161 页。

⑦ 财政科学研究所、中国第二历史档案馆：《民国外债档案史料》（第四卷），档案出版社 1990 年版，第 563 页。

表 2－19　　善后大借款代还各省外债情况

省份	借款名称	原借数额	善后大借款代还本利数	1913 年 7 月以后的利息	合计
湖南省	湖南官钱局正金银行借款	汉平银 50 万两	汉平 207934.25 两	28712.17 两	343137.87 两
湖北省	湖北花旗、德华、汇丰、汇理银行七厘银款	汉平银 200 万两	汉平 2291247 两 7 钱	391850 两 6 分 8 厘	银元 11172805 元 8 分 4 厘
	湖北官钱局正金银行借款	汉平银 200 万两	汉平 2180867 两 4 钱 9 分	433544 两 5 钱 5 厘	
	湖北善后局正金银行借款	汉平银 50 万两	汉平 289096 两 4 钱	57404 两 4 钱 7 厘	
	湖北财政司道胜银行借款	汉平 10 万两	汉平 116715 两 2 钱 7 分	25149 两 1 钱 3 厘	
	湖北工赈局道胜银行借款	汉平 10 万两	汉平 117403 两 5 钱 7 分	29913 两 6 钱 1 分 2 厘	
	湖南道胜银行公债票款	库平 20 万两	库平 102036 两 5 钱 8 分	15162 两 9 钱 1 分 5 厘	
	湖北道胜银行公债款	库平 25 万两	库平 394227 两 9 钱 2 分	58583 两 3 钱 4 分 9 厘	
	湖广总督借汇丰银行款	汉平银 50 万两	汉平 456840 两 6 钱 9 厘	78238 两 1 钱 8 分	
	湖北拖大正担借汇丰银行款	汉平 50 万两	汉平 553408 两 1 钱 8 分	94033 两 9 钱 5 厘	
广东省	两广总督汇丰银行德华银行汇理银行借款	港洋 320 万元	港洋 3631606.57 元	624735.825 元	4256342.396 元
奉天省	奉天正金银行借款（1）	日金 70 万元	日金 726465 元 83 钱	115527 元 97 钱	银元 1002916 元 7 角 3 分 5 厘
	奉天正金银行借款（2）	日金 150 万元	日金 1568656 元 25 钱	247783 元 22 钱	
	奉省借用币制实业垫款	英金 40 万英镑	英金 451892 镑 13 先令	67746 镑 18 先令	

续表

省份	借款名称	原借数额	善后大借款代还本利数	1913年7月以后的利息	合计
直隶省	民元直隶汇理银行借款	津洋10万元	津洋108581元1角2分	14033元7角3分8厘	银元 212907元 3分6厘
	前清直隶汇理银行借款	津平5万两	津平52583两4钱7分	7611两7钱8分2厘	
江苏省	南京财政局正金银行借款	汉平银100万两	汉平517972两6钱	102743两5分8厘	银元 11826795元 5角5分5厘
	两汇总督汇丰银行 德华银行 汇理银行	规元300万两	规元3459734两5钱7分	602467两7钱5分1厘	
	维持上海市面九银行借款	规元350万两	规元3558286两1分	355243两6钱7分7厘	
山东省	前清山东德华银行借款（1）	规元15万两	规元153572两9钱4分	31914两5钱6分1厘	规元 1140229元 7角7分8厘
	前清山东德华银行借款（2）	济平10万两	济平101956两1钱6分	21211两3钱5分	
	前清山东德华银行借款（3）	济平40万两	济平411971两5钱4分	85139两2钱8分	

资料来源：《民国外债档案史料》第4卷，档案出版社1990年版，第439－446页。

表 2 - 20　　　　　　　　善后大借款偿还湖北省外债的比重情况

债务方	债权方	借款日期	借款额	1913 年 7 月欠付本利金额	善后大借款代偿所占本金的比例（％）
湖北善后局	正金银行	1908 年7 月 28 日	500000 两汉口洋例银	288590.11 两汉口洋例银	58
湖北官钱局	正金银行	1907 年9 月 4 日	2000000 两汉口洋例银	2178185.62 两汉口洋例银	109
湖广总督	汇丰银行	1909 年8 月 14 日	500000 两汉口洋例银	455309.42 两汉口洋例银	91
湖北官钱局	华俄道胜银行	1910 年8 月 11 日	100000 两库平银	101832.91 两库平银	102
湖北官钱局	正金银行		765000 两库平银	200106 两库平银	26
湖广总督	汇丰、德华、汇理、花旗四行	1911 年8 月 11 日	2000000 两汉口洋例银	2282740.14 两汉口洋例银	114
湖北度支公所	华俄道胜银行	1911 年12 月 19 日	100000 两汉口洋例银	116490.05 两汉口洋例银	116
湖北工赈局	华俄道胜银行	1911 年9 月 21 日	100000 两汉口洋例银	117169.23 两汉口洋例银	117

资料来源：《中国清代外债史资料（1853—1911）》，第 666、671、675、677、678、684、685 页。

中日实业公司实业借款，"原系民国六年前山东政府，因编遣吴大洲部，代前北洋政府，向该公司息借日金一百五十万元"[1]，纯属国家费用性质，与山东地方费用无关。[2]

　　上述偿还方式中，其中以抽签偿还法和设立偿债基金最为普遍，抽签偿还法在民国地方公债中比较常见，一般是半年抽签一次，抽中者可以领取本金，没有中签者可以领取半年的利息，过期未兑领者，即行作废，不再偿付。短则有时也会三个月抽签一次，长则会有一年抽签一次。偿债基金是指政府在预算中单列偿债专款，到期后回购一部分或者全部政府债券作为清偿的方

---

　　① 财政科学研究所、中国第二历史档案馆：《民国外债档案史料》（第六卷），档案出版社 1990年版，第 75 页。
　　② 张侃：《论北洋时期地方政府外债》，载《中国社会经济史研究》2000 年第 1 期，第 69 - 79 页。

法。这两种方法政府可以自由组合或者单独使用，当政府债信良好时可以采用抽签偿还法，当政府债券下跌时或者国库富余时可采用后者。民国时期的地方公债有抽签偿还者，有不抽签而以到期债票抵缴税款者，有预扣利息者，有不计利息而就本票面额减价缴款，以充付息者，种种情形，不一而足。除此之外，还有不缴纳税款用公债券来抵缴的，有到期不付利息而减少本票面额来抵利息或者预扣利息的情况，但这些均不属于合法偿还的方式。

（四）借新债还旧债

由于各省"寅吃卯粮"，一味靠举债来弥补财政赤字，公债发行数字逐渐增大。而各省债务费增加，无法筹还，就只有靠"借债还债"的办法来勉渡难关。如为了筹措偿债资金，临时举一笔短期借款充作基金。这种短期借款日积月累的结果，就再化零为整，发行一笔新债来加以整理。新债增加，债务费跟着膨胀，无法应付，就再发新债；而新债增加，又必然带来债务费的进一步增长。如此因果相承，举债数字逐步上升，造成预算赤字愈弥补愈大，陷入"借债度日"的恶性循环。表 2 – 21 是 1935 年各省主要公债发行数额及尚负本金数。

表 2 – 21　　　　　　1935 年底各省主要公债发行数额及尚负本金数　　　单位：万元

省份	发行实数	尚负本金
江西	1100	330
江苏	3370	2490
安徽	130	120
河北	1690	1470
河南	300	120
浙江	5550	4450
湖北	1840	1580
湖南	1300	1290
福建	2070	2000

省份	发行实数	尚负本金
广西	410	380
广东	4430	4150
四川	12000	12000
合计	34190	30380

资料来源：杨荫溥：《民国财政史》，中国财政经济出版社 1985 年版，第 90 - 91 页。

从表 2 - 21 看出，本期内各省的公债发行数，以四川为最多，达到 12000 万元；浙江次之，为 5550 万元；广东又次之，为 4430 万元；其他在 1000 万元以上的省份依次为江苏（3370 万元）、福建（2070 万元）、湖北（1840 万元）、河北（1690 万元）、湖南（1300 万元）、江西（1100 万元）。其尚负债额多寡次序亦大致相同。

根据《民国财政史》统计，1932 ~ 1934 年各年份中，省公债发行数就都在 4000 万元以上，有的省份超过 7000 万元[1]。至 1935 年底止，各省政府所发公债的已偿清部分事实上是相当少的。据不完全统计，到 1935 年底，各省数达 34190 万元的省公债本金只清偿了 3800 多万元，约占原发行额的 10% 多一点，而约有 90% 的公债还没有偿还，[2] 只能"借新还旧"。

二、地方公债的偿还和筹划

晚清政府时期的地方债由北洋政府接收，并在善后大借款项下大部分偿还。北洋政府时期的地方内债和地方外债经过借新还旧、抽签偿还、担保基金、中央兜底等各种偿还形式，截至 1925 年各省内债偿还情况如表 2 - 22 所示，各省外债的偿还情况如表 2 - 23 所示。

---

[1] 杨荫溥：《民国财政史》，中国财政经济出版社 1985 年版，第 89 页。
[2] 杨荫溥：《民国财政史》，中国财政经济出版社 1985 年版，第 90 页。

表 2 - 22　北洋政府时期各省省内债偿还情况

省份	债名	债额	实收数目	用途	利率	起债日期	担保品	偿还年限	偿还办法
北平	京兆短期公债	100万元	654818元	1924年直隶战事京兆后方军事用款	按月一分	1924年10月	京兆二十县粮租税捐	自1926年起每年抽签一次分三次还清	自第二年起每年付息两次
河北	直隶振兴公债	120万元	1164000元余预扣第一期利息144000元外实收102万元	赈济兴民	周年一分二厘	1920年12月	开滦矿务	带利十年还清	本利由矿务局拨交省银行代为支付
	直隶省四次公债	300万元	300万元	军事善后用款	年息一分	1921年1月	本省统税收入	六年	本利每年偿还三次由省银行代付
	直隶兴利公债	100万元	85万元	筹办兴利事宜	周年一分二厘	1923年10月	煤税厘	带利十年还清	本息由开滦矿务局及省银行代付
	直隶省五次公债	300万元	300万元	因水患以资抵补	年息一分	1925年1月	杂税屠宰税收入	六年还清	本息由开滦矿务局及省银行代付
河南	河南省公债	120万元	120.7144万元	发行纸币准备金	按年六厘	1922年2月	省金库经收地丁款项	分几年十次还清	以抽签签执行之
热河	八年七厘公债	初募短期5万元	续募共39.4755万元	补助军需	每百元年付息洋七元	1919年3月	田赋	二十年为止	五年内只付息，第六年起每年还十五分之一

续表

省份	债名	债额	实收数目	用途	利率	起债日期	担保品	偿还年限	偿还办法
甘肃	七厘短期公债	70 万两	68.4245 万两	拨支军饷	周年七厘	1919 年 1 月	本省皮毛捐岁入	十年至十四年偿清	每年抽签整偿本
	甘肃省金库券	40 万两	39.8355 万两	军政杂支各费	月息六厘	1920 年 6 月		分九年十年偿还	本息由官银号付给
	南洋军务公债	30.7 万元	30.7 万元	本省军政费	还本一元加利息一元	1912 年			
福建	军需公债	100 万元	109.9717 万元	抵还厦门船坞借款	周年六厘	1918 年 6 月	本省一切租税	五年抽签十次全数偿清	
	八年内国公债	121.81 万元	89.7 万元	本省费用	按年七厘	1919 年	田赋	二十年	
	金库有利证券	100 万元	87.9 万元	拨充本省军需	月息一分二厘	发行之日起算	全省契票杂捐	每五个月偿还十分之三	本利合兑分三期偿还
	军需善后借款证券	120 万元		充善后军需	周年八厘	自发行之日起	丁粮及一切捐税	五年还清	每年抽还款额十分之二
	军用短期证券	80 万元		临时军用	常年一分	自发行之日起	丁粮及一切捐税	每年还本三分之一	一年以内抵付利息
安徽	本省八厘公债	100 万元	42.1686 万元	军政费	年息八厘	1919 年 3 月发行	丁漕	自 1919 年起至 1923 年止	本利分期筹还
	芜湖米公债		12.1 万元			1920 年			

续表

省份	债名	债额	实收数目	用途	利率	起债日期	担保品	偿还年限	偿还办法
安徽	本省赈灾公债		100.3 万元			1921 年			
	金库证券		73.5414 万元		一分五厘	1922 年			本息抵解税款
	中华银行基金垫款	60 万元	44.6521 万元	军政两费	一分五厘	1923 年	五月凤阳关税款宣城等九县丁漕	分三期偿还	本利由金库兑付
江苏	增比债券	179.37 万元				1921 年			
	善后公债	700 万元				1922 年			
	兑换券	100 万元							
江西	市值公债	400 万元	360 万元	收回九五官票	按月七厘	1915 年 12 月	景德镇统税全部		每年 6 月、12 月为还本付息之期
	民国五年第一次短期公债	30.0962 万元	28.59139 万元	凑发军饷	六个月归还每元五分	1916 年 6 月			委托中国银行兑付
	民国六年第一次短期公债	30.4105 万元	29.570895 万元	军政各费之需	到期每百元加息五元	1917 年 6 月			委托中国银行兑付
	民国五年第二次短期公债	20 万元	19.5 万元	凑拨军饷	每百元到期加四元	1916 年 9 月			委托中国银行兑付
	民国六年第二次短期公债	16.34 万元	15.72775 万元	凑拨军饷	每百元到期加二元五角	1917 年 11 月	赋税收入项下		委托中国银行兑付

139

续表

省份	债名	债额	实收数目	用途	利率	起债日期	担保品	偿还年限	偿还办法
江西	民国七年第一次地方短期公债	148.617万元	141.18615万元	发放军政各费	每百元到期加息五元	1918年3月			委托中国银行兑付
	民国七年第二次地方短期公债	110.8925万元	106.297875万元	发放军政各费	每百元加息五元	1918年12月			委托中国银行兑付
	民国八年第一次地方短期公债	158.698万元	150.7631万元	抵还1918年第二次所募公债	每百元加息五元	1919年5月			委托中国银行兑付
	民国八年第二次地方短期公债	133.7585万元	127.070575万元	抵还1919年第一次所募公债	每百元加息五元	1919年10月			委托中国银行兑付
	民国九年第一次短期公债	198.9915万元	188.281925万元	抵还1919年第二次所募公债	每百元加息五元	1920年4月			委托中国银行兑付
	民国九年第二次短期公债	169.6425万元	161.16037万元	抵还1920年第一次所募公债	每百元加息五元	1920年10月			委托中国银行兑付
	民国十年第一次短期公债	163.512万元	155.3364万元	抵还1920年第二次所募公债	每百元加息五元	1921年4月			委托中国银行兑付
	民国十年第二次短期公债	24.3110万元	23.09545万元	发放军政各费	每百元加息五元	1921年8月			委托中国银行兑付
	民国十年地方公债	800万元	537.83235万元	抵还1920年和1921年所募各项公债	按月一分	1921年10月	盐斤食物捐贩商补助费		用抽签法委托各县及江西银行还付

续表

省份	债名	债额	实收数目	用途	利率	起债日期	担保品	偿还年限	偿还办法
湖南	筹饷公债	500 万元	380.08 万元	筹饷	周年四厘	1912 年	由省政府担任	自 1918 起每年还本十分之一	
	省地方有奖公债	500 万元	30.1701 万元	整理湖南银行纸币	按年七厘	1917 年	矿业余利	1921 年至 1930 年偿还	
	偿清湖南定期有利金库证券	200 万元	152.1776 万元	维持金库支出	每月六厘	1919 年			六个月或一年拨还
	省路地价债券	80 万元	20 万元	修筑省路购地给价	周年六厘	1922 年	省路各项收入	扣满三年偿还	
四川	军事有奖公债	300 万元	300 万元	军费	按年六厘	1920 年 6 月	契、肉两税	一年后	收齐债款一年后开始还本
	临时军事公债	300 万元		整理财政	周年八厘	1921 年 9 月	全省酒税	分两年还清	每年抽签一次
	临时公债	13.4180 万元	12.566757 万元	支付军政费	五厘	1913 年 7 月		一年	本息省库提款归还
贵州	定期有利兑券	100 万元	51.29497 万元	贵州银行基金	周年六厘	1923 年 7 月	厘税盐商捐及货物通关税	一年	还本时
	定期有利兑券	100 万元	51.29497 万元	贵州银行基金	周年六厘	1923 年 7 月	厘税盐商捐及货物通关税	一年	还本时准搭成完纳厘税盐商捐

续表

省份	债名	债额	实收数目	用途	利率	起债日期	担保品	偿还年限	偿还办法
奉天	七年省公债	326.1077万元			周年六厘				
总计									

北平 截至1925年，已偿清

河北 截至1925年，积欠762.3625万元

河南 截至1925年，积欠141.2359万元

热河 截至1920年，积欠35.4621万元

甘肃 截至1920年，积欠149.1415万元

福建 截至1922年，积欠295.7017万元

安徽 截至1923年，积欠233.6237万元

江苏 截至1925年，积欠993.2750万元

江西 截至1924年，积欠901.4015万元

湖南 截至1921年，积欠616.0796万元

四川 截至1921年，积欠234.2603万元

贵州 截至1924年，积欠54.3726万元

奉天 截至1924年，积欠128.5000万元

资料来源：中国第二历史档案馆编：《中华民国史档案资料汇编》（第三辑·财政），江苏古籍出版社1991年版；财政部财政年鉴编纂处编：《财政年鉴》（上册），商务印书馆1935年版。综合制作。

表 2－23 北洋政府时期各省外债偿还情况

省别	债名	债额	实收数目	用途	利率	担保	偿还年限	偿还办法
河北	比国安华士即昂维斯银行借款	英金 50 万镑	英金 44.5 万镑	办理本省公家工程及改良一切之用	周年五厘五毫	直隶省烟酒税	先 1923 年付息后 1940 年带利还本	本金每年归还一次利息半年付一次
山东	日金	日金 350 万元		编遣民军垫拨中央军饷	月息八厘六毫		1927 年 2 月	
福建	合伏	335.970320 万元						
		5000.8059 万元						
	米商公债三井洋行本息	30 万两		礼和胜和洋行材料	周年五厘	芜湖米捐	分三年偿还	由芜湖米捐项下拨还
安徽	怡大洋行债款三井洋行洋本息	120.5600 万两						
	怡大洋行债款三井洋行本息	120.5600 万两						
	怡大洋行债款	120.5600 万两						
	怡大洋行债款	120.5600 万两						
	怡大洋行债款本省公债金库券	40 万元	34.5277 万元	军政费	周年五厘	铁路桥料枕木		
江苏	和记洋行借款	银元 1 万元						
	日商三菱公司借款	30.9383 万元						

续表

省别	债名	债额	实收数目	用途	利率	担保	偿还年限	偿还办法
江西		日币100万元	日金94.05万元	军政费	按月七厘	江西币值公债票		本金7个月到期偿还利息
		日币50万元	日币7.0250万元	军政费	按月七厘	江西币值公债票		本金7个月到期偿还本息
		日币100万元	94.9000万元	偿还前次借款	按月七厘	江西币制公债票		本金6个月偿清
		日币50万元	47.4500万元	偿还前次借款	按月七厘	江西币制公债票		本金6个月偿清
		日币30万元	日币30万元	发放军费	按月七厘	江西币制公债票		本金6个月偿清
		日币100万元	94.5400万元	偿清旧借款	按月七厘	江西币制公债票		以12个月为偿还之期
		日币50万元	47.2700万元	偿还旧借款	按月七厘	江西币制公债票		以12个月为偿还之期
		日币30万元	28.3620万元	偿还旧借款	按月七厘	江西币制公债票		以12个月为偿还之期
		日币50万元	日币50万元	修理铜元厂及铸造铜元	按月七厘	江西金库证券		分6个月偿还
		日币100万元	日币94万元	偿还旧借款	按月七厘	江西币制公债票		以12个月为偿还之期

续表

省别	债名	债额	实收数目	用途	利率	担保	偿还年限	偿还办法
江西		日币50万元	日币47万元	偿还旧借款	按月七厘	江西币制公债票		以12个月为偿还之期
		日币30万元	日币8.4700万元	偿还旧借款	按月七厘	江西币制公债票		以6个月为归还之期
		日币10万元	日币9.4900万元	偿还旧借款	按月七厘	江西币制公债票		以6个月为归还之期
		规元40万两	规元40万两	发饷及偿还旧债	按月一分五厘	江西金库证券		分12个月清偿
		日币100万元	日币3.7000万元	偿还旧借款	按月七厘	江西币制公债票		分12个月清偿
		日币50万元	日币46.8500万元	偿还旧借款	按月七厘	江西币制公债票		分12个月清偿
		日币100万元	日币93.1000万元	偿还旧借款	按月八厘五毫	江西币制公债票		分12个月清偿
		日币50万元	日币46.5500万元	清偿旧借款	按月八厘五毫	江西币制公债票		分12个月清偿
		日币100万元	日币93.369388万元	偿还旧借款	按月八厘五毫	江西币制公债票		分12月清偿
		日币50万元	日币46.369388万元	偿还旧借款	按月八厘五毫	江西币制公债票		分12个月清偿

续表

省别	债名	债额	实收数目	用途	利率	担保	偿还年限	偿还办法
江西		日币50万元	日币 46.369388万元	偿还旧借款	按月八厘八毫	江西币制公债票		分12个月清偿
		日币100万元	日币 93.189388万元	偿还旧借款	按月八厘八毫	江西币制公债票		分12个月清偿
		日币100万元	日币 93.071649万元	偿还旧借款	按月八厘八毫	江西币制公债票		分12个月清偿
		日币50万元	46.535824万元	偿还旧借款	按月八厘八毫	江西币制公债票		分12个月清偿
总计								

河北 截至1925年积欠英金972164镑19先令10便士

山西 截至1925年积欠日金350万元

福建 截至1922年积欠日金335.970320万元

合伏50.8059万元

安徽 截至1923年积欠银元526.9651万元

江苏 截至1925年积欠银元1万元

库平25.292263万元

江西 截至1924年积欠日币159.9200万元

桂元2.184335万元

资料来源：中国第二历史档案馆编：《中华民国史档案资料汇编》（第三辑·财政），江苏古籍出版社1991年版；财政部财政年鉴编纂处编：《财政年鉴》（上册），商务印书馆1935年版；万籁鸣：《整理中国外债问题》，光华书局1927年版。

146

　　1928 年，北伐结束后，南京国民政府正式统治全中国，但面对的国内局面是经过长期的军阀割据，物力消耗严重，民生凋敝，国家政治与建设事业均"败坏而无从措手"①，为休养生息，当务之急除裁兵外，最重要的就是理财。于是财政部部长宋子文筹划召开全国经济会议，通盘筹划，集思广益，"此次经济会议所讨论者，若请求裁兵，若统一财政，均为整理财政之先决问题，为全国所一致要求者。"② "树立新债信用，则非从整理旧债入手。"③为整理财政的一片呼声中，为更好地整理和规范地方债务，昭示政府信用起见，召开经济会议专门讨论《整理各省省债案》和《筹发新债案》。

　　《整理各省省债案》要求详细审查各省省债，获得借债和偿还确数，知悉有无担保，具体办法规定如下：④

　　第一，通令各省政府组织理省债委员会，将本省所欠新旧各项债款调取债权人所执契约债券并所存档案逐项审查，分别类项次序，以便确定整理债额数目。

　　第二，各省新旧各债有确实担保者一律照原案办理。

　　第三，各省新旧各债无担保或担保不确实以及担保品有变动移转者，各该省政府应由省库或增加。

　　第四，合法省税筹拨的款确定基金付息还本。

　　第五，各省省债基金应各组织基金保管委员会保管之。

　　第六，各省负债数目多寡不同，本省收入丰啬各异。所有整理债务期间之长短，条件之厚薄，详细节目，自难一致，惟须遵照国民政府通令大纲办理。

　　第七，凡国民政府所发之债券因革命期内情形特殊，有以省产为担保者仍照原案继续有效以全信用。

　　《筹发新债案》详细规定了新生的南京国民政府举债的方方面面的计划。

---

①②　经济会议秘书处编：《近代中国史料丛刊三编861 – 862 全国经济会议专刊》，文海出版社1928 年版，序言。
③④　经济会议秘书处编：《近代中国史料丛刊三编861 – 862 全国经济会议专刊》，文海出版社1928 年版，第 146 – 147 页。

具体规定有①：

第一，数额。视用途与基金情形酌定约国币三万万元至五万万元。

第二，用途。专为裁兵与建设事业之用，约三分之一用诸裁兵（裁兵、用兵政策亦关系建设），三分之二用诸建设事业，严格限制移用于他事。

第三，监督用途。由发行银行及持债券人之代表各省各大商埠之法定公开选出代表若干员组织之监督用途委员会，非有详细之计划及正当之请求，经委员会通过，不能动用债款，政府当制定监督用途委员会组织条例公布之。

第四，基金。就关税增加额内提充照上条第二项办法另设保管基金委员会。

第五，名称。定为建设公值。

第六，息率。视金融市场情形酌定，至多年息八厘。

第七，折扣。视市场情形酌定，发行价格至少不得在九八以下。

第八，募集场所。视市场情形酌定，约拟十分之四在国内，十分之六在国外募集，国外募集之原币须择汇率安定者。

第九，募集期限。视市场用途之情形酌定拟分三年至五年募竣。

第十，担保。本息基金均由关税提充即以关税为担保。

第十一，偿还期限。三年内只付息，三年后开始还本，约十五年至二十年还清。

在整理各省省债的一片呼声下，统计自1927年各省所发公债，有案可稽者，截至1934年底，发行面额达170900000元②，如表2－24所示，若以年别论，则以1934年最多，究其原因全国遭遇大旱，灾民遍地，发行公债，实施工赈，赈灾与建设实兼筹并顾，若以省别论，则以江浙等省为多，公债用途多用于建设，因此江浙生产建设事业较其他省份发展。

---

① 《筹发新债案》，见经济会议秘书处编：《近代中国史料丛刊三编861－862 全国经济会议专刊》，文海出版社1928年版，第147－148页。

② 财政部财政年鉴编纂处编：《财政年鉴》（上册），商务印书馆1935年版，第2413页。

表2-24　　　　　　1927~1934年各省市发行公债还本付息情况　　　　单位：元

省市	1927年	1928年	1929年	1930年	1931年	1932年	1934年	合计
江苏				4000000	8000000	3000000	20000000	35000000
浙江		8500000	10000000	1000000	8000000	6000000	20000000	53500000
安徽			1000000					1000000
湖北					3000000	3000000	4000000	10000000
湖南							5000000	5000000
福建	3000000				500000		900000	4400000
广东				15000000				15000000
山西			3000000					3000000
河南					3000000			3000000
辽宁			20000000					20000000
南京			3000000					3000000
上海				2000000		6000000	3500000	12500000
杭州				2500000				2500000
汉口			1500000			1500000		3000000
合计	3000000	8500000	41500000	22500000	22500000	19500000	53400000	170900000

注：1. 民国十九年江苏建设公债七百万元依照原条例规定，分为两期发行，第一期定于民国十九年八月一日发行四百万元，第二期定于民国二十年八月一日发行三百万元。

2. 所列三百万元民国二十一年江浙丝业短期公债，是江浙两省政府发行。

3. 汉口市第二期市政公债一百五十万元，应另定名称，改为湖北省债，现补办手续未齐，但实际业务发行，故仍暂列入汉口市债。

资料来源：财政部财政年鉴编纂处编：《财政年鉴》（下册），商务印书馆1935年版，第2414页。

　　由上可知，截至1925年，河北、山西、福建、安徽、江苏、江西等省的地方债的偿还情况并不尽人意，仍有大量的债务没有偿还。尽管1928年国民政府认识到财政整理工作的重要性，并在1928~1934年做了大量的债务清理清偿工作，《整理各省省债案》和《筹发新债案》的颁布可见南京国民政府着手债务整理工作付出的努力。但鉴于一方面借新债，另一方面还旧债，债务累积越来越多，积重难返，债务清偿工作繁杂，而国内经济建设又用款甚多，为维持地方政府债信，要求中央政府接收整理地方债务的呼声越来越高。

地方旧债，中央应负清理之责，已见前项整理旧债中，惟现今南北各省，内外各债堆积如山，非有划一方法，莫能着手轻而易举，莫却仍由中央以地方债之形式发行新债收回旧债，而国家为其债务主权严重监督之，庶其所得之结果，一则地方可廓清其夙累，而负担不至增加；一则中央已尽相当之维持，而债务可归统一，此何以故，盖以今日国家事业百断待举，举全国各省区对内对外所负之债务，实行责诸中央政府代为履行，必为势所不及，若一纸空文予地方，以便宜而责成其自行清理，则无论南北各省，要皆天下雨粟地不产金，舍借债还债之外，尚有何法，借债还债，各以便宜从事，则省省有旧债，省省须发行新债，新旧递嬗，负担反增，其与不清理又何以共，若由中央政府负其责任，分别区域，视其旧债之多寡，以定新债之款额，权衡民力之缓急，以定偿还之年限，实行监督，而定期清偿之，则起债地域，新负担一面发生，即旧负担一面消减，较之中央筹款清理，难易固自不同，即由地方自任偿还其利害，亦适有别，且地方负债，其债务主体虽为地方团体，然苟其用途为生产事业，则其发生之危害，直接上虽发现于起债地域，而间接上实贻重大影响于国家，故依公债通例，地方起债之原因皆属诸土木、水利、电气、铁路、事业，此其中界限言公债者不可不知也，今日各省所负内外各债，其原因于地方生产事业者，实所稀闻，而南方各省，其公然以国防战事而发行军事公债者，尤数数见，此种债务，若非由中央出而结束之，无论与公债之原载不符，且不啻留此痕迹，以为国家分裂之纪念，则与其界全权于地方，使其发行新债，以清理不如以国家名义于个地方发行新债，以清理地方旧债之，为愈尤彰彰甚明也。[1]

---

① 晏才杰：《中国财政问题·第四编·公债论》，新华学社 1922 年版，第 377－379 页。

三、地方公债的接收和整理

1937 年 7 月，抗日战争全面爆发以后，国库支应浩繁，而接近战区各省，多相继沦陷，中央为实施统收统支政策，以应付非常事变起见，经五届八中全会决议"改进财政系统，统筹整理分配，以应抗战需要，而奠自治基础。藉使全国事业，得趋平均发展"；将全国财政收支系统分为两大系统，即国家财政收支系统及自治财政收支系统。国家财政系统的收入，除原属国家一切收入外，并将原属省预算的一切收入，概划归中央管理；国家财政的支出，分普通政务预算与特别建设预算两大部门，并由国库分别支给手续。按照原案省预算收入和省预算支出以后，概由中央分别收支，是省级财政归并后，不复存在，因此省公债当归中央整理。财政当局遵循中央意旨，于1941 年 6 月，第三次全国财政会议召开，商定实施步骤，关于公债部分，规定以原指作基金担保之田赋、营业税、省营事业收入等，既照新订收支系统由中央接收，其所负公债债务，自应由中央整理代偿。在此以前，各省因整理财政，调剂金融，发展建设，救济灾荒等需要，依照法定程序发行省公债，计 14 省，共发行 38 种之多，总额达 41774 万元[①]。其中包括广西、陕西、山西、河南、西康各 1 种，江西、广东各 2 种，甘肃、安徽、河南各 3 种，湖北 4 种，浙江、福建各 5 种，四川 6 种，其中有十足发行者，有折扣发行者，有抵押或借用者，其利率有高至八厘者，有低至仅四厘者，有按期偿还本息者，有延期未付者，情形颇不相同。依照国民党八中全会和第三届全国财政会议的决议，这些公债均须由财政部接收整理。于是，财政部部长孔祥熙氏提议"遵照八中全会改进财政收支系统之决议，拟定省公债之接收及整理办法"一案，经全体大会议决修正通过，其接收整理办法要点为：

第一，凡各省从前依法发行之公债，概由财政部接收，其接收时间，至迟不得过民国三十一年一月一日。

第二，财政部即设立整理省公债委员会，并派员分赴各省调查考核。

---

① 尹任光：《十年来中国之公债》，中央银行《经济汇报》1943 年版，第 8 卷第 9 – 10 期。

第三，省公债由财政部接收后，其每年度应付本息，编入国家总预算债务费支出项下，继续还付，但原已停付本息者，应另案清理。

第四，各省收支既由中央统筹，伺候各省无发公债之必要。

第五，各省公债基金保管委员会一律裁撤。①

财政会议闭幕以后，1941年10月，整理省公债委员会即正式组织成立，着手整理，经该会派员分赴各省调查接收各省公债。除苏、鲁、冀、辽四省因战时交通阻隔，无法办理外，其余四川、福建、湖南、湖北等十四省公债，均于民国三十一年底以前由部接受，经整理分析结构，拟定整理计划及实施办法，其办法要点如下：

第一，自民国三十一年度起各省不得再发行新公债，其已呈奉核准尚未发出之旧债债票，亦不得动用。

第二，凡经接受整理之省公债，依其发行情形，分为实际发行，与非实际发行两种，如售出换偿旧债及拨充金融及建设事业资金等均为实际发行，其余抵押借用及余存债票，均属非实际发行。

第三，实际发行之公债，截至民国三十二年六月底止欠付债额，另发行民国三十二年整理省债公债，予以换偿，非实际发行之公债是属普通债务，仍由各省自行清理，收回缴销。②

根据上述办法，实施整理与换偿，因受战时交通影响，直至民国三十五年年底，始全部办竣。

经加以详细分析研究，其中大部分是用于抵押品，而可认为实际发行者，计20481.6804万元，除历年已中签还本者外，截至1942年底，合计尚负债额17367.7547万元。③

各省依照法定程序呈奉核准发行之公债，其中未能依照规定方式实际发行，而转向银团押借现款用以挹注者，达一亿八千八百余万元，约占总债额百分之四十二点四，较实际发行数额尤有过之。④ 推其原因，固由于社会经济枯竭，不能募销足额，而各省因需款迫切，不及发行，乃采押借方式，以

---

①② 万必轩：《地方公债》，大东书局1948年版，第71－72页。

③ 尹任光：《十年来中国之公债》，中央银行《经济汇报》1943年版，第8卷第9－10期。

④ 财政部财政年鉴编纂处编：《财政年鉴》（第三编·下册），商务印书馆1948年版，第20页。

求迅速应急，实为主要原因。如浙江省民国二十七年（1938 年）六厘公债，江西省民国二十七年（1938 年）及民国三十年（1941 年）建设公债，四川省民国二十八年（1939 年）、民国二十九年（1940 年）建设公债及民国三十年（1941 年）实业公债，山西省民国二十六年（1937 年）省公债，广东省民国二十九年（1940 年）六厘公债，均系全部用充借款押品，其他浙江、福建、湖北、陕西、河南、西康等省，亦均有抵押情形。此种公债债务尚未成立，其借款应属普通债务，仍由各省就省库结束后之余款清偿，将债票收回缴销，如四川、西康、陕西、湖南、湖北等省，均依次办理。其因省库艰涩并无结余或结余不足偿清借款者，仍由各省依照清理省库规定，报由本部代为清偿。如山西、河南、浙江、福建等均是。甘肃省所发民国二十七年（1938 年）、民国三十年（1941 年）建设公债及民国三十年（1941）水利农矿公债，全部向该省省银行抵押借款拨充建设及水利农矿实业经费，照案应由该省自行清理，但以省库无力负荷，且其借款用途与发行公债相合，经呈奉主席核准，改由该省省银行全部承购，作为实际发行，另以整理省债公债换偿清结。陕西省所发民国二十七年（1938 年）建设公债八百万元，原以三百万元拨充该省省银行资金，照案应由本部清偿，其余五百万元向四行及省银行抵押借款，应由该省自行清理，但该省为减轻国库负担，经省府会议决定将债票八百万元全部自行收回。湖南省所发民国二十二年（1933 年）省公债、民国二十四年（1935 年）及民国二十七年（1938 年）建设公债，除实际售出拨用以外，并无抵押，惟其余存债票一千余万元，均借省银行缴充领钞准备、依照整理办法规定，自应由省行缴还，但该省财政应以其借用数额过巨、如全部缴还，则该行将无法继续营业，对于全省金融影响甚大，本部以事关通安，本便变更，为顾全该省困难，准由该行自民国三十三年（1944 年）七月起每半年抽还 1/3，分三次还清，但因交通运送困难，直至民国三十五年年底，始全部抽还。至各省余存未发债票，接收时缴全部销毁，不需清理。各省公债整理数额如表 2-25 所示。

表 2 – 25 各省公债整理数额情况

省别	债别	抵押或借用债票数额（元）	受押或借用银行	整理办法	备注
浙江	民国二十七年六厘公债	7500000	浙江地方银行	由财政部代为清偿	
	民国二十五年整理公债第一类	372905	中国银行等及钱庄	由财政部代为清偿	
	民国二十五年整理公债第二类	10520110	中国银行等及钱庄	由财政部代为清偿	
	民国二十五年整理公债第三类	754535	中国银行等及钱庄	由财政部代为清偿	
	民国二十五年整理公债第四类	22397220	中国银行等及钱庄	由财政部代为清偿	
西康	民国二十九年地方金融公债	4000000	四行	已由该省自行清理	
江西	民国二十七年建设公债	19981900	江西裕民银行，农矿工商调整委员会，战时贸易部	拟于省库清结后由部清偿	
	民国三十年建设公债	15000000	江西裕民银行	拟于省库清结后由部清偿	
湖南	民国二十二年省公债	1218600	湖南省银行借用	已由该行缴还国库	
	民国二十四年建设公债	895100	湖南省银行借用	已由该行缴还国库	
	民国二十七年建设公债	9310000	湖南省银行借用	已由该行缴还国库	
陕西	民国二十七年建设公债	5000000	四行及省行	由该省自行清偿	该省原押数为5000000元，但实际清理数为8000000元

续表

省别	债别	抵押或借用债票数额（元）	受押或借用银行	整理办法	备注
四川	民国二十八年建设公债	7500000	川省行借款押品，复经省行向四行办理转抵押	已由省库结余清偿	
	民国二十九年建设公债	7500000	川省行借款押品，复经省行向四行办理转抵押	已由省库结余清偿	
	民国二十九年兴业公债	40000000	四川省银行	已由省库结余清偿	
福建	民国二十四年地方建设公债	277000	福建省银行	由财政部清偿	
	民国二十六年公路公债	700800	福建省银行	由财政部清偿	
	民国二十七年五厘公债	160395	福建省银行	由财政部清偿	
	民国二十七年建设公债	3329505	四行及省行	由财政部清偿	
	民国二十九年生产建设公债	1640000	四行及省行	由财政部清偿	
山西	民国二十六年山西省公债	10000000	中中交三行	由财政部清偿	
湖北	民国二十六年建设公债	902780	四行贴放会	已由该省自行清偿	
	民国二十八年金融公债	2190000	湖北省银行	已由该省自行清偿	
河南	民国二十七年河南省六厘公债	2700000	央行	已自行清结	
广东	民国二十九年六厘公债	15000000	广东省银行	已自行清结	
	合计	188850850			

资料来源：财政部财政年鉴编纂处编：《财政年鉴》（第三编·下册），商务印书馆1948年版，第25－26页。

近代地方外债的整理方法大体可分为六种。第一，剩余金偿还法。即以岁计上之剩余金，充作公债的偿还额，也称放任法。第二，定额偿还法，以一定的公债额在每年或一定时期偿还一定额的方法。第三，比例偿还法，偿还本金若干份的方法，又分为单纯法和重复法。单纯法是每年仅偿还若干份，重复法是不仅每年偿还若干份，而且第二年以第一年已偿还的利息额充作偿还费，第三年以第一年和第二年已偿还的利息额充作偿还费，以此类推，增加其偿还额。第四，指定财源偿还法，以一定财源的收入，充作公债本利的偿还费的方法。第五，年金偿还法，以确定公债变为年金公债的偿还方法。第六，减债基金法，每年积定额的基金收买公债，另设减债基金局保管。收得公债后，仍付以定额的利息。次年再以利息及预订的基金再收买，以至全部消减的方法。上面六种偿还公债的方法基本涵盖了所有公债的整理方法。综合这六种方法，基本上可以以自由偿还法和减债基金法两种涵盖。

自由偿还法。"依财政之现情，在预算案内，揭其定额，不顾国债偿还之程序，而为分偿之用，此自由偿还法也。"现今各国多采用之，盖皆不储蓄基金，常由预算上之岁入，提一定之额为岁出预算中之偿还公债费。于是其次年，应还之额，既应前年应还之额而减少，故其利息之担负，亦可同时减少，预算上之利息费，遂有剩余，而再以此剩余买回国债，遂可再减轻元金利息的负担。因此这种方法比较良善，各国多采用。但缺点是"恒足以致怠于债务，而难达消减公债之目的"[1]。

减债基金法。即依复利的原则，辗转殖利，与自由偿还法，同收效果。缺点是"较自由偿还法多基金之管理费及手续等"[2]。

四、地方公债的调换和收回

整理省债公债于 1943 年 7 月 1 日发行，所有旧债应自是日起开始换偿，但以财政部所拟整理省债办法及换偿旧债办法，于 1944 年 6 月 12 日始由国民政府核准，财政部于 8 月 1 日方公布施行；全国同时开始换偿，照规定应

---

①② 万籁鸣：《整理中国外债问题》，光华书局 1927 年版，第 76 页。

于 8 个月内完成换偿工作，但受交通梗阻，邮递不便，换偿期限一再延期，直至 1946 年 3 月才换偿结束。[①] 三十八种省公债之中，清偿手续，极不一致，清理年限，亦有长短，利率亦有大小；况其中有一部分债票，仅用之于抵押品，未曾实际发行。各省旧债实际发行债票，除历次中签还本外，截至 1943 年 6 月底，尚负债额 17367.7547 万元，为节省行政手续并便利持票人起见，遂于 1943 年 6 月 2 日发行整理省公债国币 17500 万元，利率周息六厘，十足发行，每年 12 月 31 日付息一次，本公债应付本息由财政部依照还本付息表的规定在国库收入项下按期如数拨交中央银行备付，还本付息指定中央银行及其委托之银行为经理机关，公债债票分为万元、千元、百元三种，均为无记名式，本公债债票的自由买卖抵押或公务上须缴纳保证金时得作为替代品并得为银行之保证准备金。[②] 债票循清偿年限之短长，分为四类，即第一类 5200 多万元，清偿年限为 1951 年 12 月；第二类计 6600 多万元，清偿年限为 1961 年 12 月；第三类计 4100 万元左右，清偿年限为 1971 年 12 月；第四类计 1400 多万元，清偿年限为 1981 年 12 月。原有之各种省公债，就旧债利率及清偿年限之相近者，分别换发，照此整理办法，分别予以调换收回，[③] 如表 2 - 26 所示。

表 2 - 26　　　　　　　省债换偿旧债情况　　　　　　　单位：元

整理省债公债票类	清偿年限	换偿旧债名称	旧债欠负数额	实际换偿数额
第一类债票	1951 年 12 月	民国二十五年浙江省整理公债第一二类债票	9536295	5622265
		民国二十四年湖南省建设公债	1291100	1291100
		民国二十三年湖北省整理金融公债	1200000	712155
		民国二十四年湖北省建设公债	2400000	1277657
		民国二十六年湖北省建设公债	2520990	2212150

---

① 万必轩《地方公债》，大东书局 1948 年版，第 75 页

② 《民国三十二年整理省债公债条例》，财政部公债司编辑《公债条例汇编》第 145 页，1943 年版。

③ 马寅初：《财政学与中国财政问题——理论与现实》，商务印书馆 1948 年版，第 464 - 465 页。

续表

整理省债公债票类	清偿年限	换偿旧债名称	旧债欠负数额	实际换偿数额
第一类债票	1951 年 12 月	民国二十八年湖北省金融公债	5003130	4790150
		民国二十八年广西省六厘公债	6400000	6112150
		民国二十四年福建省地方建设公债	458435	303500
		民国二十五年四川省建设及换偿旧债公债	23400000	21308060
第二类债票	1961 年 12 月	民国二十五年浙江省整理公债第三四类债票	13522650	11071550
		民国二十七年湖南省建设公债	7350200	7350000
		民国二十七年福建省建设公债	4193195	3233185
		民国二十七年福建省五厘公债	2830	930
		民国二十六年四川省赈灾公债	4500000	1436000
		民国三十年四川省整理债务公债	26230014	23795038
		民国二十六年安徽省完成公路公债	1880000	1880000
		民国二十九年安徽省金融公债	7488000	7172000
		民国二十九年西康省地方金融公债	1000000	1000000
第三类债票	1971 年 12 月	民国二十二年湖南省公债	1830708	627775
		民国二十九年福建省生产建设公债	18360000	18264300
		民国二十七年甘肃省建设公债	1660000	1660000
		民国三十年甘肃省建设公债	4000000	4000000
		民国三十年甘肃省水利农矿公债	15000000	15000000
第四类债票	1981 年 12 月	民国二十七年广东省国防公债	14400000	2652500
总计		二十三种	173676847	142772483

资料来源：万必轩：《地方公债》，大东书局 1948 年版，第 75 - 77 页。

关于换偿办法，由本部拟定，呈奉国防最高委员会核定公布施行，其内容为：[①]

第一，换偿事物由财政部委托中央银行代办，由财政部及各省财政厅负协助及核定旧债之责。

第二，所有实际发行尚未到期之旧债，在重庆不同省份，由中央银行国库局会同财政部公债司，就上表所列应换整理省债公债票类予以换偿，各省则由中央银行指定之分行会同财政厅，专换偿各该省发行之旧债。

第三，所有旧债均按实负数额，换取同类整理省债公债，其原有票额不足整理省债公债最低票类百元者，以现金补足，不愿补足者，另发换票证，再候核办，如旧债票息票有欠缺时，亦应以现金补足。

第四，旧有公债之仅发预约券者，均经以整理省债公债换偿，不再换发原债债票。

第五，换偿期限，定为八月。

换偿工作开始于1944年8月1日，依照规定应于1944年3月底换竣，但以战时交通阻滞，原颁办法届期，各省尚未收到，为顾及事实困难及维护持票人利益起见，乃一律展期半年，至1945年9月底截止。后方各省如川、康、甘、桂等省均如限换毕，其他各省仍以受交通影响，未能如限办竣，尤以浙、湘、粤三省，均因省区辽阔，加以发行最为凌乱，直延至民国三十五年年底，始全部换偿元竣。统计换偿总数为143672033.85元，约为应换总数的82.7%，各省公债换偿数额如表2-27所示。[②]

表2-27　　　　　　　　　各省公债换偿数额情况　　　　　　　　单位：元

省别	债别	实负额	已换数	未换数	备注
湖北	民国廿三年整理金融公债	1200000	712155	487845	
	民国廿四年建设公债	2400000	1277675	1122355	
	民国廿六年建设公债	2520990	2212150	308840	
	民国廿八年金融公债	5003130	4790700	212430	

①② 财政部财政年鉴编纂处编：《财政年鉴》（第三编·下册），商务印书馆1948年版，第22页。

续表

省别	债别	实负额	已换数	未换数	备注
广西	民国廿八年六厘公债	6400000	6112000	288000	
福建	民国廿四年地方建设公债	458435	303500	154935	
	民国廿七年建设公债	4193195	3233185	960010	
	民国廿七年五厘公债	2830	980	1900	
	民国廿九年生产建设公债	18360000	18264300	95700	
四川	民国廿五年建设及换偿旧债公债	23400000	21308060	2091940	
	民国廿六年赈灾公债	4500000	1436000	3064000	
	民国卅年整理债务公债预约案	26230014	2379503885	243497515	
安徽	民国廿六年完成公路公债	1880000	1880000	—	
	民国廿九年金融公债	7488000	7172000	316000	
湖南	民国廿二年省公债	1830708	8925375	1546633	财政厅所数字未分债别，暂列数额，俟详细数字报部后，再行分列
	民国廿四年建设公债	1291100			
	民国廿七年建设公债	7350200			
甘肃	民国廿七年建设公债	1660000	1660000	—	
	民国卅年省建设公债	4000000	4000000	—	
	民国卅年水利农矿公债	15000000	15000000	—	
广东	民国廿七年国防公债	14400000	3652500	10747500	
浙江	民国廿五年整理金融公债	23058945	16992140	6122480	
西康	民国廿九年地方金融公债	1000000	1000000	—	
	总计	173627547	14367203385	2995551315	

资料来源：财政部财政年鉴编纂处编：《财政年鉴》（第三编·下册），商务印书馆 1948 年版，第 26－28 页。

　　此外尚有苏、鲁、冀、辽四省，当时内战事影响，未来得及接收整理，复员后，经再派员赴各该省补办。其中江苏负旧债两种，一为 1934 年水利建设公债 2000 万元，曾由该省以整理地方财政公债 300 万元拨偿江苏银行官股和旧欠，应属实际发行，已经以整理省债公债剩余债票换偿，其余债票 2700 万元，均由该省转向上海各行庄抵押借款，仍责成该省自行清理。河北省仅发行 1929 年特种库券 240 万元，经调查市面流通数额不多，且早届清偿年限，经本部派员与该省财厅商定由该省以现金一次偿还清结。山东省 1937 年整理土地公债原经呈奉核准，但以抗战事起，该省未来得及发行。辽宁省发行的 1929 年整理金融公债，因受战争影响，案卷无存，且市面已无流通。故该两省旧债，毋庸整理。[①]

综观此次各省旧债之整理与换偿，其效果有四：

第一，手续简便：各省公债不仅名称繁杂，票类亦多，还付日期及清偿年限亦极不一致。经换偿后，名称统一，票类仅分万元、千元、百元三种，每年年底还本付息一次，由各省中央银行经理，持票人随地均可兑取本息。

第二，基金稳固：各省公债经中央接受整理换偿后，其到期本息由国库收入项下按期拨付，基金较前稳固。

第三，债信提高，基金稳固，自可债信提高，而各省原有欠付到期本息者，更由财政部督促清偿，可提高公债信用。

第四，加强行政统一：各省债务经此次整理后，可由中央统筹全局，作合理分配，不致因省份贫瘠不同，而生过与不及之弊，并可奠定中央与地方财政联系之基础。

通过整理，国民政府财政部完全垄断了公债的发行，加强了对地方政府的财政控制。

---

① 财政部财政年鉴编纂处编：《财政年鉴》（第三编·下册），商务印书馆 1948 年版，第 22 页。

第三章

近代中国地方政府债务分省分析

近代主要举借地方政府债务的省份是湖北、安徽、福建、上海、四川、浙江、江苏、广东、江西、湖南、河北、云南、山东、山西、青海等。

第一节 近代湖北省地方政府债务[*]

"鄂省以兴办实业,负债较早,宣统元年为清偿内外借款,曾发行公债 240 万两,是为该省发行公债之始,民国成立,乃力谋收支平衡,遇有不足,每以矿产及公营事业营益作抵,向商团抵押借款,或迳向人民摊派,公债极少发行;迨至民国二十年实施裁厘,更遇空前水灾,岁入减少过半,而新办之营业税,以无缜密计划,收入极微,不敷甚巨;中央协款,迄未汇发,省库拮据万分,至此,公债之发行渐多。"[①]

一、债务概况

清朝末年湖北省地方债发行形式主要是对外借款,举债原因在于弥补财政和推行新政、编练新军,还有分担偿还中央的外债和赔款。而上述原因也

---

[*] 马金华、赵丹:《近代湖北地方公债研究及对当今地方债监管的启示》,载《财政监督》2014 年第 21 期,第 36 – 39 页。也是该课题的阶段性成果。

① 万必轩:《地方公债》,大东书局 1948 年版,第 31 页。

导致了财政支出的扩张。1908 年到 1909 年湖北的总体支出"由 1852 万两增至 2008 万两"①。而当时湖北收入主要为旧税和海关收入，海关收入由中央掌管。最初湖北省主要通过增加旧税来增加财政收入，如推行土膏统捐、田赋厘金附加、铜圆获利铸造银元等②，但收入有限，不得已只能靠发行公债和对外借款周转。1909 年 9 月 11 日，湖广总督陈夔龙以湖北财政支绌，奏请发行公债 240 万两，偿还财源指定藩库 6 万两，盐库 10 万两，江汉关 6 万两，整顿税契 7 万两，官钱局盈余银 20 万两，签捐局盈余 3 万两，但实际发行远未足额，便于 1910 年 8 月 11 日及 9 月 18 日向华俄道胜银行各借库银 10 万两，10 月 7 日又向日本正金银行借库平银 76.5 万两③。据统计，1894～1911 年清末湖北地方政府外债共计 14 次（如表 3 - 1 所示），其中对外直接借款 12 次，发行公债 1 次。

表 3 - 1　　　　　　　　1894～1911 年清末湖北地方政府外债

年份	数额	目的	借款人	年息	偿债条件
1894	14 万两	筹措甲午战争军费	不详	7 厘	两年半还本付息
1897	100 万两	户部发行昭信股票	不详	不详	不详
1899	50.7 万两	还赔款及加拨军饷	英商汇丰银行	4.5 厘	不详
1902	日元 25 万元	扩充汉阳铁厂设备	日本大仓组	8 厘	期限 1 年
1905	40 万两	扩建炮兵营	日本横滨正金银行	7 厘	期限 5 年
1906	200 万两	弥补财政亏空	日本横滨正金银行	8 厘	期限 10 年
1908	50 万两	还原欠汇丰银行款项	汇丰银行	7 厘	期限 10 年
1908	76 万两	筹汉阳兵工厂设备费	日本正金银行		
1908	20 万两	用及水师购船炮价款	华俄道胜银行	7.89 厘	期限 6 年
1908	80 万两	不详		第一年利息 7 厘，以后每年加息 1 厘	每年共拨 51 万两还本付息

① 彭雨新：《辛亥革命前夕清王朝财政的崩溃》，湖北人民出版社 1981 年版，第 1322 页。
② 刘天旭：《清末湖北财政危机与武昌起义的爆发》，载《江西社会科学》2011 年第 1 期，第 137 - 142 页。
③ 徐义生：《中国近代外债史统计资料》第 44 - 45 页。转引自周育民：《晚清财政与社会变迁》，上海人民出版社 2000 年版，第 438 页。

续表

年份	数额	目的	借款人	年息	偿债条件
1909	240 万两	筹办新政	湖北公债	利息第一年 7 厘，以后每年加 1 厘	期限 6 年
1910	200 万两	为弥补财政亏空	四国银行团	7 厘	期限 10 年
1910	76.5 万两	为弥补财政亏空	日本正金银行	不详	不详
1911	20 万两	为弥补财政亏空	华俄道胜银行	不详	不详

资料来源：湖北省地方志编纂委员会《湖北省志·财政志》，湖北人民出版社 1995 年版，第 5 页。

武昌起义后湖北省财政军费开支增加，财政面临严重困难。1913 年北洋政府开始着手整理统一财政，实行中央与地方均权的财政体制。[①] 1913 年湖北政局渐趋稳定，开始整顿机构，撤裁军队，财政状况有所缓和。1914 年第一次世界大战爆发导致中国向欧洲市场出口增加，湖北近代民族工商业受到刺激一度发展，省财政收入增加，财政好转。1915 年起，国家地方收支划分取消，改由省向中央交纳解款和专款，湖北省军队支出和解款专款支出占总支出比重达 60% 以上，财政开始紧缩。1917 年，护法运动爆发，在军阀和帝国主义的双重影响下，湖北省工业停滞前进而经济凋敝。1919 年之后，银价下跌导致湖北财政亏损严重，1926 年，仅湖北官钱局历年垫付省库及各官署军政各费即达 4059 万余元。[②] 部分年份的收支实数如表 3－2 所示。这一时期湖北省公债主要有民国十年湖北地方公债、湖北省金库借券和湖北省短期库券。

表 3－2　　　　　　　　　　湖北部分年份收支实数　　　　　　单位：万元

年度	岁入	军费	政费	军、政费超出收入数
1917	1133	523	420	－190
1918	864	455	302	－107
1923	1024	701	530	207
1924	743	701	562	520

---

① 湖北省地方志编纂委员会：《湖北省志·财政》，湖北人民出版社 1995 年版，第 62 页。
② 湖北省地方志编纂委员会：《湖北省志·财政》，湖北人民出版社 1995 年版，第 63 页。

续表

年度	岁入	军费	政费	军、政费超出收入数
1925	718	849	361	492
1928	6552	5152	306	– 1094

1927 年国民政府迁都南京，重新划分国地收支。经过两年的整顿，湖北省统税收入较往年激增三倍以上，田赋和其他收入亦有增长，财政状况日趋好转，是为湖北财政较为充裕时期。[①] 1931 年，裁厘改统的实施，使得湖北每年财政收入减少近千万元，加上遇到了水灾，湖北省收入减少过半；再加上湖北各项建设事业陆续展开，湖北地方公债的发行渐渐多了起来。由图 3 - 1 可见，湖北省的公债发行额逐渐递增并在 1930 年达到了一个顶峰。1933 年，贾士毅出任省财政厅厅长。他提出"开源节流，整顿税收"来开始对湖北省财政进行整顿财政收支。经过一系列整顿发展，至 1936～1937 年时，湖北经济逐步发展起来。贾士毅还开始着手整理湖北历年积累的债务。1933 年 2 月开始，按照借新还旧、改短期为长期、减高利为低利、化零为整的方针，按债务性质分别协商制定偿还标准，或以现金或以公债分期偿还。这也可以解释图 3 - 1 中在 1933 年湖北公债数量再次小幅度上升的原因。整个南京国民政府时期，湖北省发行地方公债九次，发行规模达 4050 万元，是发行最多的历史时期。

1937 年 7 月抗日战争全面爆发，国民政府主要政权机关迁往武汉，战时政治经济中心转为武汉，武汉的财政支出大量增加。1938 年湖北中、东南富饶县城相继成为作战区，又加剧了财政困难，湖北省政府主要通过 1938 年紧缩财政支出和裁并征收机构以达到增收节支的目的，从 1938 年至 1940 年实际收支较预算减少约 30%。[②] 财政方针实行至 1940 年取得了良好的成效。

---

① 湖北省地方志编纂委员会：《湖北省志·财政》，湖北人民出版社 1995 年版，第 65 页。
② 湖北省地方志编纂委员会：《湖北省志·财政》，湖北人民出版社 1995 年版，第 68 页。

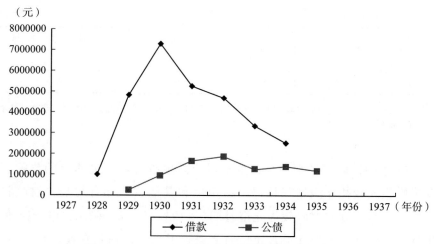

图3-1 1927~1937年湖北省借款和发行公债情况

湖北省在1940年财政盈余达近400万元，是1937年的两倍多。抗战后期，国民政府在国统区担负着经济建设的艰难任务，1941年前后国民政府开始进行第二次财政方针政策的调整，以牙税和举债作为增加国家财政收入的最主要方法，这对湖北经济建设起到了一定促进作用。这一时期，湖北省在1937年和1939年发行2次地方公债，规模共1300万元[①]。为便利土产运销、抢购粮食和开发鄂西国统区经济，湖北省政府从1941年至1944年每年都发行公债和国库券。公债的种类有美金公债、同盟胜利美金公债、战时公债、同盟胜利国币公债等。[②]

二、债务特征

近代湖北省共发行地方外债13次，地方内债16次。公债发行多数集中在清末时期和南京国民政府时期。就发行次数，较全国其他省份而言属于一般水平。如表3-3所示。

---

① 周建树：《抗战时期湖北的财政与金融》，载《湖北文史》2003年第2期，第111-122页。
② 湖北省地方志编纂委员会：《湖北省志：经济综述》，湖北人民出版社1992年版，第77页。

表 3－3

1909～1939 年湖北省地方公债发行一览表

序号	公债名称	发债主体	发债时间	发债债额	抵押品	用途	年息	偿还情况
1	湖北公债	湖北省	1909 年 9 月	240 万两库平银	藩库 6 万两、盐库 10 万两，江汉关 6 万两，整顿税契 7 万两，官钱局盈余银 20 万两，签捐局盈余 3 万两	筹备新政	第一年利息 7 厘，以后每年加息 1 厘	96.5 万两由横滨正金银行和华俄道胜银行承购
2	中华民国军事政府军事公债	湖北省	1911 年	2000 万元	汉阳铁厂、武昌纱布厂等产业共 2385 万两	军费	5 厘	
3	地方公债	湖北省	1921 年	200 万元	省库收入、武昌造币厂盈余	充军需欠饷，清偿旧债	1 分	
4	湖北省金库借款	湖北省	1924 年 11 月	240 万元	不详	不详	1 分	
5	湖北省短期金库券	湖北省	1926 年 5 月	300 万元	1926 年至 1928 年淮盐商贩报效费	不详	1 分 5 厘	
6	市政公债	汉口市	1929 年 10 月	150 万元	市税	专充本市市政建设工程费	8 厘	
7	地方实业公债（第一期）	湖北省	1929 年 7 月	1000 万元	各石膏利、工况收入、汉冶萍砂捐，各工厂收益为担保	振兴实业，整理纱麻丝布四厂及玻璃、红砖、制革、针、钉、造纸、炼钢等厂，并创办自来水电气工业	8 厘	自 1932 年至 1939 年每年还 1/20，1940 年至 1942 年每年还 1/10，1943 年至 1944 年还 1.5/10

续表

序号	公债名称	发债主体	发债时间	发债债额	抵押品	用途	年息	偿还情况
8	地方实业公债（第二期）	湖北省	1930年7月	1000万元	各石膏条利、工况收入、汉冶萍砂捐、各工厂收益为担保	振兴实业、整理纱麻丝布四厂及玻璃、红砖、针、钉、制革、造纸、炼钢等厂，并创办自来水电气工业	8厘	自1932年6月起分20次还清，实际发行270万元，已全数偿清，至1941年年底，已按期偿还清
9	善后公债	湖北省	1931年2月	300万元	象鼻山矿铁砂收入和丝麻纱布四局租金为担保	办理善后，清剿军需	8厘	1933年12月起，分12次抽签偿清，至1939年6月，已按期偿还清结
10	善后公债	湖北省	1932年10月	300万元	省营业税收入为基金	办理善后靖绥、清剿军需	8厘	自1935年9月起，分十次偿清，其条例及还本付息表至1935年9月始咨由财政部呈转立法院追认，至1940年6月照数全部偿清
11	续发善后公债	湖北省	1932年7月	150万元	汉口市普通营业税收入为基金	办理匪区善后并换回汉口市第二期政府公债	8厘	自1935年9月起，分十次偿清，其条例及还本付息表至1935年9月始咨由财政部呈转立法院追认，至1940年6月照数全部偿清
12	整理金融公债	湖北省	1934年3月	400万元	该省公产租金收入及省银行股利为担保，以该省各营业税项下发足	稳定金融市场	6厘	自1934年3月1日发行，至1945年12月偿清，截至1943年6月底止，尚负债额120万元，由财政部接收换偿清结
13	汉口市建设公债	汉口市	1935年5月	150万元	汉口市税收入	建立学校、修路等重要工程	6厘	偿清

续表

序号	公债名称	发债主体	发债时间	发债额	抵押品	用途	年息	偿还情况
14	建设公债	湖北省	1935年1月	600万元	营业税及中央补助费为担保	修路	6厘	分12年还清，实际售于民间者，计492.9785万元，其余债票107.0215万元，是库存中签债票；其实售部分截至1943年6月，尚负债额240万元，由财政部接收换偿
15	建设公债	湖北省	1937年10月	500万元	营业税拨充二十四年建设公债基金余额及年拨内河航业收入12万元为偿还基金	兴办各项建设事业	6厘	实售部分截至1943年6月底尚欠债额252.0090万元，由财政部接收换偿，抵押于四行贴放委员会者，尚余债票26.6670万元，押于省银行者计债票31.1110万元，仍由该省在省库结束案内赎回，未发债票，即缴交财政部核销
16	金融公债	湖北省	1939年7月	800万元	股息、矿产收入营业税	盘活地方金融，便利出产运销	6厘	实售部分截至1943年6月底尚欠债额503130元，由财政部接收换偿，其抵押部分，亦由财政部案另案清理

注：万必轩《地方公债》中没有提及湖北省金库借款与湖北省短期金库券。

资料来源：万必轩：《地方公债》，大东书局印行1948年版，第31-35页；湖北省方志编纂委员会：《湖北省志·财政》，湖北人民出版社1995年版。

湖北公债发行的特点主要有以下几个。

第一，地方公债发行时间早，发行规模上升，利率下降。湖北省地方公债的发行最早可以追溯到1908年发行的湖北公债，而后安徽、四川等省份的公债也是借鉴临近湖北省的直接经验而发行公债的。

由图3-2得知，湖北地方公债整体上呈现波动上升的特点。图3-3显示，湖北省公债利率整体呈现为阶梯式下降的过程。1933年后贾士毅出任省财政厅厅长，着手整理湖北历年积累的债务，此后湖北省公债的发行管理机制有所健全。

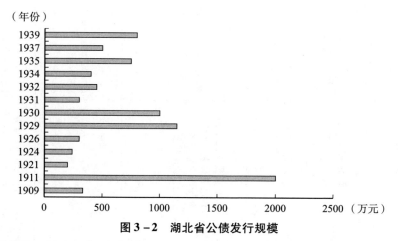

图3-2　湖北省公债发行规模

资料来源：万必轩：《地方公债》，大东书局印行1948年版；湖北省方志编纂委员会：《湖北省志·财政》，湖北人民出版社1995年版。

第二，公债依存度基本在可控范围。按现代公债经济学中的衡量公债规模和微观的主要指标公债依存度来看，湖北省的公债依存度除了1933年超过30%达到51.97%以外，其他年度都保持在10%以内，如表3-4所示。1934年后公债依存度快速下降，这与当时财政厅厅长贾士毅的财政改革有关。整体上湖北省公债的发行规模在可控范围内。

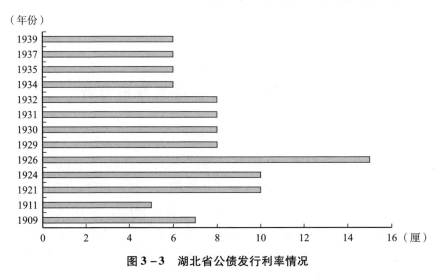

（年份）

图 3 - 3　湖北省公债发行利率情况

表 3 - 4　　　　　　　　湖北省部分年份公债规模以及依存度指标分析　　　　单位：元

年份	当年财政收入	当年财政支出	当年发行公债额	公债依存度（%）
1929	15308483	15247630	241020	1.58
1930	21586380	21611188	943053	4.36
1931	24436273	24482937	1631467	6.66
1932	23843930	23695966	1911528	8.07
1933	25014841	2517836	1308539	51.97
1934	28075904	27924643	1371101	4.91
1935	22249326	24105702	1174968	4.87

注：公债依存度 = 当年发行公债额/当年财政支出额。

资料来源：湖北省地方志编纂委员会：《湖北省志·财政》，湖北人民出版社 1995 年版。

　　第三，地方公债用途以经济建设为主。湖北省 16 次地方公债中，记录公债用途的有 14 次。在这有记录的 14 次公债中，公债主要有三种：清剿军需、振兴实业和稳定盘活金融。其中，用于清剿军需有 4 次；用于振兴实业的有 5 次，用于稳定盘活金融的有 2 次。用于湖北省建设的占比达到 71.43%。可见湖北省所发行的公债主要用于经济与地方建设，其中 1929 ~ 1930 年的地方实业公债的主要用途为振兴实业。

第二节　近代四川省地方政府债务

四川省有"天府之国"的美誉，它所拥有的丰富的矿产资源全国罕见。可是它历史上地方财政的混乱程度也非他省能比。民国初年，四川省军政各费，多靠发行军用票维持，基础虽欠稳固，财权尚称统一。四川省公债自民国九年（1920年）发行军事有奖公债始，继起者有临时军费公债与临时军费六厘公债两种。皆因军事发生，由军事高级机关主持发行。发行以后，虽有收回办法，但根本没有实行，或由明令停止搭收，或因政变中止。后来二十一军以整理金融，调节军需之名，先后发行公债库券至十余次，数量巨大。但都因为连年战事，军费浩繁，利用发行债券以资补助。一·二八事变发生后，上海外汇高涨，现金运出数字很大，市场通货极感缺乏，四川只好依赖债券，作为保证，另发一种流通证券，如交换证、承兑证等来救市，以致金融市场，因为公债库券的增加，加上通货缺乏，再加上利用公债库券以活动通货而紊乱币制。因此发行巨额公债库券成为金融紊乱的主因之一。至于各种公债库券发行后，一部分已在定期内本息偿清，另一部分则在民国二十四年（1935年）省政改组后，整理清偿。

四川省的地方公债发行较晚，发行自1920年开始，到1941年结束，历时20余年。

一、债务概况

四川省公债的发行可以分为两个阶段：1920～1934年的四川省防区制阶段和1935～1941年川政统一阶段。第一个阶段包括了北洋政府的中后期及南京国民政府统治的前期，第二阶段包括了南京国民政府统治中期。

（一）1920～1934 年防区制阶段

1920～1934 年是四川省财政最为混乱的时期，称为防区时期。当时各军阀划分防区，统一的政权已经崩溃，不仅财政体系不复存在，就连四川省的财政系统也失去了统一收支的机能。为了守住防区或是争霸全川，各军阀在省防区内不断扩编军队。据统计，当时的二十一军之军费支出常年占其支出总额的 70% 以上①。为了筹措庞大的军费并维持战争机器运行所必需的行政费用，军阀在防区内不得不加强财政搜刮。他们把持财政收支，截留中央税款，滥发纸币，发行公债和苛捐杂税不可胜数，因此财政极其紊乱。"自防区制成立以后，各区首长，竞事扩军，饷粮所需，乃就地预征粮税，兴办苛难，滥发劣币，抵押借款等等，不一而足，尚少公债之发行。二十一军十五年回渝以后，先后击败各军，戍区扩大，税源亦增，惟以扩军购械，收入仍不敷支出。至二十一年夏，下游洪水为灾，日货复入川倾销，致金融日竭，税收锐减，抵借预征，仍不克济，乃有公债之发行，前后计发行债票十种，均以财政支绌，未能清偿。"② 比如，1932 年 4 月，二十一军为整理重庆金融，以渝万两地税捐作抵，发行库券 200 万元，约定半年偿清。为清理债务和调节军需，年内又先后发行库券和公债 5 次，发行总额累计已达 2720 万元。其中库券债额 2000 万元，约定偿还期限 6～12 个月；公债债额 720 万元，约定偿还期限推迟到 8 年后。至 1934 年 9 月，该军发行库券及公债共 16 次，应偿本金 7985 万元，未偿部分 4350 余万元。③

该阶段的公债发行也可以分为两个时期。在防区制成立初期，由于内债的发行需繁杂的手续而且到期需还本付息等因素，各军阀往往通过预征粮税及田赋附加、滥发纸币、抵押借款等方式维持军需，因此很少有内债的发行。到了 1932 年，刘湘在蒋介石的支持下和刘文辉开展"二刘大战"，依托重庆等富饶地区竞相发行公债筹措军费。比如，1931 年 6 月 14 日，四川省善后

---

①　张肖梅：《四川经济参考资料》，中国国民经济研究所 1939 年版，第 16－19 页。

②　万必轩：《地方公债》，大东书局 1947 年版，第 59 页。

③　四川省地方志编纂委员会编：《四川省志·大事纪述》（中册），四川科学技术出版社 1999 年版，第 135 页。

督办刘湘电呈国民政府，要求发行四川省善后公债 2000 万元，用于办理四川善后（编遣川军）。7 月 18 日，立法院会议通过；7 月 25 日，国民政府明令公布，决定 8 月 1 日起发行，年息 8 厘，每年 1 月 31 日为付息之期，每 6 个月还本一次，分 10 年还清。财政部在四川省内属于中央税收的印花、烟酒税中按月拨付 20 万元为还本付息基金。同年，四川省政府主席刘文辉也电达国民政府，请援例批准发行省公债 2000 万元，未能如愿。① 据 1933 年统计：1932 年到 1933 年刘湘的二十一军为筹集军费，发行各种库券和公债总额为 4120 万元，其中一期整理金融库券 200 万元，一期整理川东金融公债 500 万元，一期盐税库券 150 万元；二期整理川东金融公债 120 万元，军需公债券 100 万元，印花烟酒库券 500 万元，二期盐税库券 500 万元；田赋公债 1500 万元；三期整理金融库券 250 万元。这些库券，公债的偿还时间最长达 100 个月，大多为 50 ~ 60 个月，最短为 8 个月。另据 1933 年统计：1928 年至 1933 年，四川内战频繁，军队扩大，军费急剧膨胀。财政支出中军费所占比重极大。仅二十一军的军费由 1928 年的 1269.4 万元上升到 1933 年的 4592.7 万余元。全川年耗军费由 1926 年的 3880.3 万元上升到 1934 年的 9000 万元，较之于民国元年扩大 15 倍。四川财政收入也由 1916 年的 1155.1 万元增长到 1.5 亿元。② 该时期发行的公债大多均未偿清。"二十二年该省善后督办公署成立，决定予以整理，规定以前所发各债本息自二十三年一月起一律停付，于二十四年一月另发整理金融公债，分别换偿，并先登记发给临时收据，债票尚未印发，即由财政部于二十四年七月代该省发行善后公债，将该省所发收据，六折收回。"③ 如表 3 - 5 所示。

（二）1935 ~ 1941 年川政统一阶段

这一时期四川省的财政可以分为两个阶段。从 1935 年到抗日战争全面爆发前夕，四川省的军阀统治结束，防区制被打破实现了政治上的统一，财政

---

① 四川省地方志编纂委员会编：《四川省志·大事纪述》（中册），四川科学技术出版社 1999 年版，第 131 页。
② 四川省地方志编纂委员会编：《四川省志·大事纪述》（中册），四川科学技术出版社 1999 年版，第 147 页。
③ 万必轩：《地方公债》，大东书局 1947 年版，第 59 页。

表3-5　1920～1934年四川省公债发行一览表

债务名称	举债政权背景	债务发行年月	债务规模	抵押品	债务用途	利率	偿还情况
军事有奖公债（共五期）	刘存厚、熊克武督川时代	1920年	300万元	省契、肉两税	军费	年息6厘	一年偿清，实际未偿清
临时军事公债	刘湘任川省省长	1921年	300万元	烟酒税	整理财政筹措军需	年息8厘	分两年偿清
临时军费六厘公债	省财政厅行署奉川康督办署政训令	1925年	80万元	盐税	清理江、巴两县债务	月息6厘	一年偿清，实际未履行
整理重庆金融库券（共三期）	二十一军	1932年4月	200万元	渝万两地百货税（统税）	整理重庆金融平衡税收涨旺季	月息1分2厘	1932年11月偿清
		1932年12月	300万元				1933年9月偿清
		1933年10月	250万元				未偿清
盐务库券（共四期）	二十一军	1932年6月	150万元	引盐正税	军政费	月息1分2厘	1933年6月偿清
		1932年7月	500万元	盐票		月息8厘	未募足，未偿清
		1933年6月	300万元	引盐正税		月息1分2厘	未募足，未偿清
		1934年6月	600万元	引盐正税		月息1分2厘	未募足，未偿清
整理川东金融公债（共两期）		1932年7月	500万元	地方附加（百货税捐内附加二五）	整理二十一军旧债	月息4厘	到期均已偿还清结
		1932年11月	120万元				
军需债券	二十一军	1932年11月	100万元	百货税捐	调剂军需	月息8厘，按九八折实收	未偿清
印花烟酒库券		1933年4月	500万元	印花烟酒税	调节军需和政费不足	月息8厘	定1933年6月至1937年7月还清，但未偿清

续表

债务名称	举债政权背景	债务发行年月	债务规模	抵押品	债务用途	利率	偿还情况
军需短期库券（共六期）		1933年11月	50万元	田赋	军需	月息1分	原定1934年4月及10月两期平均摊还，亦未偿清
		1933年11月	50万元				
		1933年12月	50万元				
		1933年12月	50万元				
		1934年1月	50万元				
		1934年1月	50万元				
田赋公债	二十一军	1933年	1500万元	预征田赋，以其中一年之田赋收入为偿还基金	军需	年息8厘	到1938年9月到期时，未清偿
统税库券	二十一军	1934年1月	300万元	渝、万两地统税局收入按月提拨五千元	军需政费	月息1分2厘	定1934年8月至1935年7月偿清，但实际延未清偿
剿赤公债	二十一军	1934年6月	1000万元	印花、烟酒、紫烟、盐税附加1/10的剩赤捐	筹集剿赤军费	月息8厘	定1935年1月至1939年2月还清，实际亦未清偿

资料来源：万必轩：《地方公债》，大东书局印行1948年版，第59-61页；中国银行重庆分行编制：中国银行重庆分行：《四川省之公债》，中国银行1934年印行；四川省地方志编纂委员会编制：《四川省志·财政志》，四川人民出版社1996年版。

管理制度开始重建并逐步完善，社会经济得到了缓慢的发展。可是当时蒋介石将四川纳入了国民政府的统治范围之内，他一方面削弱四川的军队实力，并对四川各级政治组织进行渗透和监视；另一方面积极把四川纳入其"剿共反共"的计划中。随着四川军阀所发动的针对中共军队的一系列军事行动失败后，该省的财政状况已经严重恶化，因此该省开始走向了借债度日的道路。1937 年 7 月，抗日战争全面爆发，随着东北和华北等国土的沦陷，蒋介石国民政府被迫撤退到西北和西南地区抗战。此时，四川省就成为一个抗战时期的重要战略区域。为了获得抗日战争的胜利，国民政府开始扶持四川省的发展以稳定后方支持抗战需要。四川省在国民政府的扶持下进行了财政管理体制的改革，经济金融法规也得到了一定的完善。同时，国民政府鼓励四川省发行公债以筹集社会资金，并对公债的发行进行了相关规范。在这一时期，一方面四川省的工业、交通运输业和邮电通信业等都得到了快速发展；另一方面也在一定程度上支持了抗战，为抗日战争的胜利作出了贡献。比如，1936 年 4 月 1 日，四川省政府经财政部批准，发行四川善后公债，用以办理善后建设事业。债额法币 1500 万元，年息 6 厘，偿还期限 15 年，自发行日起，每届半年抽签还本，至 1951 年前三月底，本息全数清偿。指定在中央征收四川部分盐税项下，每月拨给补助金 4 万元，并由四川省政府于营业税项下，每月拨给 5 万元，共计每月拨 13 万元，为还本付息之用。[1] 1939 年 8 月31 日，国民政府发布四川建设公债条例 10 条。公债发行定额为法币 750 万元，于民国二十八年九月一日照票面十足发行。公债利率为年息 6 厘，第一年只付利息，第二年开始还本，至 1954 年六月三十日全数还清。此公债指定中央银行重庆分行及其委托之银行为经理还本付息机关，其发行票面分为 1万元、1000 元、100 元、10 元四种，均为无记名式。[2] 1935～1941 年四川省共发行了公债 9 次，几乎每年一次，且数额比较庞大。如表 3-6 所示。

---

[1]　四川省地方志编纂委员会编：《四川省志·大事纪述》（中册），四川科学技术出版社 1999 年版，第 174 页。

[2]　四川省地方志编纂委员会编：《四川省志·大事纪述》（中册），四川科学技术出版社 1999 年版，第 231 页。

表3-6

1935～1941年四川省公债发行一览表

债务名称	债务发行年月	债务规模	抵押品	债务用途（举债目的）	利率	偿清时间
民国二十四年善后公债	1935年7月	7000万元	盐税	补助剿匪军费和善后建设	年息6厘	结清前期未偿款
整理四川金融公债	1935年8月	3000万元	盐税	整理四川省旧有长期债务及公债库券	月息4厘	后由财政部代发的1935年善后公债按六折收回清结
民国二十五年善后公债	1936年3月	1500万元		补助剿匪军费和善后建设	年息6厘	期限15年
民国二十五年建设及换偿旧债公债	1936年9月	3000万元	田赋正税	拨充建设事业经费和换偿川省政府短期借款凭证	年息6厘	截至1943年6月，尚负债2340万元，由财政部接收换偿
赈灾公债	1937年7月	600万元	救灾准备金	移垦水利等工赈	年息6厘	截至1943年，尚负债额450万元，由财政部接收换偿
民国二十八年建设公债	1939年9月	750万元	田赋正税	弥补预算不足	年息6厘	实际上按票面五折由省银行转向四行抵押借款
兴业公债（共二期）	1940年	2900万元 / 1100万元	省营业税	兴办经济建设事业 / 兴业公司股本	年息6厘	因本公债全部用于抵押，财政部未予换偿，该省自行清结
民国二十九年建设公债	1940年10月	750万元	田赋正税	弥补预算不足	年息6厘	实际上按票面五折由省银行转向四行抵押借款
整理债务公债	1941年12月	3500万元	省田赋年拨400万元	清理旧债	年息6厘	后由财政部接收换偿

注：1936年，四川省二十五年建设及换偿旧债公债，国民政府行政院核准分两期发行4500万元，第一期发行3000万元，主要用于交通生产建设及弥补预算等；半年后，再发行1500万元，以增拨交通生产建设事业，关于第二期的1500万元，档案资料尚缺，待查证。因此表格记3000万元。

资料来源：万必轩：《地方公债》，大东书局印行1948年版，第61~64页。

另外，这一时期，为清偿和整理旧债，四川省也发行多次公债。1935 年 6 月 30 日，四川省政府清理各军防区所欠借款和未偿债券本息，经请准由国民政府公布条例，发行善后公债 7000 万元，年息 6 厘，以四川盐税作抵，定于 1944 年以前分期偿还。此后，为整理旧债和弥补预算差额，省府又发行各次公债。至 1938 年 5 月底止，未偿公债本金共 1.1 亿余元。[①] 1940 年 10 月，四川设立偿债委员会。对省府所欠各项债务，报经中央核准于次年 1 月发行整理债务公债 3500 万元，由偿债委员会换偿。经省政府发行的各种库券和公债，其未偿还部分陆续移交中央，由财政部统筹整理。[②] 1949 年 10～11 月，四川省府强募爱国公债。濒临灭亡的国民党政府爱国公债筹募委员会 10 月 1 日公布民国三十八年爱国公债筹募办法，计划掠夺 1500 万银元。11 月 9 日，四川省政府强募此项公债，全川总额扩大到银元 6500 万元，重庆摊募 1500 万元，最终难以付诸实施，无果而终。[③]

二、债务特征

四川省地方公债发行起步迟、中间有较长空白期、止步晚。

第一，公债发行起步迟。四川省虽然有"天府之国"的美誉，可是它在民国时期以来遭受军阀混战的重创。政治上的支离破碎导致了四川财政体制也无法统一。四川省在 1918 年防区制建立起来之后便开始了长达 20 年之久的军阀割据的局面。此时军阀筹集资金的主要渠道为预征粮税及田赋附加、滥发纸币、抵押借款等方式，很少有内债的发行，这也是四川公债发行较晚的原因。

第二，公债发行中间有较长空白期、止步晚。四川省在 1922～1931 年的空白期后，公债自 1932 年再次发行，并一直持续发行到 1941 年。1922～1931 年

[①] 四川省地方志编纂委员会编：《四川省志·大事纪述》（中册），四川科学技术出版社 1999 年版，第 164 页。

[②] 四川省地方志编纂委员会编：《四川省志·大事纪述》（中册），四川科学技术出版社 1999 年版，第 250 页。

[③] 四川省地方志编纂委员会编：《四川省志·大事纪述》（中册），四川科学技术出版社 1999 年版，第 359 页。

是四川军阀混战最为激烈的时期，由于发行公债需要繁杂的手续，因此此时的军阀往往不愿意发行公债来筹集资金；另外，公债的发行需要政府的信用作为支持，而军阀统治下的四川政府在民众心里已经失去了公信力，因此，即使军阀发行了公债，其销售过程也十分困难。而在1932年之后，军阀开始落败，刘湘在蒋介石的支持下和刘文辉开展"二刘大战"，依托重庆等富饶地区发行公债，公债发行开始频繁。

从四川省公债发行背景上看，公债明显呈现出两个阶段：防区制阶段（1920～1934年）和川政统一阶段（1935～1941年）。

这两个阶段又各自可分为两个时期。第一个阶段被称为防区制阶段，该阶段各军阀划分防区，统一的政权已经崩溃，不仅财政体系不复存在，就连四川省的财政系统也失去了统一收支的功能。为了守住防区或是争霸全川，各军阀在省防区内不断扩编军队。这一阶段公债的发行可分为两个时期：1920～1921年为第一个时期，此时军阀筹集资金的主要渠道为预征粮税及田赋附加、滥发纸币、抵押借款等方式，因此很少有内债的发行。1932～1934年为第二个时期，该时期刘湘在蒋介石的支持下和刘文辉开展"二刘大战"，依托重庆等富饶地区发行公债，发行的公债达十余种之多。第二个阶段被称为川政统一阶段，该阶段四川省政局虽然得到了统一，但是不久又被卷入了蒋介石国民政府"反共"活动中，之后又因为抗日战争的全面爆发成为战略大后方。因此，1935～1937年为第三个时期，该时期刘湘完成四川的统一后加入了国民党围剿红军的行动中。四川省在这一时期处于发新债还旧债的阶段。1939～1941年为第四个时期，随着东北和华北等国土的沦陷，蒋介石国民政府被迫撤退到西北和西南地区抗战。四川省在以上两个阶段、四个时期的公债发行方面呈现出不同特点。

（一）公债规模差异较大，总体呈上升趋势

四川省公债规模可以明显分为四个时期，分别对应以上所说的四个时期，如图3-4所示。在1920～1921年第一个时期，四川省公债规模处于一个平稳的低水平阶段，很少有内债的发行。在1932～1934年第二个时期，依托重庆等富饶地区发行公债，该时期公债规模由不到1000万元迅速上升至接近

3000 万元。在 1935～1937 年第三个时期和 1939～1941 年第四个时期，我们可以看到公债规模达到了两个顶峰，其现实原因可归结于国民党在抗日战争前的围剿红军的运动以及抗日战争时期四川作为战略大后方发行公债以支持抗战。

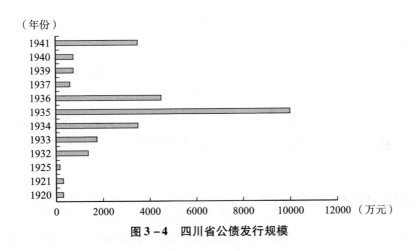

图 3-4　四川省公债发行规模

（二）公债发行利率普遍偏高呈逐步降低趋势

四川省公债利率在 1935 年之前一直处于一种波动起伏状态，且为利率较高的阶段；而在 1935 年之后则一直稳定在月息 6 厘附近。四川省利率的该种波动也与当时的政治形势十分吻合。1920～1934 年四川处于防区制阶段，当时军阀混战，政治经济形势十分不稳定，军阀统治下的四川政府在民众心目中的公信力并不高，四川政府如果想要通过发行公债向民众募集资金，只有通过高利率来吸引民间资本。而在 1935 年之后，四川省处于川政统一阶段。财政上的统一使得公债的发行开始规范了起来。

（三）公债发行与地方银行业互为推动

从公债发行与银行的关系上来看，前期公债刺激了银行业的畸形发展，后期银行业推动了公债的发行。在 1920～1934 年防区制阶段，军阀统治下的四川政府为了把公债销售出去，常常把公债交由银行等金融机构承销。这种公债发行方式似乎能做到政府与银行的"双赢"：一方面，军阀通过银行来发行公债，既能尽快筹集到军用资金，又可以利用银行信用把公债发行出去；另一方面，银行等金融机构通过承销公债能获得优厚的利息（一般在一分五厘以上，有的甚至达到了三分以上）；另外，有时政府为了鼓励银行承销公债还会将公债以票面价格折价卖给银行，并允许其自由抵押买卖或为银行之保证金。[①] 因此，银行与政府的这种交易在满足军阀需求的同时也刺激了银行业的畸形发展。

在抗战前期，随着四川省政治局势的稳定，一些大规模的工程开始建设，因此四川银行业开始增加资金以满足这种需要。在抗日战争期间，政府大量发行债券，而在抗战前期的银行业本来就有了较大的发展，因此银行等金融机构纷纷购买、承销债券，四川银行业的发展为公债的发行提供了广阔的来源与市场。

（四）偿付时间越来越长

四川省公债的设计方面并不规范，为了更多地筹集资金，四川政府在防区制阶段常常分多期发行公债；为了吸引和鼓励认购公债，政府往往采取折价的方式销售公债，利率也偏高。而这直接导致了公债的偿付时限越来越长，有时只能通过发行新债来偿还旧债，甚至停止偿付公债。据统计在川政统一后及抗战期间发行的公债共计241000000元，至1941年四川省公债发行结束时的未还本付息额达212950250元，若不计公债发行时的折扣，未清偿的公债额占发行总额的88.4%。[②] 四川省的这种不负责任和随意的公债设计和管理方式严重损害了政府信用，扰乱了正常的金融秩序，加重了四川人民的负担。

---

① 千家驹：《中国的内债》，北平社会调查所1933年版，第61－62页。
② 万必轩：《地方公债》，大东书局1948年版，第64页。

第三节　近代福建省地方政府债务

福建省是我国的沿海省份之一，在近代政治经济社会发展的过程之中一直是处于积贫积弱、发展滞缓状态的省份，在经济贸易上远远落后于山东、江苏、广东、浙江等省份。据记载，在清朝时期，福建省的人均耕地面积不足江苏省的1/2。强大的人口压力迫使福建省的人民只有以海为田，依靠发展对外贸易来给经济输血。鸦片战争后，福建省被迫开放福州、厦门两个通商口岸，经济受到资本主义的冲击，对于在对外贸易中没有话语权的福建人民来说，资本主义无疑对当地的经济带来巨大的阻碍作用，发展缺乏自主权并饱受侵略者的控制和支配。

一、债务概况

第一次鸦片战争失败后，资本主义经济形式开始进入中国，这伴随着对中国经济上的掠夺和政治上的侵略。农民在清王朝的统治下流离失所，苦不堪言，太平天国运动爆发后，全国各地农民纷纷起义，福建省内也爆发了林俊所领导的福建农民起义，太平军也曾四次入闽。清朝末期仍然沿袭着封建时期的财政管理体制。当时福建省的主要税种有田赋、厘金、关税、盐税等，财政支出主要有解款、应解京饷、协款、船政支出等。但是这些税种都没有划分中央税和地方税，支出也没有划分事权，总而言之，省级财政只是起到代为管理的作用，真正的收支权是在中央手中。从组织机构来看，主管省级机构的机关是藩司，即福建省承宣布政使司。省以下的道、府、州、县均无独立的财政管理机构。省藩司本来是受控于户部的清吏司。但是从财政的实际控制过程来看，地方的政治权力决定着它的经济支配权力。在清朝末年，由于清朝政府将其负担的巨大的债务分摊到各地，各地为了募集资金，不仅巧立名目苛捐杂税，提高税率获得了收入上的极大自由，而且在资金的使用上也各行其是，不再听命于中央，这种家长式的大一统财政体制开始松动。

清末新政时期，福建省为举办新政事业筹措资金，1907 年 8 月，闽浙总督崇善奏请"拟按照直隶现办章程，劝募公债一百二十万元"，并以各府州县及税厘局卡差缺酌提平余银两为担保财源。度支部要求崇善详细声明"每年提取各项平余究有若干，如何摊还"[1] 后再行核办。后无下文，估计未曾发行。由于交通极为不便，福建省经济在清末相对于广东和浙江要落后得多。在新政期间，兴办新政事业虽无多大起色，但以兴办各项事业为名举借的外债却不少。这些外债的债主一般以日本人为主。日本在占领台湾后，把福建作为自己的势力范围，由台湾银行出面，对福建地方当局进行放款，获得某些特殊权益。福建省地方外债则明显表现出与日本的特殊关系。一些报纸针对福建滥举外债进行抨击，称："闽逼处强邻，外债实为祸根。"[2] 表 3 - 7 为新政期间，福建省举借的地方外债情况。

表 3 - 7　　　　　　　　　　　新政时期福建地方外债

名称	时间	债权方	款额	利息
福建借款	1901 年 12 月 21 日	台湾银行	150 万银元	6.5%
闽省樟脑局借款	1903 年 7 月 21 日	台湾银行	20 万银元	不计利息
福建学政借款	1907 年	台湾银行	20 万银元	
福建船政借款	1905 年 4 月 26 日	汇丰银行	30 万两	7%
财政局借款	1909 年前	台湾银行	74563 银元	
造币局借款	1909 年前	台湾银行	108309 银元	
新军借款	1909 年前	台湾银行	16569 银元	
福建布政使借款（1）	1911 年 1 月 28 日	台湾银行	5 万日元，5 万两	10.8%
福建布政使借款（2）	1911 年 6 月 30 日	台湾银行	7.5 万日元，7.5 万两	

---

[1]　朱寿朋：《光绪朝东华录》（五），中华书局 1958 年版，总第 5691 页。
[2]　《闽人电争借外债》，载《振华五日大事记》第 11 期，1907 年 6 月 5 日。

续表

名称	时间	债权方	款额	利息
福建度支公所借款（1）	1911 年 1 月 28 日	台湾银行	5 万日元，洋平番银 5 万元	
福建度支公所借款（2）	1911 年 4 月 10 日	台湾银行	5 万两	
福建度支公所借款（3）	1911 年 5 月 19 日	台湾银行	2 万两	
福建度支公所借款（4）	1911 年 6 月 30 日	台湾银行	日金 7.5 万元，洋平番银 7.5 万元	

资料来源：《清代外债史论》，第 575 页；《民国外债档案史料》第 3 卷，第 571 页；《振华五日大事记》第 13 期，1907 年 6 月 15 日；《中国清代外债史资料》（1853—1911），第 714 – 715 页；The History of The Hong Kong and Shanghai Banking Croporation，Vol. 3，p. 377。

进入民国，福建经济有了长足的发展，其行政区划分为府、州、厅，实行省、道、县三级制。1912 年，福建光复军费庞大，无法挹注，于是面向华侨发行南洋军务公债，这是民国伊始福建省的第一笔地方政府债务。本来是约定 1913 年 9 月偿还，利息为 50%，届时财政根本无力偿还。还掉一部分后和债权人又约定一年后偿还，仍然无法偿还，只有在 1915～1918 年的预算案中列支，由茶税预先提存，结果茶税当年就已耗尽，推到民国七年以后却还是无法偿还，直到民国十六年成立了公债清理委员会承认了这项公债的发行理由才正当备案偿还，但是最终再也没有归还。1924 年，由于金库有息证券还没有偿还清楚，而军费紧急，于是发行军需善后借款证券 120 万元。

1913 年制定《国家税法与地方税法草案》，开始划分地方税和中央税。草案中把主要的大的税种划分给了中央，中央在财政权上处于主导的地位，还根据地方当局的解款效率来考评官员。地方政府为了保证收入，将征收税收的权利给予承办商人，由其代征，而地方政府则只要求足额获得收入即可。在此期间实行了一段时间的中央专款制度，实际上是在原有基础上附加的解款制度，款项也被地方截留了。1917 年，福建地区被军阀李厚基控制，截留中央协款和应解中央的专款和闽安八关商税 190 万元。[①] 按照福建省 1917 年预算，岁入 647 余万元，岁出军费 190 余万元，政费 250 余万元，以收抵支，本属有余。然伺候省政紊乱，军队各成系统。全省五十余县中，省政府能管辖，仅三十余县而已。号令不行，财权分裂，在这个时期，军阀在自己的控制区势力范围内增加税收科目、改变税率、摊派公债、解款勒索，形式手段复杂多变。1918 年 6 月 1 日，福建督军兼省长李厚基在省内发行福建省临时军需公债 120 万元，年息六厘，每年 5 月 30 日及 11 月 30 日还本付息，自发行之第三年起，分五年还清，每年抽签二次，每次抽还债额 1/10。由本省财政厅备款拨交福建中国银行及福建银行存储，以备偿还之用；此债应付本息指定以水亭、厦门各厘局税收为担保品；到期息票及中签债票，除海关税外，得以完纳租税，并得作为交纳各种保证金之用。实际上此项公债发行后并未付息及还本。[②]

据记载，1912 年福建都督府向台湾银行，以及日本三井会社、美孚石油公司借款，抵押担保品有省内各税、省内造币局财产和矿山的采掘权等。台湾银行在福建和当地产生了良好的互动，信用很好。1918 年由于军费不敷，无法应付，福建财政厅长费毓楷向该行借入日金 6826250 元，初定于 1918 年 10 月至 12 月还清，后改定 1919 年 5 月末日起，至 1920 年 9 月末日首月还 42625 元，余下部分各月还 4 万元，月息一分……11 月至翌年 3 月，未能照付，又改自 1920 年 4 月至 9 月，月还 8 万元，1919 年 11 月至 1920 年 4 月，6 个月的息银，照原约增加五厘，但此期间，仅付银 4 万元余欠 24 万元，于 1920 年 11 月又追加契约，改订 1921 年 5 月至 8 月，月还 6 万元，1920 年 9 月以后所延滞的债务，另给月息一分五厘，"本追加契约期间，本银仍未照还……十三年复奉省长令，月还三千元，经财政厅呈准由屠宰契税二项月付二千五百元，惟付还若干，案卷未详，十四年七月以后，迄未筹付。"[③] 可见，债务偿还的过程中一再通过提高利率、增加担保品的方式延期偿还，民国时期福建省甚至各地的债务偿还过程大抵如此。

① 王孝泉：《福建财政史纲》，文海出版社 1987 年版，第 36 - 37 页。
② 徐天胎编著：《福建民国史稿》，福建人民出版社 2009 年版，第 364 页。
③ 王孝泉：《福建财政史纲》，文海出版社 1987 年版，第 389 页。

1919 年北洋政府分配给福建募集债务 121 万元，但是福建省募集后并没有交还给中央，也并没有偿还本息。1925 年，福建军费增至 1000 余万元，只能举债增税，继则截留中央收入。"查该省中央收入，1924 年盐税 300 万元印花税 10 万元，1925 年烟酒税 30 余万元，均截留充作本省之用，而全省之国家收入，计有 750 余万元。举所有收入充军政费尚嫌不足，仍须增税举债也。及革命军入闽，破坏之余，度出更窘：垫拨军费，负担并重。"①

1921 年 10 月 6 日至 1922 年，福建省政府向台商林熊祥借款先后达九笔（如表 3-8 所示）共计日金 200 万元，台伏 42.9 万元，大洋 12 万元。所借之款，时借时还，最后尚结欠若干，不明。1922 年 1 月 29 日起，向日商柯

表 3-8　　　　　　　　　福建省向台商林熊祥的九笔借款

债务名称	时间	债务规模	抵押品	利率	偿还期限
林熊祥借款	1921 年 10 月	日金 200 万元	全省茶税	1 分 2 厘	1924 年 8 月 1 日
	1921 年 10 月	日金 20 万元	闽琯、上渡税收	5 毫	随时交还
	1922 年 1 月	台伏 12 万元	东冲、建宁税收	月息 3 分	12 个月摊还
	1922 年 3 月	台伏 2 万 9 千元	立具期票，利息预扣，分期匀还		
	1922 年 3 月	台伏 8 万元	建瓯、建阳杂税	立具期票，利息预扣，分期匀还	
	1922 年 4 月	番银 12 万元	烟酒税	月息 2 分	不详
	1922 年 8 月	台伏 4 万元	东冲局税收	日利 1 厘	10 个月
	1922 年 8 月	日金 30 万元	闽侯契税	日利 6 毫	10 个月
	1922 年 9 月	台伏 24 万元	金库券	月息 1 分	不详

资料来源：财政科学研究所、中国第二历史档案馆编：《中华民国史档案资料丛书：民国外债档案史料 08》，档案出版社 1990-1992 年版，第 278-279 页。

_____

① 左治生：《中国财政历史资料选编》（第十一辑）（北洋政府部分），中国财政经济出版社 1987 年版，第 43 页。

保罗借款，前后共三次，台伏 26000 元；随后已还 24352 元，余额不明；1922 年 11 月 1 日起，向日商洪礼修借款两次，共台伏 1 万元，随后已还 3400 元；1919 年 1 月 11 日向日商中华汇业银行借款日金 200 万元，截至 1926 年 5 月 26 日，尚结欠本金 134 万元。李厚基将倒台前不久，又向王启泽借款，日金 80 万元，除预扣一年利息（月利二分九厘七毫）及九五回扣之外，仅实收 48 万余元，其中尚有 9 万余元未经付清。[①]

1927 年后国民党开始全面调整体制划分收支，把地方财政纳入了中央控制的轨道，走向中央、省、县三级财政体制，注重县级的预算。在之前一直实行的是中央到省的两级财政体制，在后期由于中央赔款、借债支出越来越多，收入必须通过地方来上缴，中央变得尾大不掉，反而受制于省一级财政，军阀混战时期，地方往往擅自提高税率，增加税收，收得的款项也不会完全上缴，从中克扣截留。县一级财政则由县级行政长官主观控制，没有独立的税收来源和预算程序，坐收坐支，管理混乱。在实行了三级财政之后，从根本上削弱了省级财政的权力，权力上下分散，变得合理，符合现代财政的组织架构，提高了机构运营效率。由财务委员会统管全省财政。南京国民政府成立后，于 1928 年 11 月公布了《划分国家收入地方收入标准案》，指定地方收入包括田赋、契税、牙税、当税、屠宰税、船捐及房捐等，并要求各省按照规定的地方税种类征收省税，并划分省县财政内容。[②] 福建作为内战的主要战场之一工商业发展缓慢，贸易不断处于入超状态，侨汇是福建经济的最重要支柱。1928 年，中央开始对福建的财政进行整理，规定了军队数量与军费限额、军政费用的分配办法，以及各征收机关的比较额、解款期限和考成办法等。但整理方案虽经议定，却根本未见实施，各地军阀拒绝交出财权，财政紊乱如故，喧闹一时的财政整理也就无声无息地收场了。[③] 1931 年，福建省以中央的每个月 15 万元的协款作为基金发行民国二十年短期库券 50 万元，从发行后的第三个月起，每个月还本一次，分十次还清，这次债务完全还清。

---

① 徐天胎编著：《福建民国史稿》，福建人民出版社 2009 年版，第 365 页。

② 潘健：《民国时期福建财政制度的现代化转型》，载《福建师范大学学报》2013 年第 5 期，第 137－144 页。

③ 陈克俭、林仁川：《福建财政史》，厦门大学出版社 1989 年版，第 198 页。

南京国民政府时期，福建整体处于稳定发展，大搞建设的时期。期间共发行债务 16 笔有地方善后公债、短期金库券、地方建设公债、短期赈灾库券、义务教育短期库券、充实金库短期库券、整理保安队债券、金融短期债券、公路债券等。利息除了第一次续发充实金库券不计利息外，短期库券高至一分，低至五厘；从期限结构上来看绝大部分为一年以内的短期债券；从债务规模上来看，只有福建省地方善后公债和福建省地方建设公债为 300 万元，其他都在 100 万元以内；从债务成因上来看，以地方性的建设和充实金库为大部。由于战争的重创等历史性原因造成的状况，福建省政府不得不依靠短期金库券来充实金库维持机构的正常运转，在总的支出中，债务的附息也必然会构成一定的负担。但是不可忽视的一点是，从整体上来看，福建省这段时期的大部分借债都是属于良性借债，所筹款项都被用于省内的各项公共基础建设、社会救济、社会安抚等公共服务。从风险上来看，必然会得到很好的偿还，有了经济上的来源，政府的信用也就树立起来了。

1934 年到 1937 年是福建省发行债务的高峰时期，仅仅三年的时间发行债务十二次左右。其中以短期库券居多，同时还有赈灾库券、义务教育库券、建设公债等，期间战乱少，所以库券并没有沦落为军费而是用于公共事业的建设。1934 年，为了避开发行 100 万元以上债券就要经过立法程序的制度，福建省发行了短期库券 90 万元用于军用，此后还五次发行了短期库券，大多刚好把上次的债务还清就开始借债。1935 年 1 月发行民国二十四年福建省地方建设公债 300 万元，用于发展地方交通、清丈土地、改良农田水利等，亟待举办，复以从前各钱庄及内地各县所发不兑现之台伏票、土票等，对于地方金融，颇有不利，虽曾加以取缔，但商人又创洋大票，套取贴水，从中盘剥，人民受害仍重，乃拟创设省银行予以整理……发行本公债三百万元，按九八实收……①，其借款用途分配为：（一）设立省银行 100 万元；（二）整理纸币 100 万元；（三）交通建设 40 万元；（四）农林水利建设 30 万元；（五）护航建设 30 万元；（六）清丈田亩 30 万元。1936 年福建省开始

---

① 万必轩：《地方公债》，大东书局 1948 年版，第 44 页。

推进财政整理计划，改变了以前分类设税务机构的做法，改为按区域划分、分区域征收。为了改变这种分化的局面，在财政整理计划的过程之中，福建省采取了稳步改革、逐步过渡的做法，一方面仍然沿袭了终端的包办征收，但统一交由省级财政管理，财政当局则给出比较额，根据征收收入的多少来奖惩；另一方面财政当局加紧训练专业人员、划分征税区域、设立征税机构、消灭由商人包办征税的制度。

从1937年7月卢沟桥事变开始进入全面抗日战争阶段，福建省的经济也深受其害。战争中工农业的生产力水平下降、海上的交通贸易被切断，侨汇资金也进入困难境况，省级政府过度依赖债务和中央的补助收入，同时又没有可靠的偿还资金的渠道，偿债压力和债务风险提高，借新债还旧债的做法也是极不可取的。1938年福建侨汇还保持在7485万元，1939年减到6000万元，1940年才5000万元，1941年太平洋战争事发后，侨汇完全断绝。[1] 从1937年到1941年全国的物价指数上涨了十倍，经济秩序极度混乱，滥发纸币造成通货膨胀，国民政府采用强制性的储蓄债券来减少流通中的纸币，全国节约储蓄劝储委员会在各地设置分会开展劝储工作，劝储委员会把任务分配到各省，各省再根据实际情况分配到各个机构、单位和个人。福建省政府经国民党中央财政部特许，还大量印刷辅币券和一元券。1937年发行额为680余万元，1938年底发行额达1200万元，1939年发行额增至2000万元，1940年又增发3000万元；1938年11月加发一分辅币卷20万元，五分辅币卷50万元，1940年又增发一分、五分辅币卷3万元和5万元。[2]1944年福建配发"乡镇公益储蓄"12亿元，按照各县人口税额为标准摊派，但到1945年1月底，已报收数仅2700余万元。[3]（从表3-9可以看到福建省财政收入增加，但由于债务收入和补助收入占了很大一部分，财政实际呈现萎缩态势。）

---

①② 林强：《抗战时期福建省经济政策初探》，载《党史研究与教学》1991年第5期，第26-35页。

③ 陈克俭、林仁川：《福建财政史》，厦门大学出版社1989年版，第295页。

表3-9 部分年份福建省债务收入

年份	债款收入（万元）	百分比（%）	补助收入（万元）	百分比（%）	收入（万元）	指数（%）
1937	35	1.8	252	13.2	1915	100
1938	221	24.6	80	8.9	898	56
1939	561	20.5	456	16.6	2743	111
1940	989	17.2	301	5.2	5753	163
1941	1148	14.9	1392	18.0	7722	273

资料来源：福建省政府印行：《福建之财政》，1944年，第34-48页。

为弥补战争造成的收入损失与额外支出的增加，发行公债是最为便捷的财政手段。从1937年抗战全面爆发至1938年底，仅一年半时间里福建省当局就发行了13笔公债，总额1430.6万元[1]。其中，1937年7月发行了义教短期债券、充实金库券与公路公债共180万元，8月发行金融短期债券48万元，9月又相继发行二期金融债券、二期充实金库债券各48万元；1938年4月又发行短期库券90万元，7月发行义教短期债券36万元，金融短期债券48.6万元，充实金库券48万元，土地陈报短期债券36万元，8月发行充备金库短期债券48万元、建设公债800万元。[2] 1912年至1941年福建省发行地方内债的情况如表3-10所示。

福建在北洋后期的基础上不断发展，抗战时期财政管理体制逐渐成熟和统一。省内成立了福建税务局和直接税局，福建税务局征收矿、烟酒等税；直接税局征收印花、遗产、所利得、营业等税。福建税务局和直接税局后来又合并成为福建税务管理局。福建省田赋粮食管理处直属于中央财政、粮食两部，福建田赋粮食管理处下设田赋管理处和粮食管理处。中央通过福建田赋管理处来征收田赋；省级设立粮食管理处，县级设立粮食委员会。1938年，日寇入侵福建金门、厦门等富庶之地，税收收入骤缩，入不敷出，于是

---

[1] 陈秀夔：《福建战时财政概要》，载《东方杂志》1940年第12期，第24页。

[2] 潘健：《抗战时期福建财政研究》，载《福建论坛》2018年第10期，第144-150页。

表 3—10

近代福建省地方内债情况

债务名称	时间	债务规模	实际募额	抵押品	举债目的	利率	偿还期限	偿还情况
南洋军务公债	1912年1月	37.70万元	37.70万元	茶税	军费	附息1倍	1年还清	至1926年结欠26.1万元
临时军需公债	1918年6月	120万元	109.9017万元	租税	军用	年息6厘	5年还清	至1926年结欠109.9万元
民国八年内国公债	1919年12月	121.81万元	89.6585万元	田赋	政费支出	年息7厘	20年还清	至1926年结欠89.7万元
金库有利证券	1920年11月	100万元	87.9万元	契票杂捐	军费	月息1分2厘	15个月	至1926年结欠60万元
军需善后借款证券	1924年5月	120万元	120万元	丁粮税捐	军需	年息8厘	5年还清	不详
军用短期证券	1924年8月	80万元	80万元	不详	军需	年息1分	每年还1/3，3年还清	不详
地方公债（共两期）	1926年1月	60万元	54.96万元	不详	不详	不详	不详	未偿还
	1926年7月	80万元	19.43万元	不详	不详	不详	不详	
福建省金库券	1927年4月	200万元		全省各项税收	接济前方军费	年息8厘	12个月	
福建省地方善后公债	1927年8月	300万元	131.675万元	全省契税、丁粮附加收入	救济财政急需	年息6厘	六年还清；1933年6月公债整理时，募额278.92万元，实发票额131.67万元	国省税划制后，该省国以本债款用于驻省军需，拟由省国税负责2/3，并截留国税6万元作为偿付第一期本息金，但第二期时停止拨发

续表

债务名称	时间	债务规模	实际募额	抵押品	举债目的	利率	偿还期限	偿还情况
福建省短期金库券（共两期）	1932 年春	50 万元	50 万元	以中央协款每月拨 15 万元为基金	编遣费	月息 1 分	12 个月偿清	未偿还
	1932 年 7 月	50 万元	13.1525 万元	全省屠宰税	救济财政急需	月息 1 分	25 个月偿清	未偿清
福建省短期库券	1934 年 11 月	90 万元	90 万元	中央协款内划出 6.5 万元、省屠宰税	救济财政急需	月息 7 厘	9 期匀还	至 1935 年 9 月全部还清
福建省短期库券	1935 年 10 月	90 万元	90 万元	中央协款每月划出 5 万元、房铺税一部分	救济财政急需	月息 7 厘	不详	至 1936 年 6 月还清
福建省短期库券	1936 年 7 月	90 万元	90 万元	中央协款每月划出 5 万元、房铺税一部分	救济财政急需	月息 7 厘	不详	至 1937 年 3 月还清
福建省短期库券	1937 年 4 月	90 万元	90 万元	中央协款、房铺税一部分	救济财政急需	月息 7 厘	不详	1938 年 3 月还清
福建省地方建设公债	1935 年 1 月	300 万元	294 万元	房铺捐、牙税	建设	年息 6 厘	8 年 10 个月还清	九八实收、中签部分兑换借款，其余归入省库存案结束案内清理

193

续表

债务名称	时间	债务规模	实际募额	抵押品	举债目的	利率	偿还期限	偿还情况
短期赈灾库券	1935 年 9 月	5 万元	4.85 万元	海味营业税收入	赈济水灾	月息 7 厘	10 月偿清	按面值九七发行，1936 年 6 月偿清
义务教育短期库券	1936 年 9 月	36 万元	36 万元	田赋教育附加	义务教育	月息 5 厘	10 月偿清	至 1937 年 6 月偿清
续发义务教育短期库券	1937 年 7 月	36 万元	36 万元	田赋教育附加	义务教育	月息 5 厘	不详	至 1938 年 6 月偿清
第二次续发义务教育短期库券	1938 年 7 月	36 万元	36 万元	田赋教育附加	义务教育	月息 6 厘	不详	至 1939 年 6 月偿清
充实金库短期库券	1937 年 7 月	48 万元	48 万元	省金库收入	充实金库	月息 5 厘	12 个月	至 1938 年 6 月偿清
续发充实金库短期库券	1938 年 7 月	48 万元	48 万元	省金库收入	充实金库	不计利息	12 个月	至 1939 年 6 月偿清
续发充实金库短期库券	1939 年 1 月	48 万元	48 万元	省库收入	充实金库	月息 6 厘	12 个月	至 1940 年 2 月偿清
续发充实金库短期库券	1939 年 8 月	48 万元	48 万元	省库收入	充实金库	月息 6 厘	12 个月	至 1940 年 8 月偿清
福建省整理各县保安队债券	1935 年 12 月	48 万元	48 万元	各县暂子保留归省的田赋、屠宰税、团费附加	军费	月息 2 厘	21 个月偿清	至 1937 年 8 月偿清

194

续表

债务名称	时间	债务规模	实际募额	抵押品	举债目的	利率	偿还期限	偿还情况
公路公债	1937 年	96 万元	25.92 万元	汽车牌照季捐收入	公路建设	年息 6 厘	负债 70.08 万元	财政部以此债既未发行又未予接收抵偿，由该省自行清结
自来水公债	1937 年 1 月	90 万元			自来水建设	年息 6 厘		
福建金融短期债券	1937 年	48 万元		田赋之一部分及屠宰税团费附加	调节金融	月息 5 厘		1938 年 6 月偿清
金融短期债券	1938 年 7 月	48 万元		全省契税（闽侯除外）	调节金融	月息 6 厘		1939 年 8 月偿清
福建省短期库券	1938 年 4 月	90 万元	90 万元	营业税一部分、房铺税一部分	筹措战时财政收入	月息 6 厘	12 个月偿清	1939 年 3 月偿清
福建省短期库券	1939 年 6 月	90 万元	90 万元	中央协款及房铺税收入等	应付库收不足	月息 5 厘	不详	1940 年 5 月还清
福建省短期库券	1941 年 3 月	72 万元	不详	中央协款及房铺税收入等	应付库收不足	月息 5 厘	不详	1941 年 12 月还清
福建省短期库券	1941 年 7 月	72 万元	不详	省库总收入	应付库收不足	月息 5 厘	不详	1942 年 8 月还清
五厘公债	1938 年 7 月	98 万元	不详	全省屠宰税	国防	年息 5 厘	不详	部分挪用，部分送交财政部，实际售出部分由财政部换偿清结

续表

债务名称	时间	债务规模	实际募额	抵押品	举债目的	利率	偿还期限	偿还情况
福建省土地陈报短期债券	1938 年 9 月	36 万元	不详	仙游、永春、莆田、德化等县田赋溢征额	推广土地陈报,以利垦荒	月息 6 厘	10 个月	1939 年 12 月还清
民国二十七年福建建设公债	1938 年 10 月	800 万元	不详	营业税及屠宰税之一部分	筹办紧要设施及建设事业	年息 6 厘	15 年偿清	部分省库出售出拨用部分整理省债部分公债换偿,实际由财政
整理土地短期库券	1939 年	48 万元	不详	九县田赋溢征额	推广土地陈报	月息 6 厘	10 个月	1940 年 8 月还清
民国二十九年福建省生产建设公债	1940 年 1 月	600 万元	不详	田赋、省营事业盈利、省库补足	发展农村经济建设,加强金融	周息 5 厘	20 年	抵押部分该省清理,挪用部分公债分子以换偿结
	1940 年 7 月	600 万元						
	1941 年 1 月	800 万元						
整理债务公债	1941 年 12 月	2623.0014 万元	不详		清理旧债	年息 6 厘		财政部接收换偿

资料来源:万必轩:《地方公债》大东书局出版社 1948 年版,第 41 - 50 页;陈克俭、林仁川主编:《福建财政史》,厦门大学出版社 1989 年版。

196

发行民国二十七年福建省五厘公债98万元，年息五厘，以全省屠宰税为基金，主要用于国防军事。1938 年 10 月，福建省为应对移民垦荒，改良农业，整理水利交通，充实地方金融，清理各地私钞等，发行福建省建设公债 500 万元，以该省营业税之一部分为担保。又以该省防务日益吃紧，对于军事配备，极应充实，而其他后方防务支出亦待抵补，乃拟更以屠宰税之一部分为基金续发第二期国防公债 300 万元，福建省财政厅长张果为以两债有密切关系，为求手续简便，名称统一起见，呈请并为一种公债，定名为国防建设公债。[1]

1942 年，国民政府为了集中战时财源，财政体制变成二级制，省级财政变成中央的控制部门，一切收入和支出都要经过中央的审核，省级财政的功能弱化。1941 年以后，在中央的严格控制下，财政支出下降已经到了无法维持基本政务的程度，省政府除了不断裁并机构，减少员额外，为了保证党政军警机构人员和公立学校教职工的最低生活水平，大量的经费不得不移用于生活补助，结果，在整个财政支出构成中，除了用于军队警察等暴力机构，绝大部分用于发放生活补助费，而其他各方面的支出却极度削弱了。[2] 而此之后，国民政府开始大发纸币，通过通货膨胀来获得收入。

二、债务特征

一是福建省地方外债占据一定比重，地方外债具有利息高、担保品明确、期限短的特点。如 1922 年 8 月向台商林熊祥的借款利息甚至高至按日利一厘计算，可见当时政府为了募集军费不惜承担高额利息以及财政状况的窘迫。

二是福建地方外债基本都与日本有关，政治色彩浓厚。这源于日本在占领台湾后，把福建作为自己的势力范围，通过台湾银行对福建地方当局进行放款进而进行财政控制，福建地方当局对日本报委曲求全政策，福建省商黄瞻洪、罗勉侯及林炳章之子林成埔等深知福建与日本的这种复杂关系，还曾

---

① 万必轩：《地方公债》，大东书局 1948 年版，第 48 页。
② 林仁川：《福建财政史》，厦门大学出版社 1989 年版，第 252 页。

乘机怂恿台商林熊祥运动日领，向闽省府交涉，借外力以威胁政府。①

三是福建省地方举债用途以军费为主。民国时期，福建省内并没有形成控制全省的军阀势力，要么省内各地由小军阀分割，要么处于国内各地军阀争夺之地，经济现代化比广东、浙江这类沿海省份要发展地慢很多。因此，由于支出巨大，收入不济，福建省发行的公债多为了筹备军费而募集。

四是福建省地方债偿还情况不佳。在省债整理委员会的清理过程中，对于部分债务迫于外部压力不得不承认，但仍有部分债务不予承认。根据1927 年福建省公债清理委员会的决议，在军阀时代结欠厦门船坞借款发行的临时军需公债、民国八年内国公债、金库有利证券都被公债清理委员会以用途不正当而否认；王启泽等之借款，非出善意，不能履行偿还；林熊祥之高利借款，手续不合，置之不理，亦当无可奈何。对债务的否认也就使得原有的债权债务关系破裂，作为债权人的福建商民因此受到了巨大的经济损失。

第四节　近代上海地方政府债务

上海作为近代以来我国最著名的工商业城市和经济、金融中心，在近代发行过多次地方公债，对上海的市政建设、经济的发展产生过重大影响，在地方公债的发展史上占有重要一席。由于近代上海的历史特殊性，上海实际包括租界和华界两个部分。租界作为外国列强在中国领土上的"国中之国"，其管理自成一套体系，殖民主义者具有财税管理权，在近一百年的历史中，租界当局也曾在租界内发行过大量公债。尽管租界公债应当包括在近代地方上海公债内，但租界公债和华界公债存在很大的差异。本书所讨论的范围仅限于近代上海地方政府（华界）所发行的公债（1843～1937 年）。

---

① 财政科学研究所、中国第二历史档案馆编：《民国外债档案史料》（第六卷），档案出版社1991 年版，第 565 页。

一、债务概况

晚清时期，清朝财权高度集中，为了筹集地方建设资金，上海曾三次发行公债。北洋政府统治时期上海为推进市政建设也曾发行过四次公债。1927 年上海改为直辖市，市政建设需款浩繁，上海特别市政府先后发行过三次市政公债，用于重建和改造市政设施。这些地方公债的发行对上海的市政建设、经济的发展产生过重大影响。近代上海地方债发行情况如表 3 – 11 所示。

（一）近代上海地方公债用途分析

从表 3 – 11 中可以看到，上海市发行公债主要用于市政建设，而不是弥补军政费用和财政赤字，仅 1910 年、1911 年和 1912 年发行的公债是为了筹措政费，所以上海地方公债是"属于典型的建设公债的性质"[①]。

1. 市政建设。

1905 年，上海乡绅郭怀珠、李平书等人倡议建立总工程局，得到上海道袁树勋的支持，于同年 11 月成立"上海城厢内外总工程局"，同时接管南市马路善后总局。总工程局主要开展了扩建道路、疏浚河滨、改建城门、添修路灯等市政工程。由于开展上述市政工程所需费用绝大部分需要地方政府自筹，上海城厢内外总工程局于 1906 年发行了第一次公债。此次公债发行额为 3 万两，分 3 年还清，以大达公司租银做抵押，用于南市兴办工场所需款项。随后，上海城厢内外总工程局于 1908 年续发公债 3 万两，仍以大达公司租银做抵押。

闸北地跨上海、宝山两县，最初都是旧式的村庄，没有商场和道路。闸北自 1912 年成立市政厅后，开始大规模整顿道路。因办理各项工程时地方财力有限，经费不足，沪北工巡捐局呈请江苏省长和淞沪护军使，于民国十一年（1922 年）发行公债 20 万两，分两期募集，第一期 10 万两，以总捐作抵押，

---

① 刘志英：《近代上海的地方公债》，载《财经论坛》2005 年第 4 期，第 99 – 103 页。

表 3 – 11   上海市 1843～1937 年发行地方公债一览表

时期	年份	公债名称	目的	发行额	实际募额	利息	抵押（担保）	偿还期限	偿还情况
清末	1906 年	华界第一次地方公债	筹集兴办工场款项	3 万两	不详	不详	大达公司租银	3 年	6 期本利全部偿清
	1908 年	华界第二次地方公债	举办市政工场	3 万两	不详	年息 8 厘	大达公司租银	3 年	不详
	1910 年	华界第三次地方公债	筹凑地方自治款项	10 万两	38189 两	年息 8 厘	大达公司租息及船捐、车捐	5 年	不详
北洋时期	1911 年 12 月	中华民国公债票	弥补财政	洋 1000 万元		年息 9 厘～1 分 6 厘	沪军政局及民政、财政两总长担保	4 次还清，每次偿还 250 万元	
	1912 年	民国元年上海市政厅公债	为新政权筹措政费	4 万两	2.2 万余两	年息 8 厘	大达公司租息	5 年	不详
	1922 年	沪北工巡捐局整理路政公债	整顿闸北道路建设	20 万两	10 万两	年息 1 分	总捐	5 年	1929 年由市财政局整理还清
	1925 年	民国十四年整理桥路公债	路桥建设	20 万两	8.36 万两	年息 1 分	由税捐项下每月拨 2000 元存广东银行	10 年	1935 年还清

续表

时期	年份	公债名称	目的	发行额	实际募额	利息	抵押（担保）	偿还期限	偿还情况
南京国民政府时期	1929年8月	民国十八年上海特别市市政公债	办理建筑市中心区及各干道，创办市银行，整理路政修桥路豫园等旧欠公债等	300万元	不详	年息8厘	市房捐收入	7年	自1932年3月起，分七年还本，每年抽签两次，至1937年12月尚余一期本金30万元及其利息，后战事停付
南京国民政府时期	1932年10月	上海市灾区复兴公债	整理灾区道路桥梁沟渠及办理其他善后建设救济事宜	600万元	778万元	年息7厘	该市码头捐收入	20年	1934年6月起抽签法分20年还清，由上海英商销利安洋行承销并委托汇丰银行经理还本付息事宜。1952年10月本息偿清
南京国民政府时期	1934年	民国二十三年上海市市政公债	改善闸北道路、桥梁、建筑公共体育场、博物馆、图书馆、屠宰场等	350万元	2000余万元	年息7厘	汽车、械器脚踏车、人力车等之牌照捐	12年	英商新丰洋行按九三折包销。抽签法分12年偿还，至1938年还本金84000元及其利息，1946年全数偿清

资料来源：万必轩：《地方公债》，大东书局1948年版，第65－67页。

利息 1 分，限期 5 年。后受时局影响，第二期始终没有发行。第一期发行时，"由各该路业主按照路面丈尺认购公债，否则应于建造房屋时，分别补贴工程经费"①，10 万两全部售出。民国十四年（1925 年）为修建苏州河及曹家渡的桥梁，沪北工巡捐局决定发行桥路公债 20 万两，年息 1 分，由税捐项下每月拨 2000 元存广东银行做担保。此项公债的实际募集额和偿还情况都不太理想，实际仅募得 83600 两。

1927 年上海特别市政府成立后，为了对各区进行统一市政管理，上海特别市政府大力进行市政建设，修筑上海南北的道路，整顿公用事业，同时推出"大上海计划"。为筹措所需经费，于 1929 年发行公债 300 万元，主要用于建筑干道、建筑市中心区域等。"一·二八"淞沪战争后，工厂、学校、商店等遭到战火严重破坏。为恢复上海市政设施，市政府于 1932 年 10 月发行复兴公债 600 万元，按票面八折出售，利息 7 厘，期限 20 年，采用抽签法偿还。为了完善市中心的配套设施建设，如体育、文化和卫生等设施建设，市政府于 1934 年 7 月 15 日再次发行 350 万元市政公债，年息 7 厘，按票面九八折发行，以车捐为担保。

2. 政费支出。

1909 年 1 月，清政府颁布《城镇乡地方自治章程》，上海道、上海县相继按照章程要求将地方自治机构总工程局改为上海城自治公所。自此，城自治公所取得的包括在民政管理、市政建设、工商管理等方面的权利。"自治公所通过行使这些权利，主动地将区内的许多事情管理起来，并尽其力开展了以市政建设为中心的许多方面的工作。"② 为了筹集上述地方自治事项所需经费，城自治公所不得不采取发行公债的办法。"今因筹办自治事宜各项之需费，就本年预算表核计，不敷甚巨，爰拟募借地方公债银十万两，以资垫用。"③ 此项公债发行额为 10 万两，年息 8 厘，以大达公司租息及船捐、车捐为抵押，偿还期限为 5 年，本息共计 12.4 万两。但此次实际仅募得 38189 两。

---

① 潘国旗：《近代中国地方公债研究——以江浙沪为例》，浙江大学出版社 2009 年版，第203 页。
② 张仲礼主编：《近代上海城市研究》，上海人民出版社 1900 年版，第 635 页。
③ 潘国旗：《近代中国地方公债研究——以江浙沪为例》，浙江大学出版社 2009 年版，第 198页。转引自上海市档案馆馆藏：地方公债票档案，档号 9246－1－55。

1911 年 10 月 10 日，武昌起义爆发。上海于同年 11 月光复后，上海城自治公所改为上海市政厅。时值上海百废待兴，各项事业的举办所需甚重，而上海的赋税收入受到影响，新成立的沪军都督府遇到了财政难题。为了解决财政难题，军政府多次号召社会各界、各行积极捐款，但仍无法满足巨额支出。为了筹措政费，解决财政窘境，上海市政厅于 1912 年 9 月发行公债 4 万两，年息 8 厘，分 5 年还清。由于此前自治公所债信受到影响，此次公债实际仅募得 2.2 万余两。

（二）上海地方公债规模分析

现代公债经济学在评判公债规模时，通常采用公债依存度和公债偿债率两个微观指标。即利用政府债务规模与财政收支之间的关系对政府债务规模进行控制。从表 3 - 12 中，可以看出 1912 年的公债依存度为 87.91%，到 1925 年上升到 166.39%，1929 年有所下降，为 49.92%，呈先上升后下降的趋势，到 1934 年公债依存度下降到了 22.83%。公债依存度过高，表明财政支出的很大一部分要靠发行公债来维持，即意味着国家财政的基础是比较脆弱的。1922 年上海的公债偿债率为 18.61%，到 1934 年下降到 3.53%，整体上呈下降的趋势，这说明上海市政府的偿债能力越来越强。当前人们认为公债依存度应不超过 20%，偿债率不超过 10% 为佳。从表 3 - 11 的数据看来，近代上海的公债发行规模比较大，债务加大了上海财政的负担。公债偿债率反映的是政府的偿债能力，该比率越低，说明政府的偿债能力越强。事实上，上海地方公债所筹集的资金大部分都用于城市市政建设，同时，上海公债依存度超过 20% 的警戒线也在一定程度反映了上海市政建设对于地方公债的依存程度。

表 3 - 12　　　　　近代上海部分年份公债规模及依存度指标分析

年份	当年财政收入（万元）	当年财政支出（万元）	当年发行公债额（万元）	公债依存度（%）	公债偿债率（%）
1912	9.8	4.55	4	87.91	8.82
1922	23.64	20.15	20	99.26	18.61

续表

年份	当年财政收入（万元）	当年财政支出（万元）	当年发行公债额（万元）	公债依存度（％）	公债偿债率（％）
1925	14.2	12.02	20	166.39	15.49
1929	640.25	600.94	300	49.92	12.05
1932	1359	1081.17	600	55.50	3.75
1934	1406.13	1532.77	350	22.83	3.53

注：公债依存度＝当年公债发行额÷当年财政支出额×100％；公债偿债率＝当年还本付息总额÷当年财政收入总额×100％。

资料来源：潘国旗：《近代中国地方公债研究——以江浙沪为例》，浙江大学出版社2009年版，第170－217页。

　　近代时期，全国各省市均发行过地方公债。据统计，安徽前后共发行省属债券24次，居各省市之首[①]，福建省发行地方公债22次以上，广东、江苏、四川、江西、浙江等省份也多次发行，均达到10次以上。另外，湖北、河北、湖南、甘肃、天津、青岛等省市也发行过数次。[②] 与这些省市相比，上海地方公债在发行次数上并不算多，但是引人关注的是上海市地方公债颇具特色，"存在较大差异，更符合近代公债的规范运作，体现了严格意义上的近代公债性质。"[③] 从公债发行用途上来看，浙江省债累日增，财政负担沉重，故发行公债多以整理旧欠债务为主[④]。安徽省发行公债所筹款项多用于军政费用，[⑤] 而上海多用于建设城市基础设施等方面。从发行方式上看，安徽等中部省份金融发展滞后，多采取强制摊派等方式进行摊销[⑥]，而上海利用其得天独厚的金融优势，利用外商证券交易所将地方公债上市交易，取得

---

　　① 刘杰：《公债与地方社会的互动与冲突：民国时期安徽地方公债研究》，安徽大学博士论文，2012年，第7页。
　　② 潘国旗：《近代中国地方公债研究——以江浙沪为例》，浙江大学出版社2009年版，第242－276页。
　　③ 刘志英：《近代上海的地方公债》，载《财经论坛》2005年第4期，第99－103页。
　　④ 潘国旗：《江浙丝业公债与20世纪30年代的江浙丝绸业》，载《浙江学刊》2009年第3期，第207－212页。
　　⑤ 刘杰：《公债与地方社会的互动与冲突：民国时期安徽地方公债研究》，安徽大学博士论文，2012年，第4页。
　　⑥ 刘杰：《公债与地方社会的互动与冲突：民国时期安徽地方公债研究》，安徽大学博士论文，2012年，第8页。

良好的效果。

（三）上海地方公债的偿还和整理

地方公债是一种地方信用行为，其偿还情况直接关系到地方政府公信力，若不按期偿还，地方信用会受到严重威胁，影响以后地方公债的筹募。比如，上海市政厅于1912年发行4万两地方公债，因以前自治公所发行的公债还有两期没有偿还，政府信用受到影响，此次公债的筹募结果不佳，仅募得两万两千余两。由于资料的缺乏，清末和民国元年上海发行的地方公债偿还和整理情况尚不清楚。

1922年沪北工巡捐局为整顿闸北的道路发行地方公债。根据公债发行章程的规定，此项公债于1923年起每年7月本息偿还一次，以5年为期，至1927年全部还清。该项公债偿还到第五次（1927年7月1日）时，尚有约3万两没有偿还。上海特别市财政局设法筹措资金偿还了大部分，剩下的10811两，直到1929年才由市政府整理清楚。[①] 1925年发行的整顿桥路公债的偿还情况也不太理想，此项公债前两年的利息尚能按时发放，到1928年第一次还本付息时，因市财政困难未能及时偿付，以后也是一再愆期。延至1929年9月，才由市财政局拟定抽签还本办法，首先将第六期的本金10450两和利息4100两兑付，至于"业经逾期第七、第八两次本息，容俟陆续筹备后，再行呈请发给"[②]。

上海特别市政府为了筹措整理旧欠公债、建筑干道、创办市银行、建设市中心等所需，于1929年专门发行市政公债300万元，其中，整理旧公债21万元。上海市财政局长徐桴专门就各项旧公债交换新公债问题拟具办法，呈请市民稽核。到1930年2月，仍有路政公债本银10862两未偿还，"惟此次公债逾期已久，散漫难稽，拟由职局登报通告，限期由各持票人先行来局呈验登记，俾可确定应付本息实数"[③]。另有桥路公债"未还本银

---

　　① 潘国旗：《近代中国地方公债研究——以江浙沪为例》，浙江大学出版社2009年版，第203页。

　　② 潘国旗：《近代中国地方公债研究——以江浙沪为例》，浙江大学出版社2009年版，第203页。转引自上海市档案馆馆藏：桥路公债还本付息案卷，档号Q432－1－260。

　　③ 《市公债以新易旧办法徐财政局长呈市府文》，载《申报》1930年2月14日第13版。

七万四千九百两，又未领第六期息银七百五十五两，第五期息银五百六十五两，第四期息银四十五两，又欠第七八两次到期利息八千三百六十两，以本息并记，共银八万四千六百二十五两"①。将两数转化为元数计算，共有十三万余元之积，全数换给新公债，拟提 21 万元，由财政局拟具交换办法。至于此项公债，"战前均能按期还债，至二十六年（1937 年）十二月，尚余一期本金三十万元及其利息，以战事停付"②。1938 年起，因战争关系停止还付的还有上海市灾区复兴公债和民国二十三年上海市市政公债，此两项公债在战前均能按期还本付息。但是，灾区复兴公债到期应拨的本息仍由海关总税务司在关税项下按期拨存，而民国二十三年上海市市政公债战前未偿还的本金 84000 元及其利息战后是否恢复偿付，情况不详③。

二、债务特征

（一）典型的市政建设公债，发行成效好

上海的地方公债主要用于市政建设，这是上海公债与其他地方政府债务非常大的区别。近代上海公债的用途，仅 1910 年、1911 年和 1912 年发行的公债主要用于政费支出外，其余 7 次都用于支持城市的基础设施建设，恢复战争破坏的公共工程如道路、桥梁、公众体育场、博物院、图书馆、医院和屠宰场等。这属于典型的建设公债。

上海地方政府债务的发行额度适当，担保确实，债信良好。如 1934 年市政公债，不仅委托国债基金管理委员会代为保管基金，而且还以上海市财政局局长、工务局局长、教育局局长、国债基金保管委员、承销人代表、市临时参议员、上海市银行业同业公会代表组成监督委员会，并以财政局局长为

① 《市公债以新易旧办法徐财政局长呈市府文》，载《申报》1930 年 2 月 14 日第 13 版。
② 万必轩：《地方公债》，大东书局 1948 年出版，第 67 页。
③ 潘国旗：《近代中国地方公债研究——以江浙沪为例》，浙江大学出版社 2009 年版，第218 页。

主席委员，监督公债的用途。发行的第一天，从上午十点到中午十二点的两个小时中，认购数即达到 2000 余万元，最终认购数超过定额 6 倍之多，为历来公债发行所罕见，创中国证券界纪录。上海地方公债虽然仍属折扣发行，但其折扣的比例同中央政府公债的比例相比并不算大，都在八折以上，以较低的贴现率实现了相当不错的发行成效。①

（二）银行、商会参与地方公债的承销、劝募、保管和监督

上海开埠后，外商银行和华商银行大量兴起，"带有近代意义上的金融地位也开始在上海迅速上升"②。近代中央政府滥发公债，而上海是当时中央债券主要的筹募市场，这给上海公债的发行增加了很大困难。上海市政府为了顺利将公债销售出去，不得不另辟蹊径，采取由实力雄厚的银团进行承销的办法。比如，1932 年上海市灾区复兴公债，由于刚受战乱，市民购买力十分薄弱，为了顺利募集公债，市财政局长蔡增基数次与上海本埠银行界商议公债发行事项，但上海银行业因战后经济拮据，没有余力承销地方公债。市政府不得不决定由外商安利银行进行承销，由汇丰银行办理还本付息事宜。此次公债共发行 600 万元，安利银行承销 400 万元，剩余的 200 万元由中央、中国、交通、汇丰四银行代为发行。此次公债的销售任务完成得十分圆满，"购买者十分踊跃，计于两小时中售出三百七十八万零二百元，照原额超出一百七十八万零二百元"③。又如，1934 年的上海市政公债是由美商新丰银行承销，按发行价格九三折进行销售。外商银行的参与增强了市民对于市政公债的信心，直接增加了公债的认购数额。在近代，由外商银行承销公债这一举措并不多见，上海开了这一先河，确保了公债的顺利发行，可以说是间接利用外资的一种新形式。

商业团体也积极参与上海地方公债的劝募。上海特别市市政公债发行后，因发行量巨大，又上海刚刚经历两场江浙战争，地方百业待兴，元气未复，

---

① 梁发芾：《晚清民国地方政府债务》，载《新理财》2014 年第 1 期，第 31－32 页。
② 吴景平：《近代上海金融地位与南京国民政府之关系》，载《史林》2002 年第 2 期，第 95－103 页。
③ 《市政府六百万公债畅销》，载《申报》1932 年 12 月 22 日第 10 版。

公债募集极为不易。为了顺利完成公债的销售任务，财政局局长徐桴特向上海特别市商整会去函，要求商整会帮助市政公债的募集，而商整会随即允于一星期召集各业团体开会催募。商整会同时也对催募情况予以关注，决定于1930年6月12日召开的第五十四次常务委员会议上讨论此次劝募情况。商业团体的参与使得这次公债的销售任务最终顺利完成。

银行、商会也承担地方公债基金的保管和监督。政府要求地方政府发行公债必须建立相关的偿还基金，银行担任基金保管委员会委员，并且作为公债担保基金的保管机关。如1925年的整顿桥路公债，沪北工巡捐局决定由税捐项下每月拨2000元存广东银行作为公债的担保基金，银行作为基金的保管机关以维持债信。1929年发行的上海特别市市政公债还专门为公债基金的保管制定了条例，以保障公债能按时还本付息。条例规定基金保管委员会成员共7人，并在7人中设置3名常务委员，由各委员推举产生。其中，市政府派1人，市政府建设讨论委员会推举1人，上海商人团体整理委员会推举2人，上海银行公会推举2人，上海钱业公会推举1人；此项基金自公债发行之日开始，由财政局逐月于房捐收入项下尽先将制定的数目拨交给基金保管委员会保管，并由基金保管委员会指定基金的存放银行。又如，1932年上海市灾区复兴公债，基金保管委员会委员中均包括上海银行公会、承销本公债银行的代表。1935年发行上海市市政公债时，为了保证基金不被挪用，不但委托国债基金管理委员会代为保管基金，还设立了监督委员会监督公债的用途。监督委员会由蔡增基为主席委员，其他成员包括市工务局长沈怡，教育局长潘公展，国债基金管理委员会主席李复苏，上海市银钱业同业公会代表贝淞荪，承销代表1人和市临时参议会1人。

（三）外商证券交易所参与地方公债挂牌上市交易

外商证券交易所通过将市政公债挂牌上市参与到公债的发行中来。20世纪20年代末30年代初，上海已经是中国最大的金融中心，"当时上海有着全国规模最大的证券交易所，进行交易的绝大多数为政府债券，约占当时有价证券交易总额的 90% 以上"①。这为上海地方公债上市交易创造了良好的条件。1921 年开业的上海华商证券交易所在"信交风潮"之前以股票和政府公债为主要的交易品种，而 1904 年开办的西商众业公所则以企业股票、债券为交易主体。信交风潮之后，股票信誉受到严重影响。上海华商证券交易所不得不以政府公债作为主要的交易品种。公债交易"功用仅限于财政盈虚的调剂，上海华商证券市场成为名副其实的政府财政市场"②。1934 年上海市政公债发行后，上海市政府随即将其在西商众业公所上市交易。由于担保确实，债信良好，"沪上中外各界竞相投资，该债券价格曾涨至溢出票面百分之三，即每 100 元值 103 元"③，市场运行表现甚好，而同时期的中央国内公债却表现平平，其交易价格远不如上海市政公债。市政公债在西商众业公所的不俗表现直接导致了最后的认购总数达 2250 万元，超过原发行额的 6 倍之多。"认购者之众多，为历来公债发行之罕见。"④ 证券交易所的参与直接提高了地方公债的市场化程度，为公债的顺利发行创造了有利的条件，部分地解决了上海市市政经费的困难，加快了上海城市的近代化进程。

（四）银行、商会的言论影响市民参与认购地方公债

银行和商会在地方公债的发行和管理中担任很多重要的角色，对地方公债产生很大影响。上海各银行积极参与地方公债的偿还，比如，桥路公债在 1928 年未能及时支付本息，后又一再愆期时，导致债券持有人多次询问上海市财政局，如上海美丰银行曾经五次去函查询，说"如此拖延，置债信于何地?"⑤ 1934 年发行的上海市市政公债，因其由外商银行承销，上海《申报》刊登当时财政局局长蔡增基对此项公债由外商承销的看法："利用外资，事实上亦属有利而无害，查最近上海溢存现银，属于外商者约占二分

---

①　吴景平:《上海金融界与南京国民政府的内债》，载《东方早报》2013 年 2 月 5 日。
②　刘志英:《近代上海华商证券市场研究》，学林出版社 2004 年版，第 20 页。
③　潘国旗:《近代中国地方公债研究——以江浙沪为例》，浙江大学出版社 2009 年版，第217 页。
④　《市政公债三百五十万元昨日认购如数售完》，载《申报》1934 年 7 月 18 日第 9 版。
⑤　潘国旗:《近代中国地方公债研究——以江浙沪为例》，浙江大学出版社 2009 年版，第 204页。转引自上海市档案馆馆藏:桥路公债还本付息案卷，档号 Q432 - 1 - 260.

之一以上，大抵系每年国际贸易入超暂存于上海者，在目前环境之下，此项外资，固鲜有流入内地之可能性，设使外商不予上海投资生利，势必各以多量之现金，流汇于本国，在政府为稳固国内金融计，正宜设法利用，毋使外溢。故先总理主张利用外资，垂为明训。"[1] 学者钱健夫在《财经评论》上发表文章批判上海财政，指出上海战前的财政收支未尝平衡，几乎每年都遭受亏折，"唯一应付临时经费至共同法门，既系'处分公产'和'发行公债'。"[2]

上海市民众通过积极认购地方公债参与进来。如1929年上海市政府为建设事业筹资发行300万元的地方公债。为了顺利完成公债的销售，时任上海市市长张群带头认购1万元，提倡市民积极认购。市政府同时也规定市属各局的职员等应按照月薪认购公债[3]。而1934年发行的市政公债，由于创新采用外商银行承销，市民积极参与此项公债的认购，"认购者之众多，为历来公债发行之罕见"[4]。

第五节　近代江苏省地方政府债务

一、债务概况

近代江苏省地方政府债务开始于1912年的南京临时政府时期，盛行于北洋政府时期，转型于南京国民政府时期，随着日本全面侵华战争的爆发，江苏省地方政府债务也逐步取消，最终退出了历史的舞台。根据万必轩的《地方公债》一书记载："苏省交通发达，税收畅旺，民九以前，收支勉可相敷，

① 《两特区之马路约共三百六十余公里》，载《申报》1934年7月17日第12版。
② 钱健夫：《十五年来上海市财政及其批判》，载《财经评论》1946年第10期，第105页。
③ 潘国旗：《近代中国地方公债研究——以江浙沪为例》，浙江大学出版社2009年版，第210页。
④ 《市政公债三百五十万元昨日认购如数售完》，载《申报》1934年7月18日第9版。

惟以地处长江下游，水灾时生，且以连年内争，饷粮繁重，故民十以后，债累日增；该省政府曾令各县预征房租，解省挹注，但为数寥寥，无济于事；据十七年财政厅长张寿镛报告，该省可考之债务达三千万元以上，其财政困窘，可想而知，因赖发行公债以为补苴。"[1]

1912 年 10 月，江苏省政府为解决省财政困难，决定发行中华民国江苏省第一次公债票，此次发债以"补充军事及整理庶政之用"[2] 为目的，以全省租税收入为担保，年息 7 厘，由江苏银行及外埠商界经理发行，计划发行定额 100 万元。本次公债为 3 年期公债，购置后前两年不用偿还，第三年分两次还清。这次公债被称为"江苏省第一次公债票"，是江苏省近代史上发行的第一次地方政府公债，以此为起点，江苏省开启了其近代地方政府债务发行的历史。具体情况如表 3-13 所示。

从表 3-13 可以看出近代江苏地方政府公债主要集中在北洋政府时期和南京国民政府时期，这与当时的政治、经济、社会的背景是紧密相连的。在北洋政府时期，中央政府权力减弱，各地方军阀混战，地方实力派军阀各自为政，战争催生的大量军需用款是各地发行地方政府债务的直接动因，再加上地方银行参与地方政府债务的承销，助推了地方政府债务的发行，因此北洋政府时期在整个中国近代史上成为地方政府债务泛滥盛行的时期。江苏作为富庶大省，自然成为各地军阀争夺的主要对象，因此于江浙地区大发公债用于补充军需的情况屡见不鲜。而到了南京国民政府时期，蒋介石完成了南北形式上的大一统，中央集权得到加强，政局相对趋于稳定，国民政府定都南京，江苏省作为京辅之地自然成为经济建设的重点省份，为了支持经济建设，江苏省政府在这一时期发行了大量的公债，从而形成了近代江苏地方政府公债主要集中在北洋政府时期和南京国民政府时期的特点。

---

① 万必轩：《地方公债》，大东书局 1948 年印行，第 279 页。
② 潘国旗：《近代中国地方公债研究——以江浙沪为例》，浙江大学出版社 2009 年版，第 55 页。

表 3 – 13　　近代江苏省地方内债发行情况

名称	发行时间	利率	发行定额	实募债额	担保抵押	偿债条件	实际偿还及其他情况
江苏省第一次短期公债票	1912 年 10 月	年息 7 厘	100 万元	20.854 万元	全省租税收入	5 年还清。由江苏银行及中外各埠商界经理发行。自第三年起分两期偿还。未到偿还期之票依照江苏都督命令，随时用抽签法提取偿还。债票可随意流通	发行期间发生士兵抢劫致使公债票流散上海等各地。1916 年 9 月 13 日江苏省财政厅厅长胡翔林报告，共计发行 20.854 万元，已偿还本金 1.975 万元
增比公债	1921 年 7 月	月息 1 分 2 厘	200 万元	185 万元	全省税厘比额新增款项	5 年内分 60 期还清，每月还一次	用于弥补预算亏损。截至 1927 年 1 月仍欠 39.775 万元，延未偿付
江苏省国家分金库灾赈善后公债	1922 年 11 月	年息 1 分	700 万元	94.4254 万元	全省国税项下之货物税，后为淮南苏五属及淮岸盐斤加价	5 年还清，每年抽签两次，半年偿金一次，每次偿还金额十分之一	用于弥补军政费。截至 1934 年 12 月 31 日前后还本八次，抽签 42 支，共还本金国币 294 万元
江苏省兑换券	1924 年 10 月	不详	100 万元		初为上海兵工厂余地变价案内划出 100 万元，后改为皖赣湘鄂四岸盐斤加价	6 个月还清	用于充军政各费。直至中日战起，仍无清偿办法

续表

名称	发行时间	利率	发行定额	实募债额	担保抵押	偿债条件	实际偿还及其他情况
江苏省建设公债	1930~1931年	年息8厘	700万元（第一期400万元，1930年8月发行；第二期300万元，1931年8月发行）		全省各县典卖田房契税收入，后实际是由该省以全部债票向上海各银行钱庄抵押借款	10年还清，每年一月及七月末日为付息之期。并抽签还本一次，截至1934年12月底，已还本六次，抽签14支，共还本金国币140万元	用于兴办筑路浚河电话等各种建设水利事业。后以1934年发行水利建设公债换押，将债票收回销毁清结
江浙丝业公债	1931年3月	年息8厘	800万元	600万元	江浙两省黄白丝出口时每担征收特税国币30元为基金，按月文本息保管委员会，专款存储，届期照付，至本息清	在各地蚕茧业公会要求下，实际发行额减至600万元，并将每担征收特税银30元下调到22.5元，成立江浙丝业公债委员会	中央、中国、交通银行经理
运河短期公债	1931年11月	年息8厘	500万元	18.9434万元	洽港洽运苗捐收入全部，江北二十五县筑路路收入	5年还清，每年抽签两次，于四月及十月末日举行，半年偿还一次	用于修筑运河堤岸并疏浚下河出海水道。1932年6月江苏省政府停止发行，已发部分由财政厅于运河工程局洽运专款内分期摊还
江苏省抵借券	1932年	年息8厘	400万元		该省房租作基金担保	分3年偿还本利	用以向银行抵押借款，以充运堤塘工暨该省战区救济之用

续表

名称	发行时间	利率	发行定额	实募债额	担保抵押	偿债条件	实际偿还及其他情况
江浙丝业短期公债	1932年10月	年息6厘	300万元（与浙江省一起合发）		财政部拨付江浙两省裁厘协款为基金担保	4年还清，每年还4次	用于救济江苏浙江两省丝织业用。截至1934年12月底，已还本6次，抽签31支，共还本金国币93万元
水利建设公债	1934年10月	年息6厘	2000万元		全省烟酒牌照税、各县田房契税，财政部拨归江苏的灶课	13年还清，半年还一次	所有债款本息，在1937年6月底以前，曾以公债到期本息偿还一部分，抗战起后，即行停付
土地抵价券	1935年	年息4厘	200万元		不详	15年还清，每年还一次	
整理地方财政公债	1940年3月	年息6厘	1000万元		田赋收入	10年还清	财政部接收换偿，其抵押债票押该省自行清理

资料来源：根据（1）潘国旗：《近代中国地方公债研究——以江浙沪为例》，浙江大学出版社2009年版，第53－77页；（2）万必轩：《地方公债》，大东书局1948年版，第13－16页的记载整理而成。

二、债务特征

（一）地方公债用途从补充军政到经济建设

由于江苏自古就是中国的富饶之地，在军阀混战的战乱时期，江苏自然成了各派军阀争夺的宝地，在1912～1927年间，皖系、奉系、直系三派军阀为争夺江苏先后发起了直系与皖系军阀之间的"齐卢战争"、孙传芳与奉系军阀之间的"奉浙战争"、北伐战争中国民革命军与孙传芳之间的战争[①]，连年的战争使得军费开支骤增，也使得这一时期江苏省的财政支出主要集中在补充军政方面。表3－14为江苏省在1912年、1913年、1914年、1916年这四年间用于海军与陆军建设的预算支出及其占预算总支出的比重。由于数据采集困难，只查找到这4个年份的相关数据。从这四年的预算情况来看，江苏省用于军队的预算支出是较大的，除1916年只占到总支出的40%左右外，其他三个年份都占到预算支出的50%以上，1912年与1913年，海陆军预算支出之和占总预算支出的比重更是高达60%左右。这表明在北洋政府时期江苏省的财政支出主要是用于军费、战争等相关方面的开支。

表3－14　　　　　　　　江苏省海陆军预算支出

年份	陆军预算支出（元）	海军预算支出（元）	预算总支出（元）	占预算总支出比重（%）	
				陆军	海军
1912	10281263	2790705	22141573	46.43	12.6
1913	7867364	—	13340842	58.97	—
1914	4826800	—	9680154	50.23	—
1916	4850108	—	12378605	39.18	—

资料来源：根据贾士毅《民国财政史》第三篇"岁出"，商务印书馆1934年版整理而成。

---

① 潘国旗：《近代中国地方公债研究——以江浙沪为例》，浙江大学出版社2009年版，第78页。

庞大的军事开支给江苏省的财政收入提出了严峻挑战。由于天灾人祸，动荡不安，江苏省的财政收入难以满足财政支出的需要，如1921年江苏发生严重水灾，战祸不断，财政收入捉襟见肘，财政收支难以实现平衡，此时发行地方公债成为江苏省政府维持财政平衡的主要手段。通过发行公债，江苏省将其筹集到的债款用于补充军政和赈灾，缓解了一时财政困难的局面。在南京临时政府和北洋政府时期江苏发行的4次公债中，江苏省第一次公债票和江苏省兑换券主要是用于补充军费，而增比公债与善后公债则主要是用于赈灾和补充军政，这4次公债具体的实际用途如表3-15所示。可以看出，北洋政府时期，江苏省公债发行的目的主要是应对天灾（赈灾）人祸（战争），对江苏经济的建设没有起到太大的作用。

表3-15　　　　　　　南京临时政府时期与北洋政府时期江苏地方
政府公债实际用途情况

名称	发债年份	实际用途
江苏省第一次公债票	1912	补充军事费用、整理庶政
增比债券	1921	赈灾、补充军需、弥补国税赤字
善后公债	1922	赈灾善后、补充军政各费
江苏省兑换券	1924	筹集军政费用

　　资料来源：根据（1）储东涛：《江苏经济史稿》，南京大学出版社1992年版；（2）万必轩：《地方公债》，大东书局1948年版；（3）潘国旗：《近代中国地方公债研究——以江浙沪为例》，浙江大学出版社2009年版，整理而成。

　　南京国民政府成立后，蒋介石完成了中国南北形式上的统一，开始在全国范围内推行政治军事的独裁，中央权力加强，而地方军阀的实力则被削弱。随着南京国民政府政权的逐步巩固，在江苏境内，一方面已不存在独据一方的大军阀，另一方面作为京畿之地的江苏其政局也开始变得稳定，政府开始重视生产建设和民族资本主义的发展，重视发展江苏经济。由于这两方面的原因，江苏省财政支出不再是以军费开支为主，而是转向了以经济建设支出为主。受政府政策导向作用的影响，江苏省地方政府债务开始了"转型"，江苏省在南京国民政府时期共发行6次公债，而在这6次发行的公债中有5

次是用于经济建设，具体如表 3－16 所示。可见，在南京国民政府时期，江苏省发行公债的目的已由北洋政府时期的补充军政转变为支持经济建设，具体表现为支持公路建设、水利建设、复兴丝织业等，并且发债的规模也有所扩大，1934 年的水利建设公债更是发行了 2000 万元，为近代江苏省公债发行中规模最大的一次。在政府通过发行公债等调控手段对江苏经济建设的支持下，这一时期江苏的银钱业、棉纺织业、机器制造业、交通运输业、面粉工业、火柴工业等都取得了较快的发展。①

表 3－16　　　　南京国民政府时期江苏省用于经济建设的公债发行情况

公债名称	发债年份	发债规模（万元）	发债用途
江苏省建设公债	1930	700	支持筑路、浚河、电话省会建设事业
运河短期公债	1931	500	修复运河堤岸工程及疏浚下河出海水道
忙漕抵借券	1932	400	运堤塘工、战区救济
丝业短期公债	1932	300	救济江苏、浙江两省丝茧业
水利建设公债	1934	2000	导怀入海、开凿新运河、赈灾

资料来源：根据万必轩：《地方公债》，大东书局 1948 年版，第 13－16 页的记载整理而成。

（二）公债助推银行业蓬勃发展

"中国的公债是一根神奇的香肠，它的一端养活了政府军队，另一端喂肥了银行家。"② 近代江苏政府公债很好地体现了这一点，一方面近代江苏政府公债在南京临时政府时期和北洋政府时期为补充军政筹集了大量的资金，即"养活了政府军队"；另一方面近代江苏政府公债对江苏省银行业的发展起了重大的推动作用，即"喂肥了银行家"。

在南京临时政府时期和北洋政府时期，由于军阀混战，政权变更频繁，

---

① 潘国旗：《近代中国地方公债研究——以江浙沪为例》，浙江大学出版社 2009 年版，第 62－66 页。

② 徐矛等主编：《中国十银行家》"前言"，上海人民出版社 1997 年版，第 5 页。

人民对政府处于不信任的状态，政府公债难以发行出去，政府只得通过第三方的中介机构——银行来帮助其承销。而银行出于自身盈利的目的，往往愿意接收政府公债的承销，这一方面是因为，银行若能成功将公债推销出去，将获得丰厚的利息；另一方面是因为银行可以持有公债作为发钞的准备，因此即使银行没有将公债推销出去也不会使资金链断裂，此外还可以持有公债在证券市场投机套利。因此承销政府公债对于银行来说是非常有利的，这极大地促进了银行业的发展。从表 3 - 17 可以看出，无论是总行数量还是分行数量，江苏省在全国的占比基本都在 10% 以上，表明这一时期江苏省银行业是比较发达的。

表 3 - 17　　　　　1912～1915 江苏省总行与分行数量及占全国数量比重

年份	总行数量（个）	分行数量（个）	占全国比重（%）	
			总行	分行
1912	8	8	15.7	17.2
1913	7	8	13	9.3
1914	6	16	10.2	13.8
1915	5	14	11.9	11.2

资料来源：根据王树槐：《中国现代化的区域研究——江苏省》，台北"中央"研究院近代史研究所印行 1984 年版，第 329 页整理而成。

在南京国民政府初期，政权趋于稳定，人民对政府的信任有所增加，但是政府公债仍然主要是通过向银行抵押进行募销。原因有三：一是在南京国民政府时期，江苏人口以农村人口为主，而农村经济落后，农民收不抵支。这一时期江苏各县农民负债者占半数以上，高者甚至超过 70%[①]，当时农民的收入基本只能维持生活，根本没有富余用于购买公债。二是南京国民政府时期高利贷盛行。由于高利贷的利息要远高于公债，所以那些有充足收入买得起公债的阶层则更愿意发放高利贷而不愿意购买公债。三是缺少公债流通

──────────

① 潘国旗：《近代中国地方公债研究——以江浙沪为例》，浙江大学出版社 2009 年版，第 85 页。

市场的支撑，在南京国民政府时期，公债流通的二级市场不成熟，公债的自由流通受到很大的限制，从而也限制了公债的变现能力。由于这三个方面的原因，政府在发行公债时更多的是摊派给银行或交由银行承销，这使得在南京国民政府时期，参与地方公债承销募集的银行机构得到了进一步的发展，如表3－18所示。

表3－18　　　　　　近代江苏参与公债承销与募集的银行机构基本情况

发债年份	公债名称	参与承销募集的银行机构	发行定额（万元）
1912	江苏省第一次公债票	江苏银行、外阜商界经理	100
1921	增比公债	江苏中央银行、交通银行	200
1922	善后公债	中国银行、交通银行	700
1924	江苏省兑换券	不详	100
1930	建设公债	上海各银行及钱庄	700
1931	运河短期公债	不详	500
1932	忙漕抵借券	不详	400
1932	丝业短期公债	不详	300
1934	水利建设公债	江苏省与上海多家银行	2000
1935	土地抵价券	不详	200
1940	整理地方财政公债	不详	1000

资料来源：根据（1）万必轩：《地方公债》，大东书局1948年版；（2）潘国旗：《近代中国地方公债研究——以江浙沪为例》，浙江大学出版社2009年版，整理而成。

从表3－18可以看出，在近代江苏发行的11次地方政府债务中，有明确记载银行参与其发行与承销募集的有5次，接近一半，涉及的公债发行定额达3700万元，而近代江苏11次地方政府债务总共发行定额6200万元，占总发行定额的59.68%，这充分说明了在近代江苏地方政府债务的发行与承销募集的过程中，银行起了重要的作用。同时通过参与地方政府债务的承销与发行，江苏的银行业也获得了进一步的发展。根据实业部1932年的报告，除上海、南京两个特别市外，江苏钱庄共有 271 家①，而江苏的银行则在 20 世纪 20 年代后开始逐步取代钱庄，当时江苏的银行可以分为八大类别：从代表政府机构的中央银行到经理国外汇兑业务的中国银行等、从发展全国实业的实业银行（如交通银行等）到省或县的地方银行（如江苏银行、太仓银行等）、从辅助性商业银行（如中国通商银行、华侨银行等）到非营利的储蓄银行（如四行储蓄会、金城银行等）、从服务工农事业的农工银行（如江苏农民银行等）到各专业银行（如松江典业银行等），总共有八大类别的银行，可以说当时江苏的银行数量众多，种类齐全，遥遥领先于全国。

（三）近代江苏地方政府债务"效果不佳"

南京临时政府和北洋政府时期，江苏地方政府债务主要是用于补充军政，这从根本上来说是有悖于现代公债的基本精神的，到了南京国民政府时期，虽然江苏地方政府公债有所转型，开始偏重于支持生产和经济建设，但是就公债实际的发行与作用来看，并没有达到理想的效果。1940 年的整理地方财政公债和近代中国其他整理公债一样，基本属于借债还债的情况，从而也是违背现代公债的基本精神的。所以整体来看，近代江苏的地方政府债务的效果是"不理想"的。究其原因，主要有以下三点。

一是地方政府公债发行前的计划方案与实际不切合的情况屡有发生。近代江苏由于发行公债前的计划脱离实际而最终影响公债的实际效果的实例多次发生，比如，1934 年在发行建设公债时，江苏省政府计划将公债用于开运河、赈灾、导淮入海、收回契税基金等多个项目中，但是由于计划项目过多，公债实际募集情况又欠佳，每个项目分配到的资金很少，最终影响了各项目的实际完成情况。

二是地方政府公债发行中实际募集数额不足。近代江苏的地方政府公债所实际募集到资金往往要小于计划发行的定额，这一方面是由于地方政府公债在发行时往往采取折价发行的方式，从源头上就注定了公债实际募集数额要小于计划发行定额。另一方面是由于近代军阀混战，政权更替频繁，人民

---

① 潘国旗：《近代中国地方公债研究——以江浙沪为例》，浙江大学出版社 2009 年版，第 62 页。

对政府信誉失去信心，政府公债难以发行出去，只得通过以公债票为抵押向银行借款，这种抵押往往是五折到六折，也就是说发行抵押一百万公债票只能借到五六十万的资金，募集的资金数额少，自然使得公债的效果大打折扣。

三是地方政府公债发行后无法按预定计划使用。一方面由于在发行公债前政府计划准备实施的项目较多，另一方面由于公债发行时募集到的资金数额较少，这使得政府无法按计划完成原有的建设项目，政府只能完成原有的计划项目的一部分或者干脆不按原计划来使用募集到的公债金额，这不仅使得一些计划内的建设事业无法完成，而且大大降低了政府的信誉。

第六节　近代浙江省地方政府债务 *

一、债务概况

浙江省面积虽然不大，税源颇丰，但债务支出导致财政困难，始自张静江主政后，建设费用支出颇大，岁出增加，且军费膨胀，不得不乞灵于公债。

1911 年，武昌起义爆发，浙江光复，进入南京临时政府时期，政治上浙江省由军政府统治，军政各费急需资金；经济上浙江财政由于受战争影响税收征收趋于停滞；1912 年，浙江省预算收支不敷数达 1000 万元之多，全省一时出现金融阻滞，百业凋敝，市面恐慌的现象。浙江省发行了中国近代史上的第一次地方公债——维持市面公债，债额 100 万元，年息 6 厘。随后公债发行一发不可收拾，紧接着，浙江省军政府发行爱国公债 500 万元。整个北洋政府时期，浙江省政府先后发行 8 次公债（包括 4 次定期借款、4 次公债）共计 1960 万元。①

---

*　马金华、符旺：《近代浙江地方政府债务及启示》，载《地方财政研究》2015 年第 2 期，第 94－98 页。

①　马寅初：《浙江公债之史的观察及今后举债之方针》，载《银行周报》第 15 卷（第 33 期），第 10－16 页。

南京国民政府成立后，军政费支出浩繁，财政困难，入不敷出，据浙江省 1930 年预算可见：全省岁出总额为 21895398 元，其中教育文化费支出 2453643 元，实业费支出 299566 元，交通费支出 183432 元，建设费支出 683130 元，合计事业费支出 3619771 元。当时全省有一等县 24 个，每县年支 21216 元，二等县 29 个，每县年支 17988 元，三等县 22 个，每县年支 15780 元，合计需要支出 1377996 元，而当时全省的田赋收入仅有 9390648 元，年差额上千万元①，唯有发行公债弥补财政。从国民政府成立到抗日战争爆发，浙江共发行省债 5900 万元，比北洋政府时期发行总数大三倍还多。

抗战时期，浙江省政府工农业生产停滞，库收短绌，省财政不敷达 900 万元，只好发行民国二十七年浙江省政府六厘公债 2000 万元，最后财政部核准为 1000 万元，但全部债票并未售出。1942 年，财政部着手整理各省公债，限令各省不得再举新债。浙江省交由财政部清理的债券合 41544820 元，最后全部偿清。②

在整个中国近代史上，浙江省先后共发行 20 次地方公债，其中南京临时政府时期共发行 2 次；北洋政府时期共发行 6 次；南京国民政府时期共发行 12 次，具体情况如表 3–19 所示。从发行定额的规模来看，在近代浙江发行的 20 次地方公债中，发行定额在 1000 万元及以上的有 4 次，在 500 万元及以上的有 9 次，20 次地方公债共发行定额 15610 万元。1936 年 6 月浙江省为改变省财政积亏过巨的窘境，发行整理债务公债定额更是达 6000 万元，是近代中国地方公债发行定额最多的一次。因此在时人看来，浙江省公债远居于其他省公债之上，即使与中央公债相比，也不逊色。③

---

① 张朝晖：《近代浙江地方银行研究》，商务印书馆 2015 年版，第 96–97 页。
② 浙江省金融志编纂委员会编：《浙江省金融志》，浙江人民出版社 2000 年版，第 602、604 页。
③ 浙江省财政厅第四科：《浙江财政月刊》1931 年第 7 期，第 4 卷第 112 页。

表 3 - 19

浙江省近代地方公债发行情况一览表

公债名称	发债时间	发行定额	担保、抵押	利率	偿还期限	经理还本付息机关
爱国公债	1911年	500万元	浙西丝绢收入	年息7厘	实际募得债款49.9208万元，1919年3月还清	军政府财政部特设公债票部经理处及分理处
维持市面公债	1912年	100万元	不详	年息6厘	偿还期限6个月	军政府直接发行
财政厅第一次定期借款	1920年	150万元	浙江省统捐新增比额、国家预算奉准本支利息项下之款	年息1分2厘	1924年10月还清	中国银行杭州分行
财政厅第二次定期借款	1922年	200万元	全省契税、牙帖捐税	年息1分2厘	1926年6月还清	中国银行杭州分行
财政厅第三次定期借款	1923年	150万元	第一次定期借款所有基金	年息1分2厘	实际募得141.04万元，1926年5月还至第19期	浙江地方银行
财政厅第四次定期借款	1924年	200万元	全省丝捐	年息1分2厘	实际募得160.85万元，1926年5月还至第17期	浙江地方银行
善后公债	1924年	300万元	浙西盐斤加价、屠宰税收入	年息1分	6年，半年还一次	中国银行杭州分行
整理旧欠公债	1926年	360万元	原有善后及整理旧欠两债基金为担保，并以杭州绸捐项下每年提拨30万元作为保息	年息1分	6年，半年还一次。分半还清，至1936年，已还本金258万元，尚欠342万元，另以整理公债掉换收回	中国银行杭州分行浙江地方银行

续表

公债名称	发债时间	发行定额	担保、抵押	利率	偿还期限	经理还本付息机关
偿还旧欠公债	1928 年	600 万元	善后公债、整理旧欠公债基金担保之盐斤加价收入每年 130 余万元充作基金，杭州绸捐项下保每年拨 30 万元作为保息。期限 8 年	年息 1 分	8 年期，第 4 年开始还本	公债基金专款存储于浙江中国、地方两银行，由省城银钱两业推出代表 6 人组织基金委员会报告
公路公债	1928 年	250 万元	该省地丁抵补项下带征建设特捐为偿还基金，带征建设一成附捐每年 60 万元作为附还本付息基金。期限 8 年	年息 1 分	8 年偿清。还至第九期后，归入整理债务案内，延至二十九年六月三十日还清，但实际上仅还 145 万元，其余 105 万元，以民国 25 年整理公债换偿	浙江地方银行及各县政府为经理还本付息机关
建设公债	1929 年	1000 万元	浙江省田赋项下原有建设特捐项下每年拨 160 万元作为还本付息基金	年息 8 厘	9 年期。半年还一次。充兴筑杭江铁路、杭徽铁路，扩充电气事业及修治钱江水利之建设费用。九年还清，至 1933 年经理整理后，延长 5 年至 1944 年 10 月还清，还至 25 年尚欠本金 590 万元，即以整理公债换偿收回	中国、中央、中国农工银行
赈灾公债	1930 年	100 万元	浙江省牙帖捐税项下每年拨银 16 万元作为还本付息基金	年息 8 厘	9 年还清，半年还一次。第五期后，复以整理条例规定延长 6 年，至 1946 年 6 月还清，但实际上仅还 34 万元，其余 66 万元，是以整理公债换偿	浙江地方银行

续表

公债名称	发债时间	发行定额	担保、抵押	利率	偿还期限	经理还本付息机关
江浙丝业公债	1931年3月	800万元	江浙两省黄白丝出口时每担征收特税国币30元为偿还本息基金，按月交本公债基金保管委员会、专款存储，届期照付，至本息清	年息8厘	在各地蚕茧业公会要求下，实际发行额减至600万元，并将每担征收特税银由30元下调到22.5元，成立江浙丝业公债委员会	中央、中国、交通银行经理
清理旧欠公债	1931年	800万元	浙江省契税、营业税项下每年拨120万元作为还本付息基金	年息8厘	10年期，半年还一次。用于清理旧欠，振兴财政。分十年还清，自民国2年经整理后应至1950年6月还清，但至1936年，即以整理公债调换收回	浙江地方银行、本省内中国、中央、浙江兴业银行、浙江实业银行、上海四明银行
短期金库券	1932年	600万元	浙江省契税、营业税两项拨付清欠公债本息基金之余款充作还本付息基金	月息5厘	2年期。200万元扩充地方银行股本，400万元弥补预算之用。原定两年还清，后因债款不能周转，归入整理案内一并整理，改为100个月换偿，至1936年偿还192万元，其余408万元以整理公债换偿	浙江地方银行、本省中国银行
江浙丝业短期公债	1932年10月	300万元（与江苏省一起合发）	财政部拨付江浙两省裁厘协助款项按期拨付	年息6厘	救济江苏、浙江两省丝蚕业之用。自1932年10月起，每年抽签还之，分四年清偿，于3、6、9、12月末日，四次举行，至1936年9月，照数偿还结清	基金保管委员会办理付息还本事宜，并指定江浙两省实业银行、中央银行、中国银行、交通银行、浙江地方实业银行、江苏银行为经理银行本息机关

续表

公债名称	发债时间	发行定额	担保、抵押	利率	偿还期限	经理还本付息机关
地方公债	1934年10月	2000万元	浙江省普通营业税余额、田赋、牙行营业税、契税、烟酒牌照税为基金担保	年息6厘	14年期。用于发展地方建设事业和清理历年债务。分14年还清，至1936年以整理公债掉换收回	中央、中国、交通、浙江地方各县银行及各县政府
民国二十三年定期借款	1934年	200万元	不详	不详		沪杭银团、杭州各银行、中央银及浙江地方银行
整理公债（分四类发行共6000万元，由财政部接收整理换偿、抵押部分由该省在省库清理案内清结） 一	1936年	450万元	浙江省建设特捐、田赋建设附捐、普通营业税、中央补助费	年息8厘	分14年还清 410.4045万元偿还旧欠公债、公路公债及定期借款；37.2905万元拨充杭州各银行钱庄整理借款，其余债2.3050万元存库未发	中央、中国、交通、浙江地方银行为经理机关，各县金库为经理分机关
二	1936年	1700万元	浙江省建设特捐、田赋、建设附捐、普通营业税、中央补助费	年息7厘	分16年还清。623.79万元换偿建设公债及赈灾公债，1052.110万元拨充整理借款24.1990万元偿押品，其余债票2.1990万元存库未发	中央、中国、交通、浙江地方银行为经理机关，各县金库为经理分机关
三	1936年	1050万元	浙江省建设特捐、田赋、建设附捐、普通营业税、中央补助费	年息6厘	分18年还清。967.7180万元换偿清理旧大公债及金库券，75.4535万元拨充整理总借款，其余6.8285万元存库未发	中央、中国、交通、浙江地方银行为经理机关，各县金库为经理分机关

续表

公债名称	发债时间	发行定额	担保、抵押	利率	偿还期限	经理还本付息机关
整理公债（分四类发行共6000万元，由财政部接收整理换偿、抵押部分由该省在省库案内清理案结） 四	1936年	2800万元	浙江省建设特捐、田赋建设附捐、普通营业税、中央补助费	年息6厘	分20年还清。294.5790万元换偿地方公债，以10万元拨交建设厅改建邓奉铁路桥梁经费，以10万元拨充东钱湖水利工程补助费，并拨交中国经济学社杭州分社补助费1万元，旧衢属五县联立平民工厂基金5000元，渔业管理委员会100万元，上虞县建闸开港补助费8000元，杭州市建筑国民体育场用费30万元，杭州缫丝厂借款押品30万元，共发债票476.8790万元，其拨充借款押品债票计整理总借款案内2049.7220万元，浙江兴业银行建筑钱江大桥借款案内150万元，以及中国农民银行股本借款安内40万元，公押债票2239.7220万元，其余债票库存未发	中央、中国、交通、浙江地方银行为经理机关，各县金库为经理分机关

续表

公债名称	发债时间	发行定额	担保、抵押	利率	偿还期限	经理还本付息机关
六厘公债	1938年5月	1000万元	田赋	年息6厘	原定1963年4月偿清，但全部债票并未售出。是以250万元拨充四行125万元借款押品，以300万元拨充地方银行150万元借款押品，以50万元存库未用，民国三十一年财政部地方公债司将存库债票接收销毁，抵押债票则由该省存仔细清偿借款后，收回缴销	

资料来源：根据（1）万必轩：《地方公债》，大东书局1948年版，第17－21页；（2）潘国旗：《近代中国地方公债研究——以江浙沪为例》，浙江大学出版社2009年版，第104、137页，整理而成。

二、债务特征

（一）公债发行多因省情倒逼"迫不得已"

近代浙江地方公债的发行动因多是由于当时不利的省情倒逼和"迫不得已"。由于浙江是经济相对富庶的省份，在军阀混战、政局动荡时期自然就成了战争掠夺地，20 次地方公债中有 7 次是因战争原因而被迫发债的，有 5 次是因财政窘迫借新还旧以维持政府信用，如整理旧欠公债、偿还旧欠公债、清理旧欠公债等；有 1 次是因自然灾害而被迫发债的，即赈灾公债。因此浙江地方政府债务的发行多是由于严峻的省情倒逼所致，政府通过主动发债来调节经济、进行宏观调控的情形少。

（二）公债用途多用于补充军政费用

从债务的实际用途来看，近代浙江地方债多用于补充军政费用，而用于生产建设的资金较少。在 20 次公债中有 8 次公债用途是补充军政费用，主要集中在 1927 年以前，即南京临时政府时期和北洋政府时期，6 次公债用途是整理旧债，事实上这 6 次公债也是将筹集到的资金间接用于军政费用，因为这 6 次公债所整理的旧债多是之前为了补充军政费用而积欠的，而真正用来支持生产建设的只涉及公路公债和建设公债，因此浙江省近代发行的公债对促进浙江近代化的进程的贡献是较小的。

（三）地方债管理机制渐趋完善

从对担保抵押的监管来看，浙江地方债管理机制逐步完善。一是出现了专门的公债担保基金管理机构。在南京临时政府与北洋政府前期，浙江省地方公债的还本付息基金基本是处于无管理状态的；1924 年善后公债发行后，开始从商界中推选代表对公债的还本付息基金进行监管，表明从"零监管"到设代表监管；南京国民政府成立以后，浙江省从派代表监管到设立专门的管理机构。1928 年偿还旧欠公债后几乎每次发行公债都会设立专门的基金保管委员会对公债的还本付息基金进行专门管理，而且基金保管委员会的组成人员从人数上也逐渐增多，而从所属的行业来看，则由原来的由省银钱业派代表监管发展到省政府、审计部、铁道部、建设委员会、银钱业、商会等多部门派代表联合监管，这说明了浙江省对公债基金的管理越来越重视，并且对其监管也渐趋完善。二是出现劝募委员会。1929 年浙江省在发行建设公债的过程中，设立了劝募委员会。"此外公债劝募方法，一切手续于经募规则内详加规定，并设置劝募委员会，协助政府分头劝募。"① 劝募委员会的设立是浙江省在公债发行中的一大创举，也是浙江省的公债管理机制不断完善的表现。三是浙江地方银行在地方公债的发行与承募方面的积极参与。从 1917 年开始，浙江省地方银行参与包括 1928 年公路公债、1929 年建设公债、1930 年赈灾公债、1936 年整理公债等在内的大部分地方公债的发行与承募。银行的积极参与，保证了地方公债的顺利发行与募集，引入银行参与公债发行与承募也是浙江省公债管理机制越来越完善的表现之一。②

（四）各界广泛参与公债整理

1934 年，浙江省政府就制定整理债务办法，官商双方一再磋商，将公债还本期限延长一年。整理债务办法亦经省政府会议通过。主要内容有：浙江省历年发行各种公债，并制定以税收作为担保，向省内外银钱业抵押的各种款项，均适用于该整理债务办法；各种公债应按照延长期限分别补给息票；指定税收作为担保的各种借款按照 1932 年 12 月终实欠银数，于 4 年分期平均偿还之；浙江省财政厅自 1932 年下半年度起，指定在本省盐附税，田赋建设特捐，建设附捐，普通营业税四种收入项下，每年指拨银 440 万元，作为以税收为担保的各种债款本息的基金；还债基金，由省城商业团体暨债权人推出代表，组织委员会保管之；还债基金应先尽各种公债本息，再以余数按成摊还各种借款；各种借款利息均照原契约计算，每

① 潘国旗：《近代中国地方公债研究——以江浙沪为例》，浙江大学出版社 2009 年版，第 139 页。
② 马金华、符旺：《近代浙江地方政府债务及启示》，载《地方财政研究》2015 年第 2 期，第 94 - 98 页。

半年核给一次，利随本减，其息金并在还债基金项下支付；各种借款如有以债券作出抵押品者，其抵押品仍由原债权人保存；惟到期收到本息，应归入还债基金数内抵算。①

1936 年，朱家骅任浙江省府主席主持省政，他极为重视财政问题的统筹和整顿，首先成立"浙江省债务整理委员会"，邀请与浙江关系密切的银行家及专家如钱永铭（新之）、周守良、叶琢堂、李超英等参加，开始从事债务整理。② 1937 年 4 月，召开财政研究会，正式通过《浙省财政研究报告书》，指出"浙省财政，据同人研究所得，其频年亏瘠凌乱之因，似由于预算收支开列之未臻于实在，而预算收支开列之未臻于实在，虽各有临时特种原因，而在省府控制所及之制度而言，则金库会计之应统一普及，迨亦为当务之急。全年支出中，债务经费超过全部四分之一，而债额之应化简，利率之应平衡，抵押品价格之应整剔，荡地盐课之应重加策划，以及省县捐税征收方法之应改进，则皆关于税收之范围。他若省营事业之应加整理，浙江地方银行之应予充实，则应似于财政研究之范畴中所应旁及者。……望慎加抉择，分别缓急，逐步实行"③。决定按照财研会拟定的三项办法展开清理本省债务工作：一为划一借款利率，在月息 8 厘以上者，一律改为年息 9 厘或 8 厘，则年可减省数十万元；二为公路用地，宜从速查明粮赋，予以豁免，并详查地价欠数，筹议拨还办法；三为建设厅宜将其对外负债，依其性质，分别转账，改为省库或营业机关担负。④ 根据这些办法朱家骅积极进行联系，一方面与上海银行界、中国银行等负责人洽商面谈，另一方面派财政厅长程远帆到上海开展工作，但最后因为少数银行家有增高利率之说，使得浙江省债务整理十分受阻。最后很多债务被中央政府换偿或清理。

---

① 张梓生、章倬汉编：《申报年鉴》（民国二十三年），申报年鉴社 1934 年版，第 131 页。
② 胡松平：《朱家骅年谱》，传记文学杂志社 1985 年版，第 39 - 40 页。
③ 浙财研会：《浙省财政研究报告书》，1937 年，第 1 - 7 页。转引自陶士和：《民国时期浙江省政府与社会经济建设研究》，中国社会科学出版社 2016 年版，第 180 页。
④ 浙财研会：《浙省财政研究报告书·债务》，1937 年，第 66 - 68 页。转引自陶士和：《民国时期浙江省政府与社会经济建设研究》，中国社会科学出版社 2016 年版，第 182 页。

第七节　近代江西省地方政府债务

晚清时期，江西财政支出基本用于镇压国内人民反抗和承担朝廷分配的对外赔款任务，为满足不断增长的财政需要，增加各种筹款措施，终因支出膨胀，财政连年赤字。清末发行第一笔地方公债，1911 年（宣统三年），江西省军政府发行省内公债银 20 万两，补军费急需。南昌各商行即凑足 2 万余两，支持军政府。

民国时期，江西省财政从 1912～1949 年（民国元年至民国三十八年）5月近 38 年的过程中，大致可分为 4 个时期：第一个时期，中华民国成立至北伐战争；第二个时期，国民革命军攻克江西至抗日战争爆发，期间，江西财政为虎作伥，帮助国民党军队 5 次"围剿"中央苏区革命根据地；第三个时期，抗日战争；第四个时期，抗战胜利至江西省政府溃逃。在抗日战争期间，江西省政府实际只辖 69 县，其余 14 县为日本侵略军控制下的汪精卫政府所属江西省政府（汪伪政权，设九江）所占，财政残缺不全。抗日战争胜利后，国民党又挑起反共反人民的内战，政府凭借币制改革，掠夺人民财富，通货恶性膨胀，经济崩溃，财政日益窘迫。

一、债务概况

1911 年 10 月 31 日，江西宣布独立，脱离清政府，成立中华民国江西省军政府。1912 年，中华民国宣告成立不久，民国政权即被北洋军阀篡夺，江西置于北洋军阀政府的统治之下，直至北伐战争，时间长达 15 年之久。在这15 年中，江西财政总的情况是混乱不堪，债务与日俱增。但各年度的情况又稍有不同。1912～1913 年，民国初建，政治更新，财政亦见清明的迹象，经费搏节，征徭减轻。1914～1917 年，江西财政由地方掌权进入中央集权，偏重国家收入，忽视地方发展，税源日涸，负累日增，财政陷于不可收拾的地步。1918～1920 年，江西财政军费骤增，饷糈浩繁，政费无着，依靠借债度日，因而债息不断增加，短亏日甚。1921～1926 年，全省赋税有半数在银行团债权支配之中，拨饷漫无限制，收支悉越轨范，金库制度被破坏，收支数相差悬殊，财政厅厅长几次调换均无交接，"财政混乱之极"。到 1925 年 3 月底止，有案可查的负累共计 2271 万元。据 1926 年统计，在岁出总额中，军费实占 80%～90%。省财政厅领导不得不慨叹"即以收入之全部，供给军费一项，尚不敷甚钜，以有限之收入，供无穷之消耗……即滥发之纸币，亦不足满诛求"①。因为财政窘迫，江西省当局从 1912 年开始即发行地方公债，此后除个别年度外，其余各年度每年都发行 1 次或几次债券。以 1921 年发行次数最多，有第一次、第二次短期公债，军用手票，三七兑现凭条及民十地方公债共 5 种，发行总额共计 1108.6 万元，相当于该年度岁入预算数（不包括债务收入）的 1.24 倍。此外，1913～1922 年共向各银行、钱庄借款 39 次，共计 804 万元。1917～1924 年共向九江台湾银行、汉口台湾银行借款累计 1450 万日元。1919～1920 年向古河公司借日元 50 万元、规元银 40 万两。

1926 年 11 月 8 日，广州国民政府讨伐北洋军阀的国民革命军攻克南昌后，江西政局本希望由乱到治。但不幸，蒋介石于 1927 年 4 月 12 日在上海发动"四·一二"反革命政变，并于同年 4 月 18 日在南京另立国民政府，开始了反共、反人民、反革命的非正义战争。江西政局仍旧处于混乱之中，财政也深受其影响。这表现在收入方面，赋税短绌，库藏空竭；支出方面，所谓清剿防御各费大量增加，以致收不敷支，亏短甚钜。"起初尚可举债弥缝，驯至债无可举，于是滥发米护照、流通券、短期库券及支付通知书。并任意指饬各县拨付各机关军政经费"②，使各县成为各机关坐索经费的场所。"征收机关，兼办支付事项，省金库等于虚设，不但财政日益混乱，金融亦趋枯竭；真有岌岌不可终日之势。"③ 在这一阶段中，江西财政机构变动频繁，预算管理仍然混乱，附加名目繁多，除了毫无限制的征收税捐外，还滥发各种债券。据 1928～1931 年统计，4 年共发行债券 6 次，发行额达 1590 万元，其中 1929 年 1 月发行的短期地方公债 50 万元，1929～1931 年财政厅为救济财政，连续 4 次发行有利短期流通券，均指名为筹备和应付剿匪经费之

---

① 陈家栋：《江西财政纪要》（第一编），1930 年 7 月编，第 19 页。
②③ 江西省政府财政厅：《江西财政报告书》，1939 年 5 月编印。

用。1930 年发行的加印有利短期流通库券 40 万元，规定为救济财政之用。可见当时的财政已是山穷水尽了。

1931 年冬，省政府改组，熊式辉主持全省政务。在此后的几年中，在蒋介石的亲临指导下，国民党军队倾巢出动"围剿"中央革命根据地，直至 1934 年红军开始举世闻名的二万五千里长征止。这一时期的江西财政，一方面继续为反革命战争筹集大量经费，另一方面对财政管理工作也有所加强。因为军阀混战和"四·一二"反革命政变，滥收税捐，滥发债券，积弊太深。迫于形势，江西也不得不采取措施革除积弊。主要措施有三：一是设法偿清债务。1932 年起，将过去积欠的约 4000 万元债务，分别清理，设立整理金库库券基金，逐年拨还，至 1935 年 5 月，所有旧债，基本还清。1935 年 7 月 1 日发行民国二十四年江西省短期省库券，用于弥补 1934 年度预算赤字，由省政府发行，发行额 80 万元，月息 1 分，以 1935 年度营业税、屠宰税税款为基金。自发行日起分 10 个月归还，至 1936 年 4 月底还清。二是废除苛杂。1934 年起，根据第二次全国财政会议精神，将各县的某些杂捐杂税予以裁撤，共计裁去 20 大类，298 种，金额为 123 万余元。三是着手经济建设，1931 年 10 月 1 日发行江西省善后公债，是陆海空军总司令行营党政委员会为实施江西工赈筑路及救济农村金融而发行。发行额 500 万元，由江西省发行交由行营党政委员会委托国内各银行代募或承销。公债按票面九八发行，年息 8 厘。1934 年 1 月发行玉萍铁路公债，用于建筑玉山至萍乡的铁路之用，原由江西省政府发行，嗣改用财政部名义发行。发行额 1200 万元，九八发行，年利 6 厘，以原有库券基金的盐附捐作基金，1943 年 6 月底归还。1936 年 10 月 1 日发行民国二十五年江西省整理土地公债，用于整理土地，发行额为国币 300 万元，年息 6 厘，九八实收，以全省土地登记证图费收入及整理土地增收的田赋为基金，由各县机关征收，按期解交基金委员会，拨存于中央、中国、交通及江西裕民银行，基金保管委员会由财政部、审计部、江西省政府及民政厅、财政厅、省地政局各派代表 1 人、银行公推代表 2 人组成。1938 年 3 月起，每半年还本 1 次，每次抽签归还总额的 1/10，分 5 年，至 1942 年 9 月 30 日止本息全数还清。

抗战期间，江西财政当局一方面继续加强与整顿财政管理；另一方面积极增辟财源、紧缩支出，尽可能保证抗日战争的需要。比如，由战时贸易部采购大量米谷向省外推销，以增加税收；在财政厅下设置卷烟管理处征收卷烟管理费，增加财政收入；开征特种营业税，年约增收 120 万元；1937 年 10 月 21 日，江西省救国公债捐委会发行救国公债，全省 83 个县认购的救国公债达 500 余万元，其中丰城、吉安、上饶等县市达 15 万余元。1938 年 7 月 1 日发行民国二十七年江西省建设公债，江西省政府为发展本省建设事业而发行，发行额 2000 万元，年息 6 厘，发行年限 15 年，以经营钨矿盈余及钨锡照费为偿债基金，如有不足，由财政厅于省库收入项下随时拨补足额。因抗战全面爆发，以公债面额募集现款已不可能，乃陆续向中央、中国、交通、农民及裕民银行押得 1035 万元，内军政各费移用262.9 万元，占 25.4%，贸易金融移用 390 万元，占 37.7%，余 382.1 万元，用于钨矿、煤矿及公路建设。公债抵押后每半年还本付息 1 次，1940年 6 月开始还本，原定至 1953 年 1 月全数还清。至 1942 年底止，已还本金 320 万元。[①] 1941 年，江西省又发行民国三十年江西省建设公债，江西省政府为补充办理全省生产建设事业之用。原拟分两期共发行 3000 万元，经行政院常务会议决定，因财政体制变动，第二期公债发行日期为 1942 年4 月 1 日，已逾中央接收省公债期限，准发行半数 1500 万元，年息 6 厘，债票由省政府主席及财政厅厅长签名盖章，以钨矿盈益及一二五盐附捐为偿债基金，1941 年 9 月发行，每半年还本付息 1 次，1945 年 2 月开始还本，原定至 1961 年 8 月还清。截至 1941 年底，已拨息金 37.5 万元，尚欠本金1500 万元。[②]

据统计，江西省省政府和省财政厅（司）从 1912 年开始，到 1941 年中央统一公债发行止，发行 31 次地方公债、债券。江西省历年发行地方公债及承募中央公债如表 3 - 20 所示。

---

①② 华桐主编：《江西省财政志》，江西人民出版社 1999 年版，第 311 页。

表3－20　　江西省历年发行地方公债一览表

债券名称	债额	发行年份及还本期限	按票面实数	息率	偿还基金	已未收回	用途	附注
1912年地方公债	600万元	1912年发行自1914年起分12年摊还。每年分四月十月两次归偿	实际发行额22.9万元	停息还本	无抵押	1914年偿还一部分,未还之数概以1925年地方公债换偿	军政费	此项公债是1912年马都督任内募集,1913年经汪民政长改为停息还本,原募债户计仅未偿达等14户
币制公债	400万元	1915年12月发行,原年还清改为十年半还清后又续展至1931年6月还清	由中行提百分之三为经手费	年息七厘	以景德镇统税20万元、米捐35万元、九五商捐15万元	尚欠中行179万元	收回九五官票偿还中行借款	由中国银行担任代售
短期债票	20万元	1916年6月发行自发行日起6个月归还	九五实收	六个月给息五分	抵完丁漕厘税	完全收回	库收清淡,为青黄不接之用	
短期债券	30万元	1917年6月发行日起6个月归还	6月20日以前交款实收九七,7月5日以前交款仅九八	归还时每百元给息五元	抵完丁漕厘税	完全收回	救济淡月军政费用	
1917年两次地方短期公债	定额30万元,实募16.3400万元	1917年11月发行,以1918年1月底为第1次还本,4月底为第2次还本之期	第一期九七五实收,第二期九五实收	第一期每百元给息二元五角,第二期每百元给息五元	抵纳丁漕统税	完全收回	补救税收短绌	是向赣绅栢商募募

续表

债券名称	债额	发行年份及还本期限	按票面实数	息率	偿还基金	已未收回	用途	附注
1918年短期公债	50万元	1918年3月发行，1918年9月为第一次还本，12月为第二次还本	实收九五	第一期每百元结息五元，第二期每百元结息七元五角	抵纳一切税款	完全收回	补助浚月军政费用	
金库证券	原定额发80万元，分四个月发行每月20万元	1918年3月起逐月发行自发行期起四个月兑换		每元证券于发行日比较现洋，第一个月贴水铜元五枚，第二个月贴水四枚，第三个月贴水二枚，约合月息八厘		到期末兑之券概以1921年公债换票收回	因财政困难仿行山东办法照发二成搭发各机关员薪	此项证券复增发到期末兑之券499.9万余元
民国八年第一二两次短债公债	158.7万元（第一次） 133.7万元（第二次）					已经收回	救济金融	原案已毁无从确查据闻似与六年短债相仿
民国九年第一二两次短债公债	198.2万元（第一次） 169.6万元（第二次）					到期末兑之债概以十年公债票换收回	救济金融	原案已毁无从确查据闻似与六年短债相仿

续表

债券名称	债额	发行年份及还本期限	按票面实数	息率	偿还基金	已未收回	用途	附注
民国十年第一二两次短债公债	163.5万元（第一次）24.3万元（第二次）					到期末兑以十年公债票换回	救济金融	原案已毁无从确查据闻似与六年短债相仿
军用手票	初始发行30万元限以赣南赣西为行使区继发80万元不限区	初发行日期为1921年，契约继发行期为1922年5月				已收回各县孔注销50.03785万元，未收回额2004.2850万元，以1925年地方公债换回	军用	查军用手票之行是因十年间赣南赣西一带军务吃紧，而省库支绌无从筹款，惟有其完纳税一律换用，迨1922年9月复议添致百旺，当时仅印票80万两已足数用，故未再印
三七兑现凭条	始发10.8094万元	1921年	三七实收		不指定各县局抵解税款	抵解凭单		
1921年地方公债	800万元	1921年10月发行，从1922年起分六年清还每年还本付息两次	九折实收	月息一分	统税收入每月提存12万元为还本基金贩商补助费6万元为付息基金	未还之债本经由本厅发行发整理金融库券以二折收回	整理财政并收回到期末兑之期及短期库证券	当时仅募的580余万元复于1923年6月续兴
有利兑换券	300万元	1924年11月发行		月息二分			军事开支	

续表

债券名称	债额	发行年份及还本期限	按票面实数	息率	偿还基金	已未收回	用途	附注
江西有利流通券	160万元	自1925年2月起分三个月发行，1925年6月底余每月兑现40万其余20万元至1925年12月底兑清		按月八厘共付息74200元	统税二成附捐盐捐米谷出口捐	未兑之券概以1925年地方公债换回	救济军政各费	
江西1925年地方公债	800万元	1925年6月发行，分十三期偿还，每年分作二期，前二期支付利息，第三期起本息还清	每百元实收九十元	月息一分	盐斤加价、统税二成附捐，出口米护照	未还之债本经由省财政厅发行整理金融库券以二折取回	整理财政及收回前发有利军用手票十年二次短期公债抵解凭单元年地方公债	
江西整理金融库券	800万元	1928年1月发行，分36个月抽签偿还，至1930年12月底还清	十足发行	月息五厘	盐税附加捐六元内之三元五角现因减轻捐改为四元五角内之二元六角	业已抽签二十八次	收回旧江西铜钞票及1921年1925年两种公债	组由基金保管委员会每月十五日抽签一次其还本付息事宜委由江西裕民银行经理中签本券之得依保证办法抵纳颁盐附捐
短期地方公债	50万元	1929年1月发行			每石盐税划出一元五角为基金		军事	1929年3月、6月两次归还

续表

债券名称	债额	发行年份及还本期限	按票面实数	息率	偿还基金	已未收回	用途	附注
第一次有利短期流通券	60万元	1929年6月5日发行，分六期兑现，每半个月为一期，从1929年6月20日开兑至9月5日兑清	十足发行	每半个月给息当十铜元二枚半	1929年6月1日起全省所收1929年土地丁	完全收回	应付淡月政费	组有基金保管委员会掌理印制发行及核收基金到期兑现等事宜
第二次有利短期流通券	60万元	1929年11月发行30万元，12月1日发行30万元，分1930年1月1日、1月15日、2月1日、2月15日四期兑清	十足发行	每半个月给息当十铜元三枚	1929年11月1日起全省所收之1929年米折全部之半数	完全收回	应付淡月政费	由前次基金保管委员会继续办理发行及核收基金到期兑现等事宜
第三次有利短期流通券	120万元	1930年4月1日一次发行，分12期，每月为一期，每月兑现10万元，自1930年4月底开始至1931年3月底兑清	十足发行	每月按每元给元息当十铜元六枚开兑时连同本息照付	在整理金融库券基金项下（即盐附捐）月分拨银120万元，如有不敷另于库收项下拨付	依期收兑	应付剿匪费用及弥补亏短政费	由上次基金保管委员会酌予改组为本券基金保管委券之印制发行及本券到期兑现等事宜
善后公债	500万元	1931年10月发行	九八发行	年息八厘	省铸矿税及公路各收益为还本付息基金		工赈销路救济金融	
玉萍铁路公债	1200万元	1934年1月发行	九八发行	年息六厘	原有库券基金中盐附捐作基金		建设玉山到萍乡铁路	1943年6月底归还

续表

债券名称	债额	发行年份及还本期限	按票面实数	息率	偿还基金	已未收回	用途	附注
民国二十四年短期库券	80万元	1935年发行		月息一分	营业税屠宰税为还本基金		弥补预算不足	1936年4月底偿清
民国二十五年江西省整理土地公债	300万元	1936年10月发行	九八实收	年息六厘	全省土地登记图费收入及整理土地增收的田赋为基金		整理土地	1942年9月30日止本息全数还清
救国公债	500万元	1937年10月发行						全省83个县认购
江西省财政厅民国二十五年续发短期债券	100万元	1936年1月发行		月息一分	营业税、屠宰税为基金		弥补预算	1937年3月末全数还清
江西省财政厅民国二十五年续发短期债券	90万元	1936年8月发行		月息一分	筹矿收入为偿债基金		弥补预算	1937年1月1日还清
江西省财政厅民国二十五年第二次续发短期债券	80万元	1936年9月发行		月息一分	筹矿收入为偿债基金		弥补预算	1937年3月5日偿清

续表

债券名称	债额	发行年份及还本期限	按票面实数	息率	偿还基金	已未收回	用途	附注
1938 年江西省建设公债	2000 万元	1938 年 7 月发行		年息六厘	省营鸽锡照费为基金担保		开发林矿、修筑公路等费用	定 1953 年 6 月偿清。实际上财政部接收核销，抵押借款由国库代为统筹清理
1941 年江西省建设公债	1500 万元	1941 年 9 月发行		年息六厘	锡矿盈余及一二五盐附捐为基金担保			定 1961 年 8 月偿清，实际上转为裕民银行押借现款，财政部未予换偿，由国库代为清理缴销

资料来源：根据江西财政厅编：《江西财政纪要·会计》，江西财政厅 1930 年版，第 2 - 6 页；万必轩：《地方公债》，大东书局 1948 年版，第 25 - 28 页，整理而成。

二、债务特征

江西地方债中有些地方债务被中央接收。比如，为了筹集建设经费，江西省政府在"赣政十年"间曾先后两次发行建设公债。第一次是1937年12月20日，以"为发展本省生产建设事业"为名，发行民国二十七年江西省建设公债，定额为国币2000万元，年利率6厘，偿还期限一直到1953年6月。[①] 第二次是1941年9月1日，仍以发展本省生产建设事业为名，发行民国三十年江西省建设公债，定额为国币1500万元，年利率6厘，偿还期20年。[②] 由于国民政府根据1941年第三次全国财政会议的提议，决定统一整理各省公债，江西的这两期公债，第一期公债由中央接收，从1942年起，到期应付本息由中央拨付；第二期则被下令停止发行，因此，江西实际只发行了一期建设公债。尽管如此，仍为十年改革期间江西经济建设注入了难得的资金，是有积极作用的。

江西省地方公债绝大部分用于军政费用，只发行过一期建设公债，所以很少部分用于建设和教育支出。发行短期证券、短期公债、金库证券、军用手票等，名目纷繁，信用薄弱。全省人民，渐视公债为畏途。"军需当局，则以发行公债，与滥发纸币，为脧削脂膏、填饱私囊之无上妙品。故十年、十四年两次公债，债额竟达1600万元。美其名曰整理财政及收回一切到期未兑之债券。而若何支出，姝鲜公开。"[③]

不少地方债设有基金保管委员会掌理印制发行及核收基金到期兑现等事宜。比如，1928年整理金融库券、1929年6月第一次有利短期流通券、1929年11月第二次有利短期流通券、1930年4月第三次有利短期流通券等，虽然指定了基金，但从未见切实保管，实际仍是"自我操之。

---

①　《民国二十七年江西省建设公债条例》，载《立法院公报》1938年第96期，第90-93页。
②　《民国三十年江西省建设公债条例》，载《申报》1941年10月10日第4版。
③　万必轩：《地方公债》，大东书局1948年版，第25页。

自我纵之，终其极，债券塞途，兑现无期。商民之受困，又敢怒而不敢言也"①。

第八节　近代河北省地方政府债务

河北省在1928年前称直隶，直隶发行公债，始自清末。清末和民国前期，战乱频繁，灾变迭生，原已十分拮据的直隶地方财政，更加入不敷出，于是频频举债以资抵补。自1905年（清光绪三十一年）至1929年（民国十八年），除直隶二、三次公债因无资料可查不计外，直隶共发行地方公债十五次，如表3-21所示。

1928年6月20日，经国民政府决定，将直隶改为河北省，省会设在天津。北洋政府时期和南京国民政府时期，河北省很多地方借款，分对内、对外两种，先后共50次（包括直隶在民国初年的借款），如表3-22所示。

综上可以看出直隶、河北省地方债的特点是：一是阶段性明显，直隶以地方公债为主，1928年改称河北后，以政府借款为主。二是地方公债债信不佳。比如褚玉璞督直时期，竟然在一年之内发行三次公债，数额合计一千六百万元，但人们根本无力认购，只好强制摊派，最后导致迅速失败。三是国民政府时期，对内借款除八厘公债改抵临时借款及永定河工借款债期较长外，其余均为短期借款，长者一年多，短者仅几个月。利息多为月息，低者3厘，高者1分8厘。

---

① 万必轩：《地方公债》，大东书局1948年版，第25页。

表 3—21　　　　　直隶地方公债情况（1905～1929 年）

公债名称	举债时间	发行额	利率	期限与偿还情况	担保	用途及其他情况
直隶公债	1905 年 2 月	480 万两银	年利率 7 厘，以后逐年加 1 厘，第二年起分 6 年还清	期限六年，每年还本金 80 万两，本息已偿清	以藩库银、运库银、永平七属盐款余利和铜元局余利四项为担保财源	为扩充北洋陆军、筹措军费。债期届满后，可用作缴纳田赋、关税、统捐及盐税等项
直隶二次公债	1911 年	320 万两银	第一年息 7 厘，后逐年加 1 厘，第二年起分 6 年还清	至民国 4 年已还本三次	直隶藩库 30 万两长芦及永平七属盐款 50 万两	
直隶三次公债	1917 年 9 月	120 万两银	第一年息 7 厘，至第六年 1 分 2 厘	1917 年底募足，分甲乙丙丁戊己六号。甲号 1919 年还，乙号还本，余类推至六年偿清。照票面实收，无折扣	本省国家收入之杂税	本省灾变迭生，收入锐减，支出骤增。曾发布《劝告认购直隶三次公债论》
直隶赈灾公债	1920 年 10 月	120 万元	年息 1 分 2 厘	1921 年起每年偿还一次，分十年偿清。每百元实收 97 元，另序募续费 2 元	由开滦矿务总局报销实业经费 20 万元，为偿还基金，如有不足，由滦州矿务公司官股股息内扣拨	为赈济灾民
直隶四次公债	1921 年 8 月	300 万元	利率第一年 1 分，以后每年递增 1.5 厘	分六年还清，每年 6 月底和 12 月底各付款一次	以全省统税（厘捐）收入为担保	为办理军事善后事宜。本公债未还清以前无折扣

245

续表

公债名称	举债时间	发行额	利率	期限与偿还情况	担保	用途及其他情况
直隶兴利公债	1923年10月	100万元九五折实收95万元	年息1分2厘，每一百元实收97元，另付承募手续费2元	1923起分十年偿还。债期十年，每年10月10日还付本金十分之一	以开滦矿务局应缴煤税、煤厘为担保，直接付期支付利息	为筹办省兴利事宜
京兆短期公债	1924年10月	65.48万元，按九五折实收62.21万元	月息1分	从1926起分三次还清，每年4月1日还本一次，第一次还30%，第二、三次各还35%，付息办法为预付一年，以后每年10月1日各付一次	以京兆各县田赋和其他税捐为担保	为筹集军政经费
直隶五次公债	1924年9月	199.93万元	第一年年息1分，以后每年递加1厘5毫，每半年付息	年底以前募足照票面实收无折扣。从1925年起分6年12次偿清。每年6月底和12月底各还一次	以全省杂税和屠宰税收入为担保	为抵补本省财政预算不足
天津市政公债	1925年10月	125.22万元，以九二折实收款115.21万元	凡在9月20日以前应募者，每百元债券预加利息一期5元，另加利息一期5元，实经募手续费3元，实周息1分，收八七。	1927年开始还本，到1931年底还清。每年底抽签一次，每次还本十分之一。利随本减	天津工巡捐务处在收入项下每月拨足5万5千元	为筹措发展天津市政经费
直隶二次兴利公债	1926年12月	110万元，按九八折实收收款107万元	年息1分	债期八年，前四年付息，后四年带息还本，每年底还付一次	以开滦矿务局应缴地方兴利实业经费，报销、煤税及煤厘为担保	为省兴办事业

续表

公债名称	举债时间	发行额	利率	期限与偿还情况	担保	用途及其他情况
直隶善后长、短期公债	1926年6月	长期600万元、短期400万元	周息8厘，长期前三年付息不还本，1929年12月起还本，每半年抽签一次，分三年偿清，第一、二次每次抽还10%，第三次15%，第五、六次分三次20%。短期作六次偿还	前三年付息，后三年还本，债期六年，每年6月底和12月底各还一次	全省杂税统税收入之一部分及契税收入之一部分为基金。盐务收入不足时以直隶盐务协款为第二担保	票面分5元、10元、100元和1000元四种。短期在天津招募，长期分在天津及各县招募，长期向天津公债由天津总商会承担100万元。短期公债由天津总商会承担100万元，经向天津县知事县呈述困难，经公债局研究复函停办
直隶六次公债	1927年1月	600万元	周息8厘	前三年付息不还本，第四年起至第八年每年还本10%，依限各收六成，每百元实收90元	井陉矿务收入每年应归本省部分为基金。如本省收入不足另由省项项收入如数拨补	为整理财政，筹备饷需，发行票面分5元、10元、100元和1000元四种。在募债第二期内募足本公债后公债者，准收二成半，搭收五成，依限各六成，搭收二成，均以商会搭收一成五，均以商会查验盖戳之券为限，以搭收现金为度，此外悉收现金
特种债券	1929年2月	发行定额240万元，实际额236.01万元	年息7厘	自1929年6月底起，到1938年6月底止，每年6月底和12月底各还一次	以借款、押品和开滦矿股票利息余额为担保	河北省政府成立后发行，用以转换中国和交通等六银行所购直隶善后长、短期债券

续表

公债名称	举债时间	发行额	利率	期限与偿还情况	担保	用途及其他情况
						用途及其他情况
						弥补预算
八厘公债	1929年	500万元	年息8厘	8年	省田房契税	
编遣欠饷定期库券	1929年10月	库券250万元		10个月全部兑付,但实际上延期至1931年2月才兑付清结	以省官产变价、官荒黑地变价及全省煤税与节余经费为担保借款	用于垫发欠饷

注:本表所列公债,悉见于天津商会档案二类有关各卷(*2622、*2625、*2626、*2627、*2628、*2629、*2634、*2636)。

资料来源:河北省地方志编纂委员会编:《河北省志·财政志》,河北人民出版社1992年版,第205~206页;天津市档案馆、天津社会科学院历史研究所、天津市工商业联合会合编:《天津商会档案资料(1912—1928)》(第2分册),天津人民出版社1992年版,1393~1397页。

表 3－22　民国时期河北省借款统计

借款名称	用途	借款时间	借款总额	利率	还清期限
华比银行借款	办理本省公家工程等	1913 年 4 月	英金 50 万镑	年息 5.5 分	30 年
华比银行借款	代前财政部借	1925 年 7 月	银元 4 万元	月息 1.4 分	3 个月
津浦铁路四省公司借款	拨放本省军饷	1912 年 11 月	公化银 180900 两	月息 5 厘	未定
津浦铁路四省公司借款	拨放顺直赈款	1913 年 3 月	公化银 6 万两	月息 7 厘	3 个月
津浦铁路四省公司借款	充保卫局直赈款	1913 年 6 月	公化银 5 万两	月息 5 厘	未定
直隶省银行借款	归还银行公司借款	1915 年 4 月	公化银 20 万两	月息 7 厘	3 个月
津浦铁路四省公司借款	濮阳黄河工程	1915 年 5 月	251453 两	月息 5 厘	未定
津浦铁路四省公司借款	本省军饷	1915 年 6 月	公化银 12.2 万两	月息 5 厘	未定
直隶省银行借款	归还省银行旧欠	1917 年 10 月	36 万元	月息 3 厘	1 年
津浦铁路四省公司借款	拨付各省赈次	1920 年 11 月	公化银 37546 两	月息 5 厘	未定
天津盐业银行借款	归还银行借款	1920 年 12 月	10 万元	月息 1.6 分	4 个月
殖业银行借款	归还银行借款	1921 年 1 月	34 万元	月息 1.5 分	6 个月
殖业银行借款	归还银行借款	1922 年 11 月	17 万元	月息 1.6 分	6 个月
殖业银行借款	归还银行借款	1923 年 1 月	40 万元	月息 1.75 分	6 个月
天津中国银行借款	还前借该行之款	1923 年 1 月	100 万元	月息 1.6 分	1 年
天津大生银行借款	还银行借款	1923 年 1 月	20 万元	月息 1.6 分	1 年
天津农商银行借款	还银行借款	1923 年 1 月	100 万元	月息 1.6 分	1 年
天津大成银行借款	还银行借款	1923 年 1 月	10 万元	月息 1.6 分	1 年

续表

借款名称	用途	借款时间	借款总额	利率	还清期限
天津中南银行借款	还银行借款	1923年1月	20万元	月息1.6分	1年
直隶省银行借款	拨放前欠军饷	1923年10月	74.8万元	无	未定
中国华洋义赈救灾总会借款	永定河堤工	1924年7月	4万元	月息8厘	6个月
中南、金城两银行借款	拨充军饷	1924年9月	10万元	月息1.6分	2个月
天津盐业银行借款	还农商银行借款并拨军饷	1925年1月	60万元	月息1.6分	2个月
天津盐业等四银行及华立洋行化赈房借款	拨放军政各费	1925年3月	80万元	月息1.6分	10个月
天津中国、交通等七银行借款	拨充军饷	1925年3月	10万元	月息1.4厘	3个月
天津大成银行借款	还前借该行之款	1925年7月	8万元	月息1.8分	2个月
天津中国、交通等十银行借款	代井陉矿区局借用	1925年8月	30万元	月息1.6分	1年
天津盐业银行借款	拨放军饷	1925年9月	20万元	月息1.5分	8个月
天津中国银行借款	代直隶省银行借用	1926年4月	7万元	月息1.2分	3个月
北京中国农工银行借款	修永定河工程	1926年6月	8.5万元	月息1.8分	未定
北京中国农工银行借款	修筑津通马路	1926年10月	5万元	月息1.5分	6个月
直隶省银行借款	抵还殖业银行借款	1926年10月	35万元	月息1分	未定
北京中国农工银行借款	交京兆银钱局官股	1926年11月	4万元	月息1.5分	6个月
北京大陆银行借款	京兆永定河修筑工程	1927年6月	4.2万元	月息1.3分	6个月
北京中国农工银行透支借款	充各项政费	1927年9月	2.8万元	月息1.8分	未定

续表

借款名称	用途	借款时间	借款总额	利率	还清期限
直隶省银行借款	还中、交、盐三行借款	1928年5月	30.2万元	未定	未定
北平山西省银行借款	筹办省银行及军政各费	1929年1月	30万元	月息1分	6个月
北平山西省银行借款	应付要各款	1929年4月	50万元	月息1.1分	5个月
八厘公债改抵临时借款	弥补预算不敷	1929年5月	231.3万元	无	5年6个月
北平山西省银行借款	应付紧要各款	1929年7月	20万元	月息1.1分	4个月
北平山西省银行借款	补发编军队队欠饷	1929年10月	60万元	月息1.1分	10个月
天津中国等七银行借款	筹拨要需并整理旧欠并巩固特种库券基金	1930年1月	260万元	月息1.2分	1年
天津盐业银行借款	省政要需应付要需	1930年1月	50万元	月息1.2分	1年
北平山西省银行借款	应付要需	1930年1月	60万元	月息1.1分	10个月
永定河工借款	堵永定银行决口	1930年3月	53.3万元	月息1分	5年9个月
北平金城银行借款	还大成银行旧欠	1930年7月	10.5万元	月息1.2分	6个月
中华国家银行借款	拨发军费	1930年8月	40万元	月息1.2分	2个月
天津国家等七银行借款	筹拨要需拨交省银行官股	1931年3月	8万元	月息1分	6个月
天津盐业银行借款	筹拨要需拨交省银行官股	1931年3月	2万元	月息1分	6个月
中、交等六银行借款	拨付河北省特种库券第六期本息	1931年12月	16.6万元	月息7厘	1年

资料来源：河北省地方志编纂委员会编：《河北省志·财政志》，河北人民出版社1992年版，第207～209页。

第九节　近代云南省地方政府债务

在近代中国历史上，云南财政收支历来是入不敷出，有时支出竟然超过收入一倍以上。在清朝末年，虽然有中央的拨款和邻省的协饷接济，数目不可谓不多，但云南财政仍感捉襟见肘。所以有人感慨地说，云南财政差不多"行至崩溃的绝境"①，"财政困难，达于极点"②。1911 年的辛亥革命起义，推翻了清政府在云南的统治，民国时期，云南先后由蔡锷、康继尧、龙云、卢汉主政，1912 年 1 月建立了"云南军都督府"。1913 年至 1928 年的十余年间，云南的军队不断征战，军费开支连年增长，云南举债、借款并举。1928 年初龙云掌握云南大权后，采取了一系列财政改革措施，到抗战开始，云南基本摆脱了财政危机的局面。云南省地方债主要集中在北洋政府时期。

一、债务概况

1911 年，云南省曾向英德洋行借款 25.2 万镑，曾向比卢汉铁路公司借款 150 万库平银，用于赎回云南矿权。1912 年，云南省为弥补财政不足，向法领安南东京鸦片专卖局借款 250 万两，年六分，用于云南鸦片买收权和矿山采掘权。③

1913 年 1 月 27 日，云南省向德商礼和洋行订购枪炮子弹，价款德金 2575827 马克，另加各项手续费等 360615 马克 78 分尼，两共计德金 2936442 马克 78 分尼，合华银 1057119 两 4 钱零 8 毫。合同定明分五期付款，由合同签押日起二星期内付第一期全价银十分之二作为定银；除 5000 支枪外，所有各货运到交清，付第二期全价银十分之二。其余未付之款分三年交清，月息五厘。此项货款，已付第一批价款十分之二计德金 587288 马克 55 分尼作为

---

　　① 《云南经济》（西南经济资料丛书之三），中国国民经济研究所 1942 年版，第二十一章第 1 页。
　　② 《云南农村调查》（行政院农村复兴委员会丛书），商务印书馆 1935 年版，第 25 页。
　　③ 蒋士立：《国债辑要》，日进舍日本大正 1915 年版，第 101 页。

定银。后因袁世凯中央政府以"军事迭兴，中央军械缺乏"为由将所购枪炮子弹统由中央留用。第二批价款德金 587288 马克 55 分尼，由民国政府财政部发给同额库券一张。嗣因中德宣战，货物未到，第二批以后之价款亦未付。所交定银德金 587288 马克 55 分尼应向礼和洋行索回，并应索取自定货日起之利息及赔偿不能履约之损失。我国政府曾将该款列入对德因战争所受损失清册之内，在巴黎和会上向德国提出赔偿要求。[1]

云南省政府在北洋政府时期，通过公开发行与非公开提借等方式，举借十倍于岁入的巨额债务扩充军备，使滇系成为近代中国举足轻重的地方实力派系，直接左右西南甚至中国的政局走向。

随粮公债是北洋政府时期云南省政府发行的第一支内债。此项公债发行的前因后果并不明晰。现有档案史料记载，"征获癸丑年分随粮公债"[2] 说明该项公债在 1913 年即已发行。据《宜良县志》载，该公债是以"每石军民粮加征随军公债银两 1~2 两"[3] 进行征收，又据《禄劝彝族苗族自治县志》记载，"每纳军粮 1 石加征随粮公债银 2 两，每纳民粮 1 石加征随粮公债银 1 两。"[4] 据此或可推断，随粮公债为强制征募。因地方灾患频繁，民力不支，地方收成锐减，该项公债后改为报解省政府四成，地方截留六成以办实业或赈济灾民。"设使将此项随粮公债六成……办理实业之用"[5] 但仍因多属州县奏报地方灾患频繁，民力不支，省政府于 1915 年 4 月，决定"所有未征之六成公债一律停止，以示体恤"[6]。

护国公债发行于 1916 年，该项公债专为护国战争之用。袁世凯于 1915

---

　① 财政科学研究所、第二历史档案馆编：《民国外债档案史料 4》，档案出版社 1991 年版，第 314 页。

　② 《云南省财政厅关于查核休纳县民国三年十二月至民国四年六月份征收随公债清册情形给云南巡按使的详》（1915 年 10 月 3 日），云南省档案馆藏云南省建设厅档案，档案号：1077 - 001 - 01176 - 025。

　③ 许实等：《宜良县志卷 4》，1921 年，第 11 - 12 页。

　④ 禄劝彝族苗族自治县志编纂委员会：《禄劝彝族苗族自治县志》，云南人民出版社 1995 年版，第 450 页。

　⑤ 《云南巡按使署关于以六成随粮公债拨充实业经费给各道的饬》（1915 年 1 月），云南省档案馆馆藏云南巡按使署档案，档案号：1077 - 001 - 01303 - 002。

　⑥ 《云南巡按使署关于查明昆阳县六成随粮公债是否豁免给云南财政厅的饬》（1915 年），云南省档案馆馆藏云南省政府秘书处档案，档案号：1077 - 001 - 01303 - 003。

年称帝复辟，云南首举义旗，"服役民国，坐镇滇疆……誓师中原"①，然"义师既起，需饷浩繁，滇黔瘠区，库储无几"②。除号召华侨捐款外，云南省政府决议发行护国公债一千万元以资军需。利率为"周年六厘"，息期以"每年六月付给一次"，偿还期为"自发行之日起后置十年以至民国十六年七月一日起息，至民国二十一年六月止。此五年以内只付利息，又自民国二十一年七月一日起，每年偿还本金十分之一，至民国三十一年六月止，全数偿清"③。为了推进公债的发行，护国公债"应付本息由云南政府完全担保，并指定云南全省厘金牲畜烟酒税等为担保品"④。并指定富滇银行作为募集机关。同时，该项公债"可抵交公务上之保证金，其到期息票，得以之完纳田赋、厘税及其他现款交售之用"⑤。表明为了推进公债的顺利发行，不仅以政府财政收入作为担保，还可抵用田赋、厘税及其他税款，借以劝募。

靖国公债因靖国战争之兴而发。1917 年 4 月，川军刘存厚发动"刘罗之战"，驱逐滇系四川督军将领罗佩金，川滇地方实力派矛盾日深。1917 年 7月，"张勋实行复辟，后为谕刘存厚为四川巡抚。"⑥唐继尧深感不满，以护法为由，发动对川军刘存厚的战争。"将滇中健儿，编为靖国各军，尅日亲率西征大军北伐……。"⑦靖国之战由此兴起。然而，"靖国军兴，库帑支拙。"⑧乃于1918 年募集靖国公债。根据《云南靖国公债条例》，"本公债专备云南靖国军军饷之用，名曰云南靖国公债。"⑨与护国公债一样，靖国公债是军需公债，且专款专用。"本公债募集总额暂定为二百万元……利率定为周年八厘。"⑩且"自发行之日起，三年以内只付利息，第四年起，每年摊还发行总额五分之一。"⑪偿还为"用抽签法偿还"⑫。但因地方贫瘠，该项公债多难募足，到1921 年，只募集到 10% 左右。1921 年，省政府正式给财政厅发布训令，"前此靖国事业，几经变相，实无再行募集之必要，而富行换

---

① 《中华民国云南都督唐拥护共和誓师讨袁文》，载《义声日报汇刊》1916 第 1 期，第 83 - 84 页。
② 《致华侨筹饷助义电》，载《中华民国史事纪要》，台湾中华民国史料研究中心出版，1916年，第48 页。
③④⑤ 《云南省财政厅关于云南护国公债》（1917 年 7 月 1 日），云南省档案馆馆藏太平洋富滇云信保险公司联合全宗档案，档案号：1134 - 001 - 00296 - 0004。
⑥ 《西报记四川军事》，载《民国日报》1917 年 7 月 27 日第 5 版。
⑦ 《唐继尧对于靖国军之誓死词》，载《时报》1917 年 8 月 22 日第 6 版。
⑧⑨⑩⑪⑫ 《云南省财政厅关于速劝募靖国公债给思普沿边第六区行政分局的指令》（1920 年 12月 1 日），云南省档案馆馆藏云南省政府秘书处档案，档案号：1106 - 004 - 01782 - 012。

票付息办理已经数月，尤应早为结束。"① 靖国公债随即停募。

定期省库券发行于 1926 年，发行数额为 120 万元，是为解决军队欠饷与军政人员薪俸问题的专款公债。② 与其他公债不同的是，"此项库券自发行之日起满一年后兑换，至搭发行欠饷为数较巨，均定为十五年一月发行，分三期兑款，第一期十六年一月兑款，第二期十六年五月兑款，第三期十六年九月兑款"③，兑换期仅为一年。此项公债发行，有特定的发行对象，规定凡是每月薪酬在 5 元以下者，可不认购，在 5～10 元者，一律认购 5 元，在10～100 元未见认购要求之数，100 元以上者，按照薪酬的 20% 认购④，具有强制性特征。虽然该项公债一年即可兑现，但是云南省当时的财政已积欠巨款，也未见史料表明该项公债如期兑付偿还。

整理金融锡税公债于 1926 年发行。北洋政府后期云南省财政已濒临破产，时人认识到，"财政十分支拙，系直接间接受金融之影响。"⑤ 政府乃提出整理金融计划。有代表提出，"不敷之数，则以省公债办理……此项公债即指定盐商锡商及殷实绅粮任购足。"⑥ 历时半年左右争论，最后定调解决方案是加税、募集公债、随粮借款等，整理金融锡税公债即为其中之策。锡税公债募集，原本"以个旧产锡每年以五千张计，每张应募公债三百元"⑦，但考虑到"去岁甫经增加锡税，锡商负担未免过重，为体恤商艰计"⑧，最后决议"每张应酌减为应募公债二百五十元，以两年为期，每年可募获公债一百二十五万元"⑨。这或可窥见，该项公债是按锡随募。利息为年息 6 厘，第二年开始付息，第六年还本，以烟、酒等五项收入为担保。以两年计算，似可募款 250 万元。但据《云南省志·财政志》记载，至 1928 年 10 月，此项公债只募获 4.1 万元，最后被保安分会挪用，当年 12 月底停募。⑩

---

① 《云南省长公署关于查办结束募集靖国公债事给财政厅的训令》（1921 年 5 月 3 日），云南省档案馆馆藏云南省政府秘书处档案，档案号：1106－004－01779－001。

②③④ 《云南省公署关于印发云南定期省库券条例给昆明等十一属联合中学的训令》（1926 年 3 月 13 日），云南省档案馆馆藏云南省教育厅档案，档案号：1012－007－00310－022。

⑤ 童振藻：《维持滇省金融管见》，载《金融研究号》1926 年，第 23 页。

⑥ 《云南省议会第四届第二期第二次临时会第二次大会议事日表（核议整理金融各案）》（1925 年 7 月 20 日），云南省档案馆馆藏云南省建设厅档案，档案号：1077－001－00691－042。

⑦⑧⑨ 《云南整理纸币会议之结果》，载《申报》1926 年 7 月 18 日第 9 版。

⑩ 云南省地方志编纂委员会总纂：《云南省志·财政志》，云南人民出版社 1994 年版，第190 页。

1926 年，云南省政府除对锡商强制发行锡税公债外，还对民众发行了整理金融随粮公债。该项公债于 1926 年正式发行，募集期限定为一年，"监征各款除随粮公债，自丙寅年开征实行，仅随募一年，年息六厘。"[①] 该项公债指定富滇银行与各州县长官为特定的劝募方，拟募总额 140 万元。与其他公债不同的是，该项公债的担保品不是烟酒税等，而是全省田赋。据张肖梅的统计，1922～1925 年，云南省田赋税收占比一直保持在 20% 左右[②]，以政府最主要的稳定收入来源之一田赋作为担保，其可能的原因是提升债信。同时规定，"纳粮随交公债款者，于填发田赋粮串票时，在串票上加盖戳记为临时收据。"[③] 这或可表明该项公债并未印制公债票据。该项公债募集期限为一年，于 1927 年停止募集，具体募集数额暂无据可考。整个北洋时期，云南省政府内债发行情况见表 3 - 23。

表 3 - 23　　　　　　　北洋政府时期云南省政府内债发行情况

年份	公债名称	发行额（万元）	利息	年限	承募机关	担保品
1913	随粮公债	不详	不详	不详	富滇银行	不详
1916	护国公债	1000	周年 6 厘	25 年	富滇银行	全省厘金牲畜烟酒税等
1918	靖国公债	200	周年 8 厘	8 年	富滇银行	全省烟酒公卖费
1926	定期省库券	120	不详	1 年	富滇银行	全省厘金牲畜烟酒税等
1926	整理金融锡税公债	250	周年 6 厘	不详	富滇银行	全省厘金牲畜烟酒税等
1926	整理金融随粮公债	140	周年 6 厘	12 年	富滇银行	田赋

资料来源：《云南省公署关于印发云南定期省库券条例给昆明等十一属联合中学的训令》，云南省档案馆馆藏云南省教育厅档案，档案号：1012 - 007 - 00310 - 022，1926 年 3 月 13 日；《云南省省长唐继尧关于准云南财政司呈修改靖国公债条例提会议决议的密令》，云南省档案馆馆藏云南省政府秘书处档案，档案号：1106 - 004 - 01818 - 021，1924 年 9 月 1 日；《云南省财政司关于委任富滇银行承募靖国公债各情给云南省长的呈》，云南省档案馆馆藏云南省政府秘书处档案，档案号：1106 - 004 - 01818 - 020，1923 年 3 月 10 日；《云南省财政厅关于云南护国公债》，云南省档案馆馆藏太平洋富滇云信保险公司联合全宗档案，档案号：1134 - 001 - 00296 - 0004，1917 年 7 月 1 日；《云南省长公署关于发云南靖国公债条例一案给官木建筑工程局的训令》，云南省档案馆馆藏云南省建设厅档案，档案号：1077 - 001 - 01309 - 016，1918 年 9 月 14 日；《云南省志·卷十二·财政志》，云南民众出版社 1994 年版，第 189 页。

---

　① 《云南省公署关于发云南随征整理金融借款暂行条例的训令》（1926 年 8 月 18 日），云南省档案馆馆藏云南省政府秘书处档案，档案号：1106 - 004 - 01775 - 016。
　② 张肖梅：《云南经济》，中国国民经济研究所 1942 年版，第 U28 - 29 页。
　③ 云南省地方志编纂委员会总纂：《云南省志·财政志》，云南人民出版社 1994 年版，第 190 页。

省政府发行的多支公债，募款寥寥，政府遂另辟捷径，向直属的富滇银行直接借款。富滇银行，其前身为1911年拟设的云南省公钱局①，后云南省财政司实业司提出"查该银行既系由滇自行筹办，应即定名为富滇银行"②。1912年2月，富滇银行正式开业，专营存放，抵押、汇兑事业。③ 1916年护国战争突发，因军需不足，省政府向富滇银行暂借80万元以为弥缝。此径募款显然较为方便，是时富滇银行信用日卓，"开办之初……准备充足，信用巩固……且存有较多之准备金，随时兑换皆可，兑现毫无留难，以故信用卓著。"④ 直接提借即可募得巨款，省政府显然"甜头"初尝，为了使富滇银行借款成为可持续的财政来源，1917年省政府训令富滇银行修改了章程。修改后的章程规定，"得依云南政府之命令，筹付款项，以供财政上之需用。但政府应即筹备的款随时归还，总期财政金融互相维持，俾达省立银行之目的。"⑤ "财政金融互相维持"表明，富滇银行已经在组织章程上认可了借款于政府的合法性，于是，"政府当局视银行为军需库，财政机关以银行为外府。"⑥ 财政与金融已经混为一谈。

此间云南省政府向富滇银行筹借了多少款项？1942年张肖梅统计了云南省政府在1912~1926年发行纸币额与政府借用额，如表3-24所示。

---

① 《云南财政司实业司辛亥年十一月十二日会衔报告军政部军都督府为成立云南公钱局文》（1911年11月12日），参见：中国人民银行云南省分行金融研究所编《云南近代货币史资料汇编》，第105页。

② 《大中华国云南军都督府军政部札》（1911年12月），参见：中国人民银行云南省分行、云南省金融研究所编：《云南富滇银行-云南富滇新银行历史资料汇编》（上册），1980年8月，第19页。

③ 《云南军政部鉴鉴司民国元年二月初四日为富滇银行成立开张的告示文》，引自中国人民银行云南省分行金融研究所编：《云南近代货币史资料汇编》，第105页。

④ 《续云南通志长编》，财政六，"富滇银行"。

⑤ 李珪：《云南近代经济史》，云南民族出版社1995年版，第364页。

⑥ 郭垣：《云南省经济问题》，正中书局1930年版，第172页。

表 3 - 24　　北洋政府时期云南省富滇银行发行纸币额与政府借用额情况

年份	发行总额（万元）	银行实用数		政府借用数		
		数额（万元）	占比（%）	数额（万元）	占比（%）	累计额（万元）
1912	—	—	—	—	—	—
1913	60	60	100.00	0	0.00	0
1914	310	310	100.00	0	0.00	0
1915	410	410	100.00	0	0.00	0
1916	400	320	80.00	80	20.00	80
1917	500	390	78.00	110	22.00	190
1918	540	410	75.93	130	24.07	320
1919	650	490	75.38	160	24.62	480
1920	550	390	70.91	160	29.09	640
1921	620	400	64.52	220	35.48	860
1922	900	590	65.56	310	34.44	1170
1923	1540	600	38.96	940	61.04	2110
1924	2170	840	38.71	1330	61.29	3440
1925	2620	640	24.43	1980	75.57	5420
1926	3860	920	23.83	2940	76.17	8360

资料来源：根据张肖梅：《云南经济》，中国国民经济研究所1942 年版，第 T2 - T3 页数据制表。

　　表 3 - 24 数据显示，1912～1922 年，政府内债举借额占银行纸币发行额的30% 左右，但在 1923～1926 年，累计提借额已达 7190 万元，到 1926 年，富滇银行发行纸币 3860 万元，政府借额达到 2940 万元，76% 的发行纸币都被政府借用，正如时人评价，"民国十四年，政府的借款……为一千九百八十万元，十五年借欠数又增至二千九百四十万元，一年内增加一千万元……就其负担数额来说，是惊人的。当时富滇银行已无所谓发行准备，唯视政府之需要如何，即大量发行"[1]，富滇银行似已成为省政府的"提款机"。可见

---

[1]　张肖梅：《云南经济》，中国国民经济研究所1942 年版，第 T4 页。

省政府已将富滇银行视为弥补财政亏空的工具。

随征整理金融借款即为1926年整理金融专项会议议定方案之一。按《云南随征整理金融借款暂行监征条例》第三条规定，"盐税、军饷捐，每盐百斤随征四元五角外，其余各款，均依据原征额随征款一倍。"① 随征税种囊括商税、牲税、屠宰税、印花税、烟酒牌照税、酒税，当课、各种矿税、盐税、军饷捐、百货厘金、川盐厘金、商税、茶税、硝矿税等数十种。按"依据原征税额随征借款一倍"②的标准，因借款税源皆为民众日常生活必须税费，对民众生活造成影响可揣而知。该项借款，"专为整理金融收烧纸币之用"③且"不能移动作他用"④。是时富滇银行大量发行纸币借款于政府，导致纸币充斥市面，省政府遂依靠随征各款收烧纸币，以平抑物价，整理金融。在借款期限上，"自民国十五年八月一日实行统一两年为限，限满即不再随征。自第三年起，各项厘金税捐，均照原征额减收一成，分为二十年摊还。"⑤但是该项借款是否摊还，仍待考证。

整理金融借款之额，据云南省整理金融处的记载，第一次到第九次各机关解征借款纸币之数，达到三百四十一万七千元整⑥。笔者推测，这或许不是最终的借款数据。因云南省整理金融处就销毁纸币一事给内务厅的函中又有言："自五月二日起至二十一日止，约计收获省内外各机关解缴金融借款四十八万元。"⑦ 对应云南省整理金融处报告内的"第九次收获各机关解征借款纸币四十八万七仟"⑧元，在短短19日内，竟募得现金48万元之多，而征借或逾一年，即总计借款额似超所载的3417000元。原计划到1928年8月停征的金融借款，到1927年10月即告停止。1927年10月，省政府训令指出，"金融借款，原系一时补苴之策。饮鸩止渴，事非得已。开办之初，未尝不小有效果，稍足维持金融。顾事非根本远图，历时未几，金融

①②③⑤　《云南省公署关于发云南随征整理金融借款暂行条例的训令》（1926年8月18日），云南省档案馆藏云南省政府秘书处档案，档案号：1106-004-01775-016。

④　《云南省政府就检发云南整理金融公债条例及布告给云南省民政厅的训令》（1926年10月1日），云南省档案馆藏云南省民政厅档案，档案号：1011-001-01166-017。

⑥⑧　《周瀛（云南省整理金融处第一科科员）关于整理金融处历次焚毁纸币数目给内务厅厅长周惺甫的呈》（1927年6月6日），云南省档案馆藏云南省民政厅档案，档案号：1011-005-01166-033。

⑦　《云南省整理金融处关于销毁纸币事给内务厅的函》（1927年5月31日），云南省档案馆藏云南省民政厅档案，档案号：1011-005-01166-028。

之恐慌者如故。……照向来包商承办之额数，加倍借征，除解政府外，向来之盈余亦加一倍。是政府未受其益，商民先受其害，获利乃在中饱。况又因缘为奸，坐是而丛弊滋累者，所在多有。若不及时废止，别谋根本解决办法，为害曷可胜言。"① 上述训令似乎道明了废止借款办法的因由，即不少地方将征收之数采取包商办法借征，以至从中私饱，丛弊滋累，不仅商民深受其苦，政府实际利益也受损无穷。于是，整理金融借款即告终止。

此时云南省的财政金融窘况，就连唐继尧自己也直言不讳地说："朔金融恐慌之原因，实由纸币之发行过多，而纸币之发行逾额，实由政府向银行之借款过巨；政府之所以不能不向银行借款，则又由军事之不能收缩。"② 终于，1927 年 2 月 6 日，发生了以"倒唐"为目标的"二·六"改变，推翻了唐继尧。1929 年，龙云经过近三年的混战统一了云南，并赢得南京国民政府的支持，云南进入龙云统治时期。龙云主政期间，专心于省内建设，使云南得以财政扶持金融，以金融促进生产，以生产充裕财政，逐步均衡云南财政收支，云南进入休养生息阶段，地方不再举债。

二、债务特征

（一）规模演化：由小规模到不可控

民国北洋政府时期，云南省内债规模呈现出由小变大，直至不可控的演化过程。在 1912～1919 年，内债规模与风险整体可控，但 1920～1927 年，内债规模骤增，风险几近失控。图 3-5 估计了 1912～1926 年省政府的负债情况，数据表明，1921 年以后云南省政府累计负债几呈直线上升。

---

① 《云南省政府省务委员会训令：废除金融借款办法》（1927 年 10 月），参见云南省财政厅、云南省档案馆编：《民国时期云南田赋史料》，云南人民出版社 2002 年版，第 140 页。
② 张肖梅：《云南经济》，中国国民经济研究所 1942 年版，第 180 页。

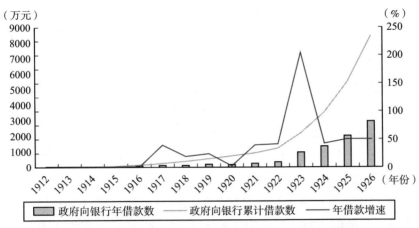

图3-5　1912~1926年云南省政府向银行借款数与增速

资料来源：《云南省志·卷十二·财政志》，云南民众出版社1994年版，第189页；《云南省长公署关于发云南靖国公债条例一案给官木建筑工程局的训令》，云南省档案馆馆藏云南省建设厅档案，档案号：1077-001-01309-016，1918年9月14日；《云南省长公署关于查办结束募集靖国公债事给财政厅的训令》，云南省档案馆馆藏云南省政府秘书处档案，档案号：1106-004-01779-001，1921年5月3日；《云南省公署关于印发云南定期省库券条例给昆明等十一属联合中学的训令》，云南省档案馆馆藏云南省教育厅档案，档案号：1012-007-00310-022，1926年3月13日；张肖梅：《云南经济》，中国国民经济研究所1942年版，第U3页；《云南省公署关于发云南随征整理金融借款暂行条例的训令》，云南省档案馆馆藏云南省政府秘书处档案，档案号：1106-004-01775-016，1926年8月18日；《周瀛（云南省整理金融处第一科科员）关于整理金融处历次焚毁纸币数目给内务厅厅长周惺甫的呈》，云南省档案馆馆藏云南省民政厅档案，档案号：1011-005-01166-033，1927年6月6日。

　　图3-5中发现：第一，在1920年以前，政府积欠借款数保持小幅度上升，累计数亦在财政收入数内，整体风险较为可控；第二，1921年以后，政府向银行年借款数增速呈现上升趋势，1923年达到峰值，同比增速达200%，虽1924年同比增速有所下降，但1925年、1926年增速又有所上升。积欠富滇银行数已达3000万元之巨，其边际风险不言而喻。

（二）结构演化：由发到借到发借并举

　　北洋政府时期，云南省政府内债规模颇巨，结构复杂，经历了多阶段的演化。按其演化，大体上可以分为四个阶段，即公开发行内债阶段、公开发行内债与银行借款阶段、银行借款阶段、公开发行内债与银行借款及整理金融借款阶段。

1912~1915 年，云南省政府主要依靠举借内债以厚财力，此为公开发行公债阶段。在该区段内，省政府发行了随粮公债。此项公债发行的前因后果无据可考，目前仅知因地方募集困难，后将该项公债六成留于地方办理实业之用，省政府只收归四成，但因灾歉等情，各县纷纷请免未收公债。如"查易门县……解厅四成公债……尚有未完银八百九十四元……"①。"（昆阳县）因近年收成歉薄，又复水旱成灾，业经前任李知事详奉批准，将存留地方之六成公债豁免。"② 省政府乃于 1915 年停止募捐。该阶段政府未向银行借款，内债结构主要是公开发行的公债。

1916~1920 年，进入公开发行公债与银行借款二者并举阶段。该阶段出现此种变化的因由在于该阶段云南省政府面临较大的军需压力，需多方筹款。1916 年护国战争爆发，军费骤增。根据肖雄的考证，1915 年云南省的军需费用大约为 236 万元，但是在 1916 年护国战争爆发后，军费骤然增加至 571 万元。③ 而 1916 年云南省的财政收入仅为 572 万元，仅比 1915 年增加 132 万元，面对缺额巨大的军需，急需多方筹款。1916 年，省政府发行 1000 万元的公债，与此同时，还向银行借款 80 万元。此先例已开，且银行也已将"借款于政府"写入章程，向银行借款随之成为省政府主要筹款之方。1917 年云南省组建靖国军入川，巨大军费需求下，一方面发行了"靖国公债"接济饷粮④，另一方面"军费浩繁，叠向银行挪借款。"⑤ 于是呈现出发借并存之局。

自 1921 年云南省政府停止募集靖国公债以来，一直到 1925 年，省政府再无公开发行公债之举，取而代之的是全部向银行借款，内债进入主向银行借款阶段。出现此种现象的原因在于：第一，此时云南省政府面临着更为艰

---

① 《云南巡按使署关于云南财政厅核复易门县详报征收随粮公债数目一事给滇中道道尹的饬》（1915 年 4 月），云南省档案馆馆藏云南省政府秘书处档案，档案号：1077-001-01304-010。

② 《云南巡按使署关于查明昆阳县六成随粮公债是否豁免给云南财政厅的饬》（1915 年 2 月），云南省档案馆馆藏云南省政府秘书处档案，档案号：1077-001-01303-003。

③ 肖雄：《护国战争时期云南都督府筹措军费考察》，载《军事历史研究》2018 年第 2 期，第 46-53 页。

④ 《云南省财政厅关于复云南实业厅其呈以靖国公债提作实业经费各情一案碍难照准的咨》（1920 年 11 月 3 日），云南省档案馆馆藏云南省政府秘书处档案，档案号：1106-004-01792-001。

⑤ 《苏正熙关于收到整理金融借款监征条例及遵办情形鉴核由给云南唐省长的呈》，云南省档案馆馆藏云南省政府秘书处档案，档案号：1106-004-01108-023。

难的财政处境，必须迅速筹集款项以资接济。1921 年，唐继尧与顾品珍发生内战，后又有范石生回滇之战，大小数战在云南境内发生，导致财政收入内生动力进一步受挫。与此同时，无论是唐继尧还是顾品珍，其主政期间无不希望多筹措军费以防政敌，在艰难的财政处境下，"财政愈形艰窘，入不敷出，久成不可避免之事，不得已，唯有向银行挪借。"① 通过银行借款，迅速筹集军资便成为理性抉择。第二，是对原先债务举借方式的进一步调整。因靖国军兴，云南省政府发行了 200 万元的靖国公债，为保证能筹到此款，强制规定"军政各机关职员，无论俸公薪饷，夫马津贴，概按半月所得之数，认购公债"②。期间虽省政府要求各地摊派认购，但依然收效甚微，200 万元的靖国公债三年认购数仅为 10% 左右，不得不停止募集。通过靖国公债事件，省政府看到公债的发行在云南省可谓举步维艰，而是年岁入日滑，军需日涨，面对难以募集的公债和容易筹措的银行借款，省政府进一步调适了举债方式，即不再募集公债，全部向银行借款，导致 1921 ~ 1925 年银行借款在债务结构中"独占鳌头"。

及至 1926 年，省政府内债结构再次发生变化：不仅在一年内连续公开发行三支公债，与此同时，还向富滇银行筹借巨款，不仅如此，还有"新面孔"登上舞台——即筹募随征整理金融借款。1926 ~ 1927 年，省政府发行三支公债拟募资金达 500 余万元，还向银行筹借了近 3000 万元的巨款，并且通过随征整理金融借款，至少筹措了 340 余万元的款项，内债结构打破了主向银行借款之态，呈现出"三债齐筹"之局。

（三）"雷大雨小"：发行额大实募额小

即使云南省政府发行了多支公债，但实募寥寥。靖国公债拟发行额为 200 万元，实际募集额为 24 万元，实募比仅为 12%，而整理金融锡税公债发行额为 250 万元，实募数仅为 4.1 万元，实募比尚不足 2%。这远低于中央及其他省市实募比率，如表 3 - 25 所示。

---

① 《整理云南财政金融建议书》，载《金融研究号》1926 年，第 1 页。
② 《云南省财政厅关于遵办劝募认购靖国公债事给云南省安宁县知事的指令》（1920 年 12 月 1 日），云南省档案馆馆藏云南省政府秘书处档案，档案号：1106 - 004 - 01783 - 005。

表 3-25　　　　北洋政府时期云南省公债实募比与中央及其他省市比较

地区	公债名	发行额（万元）	实募额（万元）	实募比率（%）
中央	民国元年军需公债	10000	737	7.37
	爱国公债	3000	164	5.47
	元年公债	20000	13500	67.50
	三年公债	2400	2492	103.83
	四年特种公债	280	280	100.00
	五年公债	2000	2000	100.00
	七年短期公债	4800	4800	100.00
	七年长期公债	4500	4500	100.00
	八年公债	5600	3400	60.71
	整理金融公债	6000	6000	100.00
	九年赈灾公债	400	216	54.00
其他省市	甘肃省	152	149.6	98.42
	江西省	2668	2307	86.47
	浙江省	1960	1425	72.70
	上海市	46	28	60.87
	湖南省	1380	582	42.17
云南省	靖国公债	200	24	12.00
	整理金融锡税公债	250	4.1	1.64

　　注：中央政府公债多达 27 种，未有全部列出；但据千家驹的统计，北洋政府时期中央政府发行公债数额 8.7 亿元，实际募集数额达到 6.1 亿元，实募比约为 70%。

　　资料来源：千家驹：《中国的内债》，社会调查所 1933 年版，第 10 页；潘国旗：《北洋政府时期的地方公债探析》，载《浙江大学学报（人文社会科学版）》2018 年第 4 期；《云南省长公署关于查办结束募集靖国公债事给财政厅的训令》，云南省档案馆馆藏云南省政府秘书处档案，档案号：1106-004-01779-001，1921 年 5 月 3 日；《云南省志·卷十二·财政志》，云南民众出版社 1994 年版，第 190 页。

　　由表 3-25 可知，中央政府拟发行的公债中，实募比约为 70%。对其他省市而言，其实募比也远高于云南。缘何云南省公债发行"雷大雨小"？其可能原因在于，发行数额远超地方的承受能力。如前所述，云南省在北洋政府时期年均岁入约为 700 万元，而发行公债数额巨大，各属地方难以负担。有不少属县表示断难筹募，例如，罗次县认购靖国公债之时"惟罗邑县实系偏僻瘠贫地方，并无商场市埠，又乏殷实大家，虽经知事召集绅团筹商，剀切劝谕，终难发展，但经迭次劝谕，现在该绅团等已认购协同劝募复经知事再三督催，迄今尚无认购实数"[1]。泸水县"地方贫瘠达于极点，所有指令加认债款，经前委员会再四劝募，未经募获，无凭报解"[2]。楚雄县"癸丑年份普被旱灾……至甲寅年，钱粮征收尤为寥寥"[3]。"各属频年灾歉等情，纷纷请免未收公债"[4]。民力不逮，募集实难。针对公务人员特别募集的公债，则因"云南公务人员向因省库的收入短少，一般待遇，非常菲薄，历中央规定，还不及百分之三十。"[5] 致使募集寥寥，实募比例极低便在情理之中。

（四）"放矢有的"：特定发借对象

北洋政府时期云南省发行的六笔内债中，至少有半数特定了认购群体，具体见表3-26。这表明云南省政府内债发行具有强烈的行政摊派特征。

表3-26　　　　　　　唐继尧时期云南省公债募集方式与发行对象

年份	公债名称	募集方式	发行对象
1913	随粮公债	每石军民粮加征公债银1~2两	纳粮者
1916	护国公债	公开自愿认购	全体滇民
1918	靖国公债	军政各机关职员，无论俸公薪饷，夫马津贴，概按半月所得之数，认购公债，分作五个月认足。其各属商民，公债一律劝募	军政各机关职员为主

---

① 《云南省财政厅关于云南省昆明、武定、罗次各县知事呈报所属各机关职员以及县民认购靖国公债各情的指令》（1918年1月1日），云南省档案馆馆藏云南省政府秘书处档案，档案号：1106-004-01791-001。

② 《云南省财政厅关于泸水属地认购靖国公债案的指令》（1920年4月27日），云南省档案馆馆藏云南省政府秘书处档案，档案号：1106-004-01793-004。

③ 《云南巡按使署关于核准豁免楚雄县随粮公债给滇中道的批》（1915年3月），云南省档案馆馆藏云南省政府秘书处档案，档案号：1077-001-01303-004。

④ 《云南巡按使署关于查明昆阳县六成随粮公债是否豁免给云南财政厅的饬》（1915年2月），云南省档案馆馆藏云南省政府秘书处档案，档案号：1077-001-01303-003。

⑤ 张肖梅：《云南经济》，中国国民经济研究所1942年版，第U12页。

续表

年份	公债名称	募集方式	发行对象
1926	定期省库券	发薪时,凡每月薪俸在一百元以上者,搭发二成,其应搭发库券之零数。不及五元者,则划除免计。若在五元以上不及十元只搭发五元	军政各机关职员为主
1926	整理金融锡税公债	每出大锡 1 张（2500 斤）,附募公债 250 元;不及 1 张者,比照斤数计算	锡商
1926	整理金融随粮公债	纳粮随交公债款,加征公债数不详	纳粮者

资料来源:《云南省财政厅关于查核休纳县民国三年十二月至民国四年六月份征收随公债清册情形给云南巡按使的详》,云南省档案馆馆藏云南省建设厅档案,档案号:1077–001–01176–025,1915 年 10 月 3 日;《云南省财政厅关于云南护国公债》,云南省档案馆馆藏太平洋富滇云信保险公司联合全宗档案,档案号:1134–001–00296–0004,1917 年 7 月 1 日;《云南省财政厅关于速劝募靖国公债给思普沿边第六区行政分局的指令》,云南省档案馆馆藏云南省政府秘书处档案,档案号:1106–004–01782–012,1920 年 12 月 1 日;《云南省公署关于印发云南定期省库券条例给昆明等十一属联合中学的训令》,云南省档案馆馆藏云南省教育厅档案,档案号:1012–007–00310–022,1926 年 3 月 13 日;《云南整理纸币会议之结果》,载《申报》1926 年 7 月 18 日;《云南省公署关于发云南随征整理金融借款暂行条例的训令》,云南省档案馆馆藏云南省政府秘书处档案,档案号:1106–004–01775–016,1926 年 8 月 18 日。

　　云南省发行的几支内债中,靖国公债强制规定军政要员必须按薪认购、定期省库券要求对财政供养人员发薪之时搭发库券、整理金融锡税公债要求锡商比照出锡斤数认购,特定了发借对象。这与中央及他省颇有区别,中央政府发行的元年公债、三年公债、四年特种公债、五年公债、七年短期公债、七年长期公债、八年公债等条例中,均无有特定发行对象的规定。而在地方公债中,诸如 1919 年安徽省八厘短期公债[①]、1923 年直隶兴利公债[②]等也均未有指定特定对象认购公债。即使是南京国民政府时期,也没有指定单个认购对象,如南京国民政府公债拟定的募集对象包括:"一、工商业者;二、土地营业人;三、房产营业人;四、自由职业之收入丰厚者"[③],群体广泛。虽中央及他省在基层劝募之时或有摊派之举,但像云南六支公债至少有半数

---

　　① 《安徽省募集八厘短期公债简章》（1919 年 3 月）,参见安徽省财政厅主编:《安徽财政史料选编》（第二卷）,第 1 页。
　　② 《直隶募集兴利公债条例》,载《新闻报》1923 年 10 月 27 日,第 5 版。
　　③ 《行政院抄发一九四二年推行公债实施办法》（1942 年 7 月）,中国第二历史档案馆馆藏南京国民政府财政部档案,档案号三（6）–8993。

在发行章程中即明确规定了特定的发行对象，且强制搭粮搭锡随征，确为稀见。

云南省通过公债发行的对象划分，明确了不同对象的公债认购义务，相对于自愿认购的"劝募"而言，更有针对性，可能是考虑提升募集效率。然事与愿违，即使明确了不同对象的认购义务，劝募依然困难重重，最后不得不强制募派，无论属地是否灾歉，"如有因循敷衍劝募不力情事，查实应予相当之惩戒。"① 1920 年，玉溪县发生了县民抗缴靖国公债案，唐继尧在批复中，规定必须按户摊认押追，"县城殷实之户全行抗交，白下甲西夷寨原认笼统……必须按户摊认，押追。"② 面对各县知事纷纷上书募集困难，唐继尧严加训斥惩戒，墨江县知事为民请命，请求缓募公债，唐继尧训斥"该县不惟不认真劝募……敷衍搪塞……妄邀为民请命之誉，所请断难……倘再玩视要公，决不能为该知事宽也。"③ 而对于易门县未批解之银，亦是饬令赶速催收。"查易门县……解厅四成公债仅据该前后任先后批解过实银一千零九十二元一角八仙五厘外，尚有未完银八百九十四元……应饬该知事赶速催收。"④ 然而即便是强制性事前劝募，事后训斥，但依然募款寥寥。

（五）按需印钞，因需提借：非公开发行内债的特征

当财政亏空，云南省政府便向直属的富滇银行直接提借，呈现出"按需印钞，因需提借"特征。北洋政府时期，不少省份解决财政困境采取的是"按需设项"式的税捐⑤。主要表现在不断提高正税税率，"因事立名"设立新的苛税，预征未来正税以及其他无名目的硬派，这成为一些地方主要岁入

---

① 《云南省长公署关于发云南靖国公债条例一案给官木建筑工程局的训令》（1918 年 9 月 14日），云南省档案馆馆藏云南省建设厅档案，档案号 1077 - 001 - 01309 - 016。

② 《云南省长唐继尧关于核议云南省玉溪县民抗缴靖国公债案给云南省财政厅的训令》（1920年 11 月 23 日），云南省档案馆馆藏云南省政府秘书处档案，档案号 1106 - 004 - 01793 - 001。

③ 《云南省财政厅关于认真劝募靖国公债给云南省墨江县知事的训令》（1920 年 11 月 5 日），云南省档案馆馆藏云南省政府秘书处档案，档案号 1106 - 004 - 01780 - 013。

④ 《云南巡按使署关于云南财政厅核复易门县详报征收随粮公债数目一事给滇中道道尹的饬》（1915 年 4 月），云南省档案馆馆藏云南省政府秘书处档案，档案号 1077 - 001 - 01304 - 010。

⑤ 这一时期，亦有其他省份发行纸币。如广东、安徽、湖南、江西等地先后发行钞券。但税捐依然是地方弥补财政亏空较为普通的方式，也是最为显著的特点。参见孙翊刚：《简明中国财政史》，中国财政经济出版社 1988 年版，第 234 页。

来源。① 云南省与这些省份颇有不同。云南省"按需印钞"的纸币提借与其他省份"按需设项"的税捐相比，显然更为"高明"。就税捐而言，其一，征税往往面临着委托代理风险。因近代中国很多省份仍然依赖传统的包征制，代理征税人往往会从中私饱，其弊无穷。其二，税收如若征收过多，会引发民众抗税，甚至激起民变。同一时期，福建②、山西③、江西④、山东⑤等多省抗税运动此起彼伏。

富滇银行，是官方指定的纸币发行机关。在开业伊始，政府便赋予了其发行纸币的职能。"世界文明各国……贸易则专用纸币，以资周转，利国便民……富滇银行发行各种纸币，与银元一律通用，凡一切钱粮厘税，均用此种纸币缴纳。军饷官俸，亦用此种纸币开支，民间买卖物品，亦用此种纸币交易，不准私自折扣。有持此种纸币赴本行及各分行兑换银元者，无不立即兑付，以昭大信。"⑥ 而纸币的发行与行用，是行政主导。政府严格规定，民间缴纳钱粮厘税、军队发放军饷官俸、民间买卖物品，皆用富行纸币交易，强制要求"各机关征收款项选经本令，概收纸币，不征现金，并饬地方有司一体负责，竭力维持，俾期市面纸币通行无阻。"⑦ 在行政力量的推行下，富滇银行以政府命令而非市场规律超发的纸币，通过富滇银行商业组织网络，像血液一般迅速流通全省。而又根据富滇银行"借款于政府"的章程与财政绑定，政府将超发的纸币直接提借，从而完成了财富的吸收。

这种依据银行纸币发行权，以及章程与财政捆绑式的"精心"操作，看似在短期内解决了省政府的财政困境，但是在长期内引发了严重的负面效应。一方面，影响了银行的市场经营。政府可提借款项写入富滇银行章程后，银

---

① 杨荫溥：《民国财政史》，中国财政经济出版社 1985 年版，第 32 - 34 页。
② 《福建兴化农民抗税风潮》，载《新闻报》1925 年 1 月 18 日，第 6 版。
③ 乔刚：《山西学生的抗税运动》，载《中国青年（上海 1923）》1925 年第 5 卷第 101 期，第 18 - 22 页。
④ 章龙：《中国一周：江西马家村农民抗税运动》，载《向导》1923 年第 41 期，第 3 页。
⑤ 《济南理发工抗税罢业》，载《实业杂志》1923 年第 3 卷第 10 期，第 14 - 18 页。
⑥ 《军政部实业司军政财政司创设富滇银行发行各种纸币的告示》（1911 年 11 月 26 日），云南省档案馆馆藏云南省建设厅档案，档案号：1077 - 001 - 01196 - 007。
⑦ 《云南省公署关于整理金融一案给交通司长的训令》（1925 年 6 月 18 日），云南省档案馆馆藏云南省建设厅档案，档案号：1077 - 001 - 01403 - 042。

行的角色发生转变，即从全省金融的"调剂者"转变为省政府的"提款机"。"富滇银行不过是财政上的补助机关，压根儿就无所谓扶持工商业。"① 有时人戏富滇银行曰"穷滇则有之，富滇则未见"。② 因银行大量资金已借于政府，资金异常吃紧，对实业的信贷非常有限。另一方面，纸币超发引发恶性通货膨胀。因财政金融不分，"财政发生亏空，即向银行挪用现款，致市场通货膨胀，如1913年至1926年的十多年间，伪富滇银行发行之地方币……膨胀50（60）倍以上"。③ 而这些积欠款项未能偿还，"积之既久，亏欠银行之款愈多……物价愈涨。"④ 货币严重贬值情况下，民众生活水平急剧下降。"前之月支百元者，近非两百元不可。"⑤ 如此高物价下，"贫民无不聊生"⑥。"物价及生活程度亦较前骤涨数倍……军警政学各界人员及持固定薪资以为生活者，皆入不敷出，岁有朝不保夕之虑，痛苦之状不堪言喻……"⑦，各界民众时有倒悬之危，"富行滥发纸币……产业界从无安定之现象，小资产者时有倒闭破产之危……投资者裹足不前，企业家相率戒心"⑧，社会萧条，社会后果是十分严重的。

龙云在军阀争霸中胜出后，全省金融面临巨大的危机。1928年1月"滇币四百九十元可汇上海规银一百两，入秋后，涨至八百元以上，金融危机，愈更严重"⑨。为解决金融枯窘困境，云南省政府于同年8月设立整理财政金融委员会，经省属财政、金融有关负责人和省内财政金融知识分子共同议定，发行金融公债2000万元专用于收毁富滇银行超额发行的纸币，明确2000万

---

① 《请云南省政府凭良心整理金融》，载中国人民银行云南省分行金融所：《云南富滇银行——云南富滇新银行历史资料汇编》（上），1992年，第223页。

② 节自《云南对外贸易概论》，载陆复初：《昆明市志长编》（卷十二），云南新华印刷厂1984年版，第34页。

③ 节自云南省工农业商品比价问题调查研究办公室：《工农业商品比价问题调查研究资料汇编》（1957年），载陆复初：《昆明市志长编》（卷十二），云南新华印刷厂1984年版，第28页。膨胀50（60）倍的依据是，1913年发行纸币60万元，到1926年发行近3800余万元，故膨胀50（60）倍。

④ 龙云：《筹增巨款收毁纸币为金融之根本救济案》，《金融研究号》，1926年。

⑤ 童振澡：《维持滇省金融之管见》，载《金融研究号》1926年，页码不详。

⑥ 《云南省议会第四届第二期第二次临时会第二次大会议事日表（核议整理金融各案）》（1925年7月20日），云南省档案馆馆藏云南省建设厅档案，档案号：1077-001-00691-042。

⑦ 龙云：《筹增巨款收毁纸币为金融之根本救济案》，载《金融研究号》1926年，第5-6页。

⑧ 节自《云南对外贸易概论》，载陆复初：《昆明市志长编》（卷十二），云南新华印刷厂1984年版，第28页。

⑨ 万湘澂：《云南对外贸易概观》，新云南丛书社1946年版，第200页。

元公债由"食盐、大锡、特货三项收入中凑足"①。1929年3月，云南再次召开全省金融会议，决定"由各县募集公债一千万元，限六个月募足，以作金融整理之用"②。除了发行债券，龙云执政时期还通过劝募筹集资金、放开烟禁，烟土项下收入不纳入预算、就地筹饷，提高地方税税率等筹集财政经费。护国战争期间，筹饷局在省内募集得款35.1万元，在南洋、香港、越南、缅甸等地劝募得款12.8万元。③直到1940年，龙云政府接受中央政府财政改编，云南财政开始与中央接轨，受中央财政约束，从此云南财政由地方自理走向由中央统一规制的发展过程。

第十节　近代广东省地方政府债务

近代广东省地方债概况为：晚清以地方外债为主，民国时期以地方内债为主，桂系军阀在广东期间也以举借外债为主。

广东地方政府向外商借债始于1858年（咸丰八年）。是年，两广总督黄宗汉向美商旗昌洋行息借库平银32万两。至清王朝结束，广东共借外债12宗，总额达库平银1500余万两，其中以中法战争时期用作军费和清朝末年实行新政者为多，甚至慈禧太后的寿礼也得借外债来筹办。桂系军阀在广东期间举借外债13次。历次所借外债如表3-27所示。

①②　喻宗泽编纂：《云南行政纪实》第十七册金融，云南财政厅印刷局1943年版，第2页。
③　云南省志编纂委员会办公室：《续云南通志长编》中册，云南省科学技术情报研究所印刷厂1986年版，第636页。

表 3 - 27　　近代广东省地方外债统计情况

名称	债权人	借款时间	借额	利率	期限	担保项目	用途
广东旗昌洋行借款	旗昌洋行	1858 年 10 月	32 万库平银两	月息 0.6%	半年	粤海关关税	军费、镇压人民起义
广东借款	英商顺页口志（地）洋行	1865 年	9.2 万库平银两	年息 15%	1 年	厘金	防御太平军汪海洋部
广东海防借款 1	汇丰银行	1883 年 9 月	100 万库平银两	月息 0.75%	3 年		拟购军舰，后拨为军饷
广东海防借款 2	汇丰银行	1884 年 4 月	100 万库平银两	月息 0.75%	3 年		拟购军舰，后拨为军饷
广东海防借款 3	汇丰银行	1884 年 10 月	100 万库平银两				拟购军舰，后拨为军饷
沙面伽款借款	汇丰银行	1884 年 10 月	14.34 万库平银两			省港轮船码头捐	偿付上年沙面焚烧洋商房屋等伽银
广东海防借款 4	汇丰银行	1885 年 2 月	201.25 万库平银两	年息 9 厘	10 年	粤海关关税	中法战争期间军费
两广汇丰借款 1	汇丰银行	1904 年 1 月	91.85 万库平银两				采办皇太后寿礼及改组省内军队
广东省借款	汇丰银行	1907 年 6 月	200 万库平银两	年息 7 厘	10 年		广东军政费用
两广汇丰借款 2	汇丰银行	1910 年 10 月	204.75 库平银两	年息 7 厘	15 年	厘金	弥补省财政亏空
周转广东市面借款	日本台湾银行	1911 年 6 月	123.26 万库平银两	年息 6 厘	3 年	小押饷及销镶饷	广东官银钱局兑付纸币
广东总督借款	汇理德华、汇丰银行	1911 年 8 月	343.55 万库平银两	年息 7 厘	5 年	厘金	广东官银钱局兑付纸币

续表

名称	债权人	借款时间	借额	利率	期限	担保项目	用途
台湾银行借款	台湾银行	1916 年 10 月	日金 200 万元	年息 8 厘		全省厘金划出 330 万元	
荷商宝文借款	荷商宝文	1916 年	香港银元 300 万元	年息 7 厘		北京中央政府担	整理广东中央银行
土敏土厂及台湾银行借款	台湾银行	1917 年 4 月	日金 300 万元	年息 8 厘		土敏土厂全部财政及大沙头土地、旧潘府署土地	偿还借款
两广汇业银行借款	日本中华汇业银行	1918 年 5 月	日金 40 万元	年息 8 厘		1912 年内国公债 120 万元	
李嘉生借款	李嘉生	1918 年 5 月	港币 12 万元	周息 1 分		钨矿砂税扣还中山等四县矿税	
广东古河公司借款	古河公司	1918 年 12 月	日金 100 万元	月息 7 厘		省金库券 100 万元及造币机器	修理造币厂机器利厂房
广东台湾银行借款	台湾银行	1919 年 1 月	日金 76 万元	月息 8 厘		广东电话局、省烟酒税	维持广东中国银行纸币发行
广东高等师范学校借款	台湾银行	1919 年 1 月	日金 10 万元			该校校舍	补发职员薪水
广东台湾银行借款	台湾银行	1919 年 4 月	日金 100 万元			盐税	广东市面救济
西门子公司欠款	西门子电机公司	1919 年 10 月	美金 13.89 万元	月息 5 厘		广东银行	购买机器

续表

名称	债权人	借款时间	借额	利率	期限	担保项目	用途
莫荣新恰和洋行借款	恰和洋行借款	1919 年 6 月	日金 10 万元			省矿产专利	军政费用
广东台湾银行借款	台湾银行	1919 年 12 月	日金 23 万元	月息 7 厘		南海、番禺田赋收入及县衙全部建筑物	
广东造币分厂美国五金公司借款	美国五金公司	1920 年 6 月	美金 75.1 万元	年息 1 分		造币厂房产及物业	订购白银以铸币

资料来源：广东省地方史志编纂委员会编：《广东省志·财政志》，广东人民出版社 1999 年版，第 96－97 页；潘国旗：《近代中国地方公债研究——以皖川闽粤为中心的考察》，经济科学出版社 2014 年版，第 306－307 页。

广东地方公债始于 1912 年（民国元年）11 月，为振兴本省实业，广东首次发行地方公债，称为广东地方劝业有奖公债。至 1940 年底止，广东在近代共发行地方公债、库券 22 笔（清代 1 笔，民国 21 笔），如表 3 – 28 所示。既有长期债券，又有短期债券，偿还期或长或短，或抽签轮还，或分期偿还，或到期全还；或以一定金额充奖，或按面值付息；利率分周息、月息和年息，有高有低；有的公债和库券还规定了偿还的担保条件。每一项公债及库券都订有详明条例及发行规则；币制经历了从银毫到法币的变化。

综上可以看出广东省地方债的特点：一是阶段性明显，晚清以地方外债为主，桂系军阀地方内外债均大量举借，国民政府则以地方内债为主。二是债券品种和币制都比较复杂，品种有国家公债、省公债、库券等，发行方式为有奖无息和有奖有息，货币单位以广东本地的毫银为主，同时兼有法币和国币。三是用途仍然还是以补充军政费为主，存在很多债务用途被随意挪用转移的现象，随意性大。很多地方债名义上是经济建设但最后被挪用为军政费，如 1926 年的两次有奖公债 1500 万元，最初定为修建黄埔港和兴办省营事业，1927 年第三次有奖公债，名为补贴省港罢工委员会生活费，但两次债务最后都被挪用为军费。四是债券发行中强迫摊派色彩浓厚，这主要原因在于广东政权更迭频繁，金融体系因战争经常遭到破坏，币制复杂，币信下降，导致即便是以省库收入为担保的债务也只能依靠政治强权向银行界、各行商、殷实大户、厘税捐商强迫摊派才能推行。据统计，截至 20 世纪 30 年代，广东累积下来公债库券租捐的摊派数额超过二万万，平均每人负担超过七元。[①]

---

① 《粤省金融之整理》，载《银行周报》1928 年第 12 卷第 36 期，第 32 – 33 页。

表 3 – 28　　民国时期广东省地方公债

时间	债务名称	目的	发行定额	实际募额	抵押品	利率	还期
1912 年 11 月	中华民国广东全省地方劝业有奖公债	实业建设	1000 万毫银	432. 2024 万毫银	全省地方税收收入为还本付息基金之担保	年息 8 厘	10 年，除已偿还 22. 7538 万毫银外，尚负 409. 4486 万毫银，未予偿还
1916 年	劝募公债（五年内国公债）	办理善后	300 万毫银	100 万毫银	不详	年息 6 厘	不详
1919 年	广东省维持纸币八厘短期公债	维持中国银行币值	150 万毫银	48. 2840 万毫银	该省烟酒税及厘税为担保	年息 8 厘	已还 58110 元，尚余 42. 4730 万元未还
1921 年	广东地方善后内国公债	编遣军队、整理金融	500 万毫银	232. 3590 万毫银	田赋为担保	年息 8 厘	2 年偿期，嗣以援桂讨陈诸役及刘杨之乱，导致其本息未能还清
1923 年	广东省金库券	军费	600 万毫银	不详	不详	不详	不详
1925 年	短期金库券（发行 3 期）	北伐军饷	不详	243 万毫银	不详	月息 6 厘	每期 3 月
1926 年 5 月	第一次有奖公债	军费	500 万毫银	499. 416 万毫银	不详	月奖 5000 元	30 个月
1926 年 8 月	第二次有奖公债	军费	1000 万毫银	997. 28 万毫银	不详	月奖 1 万元	30 个月
1927 年	第三次有奖公债	军费	500 万毫银	437. 2 万毫银	不详	月奖 5000 元	30 个月

续表

时间	债务名称	目的	发行定额	实际募额	抵押品	利率	还期
1929年12月	民国十八年短期广东军需库券	军费	400万毫银	450万毫银	国库省库收入	月息6厘	5个月
1930年7月		军费	50万毫银				
1930年8月	民国十九年广东省整理金融军需券	清理历年所发短期军需库券，维持中国银行纸币信用	1500万毫银	1000万毫银	省库收入为担保	年息1分	分15个月摊还
1928年	广东整理金融库券	战费	800万毫银	334万余毫银	广东省盐税及二五内地税	周息1分	21个月
1931年6月	第二次续发军需库券	备支军费	1000万元	863.6万元	本省国税收入	年息1分	22个月
1931年1月	广东省维持中央银行纸币有奖库券	维持纸币	500万毫银	465.5万毫银	全省统税收入	年息8厘	以4厘提作奖金
1932年5月	广东省国防要塞公债	扩充海防设备，构筑港湾要塞	1000万元	676.9万元	国省两税及附加全部为还本付息基金	年息4厘	并未如期偿付
1934年9月	民国二十三年广东整理短期金融库券	整理金融	200万元	186万元	省营业税和契税收入	月息1分	10个月

276

续表

时间	债务名称	目的	发行定额	实际募额	抵押品	利率	还期
1935年8月	广东省建设公债	实业建设	500万元	300万元	西村士敏土场营业盈余为基金担保	年息8厘	一年摊还，但并未偿清
1935	民国二十四年广东省短期金融库券（共三期）	整理金融	600万毫银（1935年3月）	550万毫银	全省营业税、契税为担保	月息1分	1935年底照数偿清
			550万毫银（1935年7月）	517万毫银	营业税、契税	月息1分	1935年10月还清
			1000万毫银（1935年10月）	940万毫银	舶来农产品税营业税、契税	月息1分	1936年1月还清
1938年3月	广东省国防公债	国防军费	法币1500万元	法币1407.6281万元	营业税收入为基金担保	年息4厘	1943年省财政厅、省银行最后清理收回
1939年2月	广东省政府短期金库券	库收短绌	法币480万元	法币360万元	营业税、田赋收入为担保	周息6厘	1939年2月发行，至1940年7月全数偿清
1940年7月	民国二十九年广东六厘公债	调节金融	法币1500万元	1200万元	田赋、其他税收补足	年息6厘	至1941年12月提前偿清。全数向省银行抵押现金

注：毫银又称毫洋。
资料来源：广东省地方史志编纂委员会编：《广东省志·财政志》，广东人民出版社1999年版，第95－96页；潘国旗：《近代中国地方公债研究——以皖川闽粤为中心的考察》，经济科学出版社2014年版，第240－289页；武云：《近代广东省地方政府债务及启示》，载《社会科学家》2015年第2期。

第十一节　近代安徽省地方政府债务

安徽省首次发债是在 1910 年，为解决财政困难奏请办理地方公债，公债设计上沿袭了直隶公债、湖北公债的运作模式，但最终认购者寥寥，只好通过外商买卖转让给资金雄厚的怡大洋行，由此开启了长达 20 年的艰难的借款纠纷，期间由于国内政权更迭，债务主体变更，最终安徽历史上第一笔地方债沦落为中央地方互不管的死账。北洋时期，安徽财政更加入不敷出，统治安徽的军阀倪嗣冲等更加依赖债务收入作为筹措资金的来源。为补充军政费用还向外国银行洋行举借外债。如 1912 年以铜官山矿石为担保向日商三井洋行借款日金 25000 元；1913 年以芜湖米捐为担保向汇丰银行借规平银 30 万两，用于归还米商借款三井及礼和洋行利息，1914 年安徽财政厅及中华银行向日商三井洋行借款银元 20 万元，用于补充安徽省政费；1918 年安徽省财政厅向英商怡大洋行借款银元 40 万元，以铁路桥梁枕木作担保，用于军政费用。地方外债通过押款和预付货款的形式获取借款，显示了地方外债的掠夺性和复杂性。

安徽省地方内债发行情况如表 3 - 29 所示。可以看出其特征主要有：一是公债募集数额越来越大，负担也越来越重；二是公债用途大多用于弥补军政费，仅仅只有四笔公债（1929 年建设公债、1932 年歙昱路债票、1935 年公路公债和 1937 年安徽省完成公路建设公债）用于经济建设；三是公债基本没有募售成功，大多最后转交给了安徽地方银行和中、交两行来抵押借款，24 笔地方债中最终能募集成功的只有 10 笔，其中 7 笔是由政府转向中、交两行以及地方机关强制募集的，可见安徽地方债债信不强。

表 3－29　近代安徽省地方内债情况

债务名称	债务发行时间	债务规模	抵押品	债务用途（举债目的）	利率（厘/年）	偿还时间	实际发行额	偿还情况等其他
安徽公债	1910 年	120 万两	指定藩库 14 万两，牙厘局出口米厘 15 万两	增练新军	第一年年息七厘，后逐年增加至一分二厘	6 年	几乎全被怡大洋行认购	
安徽米商公债	1913 年 11 月	漕平银 30 万两	芜湖米厘	代皖路公司还债	年息五厘	3 年	实际募足 30 万两	1923 年止，已还本息 22963 两，尚欠 277037 两，折合银元 374374 元
安徽地方短期公债	1914 年	40 万元		兑市面纸币之用	第一期无息，第二期二厘，后每年加一厘	4 年	募足	1934 年偿清
安徽省八厘短期公债	1919 年 3 月	100 万元	丁漕	弥补军政费	年息八厘	4 年	实际募得 51.0185 万元	截至 1930 年 5 月，尚欠 18.5 万元
十年金库证券	1921 年	30 万元		军需	月息一分五厘	4 个月	实际募得 8.996 万元	分派安庆道、芜湖、淮泗道承募
赈灾短期公债	1921 年	60 万元	烟酒公卖及印花税两项拨还安徽的赈余款项下，划拨 100 万元	赈灾	一分二厘	4 年	实际募得 10.079 万元	1930 年 5 月仍欠 2.2 万元

续表

债务名称	债务发行时间	债务规模	抵押品	债务用途（举债目的）	利率（厘/年）	偿还时间	实际发行额	偿还情况等其他
十一年金库证券	1922年8月	65万元	以丁漕、厘税。指定宣城、合肥等9县漕粮为还本付息基金	弥补枪款军需	期满每元六分息	4个月		到1930年5月尚欠大库券8710元没有兑付
十二年金库证券	1923年8月	60万元	以丁漕、厘税。指定宣城、合肥等9县漕粮为还本付息基金	军政费用	期满每元六分息	4个月	实际募得44.6521万元	1930年欠2095元，偿还443905万元
十三年金库证券	1924年	30万元	以丁漕、厘税。指定宣城、合肥等9县漕粮为还本付息基金	接收军费			30万元	1930年5月仍欠10余万元未还
十四年金库证券	1925年8月	60万元	宣城等10县丁漕项下拨洋31.8万元，60县契税项下拨洋31.8万元	军政费用	年息八厘	4个月后延期	60万元	到1930年欠3960元
盐余库券	1925年9月	40万元	每月盐余6万元	军费分配	月息一分	20个月	40万元	1926年仍欠318384元
安徽米商公债	1926年9月	漕平银30万两	芜湖出口米每石150斤收银5分	接济军需	年息八厘	5年	27.2714万两	1930年12月安徽省米捐局裁撤时共征银27.2714万两，后米照费停办，偿付延期具体未知

续表

债务名称	债务发行时间	债务规模	抵押品	债务用途（举债目的）	利率（厘/年）	偿还时间	实际发行额	偿还情况等其他
十五年金库证券	1926年8月	120万元	盐河、华阳、运漕、巢县，和全5厘局厘税和无湖米捐及60县契税	财政厅用款			120万元	1930年欠66.3万元，偿还53.7万元
建设公路短期公债	1929年1月	100万元	田赋筑路附加	奉令筹款兴路以利交通	月息八厘		1929年募23.7425万元，1931年募33.0327万元	截至1934年10月共收回债12.35万元，尚欠12.6万元
政府民国十九年库券	1930年2月	456万元	盐斤附加税收入每月拨2万元	清理积欠中国、交通两银行及芜湖商会暨盐商借款450万余元	不计利息			实际还款421万元，1949年7月偿清
民国十九年整理公债	1930年3月	106万元	安庆厘局收入	兑还民国十年至民国十五年发行证券				改组后的省政府认为本库券是以地方收入偿还中央债务，决议撤销
安庆电灯厂股债债券	1931年4月	22.94万元	安庆电灯厂收入	清理安庆电灯厂商办时期商股及其债务	周息五厘			
二十一年有息金库券	1932年5月	50万元	第二期田赋	弥补灾赈、政费	月息六厘		实募50万元	截至1933年共兑现12.8675万元
二十一年续发有息金库证券	1932年6月	25万元	1932年第二期田赋	兑现二十一年到期有息金库证券	月息六厘			余款到1935年1月偿清

续表

债务名称	债务发行时间	债务规模	抵押品	债务用途（举债目的）	利率（厘/年）	偿还时间	实际发行额	偿还情况等其他
歙昱路路债票	1932年7月	50万元	省米照费收入每年3月1日及9月1日以前各拨5万元，共10万元	建造杭徽公路歙昱段	年息八厘	8年	实际募49万元	1938年起停付，1942年财政部整理旧债时由省政府饬库拨还
二十三年安徽省库券	1934年11月	50万元	库券基金	弥补财政收支	年息七厘			销售不畅，改为向银行借款，连同旧欠，共借银元120万元
二十四年公路公债	1935年8月	80万元	田赋筑附加解省半数	兴修皖西公路等工程	年息七厘	6年	80万元	债票实际上全部拨归省地方银行资本，未向市面募销，最终由省政府提前以完成公路偿还及金融公债换偿结
二十六年安徽省完成公路建设公债	1937年9月	200万元	公路纯收益及撙节路政支出、歙昱公路基金余额，1935年公路公债基金	修筑京汴国道路政工程、完成皖信等公路	年息六厘	15年		当年还12万元，余188万元财政部以民国三十二年整理省债公债换偿
二十九年安徽省金融公债	1940年10月	800万元	田赋借款收入	充实地方银行资金	年息六厘	12年	以预约券方式交付省地方银行承受	1943年6月尚欠本金700多万元，由整理省债公债换偿

资料来源：潘国旗：《近代中国地方公债研究——以皖川闽粤为中心的考察》，经济科学出版社2014年版，第69－120页；万必年：《地方公债》，大东书局1948年版。

第十二节　近代山东省地方政府债务

近代山东省举债的主要形式有直接借款和发行公债、国库券。初期以直接借款为主。民国建立以后，山东财政入不敷出，山东省公署利用各种形式多次借款，维持军政各费日趋增加的局面。张怀芝任山东省长时，为编遣周村吴大洲部护国军，1917 年向中日实业公司借日金 150 万元，借期 1 年，年息 1 分。1918 年北洋政府"讨伐"南方独立各省，张怀芝以援粤用款、代发中央第一旅饷银与补充游击队款项为名，又向中日实业公司借日金 200 万元。两次共借日金 350 万元，均改为月息 8 厘；1920 年 3 月又增为月息 8.8 厘，并规定每月付息 6 万日金。1928 年"济南惨案"后，国民党山东省政府曾停止付款。截至 1933 年底除已还部分利息外尚欠日金 700 万元。山东省政府呈南京国民政府核示后，决定分年偿还，并与该公司议定，年息减按 6 厘付给，利随本减欠息，欠款减为日金 300 万元，改订转期合同，从 1934 年 12 月实行。

民国初期，山东财政每年均有不敷，凡经过一次不敷，必有一次挪借，债务逐年增大。内外借款累计银元：1917 年为 314.1 万元，1918 年为 596.8 万元，1919 年为 870.2 万元。出借单位主要包括：中国银行 3 次，分别为 61 万元、50 万元和 10 万元，月息分别为 7 厘、8 厘和 1 分 8 厘；朝鲜银行 13 万元，月息 1 分 5 厘；中日实业公司日金 350 万元；交通银行 20 万元，月息 2 厘；银行公会 20 万元，月息 1 分 5 厘；山东银行 30 万元，月息 1 分 5 厘；大陆银行 20 万元，月息 1 分 5 厘；边业银行 30 万元，月息 1 分 7 厘。[①]

此后，借款数额仍然很大，并主要转向国内。1923 年 4 月，借用各县"保证金"银元 5 万元，年息 3 厘。1924 年 2 月，向当业银行借银元 5 万元，月息 1 分 8 厘；同年 3 月，向东莱、中国、交通、工商、山东 5 银行借银元 30 万元，月息 1 分 8 厘；同年 6 月，向蚨源银号借款 2.5 万元，月息 1 分 8

---

① 山东省地方史志编纂委员会：《山东省志　财政志》，山东人民出版社 1993 年版，第 269 - 270 页。

厘；同年7月，向通惠银行借银元10万元，月息1分7厘；同年8月，又向蚨源银号借银元3万元，月息1分8厘；同年10月，向东莱、中国、交通、山东4银行借银元25万元，月息1分8厘；同年11月，向银行公会借银元20万元，月息1分9厘；同时向济南总商会、商埠商会、东纲公所分别借银元6万元、4万元、10万元，月息前两笔为1分8厘，后一笔为1分9厘。1925年1月，向东莱银行借银元6万元，月息1分5厘；同时向山东银行借银元5万元、向恒大银号借银元10万元，月息为1分5厘和工分8厘两种；同年2月，向当业银行借银元2万元，月息1分5厘；同年5月，向商埠商会、济南银行公会、济南总商会借银元84万元，月息1分2厘。上述借款系强迫摊派性质，均用于军政费支出，共计227.5万元，除到期偿还13万元外，尚余214.5万元。① 到期未还的款息，多加息转期，并随省政长官的更替不了了之。

张宗昌统治山东后，不仅借款数额、范围不断扩大，而且方式多样，形同勒派。其上台伊始，便以库款支绌、急需军费为名，向各县摊借临时借款，并派员分赴各地提解。各县摊借银元数额为：历城、章丘等县各10万元；泰安、掖县、平度、潍县、寿光等县各8万元；滕县、黄县、胶县等县各7万元；淄川、长山、长清、汶上、莒县、德县、福山、蓬莱、高密、即墨、广饶、昌邑、临朐、安丘、诸城等县各6万元；邹平、桓台、济阳、惠民、乐陵、高唐、商河、平原等县各5万元；滋阳、邹县、济宁、阳信、博兴、齐河、临沂、曹县、临清、恩县等县各4万元；齐东、肥城、滨县、利津、宁阳、峄县、金乡、郯城、沂水、菏泽、单县、聊城、堂邑、茌平、清平、冠县、馆陶、夏津、德平、临邑、禹城、阳谷、牟平、文登、临清等县各3万元；陵县、濮县等19县各2万元；无棣、青城等15县各1万元。1926年6月，张宗昌令财政厅向各银行摊借银元100万元，用作军费开支。1927年1月，又以财政厅名义向各银行摊借银元100万元，期限6个月，月息8厘，用当年丁漕和山东国库善后公债局收入作抵。这些借款不但一再展期偿还，而且有相当数额拖欠不还。张宗昌统治时期，仅欠中国、交通两银行银元就

---

① 山东省地方史志编纂委员会：《山东省志 财政志》，山东人民出版社1993年版，第270页。

有：以财政厅名义借中国银行本息 56.3 万余元，借交通银行本息 37.7 万元；以财政厅名义由山东省银行借中国银行和交通银行本息各 28.3 万元；张宗昌勒借中国银行 69 万余元、交通银行 24.6 万余元；济宁地方借中国银行 4.2 万余元、交通银行 3.5 万余元；国民党第二军第十师借交通银行 0.5 万元。[①] 此后，国民党山东省政府多以无息库券作为抵欠，分期偿还了部分借款。

民国时期，山东省因军政费用不断增加，而求助于滥发公债、国库券。当时政局愈混乱，发放公债、国库券的次数和数额就愈多，有时竟以此度日。

1913 年省公署筹发"地方公债"，定额 60 万银元，实收 714502 元，填补地方财政之不敷，期限为 1 年至 3 年 8 个月，利率 8 厘，一般按"九九折扣"缴纳，5000 元按"九八折扣"，10000 元按"九七折扣"。1915 年又发行"地方公债"，定额 100 万银元，实收 718670 元，利率 8 厘，4 个月缴足"九七折扣"，其余"九八折扣"，期限扣足两年，用以筹办濮阳河工及临时财政支出。1916 年又发行"军务善后公债"，定额 140 万银元，实收 1362220元，利率 8 厘，均按"九八折扣"，期限扣足两年，用以编遣民军及筹办善后事宜。1923 年又发行"河工公债"，定额 100 万银元，实收 782805 元，利率 8 厘，期限两年半，无折扣，用以修复宫家坝黄河决口事宜。以上除"河工公债"偿还本金 391395 元、利息 86108 元外，其余均未查明后果。

张宗昌统治山东后，军政开支滥增无度，财政拮据，为此成立了山东军用票管理局和山东国库善后公债局，专门发行军用票和公债。1925 年 9 月，在济南设立山东省银行，以发行纸币，并代理省库。此前张宗昌在山东各地就推行使用奉票，发行金库券，随后更是大肆滥发山东省银行票、军用票、金库券、公债等，三年共发行金库券 1600 万、省钞 2300 万元、军用票近2000 万元。[②] 为了阻止军用票回笼速度，促使军用票在市场上的流通，张宗昌规定缴纳各种赋税必须按三成搭收军用票，后又规定捐税禁收军用票，让军用票成为废纸，民众损失惨重。众多商号纷纷歇业倒闭，货币贬值，物价暴涨，人心惶惶。张宗昌先后两次滥发军用票，第一次发行时间为 1926 年 1月至 1927 年 1 月，发行定额 800 万元，面值分为一元、五元、十元、一角、

---

① 山东省地方史志编纂委员会：《山东省志　财政志》，山东人民出版社 1993 年版，第 271 页。
② 魏虹：《张宗昌祸鲁三年》，载《春秋》2003 年第 6 期。

二角、五角等六种，实际发行 750.9 万元。后因信用不断下降，商民拒用而作罢。第二次发行时间为 1926 年 11 月至 1928 年 4 月，面值仍分六种，发行额增至 1025 万元，由北京政府财政部承印。抽兑方法：开始每月抽兑 15 万元，以后每半年月兑数递增 5 万元。截至 1928 年 4 月，共抽兑 13 次，不但未能按月兑现，而且每次抽兑实数均少于应兑数。付给兑现的货币为纸币"省钞"。军用票管理局于 1928 年 3 月撤销后，军用票成了无币值、无发行及收回机关的无头币，商民损失惨重。[①] 1926 年 3 月，张宗昌指示设立了山东国库善后公债局，开始发行公债，初定 2000 万元，济南、青岛、烟台、周村四埠共摊派发行 640 万元。全省一百零七县共摊派发行 1360 万元。同年 11 月，张宗昌令发行盐税国库善后公债 2000 万元，仍采用向各地摊派的方式办理。1927 年 4 月，张又令发行盐余公债 400 万元，分两期偿还，以盐余作担保。同年 8 月，为弥补财政亏空，张令发行第二次国库善后公债 300 万元。1928 年 4 月，发行讨赤军事公债 100 万元，令各县商户资本额万元以上者摊派。如此频繁大量而毫无节制地发行公债，虽不可能照额定数完成，但发行出的公债券因很少能够兑付，所以几成废纸，商民钱财被榨取。

国民党山东省政府建立后，也多次发行债券。1930 年，为修筑公路购用民地，省财政厅发行汽车路借款券，定额 50 万元，面值分为 1 元、2 元、5 元 3 种，以全省汽车路收款为担保，按"九折实收"，期限一年。韩复榘任山东省政府主席后，为筹设山东民生银行，于 1931 年 12 月发行"省库券"300 万元，以 52 万元由省库搭发各种经费，以 248 万元分发各县。一等县 3 万元，二等县 2.4 万元，三等县 1.6 万元。发行后在省内与银元一体通用，并准完粮纳税。发行期原定 1 年，后从 1933 年 6 月起展期 1 年，从 1934 年 6 月起又展期 1 年。1934 年为清售积压陈丝，发行"补助丝公债"，总额为 40 万银元，每陈丝 1 箱发给债票 100 元，年息 5 厘，从 1936 年起，每年 12 月 15 日还本付息 1 次，并指定所收长山、临朐、益都、莱芜、沂水、蒙阴、安丘、博山 8 县茧捐为偿还基金。1935 年，奉南京国民政府行政院令，发行"水灾工赈公债"，各机关公务员从是年 1～2 月的薪俸内按比例扣解，共收

---

① 山东省地方史志编纂委员会：《山东省志　财政志》，山东人民出版社 1993 年版，第 271 - 273 页。

银元 14090 元。1936 年，筹发"山东省短期金库有息证券"，定额为法币 110 万元，从 3 月份分期发行，面额分为 1 元、2 元、5 元、10 元、100 元、500 元 6 种，月息 6 厘，自发行之日起每足半年即还本付息。1937 年，为办理全省土地陈报，发行"山东省整理土地公债"，定额法币 250 万元，年息 6 厘，面额为 1000 元和 10000 元两种，按面值"九八实收"，分两期发行，每年付息两次，到 1940 年 9 月本息全数付清。

抗日战争时期，南京国民政府于 1944 年 7 月发行"同盟胜利公债"，定额法币 50 亿元，由国库担保，年息 6 厘。山东省政府于翌年 8 月奉令募集 1000 万元，具体分配：党政工作人员 100 万元，济南市 400 万元，各县政府共 500 万元。募集到 1946 年底，共完成 13658500 元，超额 36.59%。[①] 表 3 – 30 是笔者整理的民国时期山东省举借地方债的情况。

表 3 – 30　　　　　　　　民国时期山东省举借地方债情况

时间	债项名称	额度	期限/摊派	利率	用途
1913	"地方公债"	定额 60 万元，实收 714502 元	1 年至 3 年 8 个月	年息 8 厘	弥补军政不足
1915	"地方公债"	定额 100 万元，实收 718670 元	2 年	年息 8 厘	筹办濮阳河工及临时财政支出
1916	"军务善后公债"	定额 140 万元，实收 1362220 元	2 年	年息 8 厘	编遣民军及筹办善后事宜
1923	"河工公债"	定额 100 万元，实收 782805 元	两年半	年息 8 厘	修复宫家坝黄河决口事宜
1926	军用票（发行 2 次）	发行总额为 1025 万元	截至 1928 年 4 月共抽兑 13 次		弥补军政费用
1926	山东省国库善后公债	2000 万元	全省一百零七县共摊派发行 1360 万元	年息 8 厘	弥补军政费用
1926	盐税国库善后公债	2000 万元	各地摊派		弥补军政费用

---

① 山东省地方史志编纂委员会：《山东省志　财政志》，山东人民出版社 1993 年版，第 273 – 274 页。

时间	债项名称	额度	期限/摊派	利率	用途
1927	盐余公债	400万元	令盐商垫交税金100万元		弥补财政亏空
1927	第二次国库善后公债	300万元	全省县摊派		弥补军政费用
1928	讨赤军事公债	100万元	各县商户资本额万元以上者摊派		讨赤
1930	汽车路借款券	50万元	1年		修筑公路购用民地
1931	"省库券"	300万元	最初1年，后两次展期，共3年		筹设山东民生银行
1934	"补助丝公债"	40万元		年息5厘	清售积压陈丝
1935	"水灾工赈公债"	20万元，实收14090元	各机关公务员从是年1～2月的薪俸内按比例扣解		赈灾
1936	"山东省短期金库有息证券"	110万元		月息6厘	弥补财政
1937	"山东省整理土地公债"	250万元		年息6厘	整理土地
1944	"同盟胜利公债"	50亿元		年息6厘	军事

资料来源：山东省地方史志编纂委员会：《山东省志　财政志》，山东人民出版社1993年版，第269－274页。

第十三节　其他省份地方政府债务

一、湖南省

湖南自清光绪二十九年（1903年）以后，由于增募新军，举办新政及继续摊还赔款，亏欠甚巨，开始发行公债。民国建立以后，连年战乱，财政拮据，也大多依赖于发行公债。自宣统二年（1910 年）到民国 30 年（1941 年）省级财政归并为国家财政时止，湖南先后发行公债证券 16 种，合计为银两 120 万两、银元 4145 万元、法币 3150 万元。1941 年第三次全国财政会议决定，各省以前依法发行的地方公债，统由财政部分别接收整理，并继续偿付到期本息，此后，各省不得再发行新公债，尚未发出的旧债债券亦不得动用。几经接收整理的省公债依发行情况，分为实际发行与非实际发行两种。对于 1943 年 6 月底前实际发行的欠付债额，另发行"民国三十二年整理省债公债"，予以换偿，其到期本息，自 1942 年起由国库拨付。至于非实际发行的公债，均由各省自行清理，收回缴销。湖南当时列报 1933 年至 1938 年发行的公债四种，共计债券面额 3396.602 万元，自 1935 年至 1940 年共偿付面额本息 1364.582 万元，截至 1941 年 5 月底，尚欠面额本金 2589.344 万元。至于 1933 年以前所发行的各种公债证券如何清偿，则无着落。

湖南省发行的主要公债[①]具体有以下几种。

湖南公债，1910 年，湖南巡抚杨文鼎以军政费用浩繁，募集了"湖南公债"。发行额银 120 万两，利率第一年 7 厘，逐年递加 1 厘，末年增至 1.2 分。还本期限预定 6 年，指定以官矿处及水口山铅矿的余利偿还，计划年还本付息额 26.5 万两。可是到 1934 年，尚欠本金 28 万两。

湖南筹饷公债，1912 年，湖南都督公署设立筹饷局募收国民捐 463.6 万元，后改为湖南筹饷公债。发行总额定为银元 500 万元，实发债票 380.08 万元。由湖南都督公署负责偿还。利率周年 4 厘，自发行之次月起生息，每年于 11、12 两月，按照债票额扣算一次支付；自发行后第六年起，每年偿还发行总额十分之一。发行和还本付息手续，由湖南省银行经理。这项公债自民国七年以来，不但未还本，即第六次利息亦未支付。

湖南省地方有奖公债，1917 年 6 月，湖南督军公署为收回湖南银行所发银两纸币及整理铜元纸币事项，特发行湖南省地方有奖公债。总额定为银元 500 万元，票额分为 100 元、50 元、10 元、5 元四种，分五期募集，以 6 个月为一期，每届募集期满抽签给奖一次，未中奖者按券面银额换领公债票，

---

① 有关湖南省公债内容参阅湖南省地方志编纂委员会：《湖南省志 第 15 卷 财政志》，湖南人民出版社 1987 年版，第 318 – 326 页。

年息 7 厘。此公债以水口山矿业余利为担保，每到偿还付息期限，由矿务总局预期将应付本息银数拨交省财政厅分别支付。在第一期发行后，适逢南北军阀混战，没有抽签给奖。据 1923 年 4 月湖南省财政司咨送审计院《湘省自民国元年起发行债票种类数目清折》载："湖南省地方有奖公债第一期发交各处经领奖券面额洋 95.061 万元，除回收各处缴销奖券面额洋 38.517 万元及以'惠民奖票'换回奖券面额洋 4.503 万元和各处因战乱损失奖券面额洋 21.871 万元外，实际发行在外奖券面额洋 30.170 万元"。①

湖南惠民奖票，1918 年 11 月，督军张敬尧以收回湖南银行滥票为名，命令裕湘银行发行湖南惠民奖票 200 万张，每张 10 条，定价银元 5 元，每条 5 角。分两期发行，每期 100 万张，按票面额向商民推销，并限令各县知事及各机关认购，实行硬性摊派，后因全省人民群起反对，这项奖票中途停止发行。后经湖南银行清理处清查：第一期第一次发行奖票面额银元 265 万元，第一期第二次发行奖票面额银元 44.569 万元，又兑换有奖公债票面额银元 4.906 万元，共发行奖票面额银元 314.475 万元。除兑奖收回奖票面额银元 3.847 万元外，实际流行在外奖票面额银元 310.628 万元。

湖南定期有利金库证券，1919 年，湖南省财政厅发行了此项证券计银元 200 万元，每月利息 6 厘，偿还期甲种 3 个月，乙种 6 个月，丙种 1 年。其中，有的按照各机关月支经费总额一律搭放四成，有的由各县知事公署转向各团体、绅商募款解库领券。实际发行的证券面额银元 152.178 万元，兑款收回证券和各处缴销证券面额银元 40.533 万元，未收回证券面额银元 111.645 万元。

短期库券，1920 年，湖南省长公署发行短期库券银元 15 万元，每张债票 500 元，以全省盐斤收入附加税作抵，由湘岸榷运总局经理，以三个月为限，利率按月 1 分。实际发行与偿还情况，无从查考。

湖南省库证券，1921 年，省长赵恒惕主持发行湖南省库证券银元 100 万元，专为拨发军政各费之用。证券面额为 1 元、5 元、10 元三种，每月利息 6 厘，自发行之日起，以六个月为偿还期限。由财政厅委托总金库及分金库

---

① 湖南省财政厅：《湘省自民国元年起发行债票种类数目清析》，载《湖南政报》第 19 期，1923 年 4 月。

经理，共发行五期，计银元72.459万元。到1923年3月，先后收回第一、二、三期发行证券数38.807万元，其余在外数为33.652万元，计划于当年7月1日以后由总金库兑款收回。但到7月间，因军政各费新亏旧累，仍以库存的省库证券30多万元分发各县，向殷商富户照额摊派，并准照券面本息金额缴纳田赋。后因变乱频仍，清偿情况，无从稽考。

湖南存饷公债，1923年1月，湖南省长公署以湘军各部队历年存饷欠发800多万元，无法清偿，于是发行湖南存饷公债银元800万元，不计利息。债票由财政司印发，面额分为5元、8元、50元、100元四种。自1924年12月至1933年底，每年偿还发行总额十分之一，照各种债券发行数目抽签偿还。偿还基金，于省田赋项下按年带征附加税充拨，计正额1元，加征2.5角。按全省田赋实征数约320万元计算，年可带征附加80万元。所有公债发行及还本各手续，由财政司委托省金库及代理金库各机关经理。

湖南军用短期公债，1924年，湖南省长公署发行湖南军用短期公债银元30万元。债票每张分为100元、50元、10元三种，利息周年6厘。自1925年7月1日起，每月还本十分之一。所有应还本息之数，以全省厘金为担保。到期债票和息票，准完纳省厘金及作其他应付现款。所有发行债票，均交由商会负责募集，并由各厘金征收局经理还本付息。至于募集数目，除长沙商会担负债款总额13.4万元外，其他无从稽考。

湘灾救济公债和湘灾救济有奖债证，1931年6~7月间，湘、资、沅、澧大水成灾，沿岸50多县灾情惨重。湖南省政府以水口山矿砂余利收入为基金，发行湘灾救济公债银元300万元，从7月起分6个月发行，每月发行50万元。为了吸引各界购买，在汉口设立湘灾募债局，先发行湘灾救济有奖债证，分期开奖，中奖者，凭证兑取奖金，未中奖者换给湘灾救济公债票。此项公债，五年后抽签还本，十年后还清。预计每月推销50万元，以四成作奖金及一切开支，六成作为赈灾之用，300万元公债可实收现金180万元。此公债只还本无利息。债票分1000元、100元、10元、5元四种，均为无记名式，可随意变卖抵押，并可作其他公务上必须缴纳保证金时的担保品。募债局在发行公债中，还将有奖债证以八折交由汉口大德公司承销，以三成提作奖金，募债局里只得五成，计150万元。究竟用于救灾的数字有多少，无法查考。

湖南全省公路局征收土地地价公债，1931 年 7 月，湖南省为修建公路，发行湖南全省公路局征收土地地价公债银元 200 万元，利率每月 4 厘，用途以作搭发公路局征收土地三分之一的补偿金为限。公债分 3 期发行，以半年为一期，实际发行情况，无从查考。

湖南省公债（原名湖南救国公债），1933 年春季，为支援华北抗日战争，湖南奉令筹款购置飞机，经省党政军联席会议决议，举办救国借款银元 500 万元，后由国民党中央政治会议决定改名为"湖南救国公债"。债券的利率为年息 4 厘，以全省田赋为偿还基金，由省政府制发公债库券，面额分 5 元、10 元、50 元、100 元、500 元、1000 元六种。债券可以自由买卖，并准用以缴纳省行政、司法及各项业务上的保证金和押款。从 1935 年起，分 20 年连同本息分期摊还。由于各县、市人民及旅京湖南同乡纷起反对，湖南省政府被迫将应募公债总额减为 300 万元，以 250 万元作"剿匪"经费，以 50 万元为征工筑路补助费及募集费用。不久，国民政府又明令改名为"湖南省公债"，由省政府募集，定额仍为银元 500 万元。规定：自 1934 年 1 月 1 日起息，每年 6 月 30 日及 12 月 31 日各付息一次，自 1935 年起，每年于 6 月 30 日及 12 月 31 日用抽签法平均摊还本金，满期 20 年本息全数偿清。每次还本抽签事务，由省财政厅办理。还本付息由长沙市湖南省银行及邵阳、衡阳、沅陵、洪江、常德，益阳和其他各地湖南省银行汇兑处代为兑付。到期息证及中签债票，准自开始兑付之日起三年以内向所在各县、市税契处、田赋征收处及各种省税征收机关作为现款完纳各种赋税，无折无扣。据民国 34 年《财政年鉴》续编载：截至 1942 年底，已还本金 362.5 万元，尚欠本金 137.5 万元。

湖南省建设公债，1934 年 12 月 31 日，湖南省政府公布《湖南省建设公债条例》，决定在 1935 年发行公债 1000 万元，债票分万元、千元、百元三种，计万元票 440 号，千元票 4000 号，百元票 16000 号，均为无记名式，按票面九八折发行。本公债除用来偿还中国、交通两银行借款旧欠 214.1 万元外，其余债票，由湖南省建设厅分向各银行抵押借款，作为修筑湘黔、湘川、湘桂公路及与公路联络的轮渡费用。利率周年 6 厘，每年 6 月及 12 月末日各付息一次。自民国 24 年 12 月 31 日起，用抽签法分 10 年偿还本金，每年抽签两次，于 6 月 15 日及 12 月 15 日举行，至 1945 年 6 月底止，本息全数偿清。发行之湖南省建设公债，以省契税及营业税收入为第一担保，以本债款所修公路营业收入为第二担保，由财政厅照《还本付息表》所载数目，按期由全省契税及营业税收入项下照数提拨。作为还本付息的基金，均存储于代理国库及省库各银行，并以各该银行为经理还本付息机关。此公债中签债票及到期息票，可用以完纳一切租税。全部债票，可自由买卖转押，可作公务上保证金的担保品和银行的保证准备金。截至 1941 年 2 月，已还本 647 万元，付息 328.6 万元，尚欠本金 353 万元。

湖南省政府短期库券，1935 年 6 月，湖南省政府发行短期库券 150 万元，专充税收短少时拨发各机关作经费。库券分为 1 元、5 元两种。自 6 月 1 日发行之日起，满 6 个月后，由湖南省金库按票面十足兑换现银，并准完纳本省各种赋税，自由抵押买卖，并可作为交纳保证金的担保品。

省政府无息存款证，1936 年 3 月，湖南省政府为清理各机关积欠经费，发行无息存款证 200 万元，票面金额分 1 元、5 元、10 元三种。凡属 1933 年 7 月 1 日以后至 1935 年 8 月 20 日以前发出的积欠经费通知、未经领到短期库券的通知、省库期票、财政厅的厅收会计课期票与存条，湖南省金库发出的积欠经费临时库收、湖南省银行所发的积欠经费支票、各税务局及兼办省税各县政府所发出的积欠经费期票，业经财政厅登记者，均换给无息存款证。本存款证于 1936 年 4 月 1 日发行，自 4 月份起，分 10 期抽签支付，每五个月抽签付款一次，每次拨付本存款证存款总额十分之一，至 1940 年 5 月 31 日全部付清。所有存款证付款基金，由财政厅每月通知省金库拨款 4 万元，交由本存款证基金保管委员会保管。并订有《抽签支付办法》，规定每期每种证券中签张数和金额，计 1 元券、5 元券、10 元券各 12500 张，共面额 20 万元。实际发行数为 96.602 万元，截至民国 31 年 3 月底，尚有 49.744 万元未偿还。

湖南省建设公债，1938 年夏，省政府发行 1938 年湖南省建设公债 1800 万元。债票分为万元、五千元，千元三种，于 7 月 1 日起按照票面额十足发行。利率定为周年 6 厘，每年 6 月 30 日及 12 月 31 日各付息一次，还本期限定为 20 年，自民国 28 年起，每年 6 月 15 日及 12 月 15 日各抽签还本一次。一至十次各还本 18 万元，十一至二十次各还本 36 万元，二十一至三十次各还本 54 万元，三十一至四十次各还本 72 万元。以省管营业收入及拨归省的钨业、锑业盈余为还本付息基金，由省财政厅依照"还本付息表"所列每次还本付息数目，按月解交经理银行，由基金保管委员会负责存储备付。各种面额债票为无记名式，可自由买卖抵押及作为省境内公务上须缴纳保证金的替代品。中签债票及到期息票，并可用以完纳本省一切地方赋税。据《湘政六年统计》记载：截至 1941 年 12 月，已还本息 423.9 万元，结欠本金 1693 万元。

二、贵 州 省

贵州在清末没有发行过公债。民国 24 年前，贵州军阀割据，财政入不敷出，共发行公债和类似公债的证券 4 种。但还本付息多不能兑现。

临时公债，1913 年，省议会决定发行临时公债 100 万元，用以支付军政费。规定以全省田赋、厘金收入作担保，以九五折发行，利率为月息 5 厘，发行 3 年后每年偿还十分之一。

定期有利兑换券，1923 年，滇军第二次入黔，新任省长刘显世令饬财政厅办理"定期有利兑换券"100 万元，分 5 元、10 元、50 元三种票额，由省政府向各县摊派下达，规定以全省厘金、盐商营业捐、通关税收入作担保，6 个月后偿还或抵缴税款，利率为月息 6 厘。这次兑换券实际发行 92.7 万元，到期后非但无款兑现，并通令暂缓抵缴税款。以后仅于税收内抵缴 17095 元，其余百分之九十以上券票终成废纸。[①]

定期兑换券，1925 年 2 月，省长彭汉章召集绅商各界会议，以办理军事善后、整理金融为由，决定发行定期兑换券 50 万元，同年 5 月又增发 58 万元，分为 1 元、5 元、10 元、50 元、100 元五种票额。发行后，分三期兑现归还，第一期自 3 月至 7 月中旬；第二期至 10 月中旬；第三期至次年元月中

---

① 《奉派财政厅查案委员第五次报告》民国 15 年 8 月 27 日，省档案馆资料：全宗 39 卷号 1。

旬。利息采用回扣办法，第一期扣 5%（如购券 100 元实收 95 元）；第二期扣 8%；第三期扣 11%。并指定以财政厅、筹饷局主管的各项税捐收入为兑现基金，到期兑换券既可兑换现金，亦能代现金缴纳各种税捐，还可当现金在市面流通。两次共收到 1074155 元。到期后又几次通令展缓兑现，除民国 15 年元月财政厅在税款中抵缴 10729 元外，其余百分之九十九的票券均未兑现还本，利息就更谈不上了。①

贵州银行存款券，1933 年 6 月，省主席王家烈因军政费无款开支，便借用贵州银行 1 元、10 元及 1 角、2 角面额存款券 100 万元，于当年 7 月 1 日起陆续发行。规定于次年 1 月 1 日起"十足兑现"，由省政府向两湖特税处与豫、鄂、皖、赣四省农民银行筹措善后借款 100 万元偿还，并以全省税收作担保。在宣布这些"诺言"后，仍难发行，于是三令五申，对拒用者将治以死罪。虽如此严刑高压，实际发行地区仅为贵阳、赤水、安顺、遵义、独山五县，发行数 20 万元。1934 年 1 月开兑期到，省政府因无现金兑现，一面宣布将存款券贬值抵缴税款，规定 1 元存款券折合"滇半元"银币 1 元，每"滇半元" 17 元合大洋 10 元，政府收税时，准搭收"滇半元"至多 5 成。一面又将未发行出去的存款券 80 万元，盖章后分摊到各县，作为纳税流通券发行。同年 6 月，财政厅规定持有存款券的商民，必须在 8 月 15 日前送交财政厅查验封存，从 12 月 1 日起，每元存款券由银行代金库兑给大洋 0.25 元，逾期未缴验封存之存款券一概作废。总计封存的存款券为 155222 元。延至 1935 年元月，仍未兑给现金，仅可将每元存款券按 0.25 元的价格搭缴通关税而已。至于纳税流通券，随后也被封存，终未兑现。②

三、陕西省

陕西地方公债，1917 年，由于政局屡更、军事迭起，需用浩繁，省财政历年收不敷支，军费拨付困难，政费积欠，无法维持。当局筹募地方公债，

---

① 《奉派财政厅查案委员第六次报告》，民国 15 年 9 月 6 日；省档案馆资料：全宗 39 卷号 1。
② 有关贵州省公债内容参阅贵州省地方志编纂委员会编：《贵州省志　财政志》，贵州人民出版社 1993 年版，第 113－121 页。

定名为"民国六年陕西地方公债"，发行额为议平银 200 万两。用途为：整束军队拟用 50 万两；弥补旧欠拟用 50 万两；发行纸币基金拟用 100 万两。公债利率年息六厘。以每年 6 月 30 日起为给付利息之期，三年以内只付利息，自第四年起用抽签法，每年偿还债额的九分之一，至第十二年为止全数偿清。应付息银，由财政厅于商税项下按月拨银一万两，交陕西中国银行存储备用；应付本银，由全省军、政、学、法各界每月扣薪费十二分之一存储备抵，第四年起偿还公债本银。公债券均用记名法，面额为四种：5 两、10 两、50 两、100 两。其到期之息票，准予完纳一切租税及代其他现款之用。

续办民国六年陕西地方公债，1927 年 4 月，发行额 20 万两，按照省议平银核收，以银元交纳者，按七五折计算（银元 1 元折议平银 0.75 两）。这次公债由国民革命军第一集团军驻陕总司令部财政委员会主办，其办法及经理规则，依照"民国六年陕西地方公债"规定办理。

陕西有奖公债，1927 年，为补助军需，筹募公债 300 万元。认缴债款依照限期交纳的给予奖金，故定名"民国十六年陕西有奖公债"。这次公债分配的对象，各区向富室大贾切实劝募，不得向贫苦农民、小商摊派。经募的债款，省城商界由商务会经理；各县由县公署经理。各县长限期募足者，由财政厅呈省政府予以奖励；办理不力的，呈请撤惩或记过。绅民帮助县长集募债款万元以上者，给予奖章或匾额鼓励。有奖债券面额：100 元、50 元、10 元、5 元四种，按照票面每百元实收 94 元，如在一个月内交款者，每百元实收 88 元，以示奖励；逾期的则按 94 元核收，不再给奖。公债年息六厘，每年 1 月 1 日起付息，1928 年只付利息，自第二期起采用抽签法，每年偿还债额总数的十分之二，到第六年止全数偿清。债券付息银由财政厅在百厘项下每年按月如数拨给省商会及榆林、汉中各商会存储；应付本银由田赋项下于第二年起由财政厅拨给省商会及榆林、汉中商会存储。每届付息之期，持票人向省富秦银行、西北银行、省商会、榆林、汉中各商会及委托之殷实商号或各县公署、各征收支局支取利息。债票发息之期和中签还本，持票人应依期支取，自付息偿本之日起，三年以内支取有效，过三年后即行作废。

陕西省库券，1931 年 10 月，陕西连年荒旱，财政收不抵支，为补助省库资金，省第六十二次政务会议议决，发行陕西省库券 300 万元，以陕西省金库收入作为库券抵押。当年 10 月为发行之期，第一期每百元库券换收现金 96 元，第二期每百元换收 94 元，第三期每百元换收 92 元。库券为无记名式，券面为：5 元、10 元、50 元、100 元四种。限于三个月内发行完毕。库券清还分为三期，第一期 1932 年 4 月底偿还；第二期 1932 年 7 月底偿还；第三期 1932 年 10 月底偿还。到期统照券面金额支付，不折不扣。到期的库券，还可以完纳本省赋税及一切公款。从偿还到期之日起，一年以内有效，过期作废。库券发行的对象，仍以各县大商富户为主。据 1937 年《省政府公报》载，这次发行的省库券，实际完成 213.7 万余元，截至 1937 年 4 月底共归还 47.8 万元，其余令各县继续搭抵（即应交税款的 10% 可以省库券抵交），还清之日为止。

陕西省建设公债，1938 年 3 月，为调剂金融，促进生产，救济农村和兴办军需工业，发行陕西省建设公债 800 万元，于当年 11 月 1 日起，按票面足额发行，利率为年息六厘，还本期为 15 年。自 1939 年 4 月起，每年 4 月 30 日及 10 月 31 日抽签还本并付息。面额分为 10000 元、1000 元、100 元三种，均为无记名式。还本付息基金，为省库田赋收入。自 1938 年 11 月起，由财政厅依照每期应付本息数额分月拨给中央银行西安分行及陕西省银行专储。

陕西省建设金融公债，1938 年，农村凋敝，生产落后，金融枯竭，财政亏绌。发行陕西省建设金融公债 2000 万元，公债年息为六厘，以田赋收入为还本付息基金。自 1939 年起，20 年还清本息，并由中央、中国、交通、中国农民银行承销四分之三，其余 500 万元向各方募集。这次筹集公债的用途：推进全省水利工程费 200 万元；办理农垦畜牧基金 200 万元；开发矿产资金 300 万元；兴办有关军需民生工业资金 300 万元；办理补助土地陈报费 200 万元；增拨省银行资金及归还贷款 700 万元；充实交通工具资金 100 万元。[①]

四、甘肃省

民国 8 年甘肃七厘短期公债，1919 年，省长公署以弥补预算为名，发行

---

① 有关陕西省公债内容参阅陕西省地方志编纂委员会主编、谢伯华等编著：《陕西省志　第37卷　财政志》，陕西人民出版社 1991 年版，第 177－178 页。

甘肃七厘短期公债。库平银 70 万两。向各县、局摊派，并指定由本省皮毛捐岁入项下为偿还本利之担保。年息 7 厘，票面为 5 两、10 两、50 两、100 两 4 种。此项公债自募集之日起计算，扣满 1 年，只偿还利息，自第 2 年起，用抽签法每年还本 14 万两，至第 6 年本息还清。实募 6.7599 万两。至民国 16 年以"整理金融有奖公债"收回 56.63 万两外，又抵交公债 2.3657 万两，两项共收回 58.957 万两。尚未收回债券 8.6033 万两，折合银洋 12.0446 万元。

金库有息证券，1920 年，省长公署发行"金库有息证券"库平银 399.855 万两。除酒泉未领券 1500 两外，实际发行 39.6335 万两。以后陆续收回证券票 33.6960 万两，尚未收回证券票 6.1395 万两，折合银币 8.5867 万元。

军事善后流通券，1926 年，甘肃省督办公署发行"军事善后流通券"银洋 42 万元；次年 9 月续发 44 万元；嗣后又续发 11 万元，三次共计发行 97 万元，在全省流通。自 1927 年 1 月起，准由各县、局征收机关搭收 2 成，截至 1931 年 1 月，共收回 50.2 万元。尚欠券 46.8 万元，国民军离甘后，予以作废。

甘肃省整理金融有奖公债，1927 年，甘肃省政府以整理民国 8 年"七厘短期公债"补充省库为名，发行甘肃省整理金融有奖公债。银洋 300 万元。年息 7 厘，票面金额为银洋 10 元，每张分为 10 条，每条票面金额银洋 1 元。应付利息以抽签给奖，自民国 17 年起，每年 5 月 1 日、10 月 1 日各抽签 1 次。自第 4 年起，由每年烟亩罚款为担保，归还本金，至第 6 年还清，公债无记名，不挂失，得自由买卖、抵押和其他公务上须缴纳保证金时的担保。嗣后颁发《修正整理甘肃金融有奖公债条例施行细则》规定：（1）此项公债之发行及债款收入，由财政厅附设公债事务处委派专员经理，并由财政厅分发各县募集。（2）应尽先收纳民国 8 年，本省"七厘短期支公债"，按票面金额以兰平银 8 钱折合银洋 1 元。无该项债券者，概以银元收纳不折不扣。（3）此项公债定于 1927 年 11 月开始募集，至是年 12 月终为截止日期。分配各县之债款，应予限日以前如数募足解清。各县募集之迟速，多寡，为奖惩之依据。（4）此项有奖公债，每年开奖两次，每次中奖 1748 张，即 1.748 万条，共给奖金 8.998 万元。（5）奖金分配法：第一等奖 1 张，每张 2 万元，每条 2000 元；第二等奖 1 张，每张 5000 元，每条 500 元；第三等奖 1 张，每张 3000 元，每条 300 元；第四等奖 2 张，每张 1000 元，每条 100 元；第五等奖 4 张，每张 500 元，每条 50 元；第六等奖 30 张，每张 200 元，每条 20 元；第七等奖 200 张，每张 50 元，每条 5 元；第八等奖 1200 张，每张 30 元，每条 3 元；与第一等奖末尾三字相同者 399 张，每张 20 元，每条 2 元。（6）此项公债，定于 1931 年 5 月开始还本，至民国 23 年还清。（7）此项公债之还本，是由全省岁入 1000 余万元项下，准核 1 成搭收。因 1930 年国民军离甘，本息均未偿还。

短期金库券，1932 年，甘肃省政府为弥补预算赤字及筹设甘肃省银行基金，发行"短期金库券"银洋 100 万元。分配各县、局和兰州商会以及各同业公会认购共计 96.1637 万元。原定自民国 32 年 1 月起，每 6 个月还本银总额 1/6，并付息 1 次。但第一期应付本息，因省库空虚，未予照付。嗣因各县发行手续多不完善，乃通令各县将发行详情册报，进行清查。并规定凡历年未发行和收回之作废债券，报准省政府派员会同销毁。

甘肃省建设公债，1938 年，甘肃省政府发行甘肃省建设公债。法币 200 万元。票面仅万元一种，年息 5 厘，分 15 年还清。其基金由田赋收入项下拨充。自 1939 年至 1942 年底止，共还本 29 万元，付息 39.4 万元，尚负本息 171 万元。

续发甘肃省建设公债，1941 年，甘肃省政府续发甘肃省建设公债。法币 800 万元，分两期发行。票面仍为万元一种，年息 6 厘。基金由田赋收入为第一担保；本期公债所办各项生产建设事业盈余为第二担保。每年 6 月及 12 月末日，仅付息，不还本。从第 4 年起，每 6 个月抽签还本 1 次，分 12 年全数还清。此项公债由省财政厅依照每期应还本息，如数拨缴甘肃省银行及其委托之银行，收入本公债基金户账内，专款储存备付。本公债无记名，得自由买卖、抵押，凡本省公务上须缴纳保证金时可作为替代品，其中签债票得用以完纳本省一切地方税。截至 1942 年底，第三、四期息金已由国库拨付。第一、二期息金尚未准省府照拨。是年财政体制改变，移交财政部接管。

甘肃省水利农矿公债，1941 年，甘肃省政府发行"甘肃省水利农矿公债"法币 1500 万元。票面为万元一种，年息 6 厘。自发行之日起，每 6 个月付息 1 次，从第 4 年起，每 6 个月还本 1 次。其基金由田赋项下除担保民国 27 年建设公债本息基金外之余额为担保。其还本付息的基金则由省营事业全部收益为担保。均由财政厅将每期应付本息，按期尽先拨缴甘肃省银行及其委托的银行，收入本公债基金户，专款储存备付。并指定甘肃省银行及其委托的银行为经理机关。本公债得自由买卖、抵押，凡本省公务上须交纳保证金时可作为替代品。其中签债票及到期息票，得用以完纳一切地方税。本公债于每年 2 月及 8 月末日，各抽签还本付息 1 次，分 30 年全数还清。截至民国 31 年，因由财政部接管，本息停付。

民国 30 年整理省债公债，1943 年，财政部接管地方公债后，为清理债务，由甘肃省政府发行"民国 30 年整理省债公债"法币 1000 万元。

建设公债，1948 年，甘肃省政府发行"建设公债"金元券 200 万元，月息 5 厘，以田赋收入为担保，规定分 15 年还清。翌年，甘肃政权崩溃，本息未付。

甘肃建设公债，1949 年 3 月，甘肃省政府发行"甘肃建设公债"银洋 300 万元。遭到甘肃各界各族人民的坚决反对。兰州各大专院校（以甘籍学生为主），集会游行，在正义舆论谴责下，被迫宣布，停止发行。[1]

五、辽宁省

辽宁省在清代至北洋政府时期被称为奉天省，1929 年 2 月改称为辽宁省。1915 年 11 月，奉天发行省公债 500 万元现大洋，实际购买 260 万元，占发行额的 52%。省公债用以偿还内外债，以奉天省每年收入的税捐支付利息及偿还本金。省公债年利为 6 厘，以每年 4 月和 10 月作为支付利息期；省公债自发行之日起，两年以内只支付利息，从第 3 年起，每年偿还本金的 1/6，规定至第 8 年全部还清。

1918 年，奉天省发行公债 500 万元，作为清理财政资金，实际认购 326

---

① 有关甘肃省公债内容参阅甘肃省地方史志编纂委员会编纂：《甘肃省志 第 37 卷 财税志》，甘肃人民出版社，1990 年版，第 201 - 203 页。

万元。公债条例规定，以奉天省每年税捐收入 100 万元为担保。

1926 年 3 月，东三省公债局发行"东三省清理金融公债"5000 万元。公债专门回收奉票，奉大洋 2 元作为现大洋 1 元核收；本利偿还时，以现大洋支付；年利率为 6 分；公债以奉天省官有地亩作为担保品，以每年官有财产的收入偿还本利；自发行之日起，3 年内只支付利息，从第 4 年起，每年偿还 1/5，规定至第 8 年全部还清；公债偿还本利的最终期限为 1936 年 9 月末；强制东三省官吏、银行、农、商各界购买，奉天省份额为 2600 万元。

1929 年，发行"辽宁省整理金融公债"2000 万元，实际认购 584 万元。[①]

六、河南省

1918 年 1 月，河南省为将豫泉官钱局改组为地方银行募集资金，发行"河南地方公债"100 万银元，年利率 6 厘，从第 3 年起由豫泉官钱局从营业项下，每年偿还 1/10，10 年还清。每发行 100 元公债，收款 95 元，奖给应募人 1 元，实收 94 元。另外，每募集 100 元给募债机关办公费 2 元。由于所募债款被挪用无存，地方银行改建未成，无从偿还，第 3 年还本时，不得不从征收的丁地厘税中支付。1927 年停止还本付息。

1922 年，为筹措发行纸币准备金，河南省发行"临时公债"120 万银元，年利率 6 厘，从第 3 年起每年偿还 1/10，10 年还清。发行时，每 100 元收款 95 元，奖给应募人 1 元，预付半年利息 3 元，实收 91 元。另外，每募集 100 元，给募债机关办公费 2 元。1927 年停止抽签还本。当年 8 月，发行"十六年地方公债"1000 万元。由于失信于民且百姓生活困难，到 1929 年只募集到 488.5 万元，下余部分停止发行。

1931 年，因财政入不敷出，发行"二十年善后公债"300 万元，年息 8 厘，从第 2 年开始，每年还本付息两次，分 5 年 10 次还清。由于河南连年遭灾，百姓生活极为困苦，直至 1935 年才如数募齐。

1938 年，省政府为供应集需，发行"二十七年六厘公债"500 万元，从

---

① 有关辽宁省公债内容参阅辽宁省地方志编纂委员会办公室主编：《辽宁省志 财政志》，辽宁科学技术出版社 2000 年版，第 87 页。

第 2 年起，每年 1 月和 7 月各付息一次，从第四年起，每年 7 月还本一次。直至 1942 年只偿还本金 20 万元。

1914～1922 年，河南省为筹措军饷和行政费用，除发行各种公债外，还先后向河南中国银行、交通银行，北京中国银行、交通银行，齐鲁银行，河南豫泉官钱局和东豫公司等单位借款 16 次，共 214.7 万元。[1]

七、广西省

民国期间，广西除负责推销国家发行债券之一部分外，也多次发行省债券。1933 年，广西省政府拟订广西建设公债发行条例，规定公债之用途为：（1）路政；（2）邮政；（3）航业；（4）矿业；（5）农业；（6）工业；（7）商业；（8）其他建设事业。公债发行之数应列入年度预算。从 1933 年起，广西发行以下公债。

广西省八厘短期公债，1933 年 8 月发行，总额为国币 100 万元，用于收回桂币金库期票，及发还邕钦、桂永两公路之股代价。指定以广西银行官股子息及余利为还本付息基金，按年 8 厘计息。每年 3 月 1 日及 9 月 1 日各还本付息 1 次。至 1939 年 9 月 1 日本息全数偿清。

广西第一次建设公债，1933 年 11 月发行，总额为国币 100 万元，用于兴办建设事业。指定以富贺钟矿产收入及梧州电力厂余利提充还本付息基金，按年 8 厘计息。每年 5 月 1 日及 11 月 1 日各还本付息一次。至 1939 年 11 月 1 日本息全数偿清。

广西龙州电力厂建设债券，1933 年 4 月发行，总额为毫银 10 万元，用于建设龙州电厂。指定自该厂开业日起从每月所得之纯益中提拨还本付息基金。按年 1 分计息。每年 4 月 1 日还本付息一次。至 1939 年 4 月 1 日本息全数偿清。

民国 24 年广西省整理金融公债，1935 年 8 月发行，总额国币 200 万元，年息 8 厘，每年 1 月及 7 月末各付本息 1 次。定期 10 年，前 5 年只付利息，

---

① 有关河南省公债内容参阅河南省地方史志纂委员会编纂：《河南省志 第 45 卷 财政志 审计志》，河南人民出版社 1994 年版，第 136 页。

后 5 年分 10 次平均偿还本金。至 1944 年 1 月底本息全数偿还。

民国 26 年广西省整理金融公债，1937 年 12 月 1 日发行，总额为国币 1700 万元，用于整理广西金融，充实桂钞的准备金。指定中央在广西所收盐税项下每年提出国币 120 万元为基金。年息 4 厘。每年 5 月 31 日及 11 月 30 日各还本付息一次，第 1 ~ 8 次各还本总额 1%，第 9 ~ 24 次各还本 2%，第 25 ~ 44 次各还本 3%。

民国 28 年广西省六厘公债，1939 年 5 月 1 日发行，总额为国币 800 万元，用于调整民国 28 年度省库收支。指定广西的营业税收入为基金。年息 6 厘。每年 10 月 31 日及 4 月 30 日各还本付息一次，12 年还清。①

八、山西省

清代，山西省并没有自己发行地方债，而是负担清政府摊派下来的公债，光绪二十年（1894 年）到二十二年（1896 年），山西负担息借商款任务为 130 万两银，两年半还本付息，月息七厘，六个月为一期，第一期还利不还本；自第二期起本利并还，每期还本 1/4，发行对象是官绅商民。光绪二十四年（1898 年），山西负担昭信股票任务为 48 万两银，年息五厘，20 年还清。发行对象是官绅商民、王公大臣等，采用领票认购的方式。

民国时期，山西省发行的公债、库券主要有以下几种。

山西省定期有利金库券，1920 年由山西财政厅秉承省长办理，定额为 200 万元，专以搭放军政厅各机关薪俸、公杂等费，该券以六月为期，按月六厘起息，满六个月付息还本，是项库券，每月搭放 175209 元，到期之券，按月由财政厅将本息之款提交省银行兑付，即将券收回于一月仍旧发行，如有到期不取本息，照章将现款存储省银行，仍按月六厘起息，满六个月付息一次，并可用以缴纳本省赋税及代一切现款之用办理已有五年，信用颇为昭著。

山西省六厘善后债券，为清还治安借款和补偿战时各项费用，山西省于

---

① 有关广西省公债内容参阅广西壮族自治区地方志编纂委员会编：《广西通志　财政志》，广西人民出版社 1995 年版，第 83 - 85 页。

1927 年 1 月发行六厘善后债券，还本付息由山西省政府完全担保。并指定房租捐、所得税各项收入为担保金，如有不敷以省金库他项收入补足之。债券以每年 12 月 31 日为付息之期，债券还本自 1928 年起每年 12 月 31 日抽签一次，分 12 年还清。

民国十八年山西省赈灾短期公债，1929 年山西大旱成灾，省政府特发行公债三百万元，以资赈济，是为"山西省赈灾短期公债"。本公债年息七厘，指定以山西省所征田赋附加款为还本付息基金，1930 年 4 月起用抽签法分年偿还至 1942 年 4 月完全偿清。

民国二十年财政部整理山西省金融公债，此次公债发行国币 2400 万元，专门用于收回山西省银行纸币，按票面十足发行，年息六厘，票面定为千元、百元、十元、五元四种，均为无记名式。1932 年 1 月 1 日发行，前 20 年只付利息，自 1934 年 6 月起抽签法十年偿还，每年 6 月和 12 月抽签两次，至 1943 年 12 月底本息全数偿清。此公债本息由财政部指定山西省烟酒税费、印花税、卷烟统税、河东盐税、晋北盐税各收入项下拨付。此公债还本付息，均由基金保管委员会委托的银行经理。

山西省金库借款券，山西省于 1932 年 1 月发行金库券，定额为国币 200 万元，专门用于撤收晋钞，指定本省赋税为还本付息基金，月息一分，券面十足发行，20 个月偿还本息，自 1932 年 1 月起每月末日偿还本金二十分之一，并付息一次，息随本减，至 1933 年 8 月止本息全数偿清。该公债指定山西省银行及各县政府为还本付息机关，到期本息，准持券人向各县县政府及省银行总分行自由领取现金。对挽救山西经济、整理金融起到一定的作用。

民国二十六年山西省公债，山西省政府为偿还省银行垫款之用，发行民国二十六年山西省公债，定额为国币 1000 万元，1937 年 1 月 1 日发行，利率为年息七厘，每年 6 月 30 日及 12 月 31 日各付息一次。债票分万元、千元、百元三种，均为无记名式。本公债偿还期限定为 13 年，前三年只付利息，以 1940 年 6 月 30 日为第一次还本付息之期，抽签法十年还清，每次还 50 万元，至 1949 年 12 月 31 日全数还清。本公债应还本息指定由山西省田赋、省附加税全部收入为基金，由山西财政厅依照还本付息表所列每期付还本息数目，提前按月拨交山西省银行收入本公债基金保管委员会账户，专款存储备付。

有不敷时，由山西省田赋正税项下拨补足额。本公债以山西省银行经理还本付息机关。①

九、青海省

1919 年，甘肃省当局为筹措军费，发行甘肃省地方军需公债，共计白银 70 万两。西宁地区 7 县筹募银 4.11 万两。

1932 年，青海省政府为了满足迅速增涨的军政费用需要和解决财政收入不敷支出的困难，决定在省内发行"维持券"。"维持券"为省政府指定的代金券，由省财政厅印制，与官方法定货币搭配分发各县及军政部门，充作经费，用以发放公职人员及教师的薪资，强制在市面公开流通。当年共印发"维持券" 30 万元。1933 年，青海省政府以原印制之"维持券"纸质太差，在流通中易于磨损破烂为由，复印 30 万元，名为"更替"，实则增加发行和流通量。至年底，实际共印发"维持券" 70 万元。"维持券"非法定货币，是对人民的公开掠夺，发行后，引起市场金融秩序混乱和人民群众的强烈不满。②

第十四节　各省地方政府债务整体分析

通过分析湖北、四川、福建、上海、江苏、浙江、江西、河北、广东、安徽、湖南、云南、山东、山西、陕西、辽宁、青海等的债务情况，我们可以得出一些整体和共性的特征。

一是举债较多的省份多为战争频发地区，或是经济相对发达地区。民国时期，福建、四川、广东、浙江、江西、安徽、湖北、湖南、山东发债较多。

---

① 有关山西省公债内容参阅山西省史志研究院编：《山西通志　第二十九卷　财政志》，中华书局 1997 年版，第 235 - 236 页。
② 有关青海省公债内容参阅青海省地方志编纂委员会编：《青海省志　财政志》，黄山书社 1995 年版，第 230 - 233 页。

其中，福建、四川是战乱动荡较为频繁的省份，也是地方举债次数较多的省份，福建达 38 次，四川达 21 次，可见战争的背后实质是财力的较量，在当时也可谓是地方举债能力的较量。另外，分别是安徽 24 次，广东 22 次，江西 31 次，浙江 20 次，山东 17 次，湖北 16 次，湖南 16 次，河北 15 次，江苏 12 次，上海特别市 10 次。如表 3 - 31 所示。从发行定额看，数额比较多的是四川、浙江和江西三省，如表 3 - 32 所示。

表 3 - 31　　　　晚清民国时期省（含特别市）发行公债次数一览表

省份、特别市	次数	省份、特别市	次数	省份、特别市	次数
福建	38	甘肃	11	上海市	10
四川	21	云南	8	南京市	3
浙江	20	广西	5	青岛市	2
广东	22	河南	4	天津市	2
江苏	12	山西	6	汉口市	2
江西	31	陕西	6	重庆市	1
安徽	24	辽宁	4	杭州市	1
山东	17	贵州	4	汕头市	1
湖北	16	青海	2	北平市	1
河北	15	西康	1	南昌市	1
湖南	16				

注：某一项公债分几期发行的，在核算时按照一次公债来核算。

资料来源：根据本书附录"晚清民国时期省（含特别市）公债统计总表"绘制。

表 3 - 32　　　　晚清民国时期省（含特别市）地方公债发行情况

省份	债务发行定额	债务发行次数	初次发行年度
四川	31400 万元	21	1920
浙江	15610 万元	20	1911
江西	11678.894 万元	31	1912
江苏	7000 万元	12	1912
安徽	2544.94 万元 + 120 万两库平银 + 60 万两漕平银	24	1910
湖北	8090 万元 + 240 万两库平银	16	1909

省份	债务发行定额	债务发行次数	初次发行年度
福建	8543.5114 万元	38	1912
广东	2700 万元 + 9418.75 毫银 + 3480 万元法币	22	1912
河北	3480.63 万元 + 920 万两库平银	15	1905
上海	1250 万元 + 60 万两库平银 + 洋 1000 万元	10	1906
山东	6995 万元 + 50 亿元法币	17	1913
云南	4710 万元	8	1913
湖南	6609.475 万元 + 120 万两库平银	16	1910
甘肃	469.855 万两库平银 + 452 万银洋 + 3500 万元法币 + 200 万金圆券	11	1919
辽宁	8000 万元	4	1915
河南	1020 万元	4	1918
广西	2900 万元 + 10 万毫银	6	1933
山西	4100 万元	6	1920
陕西	3400 万元 + 220 万议平银	6	1917
贵州	408 万元	4	1913

资料来源：根据本书附录"晚清民国时期省（含特别市）公债统计总表"绘制。

　　二是各个省份债款收支占本省岁入比重大不相同。本书无法把每一个年份每一个省份的所有财政收支数和债务数都列出来，以下仅列出民国二十年（1931 年）到民国二十五年（1936 年）全国各省岁入内容合计和百分比表（如表 3 – 33 和表 3 – 34 所示），分析岁入内容，税捐收入占 46% ~ 62%，债款收入占 4% ~ 10%。各省情形大不相同，如民国二十年（1931 年），陕西省债款收入占总岁入 57%，超过半数以上。福建省年年借债，债款收入常占岁入总额在 15% ~ 45% 之间。① 而分析民国二十五年（1936 年）各地方杂项支出内容百分比（如表 3 – 35 所示），地方杂项支出包括债务费、协助费、抚恤费、其他杂项支出及预备费。而以债务费比重最大。江苏、浙江、

① 朱斯煌：《民国经济史》，银行周报三十周年纪念刊，银行学会出版，1947 年 11 月，第 181 页。

湖北、湖南、江西、福建、广西债务费比重都超过50%。次之协助费。协助费即地方对中央的协助费，实质是军费的一部分。因军费归中央负担，地方仅负担公安费、公安费之外的地方军费，即充协助中央之款项，而列为协助费支出。如绥远、宁夏协助费支出最大可占80%以上。陕西、安徽等在50%以上。

表3-33　　　　1931~1936年度全国十八省岁入内容分类合计　　　单位：千元

年度	税捐收入	地方收入	杂项收入	债款收入	合计
1931	141292	24533	108339	29245	303409
1932	128292	28787	45925	16785	230240
1933	120994	14279	49533	10684	195491
1934	160190	33736	101137	12599	307664
1935	157339	18247	75110	19982	270678
1936	172489	34835	105133	33316	345775

资料来源：朱斯煌：《民国经济史》，银行周报三十周年纪念刊，银行学会出版，1947年11月，第181页。

表3-34　　　　　1931~1936年全国各省岁入内容分类百分比　　　单位：%

年度	税捐收入	地方收入	杂项收入	债款收入	合计
1931	46.57	8.09	35.70	9.64	100.00
1932	55.92	12.50	24.29	7.29	100.00
1933	61.89	7.30	25.34	5.47	100.00
1934	52.07	10.75	32.87	4.10	100.00
1935	58.13	6.74	27.75	7.38	100.00
1936	49.88	10.07	30.41	9.64	100.00

资料来源：朱斯煌：《民国经济史》，银行周报三十周年纪念刊，银行学会出版，1947年11月，第181页。

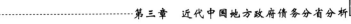

表 3 - 35　　　　　　　1936 年度各地方杂项支出内容百分比　　　　单位：%

省份	债务费	协助费	抚恤费	其他支出	预备费	合计
察哈尔	—	56.93	1.17	3.91	37.98	100.00
绥远	2.83	87.73	—	1.60	7.85	100.00
河北	29.83	39.66	0.28	—	30.23	100.00
山东	34.72	15.03	0.22	—	50.03	100.00
河南	40.09	28.14	0.95	2.36	28.44	100.00
江苏	72.98	16.42	2.37	—	8.23	100.00
浙江	75.27	13.08	1.24	—	10.41	100.00
安徽	36.97	60.46	—	—	2.57	100.00
江西	63.37	24.78	1.10	8.52	2.22	100.00
湖北	68.84	14.16	1.39	6.94	8.66	100.00
湖南	57.65	4.47	4.87	23.54	9.47	100.00
福建	77.37	14.54	—	4.98	3.12	100.00
广东	27.97	21.71	—	17.48	32.84	100.00
广西	96.41	0.59	0.52	—	2.48	100.00
贵州	49.13	7.91	0.77	24.54	17.16	100.00
陕西	19.81	77.57	0.87	0.74	1.01	100.00
甘肃	2.72	3.33	4.06	33.29	56.60	100.00
宁夏	—	89.54	—	0.75	9.71	100.00
青海	—	22.38	—	7.40	70.33	100.00
合计	58.27	21.71	0.80	4.74	14.48	100.00

资料来源：朱斯煌：《民国经济史》，银行周报三十周年纪念刊，银行学会出版，1947 年 11 月，第 185 页。

第四章

近代中国地方政府债务与地方银行业

近代地方政府债务与近代地方银行业的发展息息相关，休戚与共。马克思指出，公债能"使股份公司、各种有价证券的交易、证券投机，总之，使交易所投机和现代的银行统治兴盛起来"。[1] 公债，对银行信用活动有着很大的刺激和促进作用。清末就已存在票号向清中央政府和一些地方政府有为数不少的借款。民国时期，投资公债、向政府垫放款则成了银行资金运用的一个重要领域，成为推动银行业发展的重要原因，公债举借兴盛时期，也是银行设立增长快速时期。

第一节　近代中国地方银行业的发展

地方银行是地方当局办的银行，这里主要指的是省级银行。省地方银行与省财政和省公款发生密切关系，业务范围与分支行处都着重于本省，发行权大多限于小额钞券。地方银行的沿革应该追溯到清末各省官银号。

一、清代官银钱号的改组

官银钱号，清初称官钱局或官钱铺，后来也有称为官银钱局或官银号。

---

① 马克思：《资本论》（第 1 卷），人民出版社 2004 年版，第 865 页。

清代前期，官银钱号并不为督抚重视，但太平天国运动爆发后，为弥补财政拮据，清政府开始铸大钱和发行钞票，官银成为推销大钱及钞票的主要机构。甲午战后，各省纷纷冠以省名设立官钱局号，截至清朝末年，绝大部分的省都设立了自己的金融机构，全国已有 24 家官银钱号。[①] 晚清时期官银号是地方政府的财政工具，主要职能是为地方政府经理库款，垫借款项，开发通用银钱票和举借内外债，为地方官办企业挹注资金等。[②] 自新式金融机构银行兴起后，随着银行在融资能力、业务范围上比官银钱号更有吸引力和优越性，有些地方银钱号在辛亥革命后逐渐改组成了地方银行。[③] 创于 1902 年（光绪二十八年），总行设在天津，由天津银号发展而来的直隶省银行，是我国成立较早的地方银行；1905 年（光绪三十一年），四川濬川源银行成立于成都，由四川省官银钱号发展而来，是我国第二家省银行。浙江官钱局于 1908 年开办后才几个月，继任浙江巡抚增韫就于 1909 年 1～2 月（光绪三十四年十二月）上奏中央政府，请求批准将官钱局改设为银行，结果未获谕旨批准。[④] 后来增韫一再坚持，继续上奏朝廷，最终于 1909 年 6～7 月（宣统元年五月）获准将浙江官钱局改组为浙江银行，并于 1910 年初正式开业。1910 年 3 月，广西官钱号也改组为广西省银行。清末民初各省官钱局改组为地方银行情况如表 4－1 所示。

表 4－1　　　　　　　清末民初各省官钱局改组为地方银行情况

省份	改组前名称	改组后名称	改组年份	总行所在地
福建	福建官银号	福建官银行 福建银行	1907 1914	福州
浙江	浙江官钱局	浙江银行 中华民国浙江银行	1909 1912	杭州

---

① 马长林：《不起眼的官银钱号》，载《浙江金融》2013 年第 3 期，第 76－78 页。
② 杜恂诚：《中国金融通史》（第三卷·北洋政府时期），中国金融出版社 2002 年版，第 202 页。
③ 胡铁：《省地方银行之回顾与前瞻》，载《金融知识》1942 年第 1 卷第 6 期，第 15 页。
④ 宣统元年度支部奏《为遵旨议复浙江官钱局改设银行由》，会议政务处档，卷宗号 552/35－3－2；《浙江财政说明书·岁入部·官业》第 44 页。

续表

省份	改组前名称	改组后名称	改组年份	总行所在地
广西	广西官银钱号	广西银行	1910	桂林
直隶	直隶官银号	直隶省银行	1910	天津
	热河官银号	热河兴业银行	1917	承德
贵州	贵州官钱局	贵州银行	1912	贵阳
江西	江西官银钱总号	赣省民国银行	1912	南昌
湖南	湖南官钱局	湖南银行	1912	长沙
山东	山东官银号	山东银行	1912	济南
陕西	秦丰官钱局	秦丰银行	1912	西安
广东	广东官银钱局	广东地方实业银行	1917	广州
河南	豫泉官钱局	河南省银行	1923	开封

　　资料来源：《中国近代货币史资料》第一辑，第1008-1012页；童蒙正：《旧中国省地方银行和全国省银行联合会组织》，《上海文史资料存稿汇编》第4册（经济金融），第378-391页。《中国省银行史略》第17-19、45-174页。

二、北洋政府时期地方银行设立活跃

　　地方官办和官商合办银行的蜂拥而起是北洋政府时期中国金融的一大特点。各地军阀为了巩固和发展自己的区域政治统治，解决庞大的地方军政费用问题和捞取个人好处，通常都会选取最有效的途径——建立和控制地方银行。各地军阀要想在战争中获胜，更要借助于银行来解决军政费用问题。正是在这样的背景下，地方新式银行如雨后春笋蓬勃发展起来，据统计，在民国元年至民国一年之间，宣告成立的省银行就达17家之多。[①] 北洋政府时期地方银行的设立情况如表4-2所示。

---

　　① 徐学禹、丘汉平：《地方银行概论》，福建省经济建设计划委员会1945年版，第38页。

表 4 - 2　　　　　　　　　　北洋政府时期地方银行的设立情况

成立时间	名称	总行所在地	停业或者改组时间
1912 年 1 月	四川银行	成都	1912 年夏
1912 年 1 月	江苏银行	苏州	1949 年 5 月
1912 年	贵州银行	贵阳	1923 年 1 月
1912 年 4 月	湖南银行	长沙	1918 年 3 月
1912 年	安徽中华银行	怀宁	1914 年
1912 年 4 月	山西官钱局	太原	1918 年
1912 年	富滇银行	昆明	1932 年 9 月改组
1913 年	晋胜银行	太原	1924 年
1913 年	甘肃官银号	兰州	1928 年
1915 年	浙江地方实业银行	杭州	1923 年 3 月改组
1916 年 12 月	大宛农工银行	北京	1949 年
1917 年 5 月	广东地方实业银行	广州	1920 年
1918 年 8 月	裕湘银行	长沙	1920 年 6 月
1918 年 8 月	永川银行	郴州永新	1922 年 8 月
1919 年 1 月	山西省银行	太原	1949 年 4 月
1920 年 6 月	安徽省银行	蚌埠	1926 年
1920 年 10 月	东三省银行	哈尔滨	1924 年 7 月
1920 年 6 月	绥远平市官钱局	呼和浩特	1937 年
1922 年 6 月	中和银行	重庆	1936 年
1922 年	甘肃省银行	兰州	1929 年
1923 年 1 月	甘肃平市官钱局	兰州	1939 年 6 月
1923 年 3 月	四川银行	重庆	1923 年 10 月
1923 年 3 月	浙江地方银行	杭州	1947 年 3 月

成立时间	名称	总行所在地	停业或者改组时间
1923 年 7 月	河南省银行	开封	1926 年 8 月
1923 年 10 月	重庆官银号	重庆	1924 年 12 月
1923 年	四川官银号	成都	1924 年 2 月
1924 年 8 月	广东省银行	广州	1949 年 10 月
1925 年 9 月	山东省银行	济南	1928 年 4 月
1926 年 5 月	广西省银行	梧州	1929 年
1927 年 1 月	中国农工银行	北京	1949 年

资料来源：姜宏业主编：《中国地方银行史》，湖南出版社 1991 年版，第 157 – 158 页。

1916 年后，第一次世界大战正在激烈进行，我国民族工商业因外力压迫的减少，逐步蓬勃发展起来，大大刺激本国地方银行业发展。据统计，自 1916 年至 1923 年八年之间，新设地方银行竟达 135 家之多。其中尤以 1921 年和 1922 年，各增设新式银行 27 家。1921 年有江西银行，1922 年有赣省银行，都为官商合办性质，且总行均设于南昌。1923 年，浙江地方实业银行分化，官股改组为浙江地方银行；新设的省立银行，有甘肃银行、河南省银行、四川省银行、赣垣公共银行四家。[①]

1924 ~ 1927 年，我国内战激烈，政局混乱，工商业凋敝，因此商业银行新设立情况，比前期锐减不少。但地方军政当局，在未设立省行的地方，仍念念不忘添立新行，1924 年有广东中央银行，总行设于广州，为广东省银行的前身，1925 年有西北银行，系西北军政领袖所创办，又有山东省银行，也是东北军入鲁后所筹设。截至 1925 年全国各省银行分布情况如表 4 - 3 所示，1925 年主要城市银行数量统计情况如表 4 - 4 所示。

---

① 徐学禹、丘汉平：《地方银行概论》，福建省经济建设计划委员会 1945 年版，第 39 页。

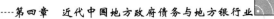

表4-3 1925 年全国各省银行分布统计情况

省份	家数	省份	家数	省份	家数
江苏	44	江西	6	贵州	0
镇江	9	湖北	7	辽宁	4
河北	37	湖南	0	吉林	1
山东	9	四川	1	黑龙江	0
河南	1	福建	2	热河	1
山西	4	广东	9	察哈尔	1
陕西	1	广西	0	绥远	2
甘肃	1	云南	1	安徽	0
西康	0	新疆	0	合计	141

资料来源：吴承禧：《中国的银行》，商务印书馆1934 年版，第 12 页。

表4-4 1925 年主要城市银行数量统计情况

城市	数量（家）
上海	33
北京	23
天津	14
汉口	7
重庆	1
杭州	8
广州	1
其他	54
合计	141

资料来源：吴承禧：《中国的银行》，商务印书馆1934 年版，第 12 页。

1927 年以前，国家没有实现统一局面，这种动荡分裂的格局给地方银行造成很大影响。主要表现为：一是中央监督的缺失。各省掌握军权，同时支配本省的政治及经济措施，设立银行，没有顾及基金是否充实；发行钞票，又不考虑准备金的有无，"平时营业方针，不外省款之如何调度，开设分支机关，仅在纸币之尽量推广。"① 因此，省银行的基础首先是不能健全的，所以在动荡的政治形势下是不能肩负经济建设重任的。二是内战军费的重负。1916 年军阀割据以后，野心较大的军阀，总是怀武力统一的思想，或者怀扩张地盘的欲念，即便是毫无野心的小军阀，也总是力图保持既得利益和既有统治区域，大小军阀之间的战争和争夺，不仅是政治和军事之争，也是财权之争。他们要控制地方经济，首先就要手里有银行，他们要进行战争，更要借助于银行来解决军政费用问题。所需军费，除苛捐杂税外，基本采取增发省银行的钞票为主要筹资军费的手段，导致纸币发行数量很大，滥发的纸币供地方政府任意挪借，战胜省区可能还能流通一段时间，战败省区不过是一堆废纸而已。浙沪联军为维持市面发行浙省定期兑换券 220 万元；浙江省长公署为维持市面发行金库兑换券 50 万元；济南发行有期证券。汉口发行维持流通券 200 万两；南昌发行有利证券 100 万元；奉天发行军用票。江苏省当局发行类似公债的军用票 600 万元；淞沪护军使署为维持市面调剂金融发行淞沪公债 200 万元。② 而且地方银行内部管理也十分腐败，并随着军阀实力的强弱盛衰而存亡，最终给各地人民带来严重灾难。

1927 年以前的地方银行，创设虽已普遍，但最终成为内战筹款的工具，很多银行遭受打击先后失败，或者几乎倒闭。市立银行，因当时市行政尚未独立，无由产生。县银行由公营或私营，虽然存在，但尚未普及，仅为一点点缀而已。其他普通商业银行的经营，因内战的蔓延、兵灾屡出，不得已只好以沿海沿江外人的租界为生存的根据地，并以公债投资和交易所的投资买卖作为营利的根本。至于在国内各地开设分支机关，则根据时局的稳定与动荡与否而定。

---

① 徐学禹、丘汉平：《地方银行概论》，福建省经济建设计划委员会 1945 年版，第 41 页。
② 杜恂诚：《中国金融通史》（第三卷·北洋政府时期），中国金融出版社 2002 年版，第 206 页。

三、南京国民政府前期地方银行稳健发展

　　1928年国民革命军北伐统一全国以后，到1937年"七七事变"时为止，先后九年时间，内战虽未完全免除，但因为中央权力强大，国内渐渐趋于统一，人民国家意识较前增强，遂使得地方银行事业，逐渐呈现稳健发展的现象。1927年以后新设的省立银行，绝少发生停业现象。1928～1937年省立银行设立情况如表4-5所示。

表4-5　　　　　　　　省立银行的设立（1928～1937年）

成立时间	银行名称	设立时总行所在地
1928 年 1 月	江西裕民银行	南昌
1928 年 3 月	河南农工银行	开封
1928 年 7 月	江苏省农民银行	南京
1928 年 11 月	湖北省银行	汉口
1929 年 1 月	湖南省银行	长沙
1929 年 3 月	河北省银行	北平、天津
1930 年 3 月	江西建设银行	南昌
1930 年 7 月	新疆省银行	乌鲁木齐
1930 年 12 月	陕西省银行	西安
1931 年 1 月	宁夏省银行	银川
1932 年 1 月	广东省银行	广州
1932 年 4 月	河北民生银行	天津
1932 年 7 月	山东民生银行	济南
1932 年 8 月	广西银行	桂林
1932 年 9 月	富滇新银行	昆明

续表

成立时间	银行名称	设立时总行所在地
1934 年 1 月	四川地方银行	重庆
1935 年 10 月	福建省银行	福州
1935 年 11 月	四川省银行	重庆、成都
1936 年 1 月	安徽地方银行	芜湖
1936 年 1 月	广东实业银行	广州
1936 年 1 月	安徽地方银行	芜湖
1937 年 3 月	广西农民银行	桂林
1937 年 3 月	西康省银行	康定

资料来源：徐学禹、丘汉平：《地方银行概论》，福建省经济建设计划委员会 1945 年版，第 48 – 49 页。

市立银行的创设，以广州市立银行为发端，1927 年 4 月，广州市财政局长陆幼刚委任筹备委员三人，本着发展社会经济、辅助政府建设的宗旨，于 1927 年 11 月成立广州市立银行，代理市金库，并经营其他银行业务。该行的设立，带动了一系列市立银行在这一时期相继设立。比如，南昌市银行于 1928 年 6 月设立，南京市银行于 1928 年 12 月设立，上海市银行于 1930 年 2 月设立，青岛市农工银行于 1933 年 1 月设立，北平市银行于 1936 年 3 月设立，天津市市民银行于 1936 年 4 月设立。这些市立银行后来因"七七事变"各都市先后陷落，银行业务也陷于中断。另外，县级银行在这一时期也成立不少，据统计，"自民国四年至二十六年止，先后设置的县银行，共凡三十家之谱。"①

实际统计上，有的地方银行存在时间很短暂，在大多数统计中均未将其列入；如贵州方面，当毛光翔失败，王家烈于 1931 年主持黔政时，就有贵州省银行存在，且由省政府秘书长任行长，1934 年王家烈失败，省政府遂告停

---

① 徐学禹、丘汉平：《地方银行概论》，福建省经济建设计划委员会 1945 年版，第 51 页。

顿。1940 年 6 月，贵州省政府又筹设省银行，以为复兴地方的金融机构。东三省方面，一向以东三省官银号为重心，该号原名萃丰官银号，光绪三十一年始易其名，1917 年前发行制钱票及小银元票，后开始发行大洋票，通称奉票，1921 年后，奉军屡次入关，纸票滥发无度，价格也倾跌不已。此外还有东三省银行，1924 年并入东三省官银号，1927 年后影响甚微。九一八事变后，1932 年 3 月，日本人制造伪满中央银行，将辽宁的东三省官银号，吉林的永衡官银号、黑龙江的黑龙江官银号、哈尔滨的边业银行合并，改组成立，各银号之前所发钞票，顿时变为废纸。

南京国民政府多次颁布法规，加强对地方银行的管理。1928 年 7 月 1 日第一次全国财政会议，通过《中华民国地方银行条例》共 11 条，"惜以格于情势，恐实行时发生困难，财政当局未予公布"[1]。1931 年国民政府公布的《银行法》第 34 条规定，"银行对于任何个人或法人团体，非法人团体之放款总额，不得超过其实收资本及公积金百分之十。"[2] 对于省银行与省政府各厅处之间的借贷关系，予以极大限制。为规范地方银行发展，1935 年国民政府颁行《设立省银行或地方银行及领用或发行兑换券暂行办法》《省银行或地方银行印制辅币券暂行规则》等有关省地方银行的特别法规。但省银行的法律地位还是没有明确。

四、国民政府后期地方银行的有效监管

抗战爆发导致大片国土沦丧，沦陷省的地方银行大多选择随国民政府西迁大后方，以便在全面抗战的艰难时期得以存续并发展起来。抗战期间全国省地方银行概况如表 4 - 6 所示。抗战期间，地方银行对于推行中央金融政策，调剂地方金融，协助政府抢购物资，做出不少贡献。但其名称、资本、组织以及业务范围，并无统一之标准，未能形成完善制度。

---

[1]　郭荣生：《中国省银行史略》，文海出版社 1975 年版，第 220 页。
[2]　财政部转发银行法令（1931 年 4 月 24 日），《中华民国金融法规档案资料选编》（上），第 577 - 578 页。

表 4 - 6　　　　　　　　　**抗战期间全国省地方银行概况**　　　　　单位：千元

行名	开业日期 注册日期	战前资本 战时资本	出资 性质	战前地址 战时地址	战时情形
山西省银行	1919 年 1 月	20000 法币 20000 法币	省府	太原 西安	原有业务停顿，撤退 至大后方
山东民生银行	1932 年 7 月	3200 法币	官商	济南 重庆	原有业务停顿，撤退 至大后方
四川省银行	1935 年 11 月 1946 年 3 月	2000 法币 40000 法币	部省	成都	未受战事影响，正常 经营
甘肃省银行	1939 年 6 月 1940 年 10 月	8000 法币	部省	皋兰	未受战事影响，正常 经营
安徽地方银行	1936 年 1 月	2000 法币 5000 法币	省府	芜湖 立煌、屯溪	撤退至本省后方，继 续营业
江西裕民银行	1928 年 1 月 1935 年 9 月	2000 法币 5000 法币	省府	南昌 赣县、宁都	撤退至本省后方，继 续营业
江苏银行	1912 年 1 月 1936 年 7 月	2000 法币 6000 法币	部省	上海 重庆	原有业务停顿，撤退 至大后方
江苏省农 民银行	1928 年 7 月 1931 年 10 月	4000 法币 4000 法币	省府	镇江 重庆	原有业务停顿，撤退 至大后方
西康省银行	1937 年 8 月 1941 年 9 月	250 法币 3500 法币	省府	康定	未受战事影响，正常 经营
河北省银行	1929 年 3 月 1940 年 3 月	3000 法币 4000 法币	部省	天津 重庆	原有业务停顿，撤退 至大后方
河南农工银行	1928 年 3 月 1936 年 12 月	1400 法币 3000 法币	省府	开封 鲁山	撤退至本省后方，继 续营业
浙江地方银行	1923 年 3 月 1933 年 6 月	3000 法币 10000 法币	省府	杭州 龙泉	撤退至浙南山区，继 续营业
陕西省银行	1930 年 12 月	2000 法币 5000 法币	省县	西安	未受战事影响，正常 经营
贵州银行	1941 年 8 月 1945 年 11 月	6000 法币 20000 法币	官商	贵阳	战时创设，未受战事 影响，正常经营

续表

行名	开业日期 注册日期	战前资本 战时资本	出资 性质	战前地址 战时地址	战时情形
湖北省银行	1928 年 11 月 1942 年 8 月	3000 法币 25000 法币	省府	汉口 恩施	撤退至本省后方，继续营业
湖南省银行	1929 年 1 月	1500 法币 3600 法币	省府	长沙	撤退至本省后方，继续营业
富滇新银行	1932 年 9 月	16000 滇币 16000 滇币	省府	昆明	未受战事影响，正常经营
宁夏银行	1938 年 6 月 1940 年 10 月	1500 法币 4000 法币	官商	宁夏	未受战事影响，正常经营
绥远省银行	1941 年 1 月 1942 年 3 月	1000 法币 2000 法币	省府	归绥	战时新设，正常经营
新疆商业银行	1939 年 1 月	5000 新币 9440 新币	官商	迪化	未受战事影响，正常经营
福建省银行	1935 年 10 月 1941 年 1 月	5000 法币 20000 法币	省府	福州 永安	本省迁移，继续经营
广西银行	1932 年 8 月	6163 毫元 15000 法币	官商	桂林	未受战事影响，正常经营
广东省银行	1924 年 8 月 1937 年 10 月	10000 法币 10000 法币	省府	广州 曲江	撤退至本省后方，继续营业

资料来源：沈雷春主编：《中国金融年鉴》，黎明书局 1947 年版，第 A91 – A92 页。

国民政府通过多项法规政策加强对地方银行的监管，并取得成效。1938年，国民政府财政部公布《改善地方金融机构办法纲要》10 条，规定省地方金融机构要为抗战救国，要为地方农工矿业地方经济发展出力。1941 年 6 月第三次全国财政会议通过财政收支系统改制，省级财政划归中央统筹，省有官产官业以及省银行资本等项悉已归并国库，其资本的拨补及营业的盈亏，也依照《公库法》由国库处理，省银行的地位自有重新确定的必要。会议通过由中央银行接收省地方银行的决议："限令中央银行自民国三十一年（1942 年）起，将各省省银行一律接收整理，使成为中央银行之各省分行，并以每省设立一分行，每县市设一支行为原则，完成中央银行之金融网。"[1]
从 1942 年 7 月起，四大国家银行实行专业化后，中国农民银行逐渐接收省地
方银行的农村贷款业务，交通银行经营省银行的工矿事业放款。1940 年 1 月
20 日国民政府公布《县银行法》，作为旧有县银行经营的依据，并为促进新
县银行增设的张本。1942 年秋季，财政部又设置《全国县乡银行》，派前江
西裕民银行总经理陈威为筹备主任，从事设计及筹备事宜。[2] 1944 年 8 月，
为整饬银行系统，除严格限制省银行在省外设置分支机构外，并规定其已呈
准设立的省外办事处业务仅以办理汇兑为限，所有存放款及投资等业务，应
担负起应有使命，由部拟具调整省银行办法。[3] 呈奉行政院核定转送立法院
完成立法程序，定名省银行条例，于 1945 年 7 月 3 日由国民政府明令公布施
行，其内容要点：第一，名称一律定为某某省银行，并以一省一行为限，其
重复设立者应予裁并。第二，资本以由国库拨给为原则，得由县市银行及自
治团体参加公股。第三，业务以调剂本省金融，扶助经济建设，开发本省生
产事业为主旨。第四，董事监察人均由财政部令派，董事得由省政府保荐二
分之一，监察人由省参议会推选二分之一，常务董事及常驻监察人由各该董
事及监察人分别互选，董事长及总经理由部常务董事中选派。第五，组织一
律改为总经理制。

上项条例公布后，即经规定实施办法，分行各省遵照办理。截至 1946
年底，已依法完成改组者，计有四川、湖北、湖南、广东、广西、河南、
河北、西康、甘肃、福建、绥远、安徽、浙江、青海、江苏、江西、山东、
台湾等十九省，其余陕西、云南、新疆、山西、宁夏、贵州等省，因情形
特殊，尚未完成。此外江苏省农民银行，业经行政院核定为专业银行，以
发展该省农业生产事业。台湾省亦将该省前由日本经营之劝业银行，呈准
改为台湾土地银行，以调剂该省土地金融。[4] 表 4 - 7 为 1946 年底省银行改
组情况。

① 陈寿琦：《论省地方银行之将来》，载《四川经济季刊》1943 年第 1 卷第 1 期，第 279 页。
② 徐学禹、丘汉平：《地方银行概论》，福建省经济建设计划委员会 1945 年版，第 52 页。
③ 洪葭管编：《中央银行史料》（1928.11—1949.5），中国金融出版社 2005 年版，第 906 页。
④ 财政部财政年鉴编纂处编：《财政年鉴》（第三编·下册），商务印书馆 1948 年版，第 85 页。

表 4 - 7　　　　　　　　　　省银行一览表（截至 1946 年底）

名称	资本总额（元）	出资性质	组织	改组情形	备注
四川省银行	4000000000	完全官股	总经理制	已改组	
湖北省银行	5000000000	完全官股	总经理制	已改组	参有地方公股 25000000 元
湖南省银行	500000000	完全官股	总经理制	已改组	
广东省银行	1000000000	完全官股	总经理制	已改组	
广西省银行	1500000000	官商合办	总经理制	已改组	参有地方公股 8269040 元，商股 5608460 元
河南省银行	300000000	完全官股	总经理制	已改组	
河北省银行	100000000	完全官股	总经理制	已改组	
西康省银行	1000000000	完全官股	总经理制	已改组	
甘肃省银行	800000000	完全官股	总经理制	已改组	
福建省银行	4000000000	完全官股	总经理制	已改组	
绥远省银行	100000000	完全官股	总经理制	已改组	
安徽省银行	500000000	完全官股	总经理制	已改组	
浙江省银行	10000000000	完全官股	总经理制	已改组	
青海省银行	2000000000	官商合办	总经理制	已改组	参有商股 10000000 元
江苏省银行	600000000	完全官股	总经理制	已改组	
江西省银行	500000000	完全官股	总经理制	已改组	
山东省银行	4000000000	完全官股	总经理制	已改组	该行是冯准新设
热河省银行	1000000000	完全官股	总经理制	已改组	该行资本暂以东北流通券计划
台湾银行	6000000000	完全官股	总经理制	已改组	该行资本暂以台币计列
陕西省银行	1000000000	完全官股	董事长制	未改组	
贵州银行	1100000000	官商合办	常务董事制	未改组	参有商股 5068000 元

续表

名称	资本总额（元）	出资性质	组织	改组情形	备注
宁夏银行	400000000	官商合办	董事长制	未改组	参有商股 1000000 元
云南富滇新银行	2000000000	完全官股	董事长制	未改组	
新疆商业银行	5000000000	官商合办	董事长制	未改组	参有商股 13123000 元

注：此外尚有特种地方银行如此：
①江苏农民银行资本 4000000 元，是完全官股，正拟议改组中。
②江西建设银行资本 2000000 元，是完全官股，正拟议改组中。
③台湾土地银行资本台币 60000000 元，是完全官股，业已改组。
资料来源：财政部财政年鉴编纂处编：《财政年鉴》（第三篇·下册），商务印书馆 1948 年版，第 86－87 页。

可见，《省银行条例》从法律上赋予了省地方银行的法律地位和政策保障，省地方银行正式纳入国家银行体系，实现了国民政府对省地方银行的完全掌控和严密监控。① 1947 年 4 月 29 日，国民政府公布修正后的《省银行条例》16 条，以及《省银行条例实施办法》7 条，这次修订与 1945 年《省银行条例》最大的不同在于，规定省银行的资本由省库拨给，省银行隶属于省政府，因此代理省库及经理省公债为当然业务。据统计，"截至 1948 年 6 月底，根据财政部核准设立的省银行，计总行 31 所，省内分支行处 1031 单位，省外办事处 112 单位，国外分支行 6 单位，共计 1180 单位，各省银行依法组成者，计有江苏、浙江、安徽、江西、湖南、湖北、四川、贵州、西康、广西、广东、福建、河南、河北、山东、陕西、青海、绥远、热河、甘肃、察哈尔、辽宁、台湾 23 省。"②

第二节　近代不同时期地方银行与地方债务互动

近代中国地方银行业的蓬勃兴起，并非以工商产业发展为基础，而是因

---

① 转引自刘志英：《全面抗战时期国民政府对省地方银行的监管》，载《历史研究》2015 年第 4 期。
② 汤寿康：《金融机构之分布于管制》，载《银行周报》32 卷 38 号，1948 年 9 月 20 日。

政府财政需要而生。早在 1896 年盛宣怀向清政府奏请筹设中国通商银行时，关于银行的作用，他强调"银行既立，泉府因通而不穷，仿借国债可代洋债，不受重息之挟制，不吃磅价之亏折"①。1908 年，清政府在《大清银行条例》中特别指出，"代公家经理公债票及各种证券为主要业务"。可见在近代中国银行业既成为缓解政府财政困顿之工具，又与政府债务结下不解之缘。地方银行亦是如此。

一、晚清时期：银行提供公债担保和借款

晚清时期，银行与财政关系主要表现为：一是早期的官银钱号成为地方政府的公债担保基金。二是地方政府通过银行特别是外资银行来获得大量的军政借款。

清末官银钱号完全是官方运作的产物，地方官办或官商合办银行的业务主要同地方政府的财政相联结。官银号、官钱局都是办理所在各省的金库业务，都是官方特许的殷实商户具体经营，是各地方政府的财政工具。它们为地方政府经理库款，为地方财政垫借款项，为地方官办企业投注资金，使用的手段有开发通用银钱票和举借内外债等。官银钱号兼具地方财政机关性质。清末曾出台《厘定通用银钱票暂行章程》《银行通行则例》《银行注册章程》等，意图规范官银钱号的职能与制度，并严厉查办其舞弊案件，但效果不佳。清末的官银钱号具有地方银行的性质，以维持省级财政为基本职能。它的出现奠定了中国各省官营金融机构的基础。民国以后，各省督军纷纷在省官银钱号的基础上重设省立官营银行。比如，湖北省以湖北官钱局产业为公债基金，发行管理湖北金融公债两千万元。指定湖北官钱局全部财产为第一担保，湖北省出产运销二五特税为第二担保，本公债利息指定以湖北省出产运销二五特税拨付。在官票未崩溃之时，官钱局一切产业由该局自行管理，外人不容置喙，后官票大跌以来，官钱局无法维持，乃由湖北督署邀集武汉绅商组织官票维持会，拟由该会运用钱局全部官产为担保，设法以救济颓废官票，

---

① 盛宣怀奏呈自强大计折附片，载陈旭麓等编：《中国通商银行》（盛宣怀档案资料选辑之五），第 3 页。

因此当时有暂将官钱局产业向银行抵押借款及以官钱局有息契约为担保发行公债等筹议。[①] 再如，整理湖北金融公债基金先尽第一担保湖北官钱局全部财产，分期标卖偿还，得将此项债票缴纳产价。[②] 湖北官钱局 1926 年春倒闭停业，官票变为废纸，人民遭受巨大损失。1934 年 2 月，由湖北省政府清理甲债委员会奉令以湖北二十年善后公债七十万元，抵偿官票七千万串，委托湖北省银行办理收换销毁事宜。[③] 最终以湖北官钱局价值两千一百余万元全部产业拨充资本成立湖北银行，基金充实，信用坚固，除代理省库外，兼营一切银行应有业务。

地方银行不仅在内债方面成为连接政府与财政的重要纽带，在外债方面，亦是如此。1863 年苏松太道吴煦向上海阿加剌银行借款规银 10 万两，可谓是在华外商银行承办地方政府外债之开端。1874 年，为了筹措台湾海防经费，沈葆桢向汇丰银行借款 200 万两，年息 8 厘，期限 10 年，以各海关税收为担保，汇丰银行以 627615 英镑（按时价合银 200 万两）出借。[④] 福建台防借款改变了以往清政府举借外债期限短、款额小的情形。1883～1885 年，为筹措军需，清政府西南、东南各督抚先后向汇丰银行举债 11 次，债额总计 1927.9186 万两。甲午战前，清朝地方政府等先后举借军政借款 51 笔，总额 57204484 库平两；实业借款 10 笔，总额 9893345 库平两，二者合计 67097829 库平两，军政借款约占 85.3%，实业借款约占 14.7%[⑤]。其中军政借款方面，由在华外商银行承办情况如表 4-8 所示。前后共 23 笔，款额计 35952757 库平两，约占军政借款总额的 62.8%。仅汇丰银行一家即承办 18 笔，款额计 33040270 库平两，约占军政借款总的 57.8%。至于实业借款方面，汇丰银行承办 7 笔，款额 6874345 库平两，约占实业借款总额的 69.5%。对于军政和实业借款，汇丰银行一家共承办 25 笔，款额合计 39914615 库平

---

① 立庵：《湖北官钱局产业指充公债基金之经过》，载《银行周报》第十一卷第五号，1927年 2 月。

② 《湖北官钱局营业之结果》，载《财政旬刊》第二十五号，1929 年 3 月 1 日。

③ 武汉金融志办公室、中国人民银行武汉市分行金融研究所编：《武汉银行史料》，第 118 页。

④ 中国人民银行总行参事室编：《中国清代外债史资料（1853—1911）》，中国金融出版社 1991年版，第 39-40 页。

⑤ 中国人民银行总行参事室编：《中国清代外债史资料（1853—1911）》，中国金融出版社 1991年版，第 136-140 页。

两，约占借款总额的 59.5%。

表 4 – 8   1863～1893 年在华外商银行承办地方政府军政借款情况

年份	借款者	贷款者	借款数额（合库平两）	利息	期限
1863	苏松太道	阿加刺银行	91241		
1872	驻法使馆	丽如银行	30000		
1874	台湾大臣	汇丰银行	2000000	年息 0.80%	10 年
1875	陕甘总督	丽如银行	2000000	年息 1.05%	3 年
1877	陕甘总督	汇丰银行	5000000	月息 1.25%	7 年
1878	陕甘总督	汇丰银行	1750000	月息 1.25%	6 年
1880	陕甘总督	汇丰银行	4000000	月息 0.80%	6 年
1883	两广总督	汇丰银行	2000000	月息 0.75%	3 年
1884	两广总督	汇丰银行	1000000	月息 0.75%	3 年
1884	两广总督	汇丰银行	1000000		
1884	两广总督	汇丰银行	200000		
1884	浙闽总督	汇丰银行等	4000000	年息 0.90%	10 年
1884	两广总督	汇丰银行	1000000	年息 0.85%	3 年
1885	两广总督	汇丰银行	2012500	年息 0.90%	10 年
1885	台湾大臣	汇丰银行	1000000		
1885	福建总督	汇丰银行	3934426	年息 0.90%	10 年
1885	两广总督	汇丰银行	2988860	年息 0.85%	10 年
1885	两广总督	汇丰银行	143400		
1885	驻英使馆	汇丰银行	11084		
1886	粤海关总督	汇丰银行	700000	月息 0.70%	31 年
1886	粤海关总督	汇丰银行	300000		10 年
1889	山东巡抚	德华银行等	636406	月息 0.65%	4 年
1893	驻德使馆	德意志银行	154840		1 年

    资料来源：中国人民银行总行参事室编：《中国清代外债史资料（1853—1911）》，中国金融出版社 1991 年版，第 136 – 139 页。

甲午战争前，在华外商银行所承办的清政府外债，主要以地方各督抚经朝廷许可而对外举借的债款为主。这些地方督抚借债的目的主要在于应对外国势力对沿海沿边区域的侵略活动，即债款多用于临时性军政支出等。这些债款一般利息较高，年息 8 厘 ~ 1 分，期限不超过 10 年，担保多为关税等。外商银行特别是汇丰银行，在承办中国政府债务债款中，虽有发行债票之举，实际债权却多属于银行自身。

二、北洋政府时期：银行经营公债和政府垫款

民国政府定都南京后，"公债巨量发行，担保确实，政府赖银行代理发行，债款以集，银行以公债为投资，获利亦厚，再以投资工商渐开端倪。"[①] 只要银行与财政是合一的，那么银行随时都能成为弥补财政亏空的工具。北洋政府时期，由于政局动荡，导致公债市场也变化莫测，往往被政局变化左右而随时涨跌不定，风险极大。但因种种利益，还是吸引了银行界大量投资政府公债。银行对公债趋之若鹜的原因有三：一是丰厚的获利，银行承销公债，折扣最低的八五折，加上利息，平均获利达三分。政府信用薄弱，导致债票的市价往往低于债票的实际票面价值；二是银行不仅投资公债借贷，而且还可以把公债作为发行钞票的保证金，效果与现金一样；三是因为国内工商业衰败，在当时没有比投资公债更好的投资手段可供选择，只要政府存在，投资公债就比任何放款更有利可图。举借内债刺激了本国银行业的发展。当时许多新设银行都将总部设在北京、天津，其目的就是便于经营公债生意。1912 ~ 1927 年全国华资银行设立数为 266 家，而 1918 ~ 1922 年的 5 年中就设立了 129 家[②]，约占这一时期设立总数的一半。"故自内国公债盛行以来，国内银行界遂大行活动。"由此看来，政府发行公债最多之时，恰恰是银行设立诸多之际，此种景象恐怕并非时间上的巧合，

① 转引自刘平：《近代中国银行监管制度研究（1897—1949）》，复旦大学出版社 2008 年版，第 107 页。
② 潘国旗：《近代中国国内公债研究（1840—1926）》，经济科学出版社 2007 年版，第 323 页。

诚如时人对此种现象的评价："公债发行最滥的年份，也是银行蓬勃兴起之时。"① 这其中，银行业追捧公债的热情显而易见，不仅如此，还有专门与政府交易而设之银行。虽迹近投机，然实因政府借债，利息既高，折扣又大，苟不至破产程度，则银行直接间接所获之利益，固较任何放款为优也。② 许多银行都把政府借款"视为投机事业，巧立回扣、手续、汇水各项名目，层层盘剥，与利息一并计算，恒有至五分以上者，殊属骇人听闻"③。商办银行还可以利用手中掌握的大量公债，逢高抛出，逢低吸进，进行公债套利，从中捞取好处。1918 年，在中国银行、交通银行之外的 12 家中国最大的华商银行中，大多拥有大量的政府公债券和库券。即使像金城银行、浙江兴业银行、浙江实业银行、盐业银行、大陆银行、中南银行等银行以及四行储蓄会等一些发展较好的银行，在经营公债和政府放款这两方面的业务金额都十分巨大。比如，浙江地方实业银行在 1918 年下期仍"以存款之四分之一购买公债票"④，该行因替地方官府垫款，积年滥账在 20 万元以上。又如，直隶省银行积极筹办、垫借、承销直隶省公债，包括给 1910 年直隶省第二次公债垫借 80 万两、1917 年直隶省第三次公债筹办 120 万元、1920 年直隶省第四次公债续募 500 万元、1925 年直隶省第五次公债代付 180 万元。成为军阀出纳银钱的私库，银行准备金被掏空，钞票发行毫无节制，经理和推销公债。直隶省银行不遗余力地推销公债，为了增加公众对于直隶省公债的信任度，直隶省银行除了在天津《大公报》上刊登推销广告外，还规定在还本付息之期收存债票在五万两以上者，可以赴本省银行查验备付款项；在规定日期之前缴纳款项者另有奖励。直隶省银行倒闭后，银行清理处清册里记载了庞大的债券保有量甚至占到直隶省银行资本 100% 还多。

投资公债和向政府垫放款使得银行获取很高的收益。由于公债多系折扣发行，银行代理发售又有诸如回扣手续费以及补水、汇水等费，公债的实际

---

① 沈祖杭：《吾国银行与政府公债》，载《银行周报》第 20 卷第 7 号（1936 年 2 月），第 9 页。
② 贾士毅：《国债与金融》第一编"总论"，商务印书馆 1930 年版，第 25 页。
③ 戴铭礼：《九六公债史》，载汉口《银行杂志》第 3 卷第 6 号。
④ 《银行周报》第 3 卷第 9 号，1918 年。

利率远在名义利率之上。而银行的短期借款垫款利率更高，最高借款利率有月息1分9厘以至2分的；多数银行的垫款利率都在1分以上，最高的为1分9厘，这还仅仅是名义利率。由于许多借款还另有折扣、预扣利息等，实际利率在月息二三分以上比较普遍。比如，直隶地方政府所发公债的利率也不低，1905年1月发行的第一次直隶公债分6年还本，第1年年息7厘，第2年年息8厘，此后每年加1厘，至第6年还清为止。[①] 1923年，发行的直隶省兴利公债年利率为1分2厘，且预付利息。1925年发行的直隶省第五次公债，分6年还清，第1年利息按年息1分计算，以后每年递加1厘5毫，至第6年按1分7厘5毫计算为止。[②]

投资公债外，银行向政府垫款、放款也为数不少。公债成为银行抵押放款最重要的担保品。金融业的放款有信用放款和抵押放款之分，钱庄重信用放款，而银行趋重抵押放款。以当时的中国实际状况，证券押款，特别是公债押款，是金融界最通行的放款。证券的保管比较容易，且有市面可以随时变卖；银行在资金不足时，又极易用押款证券向同业转押款项，所以证券是很好的押品。正因为如此，银行非常注重公债投资。金城银行自成立始到1937年，历来把购买公债库券和对政府放款作为资金运用的一大流向，因而这两方面业务金额一直在私营银行中高居前列。1927年金城银行发行地方公债库券情况如表4-9所示。

表4-9   1927年金城银行发行地方公债库券明细

名称	票面（银元）	账面金额（银元）
直隶四次公债	12700	12700
直隶五次公债	25700	24980
直隶六次公债	500	450

---

① 天津市档案馆等编：《天津商会档案汇编（1903—1911）》，天津人民出版社1989年版，第693、695页。
② 天津市档案馆等编：《天津商会档案汇编（1912—1928）》，天津人民出版社1992年版，第1253页。

续表

名称	票面（银元）	账面金额（银元）
直隶兴利公债	12000	11640
直隶二次兴利公债	80000	63067
直隶善后长期公债	500	450
江苏国家分金库公债	1600	1400
江苏省公债	18120	16308
江苏省增比公债	2500	2425
湖北地方公债	28860	19051
整理湖北金融公债	1480	1450
察区地方政府债务券	1500	1500
天津市政公债	50000	46000

资料来源：中国人民银行上海市分行金融研究室编：《金城银行史料》，上海人民出版社1983年版，第202－204页。

　　金城银行也有相当数量的政府放款，1919年为173万余元，占放款总额的31.12％，1923年为217万余元，占16.32％，1927年则达到393万余元，占14.36％。[1] 政府机关放款、公债库券投资再加上铁路放款构成了金城银行的资金运用的总和，金城银行尽管向政府放款在其放款总额中所占比例逐渐降低，1919年为23.23％，20世纪20年代中期在11％左右，到1937年则降到6％左右，[2] 但其公债库券的持有比例却在增加，因而金城银行运用于政府的资金在整个资金运用中所占的比例呈提高的趋势，最高的1937年则达到44.10％，部分年份金城银行的资金运用如表4－10所示。

---

　　① 中国人民银行上海市分行金融研究室编：《金城银行史料》，上海人民出版社1983年版，第155页。
　　② 中国人民银行上海市分行金融研究室编：《金城银行史料》，上海人民出版社1983年版，第14页。

表 4 - 10　　　　　　　　　部分年份金城银行的资金运用

年份	运用资金总额（全部放款加有价证券）	政府机关放款、铁路放款、公债库券三项合计		其中					
				政府机关放款		铁路放款		公债库券	
		金额（万元）	占运用资金总额比重（%）	金额（万元）	占运用资金总额比重（%）	金额（万元）	占运用资金总额比重（%）	金额（万元）	占运用资金总额比重（%）
1919	745	244	32.76	173	23.23	22	2.92	49	6.61
1923	1748	444	24.83	218	12.17	80	4.49	146	8.17
1927	3488	1339	38.95	393	11.44	401	11.66	545	15.85
1931	6310	2577	40.84	530	8.40	655	10.38	1392	22.06
1935	12481	4216	33.78	866	6.94	1045	8.37	2305	18.47
1937	16828	7420	44.10	1032	6.14	1643	9.76	4745	28.20

资料来源：中国人民银行上海市分行金融研究室编：《金城银行史料》，上海人民出版社 1983 年版，第 11 页。

　　银行在公债市场更多扮演的是经营、汇解、基金存放角色。从公债发借的必要条件而言，银行等金融机构必不可少。正如千家驹所言，"发行公债……是要有近代金融机关的组织。"[1] 且内债是银行纸币扩张的保证准备金，1913～1937 年发行的 83 种政府公债就有 69 种规定公债券可作为银行纸币发行的保证准备金。[2] 由此或可窥见，银行在公债市场更多地扮演是经营角色。其利用金融市场购买政府之债，或可获得利息收入，或可作为纸币扩张之准备金。如，中国银行上海分行[3]、中国实业银行青岛分行[4]、直隶省银

　　① 千家驹：《中国的内债》，社会调查所 1933 年版，第 3 - 4 页。
　　② 参见姜良芹：《试析 1927—1937 年国民政府内债发行的社会经济效应》，载《民国档案》2004 年第 4 期，第 87 - 94 页。
　　③ 《中国银行总管理处关于购买公债由上海银行付息的函等》（1919 年 1 月），北京市档案馆馆藏档案，档案号 J031 - 001 - 00613。
　　④ 《中国实业银行青岛分行、沪关于汇划往来买卖公债核对账目调拨头寸等来往函电》（1930 年 7 月），青岛市档案馆馆藏档案。档案号：B0040 - 006 - 00301。

行分行①、金城银行②多次购买政府债务。当然，不排除政府对银行摊派公债，如汉口上海商业储蓄银行就遭遇湖北财政金融公债的摊借。③除购买公债，银行还扮演汇解、基金存放角色，如上海市承募民国元年军需公债，要求"即日汇解上海三马路中国银行存备中央政府之用"④。南京市募集特种建设公债，指定"南京、中央、交通、江苏、中南、市民六银行为基金存放之银行"⑤，山东省青岛市商会募集善后公债，要求"即照纳送交本埠各代收银行"⑥。可见，银行在公债市场中，更多地扮演了认债者与汇存者的角色。

有的银行直接作为募借主体而出现，典型的如云南富滇银行。富滇银行成立于1912年，是"官"提设、由"官"出资、由"官"经营⑦，其直属于省政府，具备货币发行等多项金融行政职能，其人事任免、经营变动等皆由省政府完全控制⑧。在经营过程中，一旦有遇拖欠贷款的，可动用行政力量催缴。⑨然而，作为一家商业金融机构，富滇银行又面向市场经营，具备吸收存款、发放贷款、办理汇押等多项市场功能。因此，富滇银行是一家亦官亦商的金融机构，具备行政与市场双重功能属性。富滇银行亦官亦商的二重属性，看似矛盾，但在公债发借中实则不然。正是由于是官方银行，其设立之初即有渗入全省的金融网络，"昭通、蒙自、个旧、思茅、腾越及其他

---

① 《为四年公债荟集事致直隶省银行的函》（1915年4月1日），天津市档案馆馆藏档案，档案号：401206800 - J0128 - 2 - 002632 - 007。

② 《金城银行关于购买公债吸收存款整顿放款及三行与中兴公司订立借款及透支合同等事项致各联行业字业密字函稿》（1922年10月2日），上海市档案馆馆藏档案，档案号：Q264 - 1 - 568。

③ 《上海商业储蓄银行有关财政部发行正理、湖北财政金融公债向汉行等摊借、汉口银行行员工会筹备及成立情况等事项唐寿民等致陈光甫的函件》（1926年11月），上海市档案馆馆藏档案，档案号：Q275 - 1 - 2371。

④ 《上海县民政署、总商会等关于发行军需公债、内国公债、江苏公债的通知以及军政府沪军都督照会珠玉商业同业公会业董陈养泉担任国民自助会募饷及该会简章》（1912年10月），上海市档案馆馆藏档案，档案号：S185 - 1 - 57。

⑤ 《案准南京市特种建设公债基金保管委员会函知指定南京中央等银行为基金存放置银行令仰照》（1929年12月10日），南京市档案馆馆藏档案，档案号：10010020247（00）0015。

⑥ 《关于东镇同顺栈第一次公债减为二十元单的函》（1926年11月23日），青岛市档案馆馆藏档案，档案号：B0038 - 001 - 00417 - 0047。

⑦ 《云南军政部鉴鉴司民国元年二月初四日为富滇银行成立开张的告示文》（1912年2月），参见中国人民银行云南省分行金融研究所编《云南近代货币史资料汇编》，中国人民银行云南省分行金融研究所编印，第105页。

⑧ 《云南民政长关于富滇银行呈永昌分行经理举员自代各情的批》（1914年1月15日），云南省档案馆馆藏政府秘书处档案，档案号：1106 - 004 - 01598 - 009。

⑨ 《云南省财政厅关于富滇银行详下关分行咨熊相周欠缴本息请饬云南省宾川县勒令清算一案的批》（1914年9月），云南省档案馆馆藏政府秘书处档案，档案号：1106 - 001 - 00437 - 006。

繁盛之区，……呼吸灵通，血脉贯注"①，故其权威卓著，便于商业活动。也正是由于其商业属性，又可经营市场活动，办理存贷，并在政府不敷之时予以融济。其遍布全省的分支网络，可将发行的公债渗入全省，便于承募。而其商业经营的货币存储职能，又可为政府提借提供了较好的载体。因此，富滇银行的使命之一，即"依云南政府之委任命令，办理国家及地方公债"②。例如，靖国公债发行之时，"委任该行为承募靖国公债机关，完全办理募集公债事宜，其一切劝募催收事项，均用省公署命令行之。应由该行行长等酌定人员，通盘筹划……呈核办理。"③ 因此，富滇银行以省政府的名义开展公债募集，地方司员只是配合富滇银行开展劝募。同时，省政府通过行政力量发行并提借纸币，也是通过富滇银行商业网络，像"吸血管"般地吸收全省财富，以济官用。

三、国民政府时期：银行全面参与政府债务工作

抗战前，地方银行的业务职责就由政府授予了远远超过一般银行的权限。抗战爆发后，国民政府更是赋予了各省地方银行在非常时期的特殊使命，正如财政部长孔祥熙 1939 年 3 月在重庆召开的第二次地方金融会议上指出，"自战事发生，省地方银行，日形重要，其所负担之任务，已不专属于银行之性质，而系具有特殊之使命；换言之，为扶助地产事业，及抵制日伪纸币的流通。这都含着许多重要特殊问题，如发展地方经济，如扶助发展农工商业，如推进农贷，如何收购重要物资原料，如何利便省钞发行，深入游击区内行驶，借以抵制日伪纸币的流通，如何侦查搜集日人经济侵略情报，如何运用金融的力量，扶助地方财政健全的发展，凡此种种，均应列为重要事项，斟的情形，用审慎敏捷手段，逐一切实施行。"④ 抗战结束后，1947 年 4 月

---

① 《云南财政司实业司辛亥年十一月十二日会街报告军政部军都督府为成立云南公钱局文》（1911 年），参见中国人民银行云南省分行金融研究所编：《云南近代货币史资料汇编》，中国人民银行云南省分行金融研究所编印，第 105 页。

②③ 《云南省财政司关于委任富滇银行承募靖国公债各情给云南省长的呈》（1923 年 3 月 10 日），云南省档案馆馆藏云南省政府秘书处档案，档案号：1106 - 004 - 01818 - 020。

④ 孔祥熙：《第二次地方金融会议演讲词》，载《财政评论》第 1 卷第 4 期，1939 年 4 月。

29 日，国民政府公布《省银行条例》，明确规定省银行"以调剂本省金融，扶助本省经济建设，开发本省生产事业"为宗旨。省银行隶属于省财政厅，除财政部特准外，不得在省外设立分支机构，严格限定省银行业务为：代理省库；经理省公债；存款；放款；贴现及押汇；汇兑；储蓄业务；信托业务；其他财政部许可之合法银行业务；代理政府或自治团体之其他委托事项。①

这一时期，省市立银行服务于地方政府财政的主要表现有以下几个方面。

一是银行业承担数量可观的政府垫借款项和财政性放款。以 1934 年为例，国内银行业相关的财政性放款，按用途分为机关借款与建设性事业借款。机关借款如浙江省丝茧借款 300 万元，年息 1 分；上海市政府借款 200 万元；浙江省政府借款 30 万元，月息 1 分，半数充作政费，半数用于剿匪；安徽省政府借款 120 万元，月息 8 厘，以充政费；浙江省政府公债押款 300 万元，月息 8 厘，以地方公债 500 万元抵押；江苏省政府借款 200 万元，月息 7 厘 5 毫；吴兴县政府借款 20 万元，月息 8 厘 5 毫。建设性事业借款中，有钱塘江铁桥借款 200 万元、湖南宝洪铁路借款 600 万元、河南治黄借款 200 万元、河北治黄借款 150 万元、江苏水利借款 800 万元、山西引渭工程借款 150 万元、江苏省建设借款 150 万元以及浙江省两次公路借款 220 万元。② 以上机关、铁路以及地方建设性事业借款总额为 17160 万元，这还仅是 1934 年一年的财政性放款。③ 这些财政性放款一方面弥补了省财政不足，另一方面也促进了省建设事业发展。政府垫借在银行业已经成为十分普遍之现象。省县地方政府中，以各省政府借款"纠葛最多"，凡上海商业储蓄银行所在之省份，如江苏、安徽、江西、湖南、湖北、河南、山东、陕西、河北、浙江等几乎都有借款发生。以江苏省为例"江苏为本行分行开设最多之地，历次借款，迹近无担保者""各种借款，迹其起因，大抵在军阀时代，由于军政经费无着，乘乱劫借""统计省政府借款，数目虽不如财政部之大，但次数过多，

---

　　① 《省银行条例》，载《浙江经济》（月刊）第 2 卷第 5 期，1947 年 5 月 31 日。
　　② 吴承禧：《民国二十三年度的中国银行界》，载《东方杂志》第 32 卷第 2 期（1935 年 1 月），第 38－39 页。
　　③ 贺水金：《1927—1952 年中国金融与财政问题研究》，上海社会科学院出版社 2009 年版，第 45－46 页。

且无确实担保，甚易发生坏账"。①

二是政府公债向银行作抵押借款。进入 1930 年之后各省市地方财政的亏空与不敷愈发显著。1933 年浙江省积欠各种借款在 5000 万元以上，甘肃积欠在 1000 万元以上，河北积欠数约为 620 余万元，四川省政府负债竟达 7500 万元之巨，各省收入支出比较，以入不敷出者为多，如江苏省每年约有 220 万元差额，山东岁入岁出相差 230 万元，甘肃收支相抵后不敷 200 多万元，其他如贵州、浙江、察哈尔、广东等省分别为 200 万元、180 万元、100 万元和 300 万元。② 其他未见公布的地方财政亏空当然还有不少，财政如此空虚，补救之方，自然非恃公债与借款不可。但地方公债，由于缺乏殷实税源担保，在公债市场上几乎尤人问津，所以地方政府只能以公债向银行做抵押借款，才可能发生些许功效。这种做法实际上是把地方公债转化成了地方借款。当然，在抵押借款过程中，公债的折扣被压得很低，如 1934 年浙江省政府向中国银行、交通银行、浙江兴业银行、浙江实业银行、四明商业储蓄银行等借款 200 万元，以地方公债 334 万元作抵；湖南省政府借款 200 万元，以该省建设公债 400 万元作抵；福建省政府借款 30 万元，以 90 万元地方库券作抵；湖北省公路借款 100 万元，以建设公债 200 万元作抵；浙江省工赈借款 200 万元，以该省建设公债 360 万元作抵等。③ 从抵押公债的票面价值与借款数额比较，可知这些地方公债作为借款抵押时一般以五折左右折算，如果以大多借款最终无法按时偿还，必须以抵押债券抵充的话，那么银行界从地方借款中获得的利润是十分可观的。

三是经济发达的大城市的省市立银行通过放款，代理金库等业务直接实施地方政府的某些经济政策。比如，江苏银行积极发展省营银行事业，既积极举办工商业小额放款，又与江苏省农民银行合作投资以流通农业资金，还代理省金库、省教育金库、省建设金库业务，1935 年又规定由金库银行代理

---

① 中国人民银行上海分行金融研究所编：《上海商业储蓄银行史料》，上海人民出版社 1990 年版，第 606－608 页。
② 吴承禧：《民国二十四年度的中国银行界》，载《东方杂志》第 33 卷第 7 期（1936 年 4 月），第 82－83 页。
③ 吴承禧：《民国二十四年度的中国银行界》，载《东方杂志》第 33 卷第 7 期（1936 年 4 月），第 83 页。

收税业务。① 再如，江苏省农民银行在江苏省境内从事农村金融，并指导农村合作社的设立，促进当地农业经济发展。还有通过代理省库或市库来为财政服务的。比如，安徽地方银行，既可取得收支库款补助费，又可利用余存库款作为存款周转。北平市银行的存款大部分是北平市公库存款。广州市立银行的代理市库业务包括代理市库及代收各项现款。②

四是银行直接参与政府公债的劝募、承销、基金保管工作。比如，为保证地方公债能够较为顺利地销售出去，银行往往参与地方公债发行、劝募以及承销，从而成为募集公债的中坚主体。如1940年安徽省金融公债规定250万元拨为地方银行资本，尚余的350万元则由地方银行全部认缴。③ 很多地方公债发行劝募不畅的时候，政府往往折扣交由银行分销。从投资利益角度考虑，银行往往也参与地方公债的偿还与整理。如1936年新成立的安徽地方银行，明确规定其业务范围为买卖公债库券、代理省金库、省政府公债或库券之发行还本付息事务。④ 不仅如此，地方银行还参与公债基金的监管。如安徽公路公债基金就指定省金库、分金库或代理省库银行为保管机关。安徽十九年整理公债、二十一年有息金库债券指定省金库及芜湖、蚌埠分金库暨各县政府或委托商会、银行为经付本息机关。⑤ 1940年安徽省金融公债也规定由财政部、审计部、省政府及当地商会、地方银行、地方银业两公会派代表共同监督和组织基金保管委员会，以省田赋省款收入为担保基金，按期如数拨交代理省库银行后专款存储备付。地方银行的参与，不仅保证公债发行更为顺畅，也增强了公债债信。

综上，不同历史时期地方银行与政府债务的关系的侧重点不同。晚清时期地方政府债券对于金融市场的影响主要在银行业。有学者针对晚清、民国

① 姜宏业主编：《中国地方银行史》，湖南出版社1991年版，第214、232页。
② 姜宏业主编：《中国地方银行史》，湖南出版社1991年版，第199—200、366页。
③ 安徽省地方志编撰委员会编：《安徽省志·财政志》，方志出版社1998年版，第185页。转引自刘杰：《民国时期地方公债与社会的互动与冲突——以安徽省为中心的考察》，载《近代史学刊》2016年第2期，第226页。
④ 《安徽地方银行章程》，载《安徽地方银行旬刊》第1卷第5期，1937年。转引自刘杰：《民国时期地方公债与社会的互动与冲突——以安徽省为中心的考察》，载《近代史学刊》2016年第2期，第226页。
⑤ 《取消孙前财政厅长任内所发行之安徽省政府十九年库券及十九年整理公债两案全案》，载《安徽财政公报》第1期，1930年，"专件"，第45页。转引自刘杰：《民国时期地方公债与社会的互动与冲突——以安徽省为中心的考察》，载《近代史学刊》2016年第2期，第227页。

时期的政府债券说过这样一句话："中国的公债是一根神奇的香肠，它的一端养活了政府军队，另一端喂肥了银行家。"① 在军阀混战、政权变更频繁的民国时期，人民对政府处于不信任的状态，政府公债发行困难，于是银行作为第三方中介机构开始帮助政府承销债券。银行出于自身盈利的目的，往往愿意接受政府公债的承销，除去承销本身获得的丰厚利益之外，公债可以作为银行发钞准备金，也可持有公债在证券市场投机套利，银行与政府的这种交易在满足政府需求的同时，也刺激了银行业的发展。以地方政府债务滥发最严重的北洋政府时期为例，1912~1927年，全国新设立银行多达313家，1925年实存158家，实收资本额达16914万元②，华资银行已经形成了一定的规模，地方官办银行和商官合办银行呈现畸形的发展状态，地方银行中除清末保留和改组的一部分省官银钱号外，还有新设立的29家，这些地方银行皆为地方军阀所控制，代发公债、代理军款，在充当各军阀割据政权金融工具的过程中取得了自身发展。国民政府时期，银行更是从公债发行、劝募、承销到保管整个系统全部参与，公债与银行的关系更加紧密。汪一驹写道：银行家与政府的合作，"不仅解决了这个政权财政上的困难，也加强了它对商业界的控制，因为在银行的保险柜里藏满了政府公债的情况下，他们在政治上也投靠了这个政权。"③

地方银行与地方公债发生紧密联系，除了政治上的依附关系，更多的则是经济利益的刺激。吴承禧先生的一段话颇能说明地方财政与银行资金发生关系的原因："地方财政与银行资本的关系，向来比较淡泊，但近年来，一方面因为农村经济的急骤崩溃，致使地方收入的最大源泉，即田赋的收入大行减少，一方面又以剿匪、修路与救灾的关系，支出日渐浩繁之故，地方财政早已限于苟且补苴与借款度日之中。各省当局，为求避免财政破产起见，遂亦群以上海的银行为其一为之救急的场所，发一笔公债，造一条公路，修一条河，建立一个仓库，甚至分发一批日常的政费，都要仆仆风尘地跑到上

① 徐矛等主编：《中国十银行家》"前言"，上海人民出版社1997年版，第5页。
② 杜恂诚：《中国金融通史》（第三卷·北洋政府时期），中国金融出版社2000年版，第1页。
③ ［美］小科布尔著，蔡静仪译：《江浙财团与国民政府（1927—1937）》，南开大学出版社1987年版，第48页。

海来，而上海银行资本与各省财政的关系，因此也就日渐深刻起来了。"①

　　发行公债以及政府从银行获得资金，在近代中国还属于新生事物，表明近代中国开始利用投融资的金融功能，使得近代金融逐步呈现走向现代的趋向。但近代中国的各届政府往往只采用了某些现代的形式，而缺失现代的实质性内涵。政府发行公债以及从银行得到借款，目的应该是为了稳定或推动经济的发展。而近代无论是中央政府还是地方政府，其发行公债或从金融市场吸收资金，已经背离了稳定或推动经济发展的初衷和目的，大量的公债融资用于军政费等非经济性开支，数额庞大的军政费开支致使公债的发行、银行的垫款严重超出限度，因而它对金融市场的影响是复杂的，它在推动银行业发展并催生相关金融市场的同时，又使金融市场畸形化并加剧金融市场的不稳定性，最终对于社会经济发展的积极作用有限。

---

① 吴承禧：《民国二十三年度的中国银行界》，载《东方杂志》第32卷第2号（1935年1月），第37－38页。

▌第五章▐

近代中国地方政府债务
与地方商会商民

公债的核心环节即在于怎样募集发行出去。近代公债劝募方式上可谓多种多样，政府发行公债不仅与金融组织有密切联系，而且还与地方商会组织、同业公会也有密不可分的关系，从某种程度上说，政府公债最可依赖的对象，便是各地商会组织和同业公会组织，商会和同业公会也都成为承销公债的主体。1929 年南京国民政府颁布新的《商会法》，进一步加强和规范了商会的管理。商会也由初期的个人会员制向同业公会制转变，这种组织结构的变化使得地方政府与商会的关系更加密切，政府与商会因为债务纽带而变得既密切关联又微妙复杂。政府要求商会发行公债，商会根据债务实际情况和本地商业情况来定夺是否支持政府，商民根据商会要求和自身情况来决定采取何种态度和应对措施，"省公债发行的办法是由财政厅召集绅商开会，政府提出要多少钱，绅商提出只能借多少，双方议定一个数目，规定利息、担保条件，由什么机关或者私人分购，财政厅的背后是军人，发公债多少具有强迫性质。"① 所以，政府、商会、商民三者之间在公债的承募问题上形成一种博弈的关联关系。本章以直隶善后短期公债的承募为个案，旨在分析三方之间围绕公债承募态度和措施上的复杂博弈关系。

---

① 《东方杂志》第 25 卷第 18 号，1928 年 10 月 10 日第 14 页。

第一节　政府在公债问题上对商会的态度和方式

一、政府商请商会劝募公债

1920年直隶省为军事善后需要，募集发行直隶第四次公债，发行额度300万银元，六年还清，每年还本付息两次。同年8月2日，省长曹锐言辞婉约地饬令天津总商会："此次续办公债，不独为本年财政舒纾所关，实为全局治安所系，时局至迫，需要其殷，协助进行，端资群力。查该会为本省众商领袖，维持大局素具热心，历届劝办募债，深资臂助，应仍委令协同劝募，以广招徕……合亟检发章程，令委该会即便遵照，妥为劝募，藉期迅集巨款，俾应急需，本省长有厚望焉。"① 政府不仅会言辞婉约地商请商会，政府还联合地方银行，地方银行也会做商会承募工作。比如，天津地方政府拟发行320万两续直隶省公债。负责经办的直隶省银行便致电天津总商会"总商会为商业总机关，为绅民所信孚，如能登高一呼，自必同声响应"，请其"广为劝导，无论内行外行，以及汇庄、商号均可筹募"。还认为总商会"热心公益，定能共襄盛举"。② 可见，为了能使地方公债顺利推销出去来解决财源问题，地方政府往往会动员地方银行来劝募地方商会承销大量的地方公债。

二、政府对商会软硬兼施

每年的政府公债带给各地商会很大压力。因此，各地商会事务所经常向政府反映经济困难、难以认购等情形。比如，针对奉天省地方公债认购要求，

---

① 天津市档案馆等编：《天津商会档案汇编（1912—1928）》（第2册），天津人民出版社1992年版，第1345－1346页。转引自李娟婷：《商会与商业行政：北洋政府时期的政商关系（1912—1927）》，经济管理出版社2015年版，第369页。
② 天津市档案馆编：《天津商会档案汇编（1903—1911）》，天津人民出版社1989年版，第699页。

商会纷纷上呈当地县公署，陈述各商家店铺，本小利薄，本应为募债出力，但无奈不能担此重大之捐。而且当前生意萧索，很多商家相继倒闭。恳请省政府能够体恤商艰，减轻募债。奉天省财政厅不但无视商会的客观陈情，为了如期完成摊派任务，竟然训令要求各县知事因势利导，要求凡在省城各县的房屋，无论出租或自用，都应该一律募债，并饬令督办商会与警察一定要群策群力妥速办理募债事宜。如果能提前募集完毕定会嘉奖，反而，如果募集不力，故意拖沓请求暂缓的，一定给予相当处分，如果有各行各业不服从胆敢违抗的，严查严办。由于百姓连年荒歉，农业商业陷入一片困境，春耕不足，嗷嗷待哺的贫民多食树叶、树皮、谷糠充饥，饿死者很多。在这种严峻形势下，不得已由当地商会转呈民意，希望奉天省能够允许暂缓到秋后再办理公债以体恤民艰。因百姓实难筹款，不得已奉天省财政厅勉强准许暂缓一个月。再如，民国三年公债摊派给奉天省，奉天省为了得到奉天商会界的大力支持，省财政厅开始对奉天商务总会客气三分，采用商量语气和恭维的口吻，委托商会总会联合各城分会共同负劝募购买的职责，希望商会迅速竭力劝募，克期协定认购，数目多多益善，但没过久，态度就强硬起来，严格规定：如有损失公债信用行为，一律惩罚；官民、商民如有违反损害公债信用者，处一年半以下有期徒刑，外带 200 元以下罚金。而且奉天省长竟然规定：此次公债凡领薪在一百元以上的军政官吏一律认购。实际上，很多县级机关和警察纷纷以该部没有一百元领薪人员为名，上呈省长请为减免公债认购。这说明当时的政府工作人员对政府公债没有信心，更别提百姓了。更有甚者，1916 年初，多个县的民众聚集起来，多达千人，纷纷来到政府门前，提出因灾欠要求豁免公债及牛马税。政府不但没有应允；反而"督警弹压，事竣后查出主名即刻究办""如再聚众概以乱民以军事论，可震慑愚民"。①

这种软硬兼施，除了表现在言语上，有时也表现在利益让渡上，政府往往在困难年份，为刺激商民积极认购公债，还会联合商会故意在发债前期让出利益，规定打一些折扣。比如，1924 年 9 月募集内国公债票一二期时，苏

---

① 转引自王挺：《浅议民国时期的公债》，载《兰台世界》2006 年第 2 期，第 65－66 页。

州总商会劝募四万元，认为经理机关准贴四厘佣金为经理劝募公费。原定八八折扣，后来表示"现在本会愿尽义务，凡在会认购者，此项四厘佣金亦让与购票人享受，实以八四缴款，照奉以九月五号以前缴款者应扣本年四个月利息两元。惟因定期已逾，认购各业如在十月五号以前缴款者，仍扣四个月利息，每百元实收洋八十二元"①。

三、政府勒令商人认购公债

1927 年 8 月 30 日，广州金融风潮益烈，中央银行纸币停止兑现，财政厅长古应棻为维持中央银行纸币发短期公债 1000 万元，并命令商会、银行、公会代表会，于五日内每日缴 200 万元。商人纷纷以现银运藏于沙面租界。9 月 1 日，保安队会同警察查封银行、银号店多家，直到各店认缴公债 40 余万后才启封。商会所属各商店被迫认借者已达九成以上。次日中行纸币十足通用，挤兑风潮结束。9 月 2 日，沪银行、钱业两公会致电南京政府，抗议古应棻在广州勒借巨款，封闭银号，摧残金融事业，指出"在宁时种种设施悖谬妄行，致使政府财政陷于绝境，社会经济濒于破产"②，除请南京政府拨款救济外，并要求罢斥古应棻的财政厅长职务。

又如，直隶省因遭遇水灾，入少出多，为抵补预算，于 1925 年募集直隶第五次公债 300 万银元。六年还清，每年还本付息两次。这次募集公债，直隶省长杨以德不仅直接开价要求开滦矿务局担负其中 120 万元的偿本付息，1925 年 1 月 13 日还致函天津总商会，事先根本不和商会商量，直接强硬摊派债额："本省长酌定，在银行公会及不在会各行摊认七十万元，钱业公会共同摊认三十万元，棉纱绸缎等各行共同摊认二十万元。"③ 而且还特意强调，"事关军政要需，统限于阳历本月十五日一律凑齐，缴由省银行代收。

---

① 马敏、祖苏：《苏州商会档案丛编（1919—1927）》（第 3 辑下册），华中师范大学出版社 2009 年版，第 1268 页；李娟婷：《商会与商业行政：北洋政府时期的政商关系（1912—1927）》，经济管理出版社 2015 年版，第 370 页。
② 蔡翔、孔一龙：《20 世纪中国通鉴 2（1927—1949.9）》，改革出版社 1994 年版，第 28 页。
③ 天津市档案馆等编：《天津商会档案汇编（1912—1928）》（第 2 册），天津人民出版社 1992 年版，第 1352 页。

除函银钱两行公会外，务祈贵会克日召集棉纱绸缎等行，剀切劝募，如限缴款，倘有不顾大局，故意延诿，即请贵会示知，本省长另有相当办法计。"①显然是一种咄咄逼人的强压态势。1925 年 1 月 17 日，直隶省长杨以德又以"年关瞬届，待用万急"为由，命绸布纱行所认购直隶公债 20 万元，"即日交省银行代收，由本省长先行出具印收。俟债票办毕，即凭此印收换给债票。"②

第二节　商会对政府公债劝募政策的态度及对策

商会在执行政府发行公债的政策时，也往往根据实际情况，采取相应的应对措施。一般情况下，如果公债用途正当、发行规范，且急需，商会会表示积极支持。如 1916 年安徽省五年公债由商界分认，确定省商会分认承担 6000 元。商会负责人配合政府并积极承销，多次召集各业董讨论各业分认办法，最终确定每业担任 500～600 元不等。总共各业董担任分募分认 3000 元。③ 1931 年 11 月安徽筑路公债，因公债用于赈灾筑路所需，所以商会鉴于公债用途正当且急需，立即表示大力支持。④ 但大多数情况下，商会则根据公债本身情况和政府劝募的政策采取不同的政策。

一、商会对公债摊派与政府讨价还价

承销公债过程中，商会也不是一味听从政府指令，商会经常对公债摊派提出质疑甚至反对意见。如 1927 年，天津总商会鉴于政府不断加压强派承募直隶长期公债以及善后短期公债，天津总商会直接致电痛诉政府，"若再加短期巨款，徒惹商民惊骇，转恐两无所成"，强烈反对商会加派债款。商会

---

① 天津市档案馆等编：《天津商会档案汇编（1912—1928）》（第 2 册），天津人民出版社 1992 年版，第 1352 页。
② 天津市档案馆等编：《天津商会档案汇编（1912—1928）》（第 2 册），天津人民出版社 1992 年版，第 1355 页。
③ 《安徽》，载《申报》1916 年 10 月 23 日第 7 版。
④ 《安徽筑路公债》，载《申报》1931 年 11 月 13 日第 8 版。

不仅就债务额度对当地政府举债提出质疑甚至阻止，还经常就债务折扣、举债利息、债务整理等与地方政府进行博弈和协商，以降低商业风险和债务风险。当然，国民政府为诚意起见，也多次邀请商会负责人来参与债务承销和债务管理。再如，1916 年安徽省公署拟募地方短期公债 60 万元，抵押品为丁漕一五加捐，并摊派给芜湖、合肥等 8 县。省财政厅要求安徽商会给予支持配合，但鉴于该债用于弥补财政不足，而且安徽发债频繁导致商业凋敝，商会明确表示拒绝支持。1926 年 11 月安徽省政府创办米照捐，芜湖总商会不仅立即反对，还强烈要求政府撤销计划，并联合芜湖各商帮公开发电呈请当时的总司令陈调元、省长高世读以及财政厅何炳麟，"痛陈利害，请即将该捐撤销"[1]。此外，鉴于安徽省债频发，皖商协进会和安徽同乡团体也要求调查省债私举情况，公开要求派人前往省银行界调查真相，认为借债关系皖人切实之痛"电请安徽省政府主席，要求秉公澈查"[2]。正是在地方商会组织的舆论监督和有效干预下，安徽省债发行计划多有变更，多加慎重。

1923 年 10 月 29 日，直隶省因筹办兴利事宜发行国内公债 100 万银元，定名为直隶省兴利公债，发行时每百元实收九十七元，年息 1 分 2 厘，为使得公债顺利募集，省指派各区警察直接摊派商会。商业凋敝难以摊派成功，天津总商会会长卞荫昌致函直隶省长要求收回摊派公债成命。称："窃据商民纷纷来会声称，现在各区警察派借款项，以兴利直隶公债为名。值兹金融紧迫，商业凋敝，自顾不暇，焉能借贷？请予援助以恤商艰各等情前来。查津埠商业年来因政治之影响，感人事之日非，遂多进行蹉跎，贻误时机，不求盈余，免无折阅。矧因耗费增加，生意毫无，已成外强中干之势，税款担负力已能（难）支，今复加之以公债，惕惧中怀，宜其无法为计也。"[3] 商会鉴于舆情，恳请省长核查实情，收回成命，以维护商业情况。1923 年 11 月 5 日和 10 日，天津商会联合天津银钱两公会请求开滦矿务局直接支付兴利公

---

① 《安徽创办米照捐之反响，芜湖总商会呈请撤销》，载《申报》1926 年 11 月 5 日第 9 版。
② 《旅沪皖商协进会请澈查私举省债案》，载《申报》1932 年 8 月 23 日第 14 版。
③ 天津市档案馆等编：《天津商会档案汇编（1912—1928）》（第 2 册），天津人民出版社 1992 年版，第 1350 页。

债一百万元本息，省公署函知开滦矿务局，在国家煤税煤厘项下，按照兴利公债还本付息数目，分年如数提拨，作为还本付息专款。另如，1922 年 9 月，安徽省准备发行金库券 65 万元，芜湖商界得到消息后，为确保发债规范和债信，召集各商帮开紧急会议并电请省长，务必要求债券章程公布，经过双方协调，最终安徽省政府派人同芜湖商界代表谈判磋商。商界提出条件："该券无论军民，不得在市面流通，及到期不能展限"，并提出号码登报公布的要求，最终省政府采纳了商会意见，该金库券的发行章程和施行细则均由商界代表参加并修正。①

二、商会召集各业会议讨论和分配公债

财政厅函请商会认购公债，总商会召集各业筹议会议并讨论公债分配，尽量把公债分配各债户。比如，1925 年，浙江财政厅因财政困难，拟发行善后公债二百万元，并经督理省长核准，开始筹募。1 月 31 日，财政厅特意函请宁波总商会，赞助认购。该项公债办法，指定浙省固有盐斤加价收入，作为还本基金，并以全省屠宰税的款，作为保息，实收仅止九折，周息定为一分，自 1925 年 8 月份起开始还本，六年期满，全数清偿。② 宁波总商会前准鄞县江知事函请召集各业筹募浙江省善后公债十五万元，该会特于 5 月 22 日下午，召集各业董讨论筹募办法，到者有江知事俞佐庭、陈南琴、梁廉夫、林琴香等，讨论结果，除银行钱庄及和丰纱厂已认有成数外，其余由各业自行分别认定成数。③ 7 月 4 日，宁波总商会为讨论整理公债案，特召集职员会。陈南琴、袁端甫等多人到场，由正会长俞佐庭主席宣布，略谓本省发行整理公债，将三四两次定期借款收回，截至五月份，停付本息，换给整理债券，并另筹整理公债十万元。查此项三四两次借款，前经呈奉省令核准，以鄞县统捐洋广捐等收入抵还，按月发给本息。今若收回，换给整理公债，是不啻将前案取消，且延长偿期，减少息金，两相比较太远。业由本会于五月

① 《皖省财政困难之救济发行金库券六十五万元》，载《申报》1922 年 9 月 2 日第 10 版。
② 宁波市档案馆编：《申报》宁波史料集（六），宁波出版社 2013 年 11 月版，第 2530 页。
③ 宁波市档案馆编：《申报》宁波史料集（六），宁波出版社 2013 年 11 月版，第 2576 页。

间，函请鄞县知事转呈财政厅，免予停付本息，未准。各商民以官厅既失信用，对于另筹之十万元，颇怀观望云云。经众公决，推俞会长赴省，要求财政厅收回成命，免予停付本息，以维信用。[①] 11 月 21 日，宁波总商会于昨日奉到鄞县公署，由省转解整理公债十七万七千七百四十元，闻该会定本月二十一日抽签，分送各债户矣。[②]

三、商会迫于政府压力强行推销公债

1925 年 9 月 3 日，财政厅致函天津总商会要求其迅速召集开会，要求商会劝募认购天津短期市政公债 300 万元，并直接规定摊派数额“派令银行公会承募银一百二十五万元，钱商公会承募银五十万元，天津县公署承募银五十万元各等”[③]，而且还必须在 1925 年 9 月 20 日前一律交到直隶省银行换领债票。[④] 事实上，商民认购并不踊跃，9 月 10 日，天津钱商公会还致函天津总商会，解释说明钱业公会和银行公会的区别，请求核减债额。财政厅饬令天津县行政公署：“荏苒累月，谆劝再三，总复意存观望，诚不知是何居心！为此严令该知事迅即协同商会会长，立将前次摊派债额上紧如数募集，倘仍不肯承购，现值军需孔急，惟有停止募债，另派饷需二百万元，由商会会长负责筹足，限期缴纳，以济要用。”[⑤] 天津总商会收到知事公署函后，迫于压力，只好在 1925 年 11 月 7 日立即致函未认购公债的各商号，执行摊派发行。“前准直隶财政厅、天津县公署迭次来函，一再面催，曾经本会屡次召集各行同业公会并各行董剀切劝导，从速认购。迄今两月有余，各行遵照办理者固不乏人，然此时尚未交款犹存观望者仍居多数。兹准前因，除将尚未办理各行支配承购数目统限三日内措齐，如数送会，以凭转解外，相应将支配贵号承购公债数目备函奉达，即希查照，迅速办理。如再逾期，本会即将未办

---

① 宁波市档案馆编：《申报》宁波史料集（六），宁波出版社 2013 年 11 月版，第 2698－2699 页。
② 宁波市档案馆编：《申报》宁波史料集（六），宁波出版社 2013 年 11 月版，第 2748 页。
③④⑤ 天津市档案馆等编：《天津商会档案汇编（1912—1928）》（第 2 册），天津人民出版社 1992 年版，第 1361 页。

各户造册送呈，不再负责办理也。"① 认购过程发现通盛元、大盛川、大同、大德成、大德通五商号认购数目太少，1925 年 11 月 10 日，天津总商会直接向五家商号传达认购令并指定每家认购市政公债 10000 元，"限明日下午六钟一律交齐，倘有推诿，致干未便"② 要求限期必须急速办理。

四、商会敦促政府公债整理

公债能否兑现是各省商民最关心的问题。为维护本地商民权益，商会不仅重视公债劝募发行，还很重视公债整理和公债监督。1923 年，针对内债的混乱局面，全国商会联合会主张联络商会、银行公会对内债发行予以监督，并准备组织建立"国民监督国债委员会"。最终商联会的提案获得一致表决通过，并将原设的内债调查会改为内债债权人会，汉口银行公会率先成立维系债票持有人利益的债权人会。上海、天津、南京等地的银行公会则逐步拟定设立债权组织的分会。③ 1924 年 1 月 2 日，苏州总商会致电北京安税司的函电指出："内国各种公债，指定关于为债本付息之基金。近见报载广东政府索提关于公债基金无着，全国金融动摇，商民闻信全体骇惶。此款系由执事保管，应请严重对付，仍照历年保管办法，无论南北政府，均不准擅行提拨，以保基金而全债信。"④ 并分别致电南北政府要求不得擅自提取公债基金。苏州总商会了解到商民认为"民国十一年江苏国库善后债券载明发行第二年起，债本分五年还清，嗣经抽签发息三次，自十三年四月后，既无偿本之望，又无付息之期"⑤，苏州总商会于 1926 年 1 月 16 日立即呈请省长维持公债信用。1929 年苏州总商会鉴于江苏地方债务混乱，商会主席庞延祚致电江苏省政府，要求快速采取切实办法来清理民国十一年以及十三年省

① ② 天津市档案馆等编：《天津商会档案汇编（1912—1928）》（第 2 册），天津人民出版社 1992 年版，第 1364 – 1365 页。

③ 刘杰：《商人团体与政府债务：以 1927—1937 年公债为中心》，载《江西社会科学》2016 年第 10 期，第 144 – 152 页。

④ 马敏、祖苏主编：《苏州商会档案丛编》（第三辑下册），华中师范大学出版社 2009 年版，第 1266 – 1267 页。

⑤ 马敏、祖苏主编：《苏州商会档案丛编》（第三辑下册），华中师范大学出版社 2009 年版，第 1276 – 1277 页。

公债，南京总商会施压省政府要求体恤商情，加快进行对公债的整理。省政府在双重施压下答复苏州总商会并承诺公债应付本息款由省政府预备项下清理支付。

第三节 商民对公债募集命令的态度和变通

商民一方面面对政府的强行摊派，另一方面面对商会的极力劝导，有时乐于接受，有时无奈接受，有时也千方百计采取各种方式予以回拒，综合起来，商民对于政府和商会的公债募集命令，多采取请求减免或刻意逃避的态度。因此，其实很多公债根本无法完全按照政府和商会所定款额顺利筹措。

一、商民请求商会减免公债派额

1925 年募集直隶第五次公债 300 万银元时，天津省省长杨以德于 1925 年 1 月 17 日单独命令绸缎纱行所认直隶公债 20 万元，交省银行代收。面对天津总商会的一再催缴，天津县绸缎布匹棉纱商同业公会于 1 月 18 日召开同业全体大会，当场劝募，但与会者寥寥。天津县绸缎布匹棉纱商同业公会致函总商会请求通融办理，要求免除或者变更征缴等级。函称："一月十八日召集同业全体大会，当场剀切劝募。奈到会者虽有过半数，而承认本会所定者，实寥寥无几。佥谓本年灾患频仍，军事影响，交通断绝，商业完全停顿，生意凋零，坐耗资本，赔累已属难支。加以迭筹工赈，捐保安费，种种款项为数颇巨。况近岁迫，外欠各账亦因影响所及十难进一，困苦情形亦各界所共知，实无力筹此巨款。且本埠各商云集，除银钱两行外，有力商行尚有多种，何以单独令我绸布纱商购此公债，恳祈转达实情，或令别种商业分购若干，或我同业少购若干，以恤商艰。如均不能办到，惟有请将所定等级另行改定，

纷纷请求前来，以致敝会无法进行。"① 绸缎布匹棉纱同业公会一方面恳请天
津总商会请求减免或者改订摊派等级数额，另一方面还把之前确定的各号等
级银数，缮具清折，呈送给天津总商会代为催询，表示自己"敝会能力薄
弱""殊难策行"。绸缎布匹棉纱同业公会按照各商号实力来分配债额，列为
最高级即头级的商号有八号，每号应摊公债数额六千元。二级有十四号，每
号应摊公债数额三千元。三级二十八号，每号应摊公债数额一千五百元，四
级商号有二十九号，每号应摊债额七百二十元，五级商号十七号，每号应摊
债额三百六十元。② 但是，绸缎布匹棉纱同业公会的要求没有得到天津总商
会的批准，无奈只好转头向各商号摊派募集。各商号纷纷请求减免。比如，
1925 年 1 月 23 日，驻津杭州绸帮卿记绸庄、裕兴华、物华、裕丰永、裕盛
永、袁震和、裕大昌、怡章鸿、俞裕盛 9 商号致函天津总商会，极力陈情：
"敝等在津销售绸缎，无非分销性质，总号皆在杭城，一切皆须受总号支配，
不得专擅。而敝杭号今秋受东南战事影响，各处买客完全停顿，一方又须维
持工人生计，不能停息，欲罢不能，勉力支撑。而旅津各号生意停顿尚是余
事，外镇交往之家当此阴历年关，倒闭累累，即勉力支持者，亦金融停顿，
索讨无从。综此情形，实无担任公债之力。"③ 九商号集体决定，为顾大局起
见，认购第五次公债一千元整，务请天津总商会"力为疏通，实为公便"。④
表 5 - 1 是 1926 年 1 月 26 日至 3 月 14 日直隶第五次公债派购情况表。由此
可见公债募集情况很不好，大多数商民并没有实际募集。

表 5-1 直隶第五次公债派购情况
(1926 年 1 月 26 日至 3 月 14 日)

行业	应摊公债数（元）	实际募集数（元）	日期	备考
磁商	1000	100	1926 年 1 月 26 日	
竹货商	500			

① 天津市档案馆等编：《天津商会档案汇编（1912—1928）》（第 2 册），天津人民出版社 1992
年版，第 1355 - 1356 页。
②③④ 天津市档案馆等编：《天津商会档案汇编（1912—1928）》（第 2 册），天津人民出版社
1992 年版，第 1357 - 1358 页。

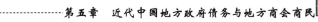

续表

行业	应摊公债数（元）	实际募集数（元）	日期	备考
皮货商	1000			兴盛德、恒利皮店、东聚恒、东泉盛
木商同业公会	2000			
汇兑商	1000			
油商	1000			
玻璃镜同业会	1000			
五金行	2000			开泰行、聚兴成
茶叶商	2000			泉祥鸿记、汤赋初
海货商	2000			
酱园商公会	500			
行商公会	3000			
线染商公会	1000			
面粉商公会	3000			
地毯商公会	1500			
芦纲公所	5000			
药业研究所	1000			
酒业研究所	1000			
估衣研究所	1000			
灰煤商公会	2000			
西药商公会	2000	500	1926 年 1 月 31 日	
颜料商	1000			
斗店商	2000			
杂货商	1000			议德福
姜商公会	1000			
票庄	1000			
鞋帽商研究所	1000	400	1926 年 2 月 7 日	
洋广货	3000			

续表

行业	应摊公债数（元）	实际募集数（元）	日期	备考
米业公会	2000			
三津磨房公所	1000			
门市洋布商研究所	1000			
栈商转运公会	1000			
南纸	1000			士宝斋、文美斋
银行公会	80000	13220	1926 年 3 月 6 日	
纺纱厂	10000	300	1926 年 3 月 12 日	
钱商公会	40000	6000	1926 年 3 月 14 日	
金店商	2000			
绸布纱公会	20000			
鲜货商研究所	2000			
当行公所	3000			

资料来源：天津市档案馆、天津社会科学院历史研究所、天津市工商业联合会：《天津商会档案汇编（1912—1928）》（第 2 册），天津人民出版社 1992 年版，第 1371 页。

二、商民采取措施刻意逃避公债派购

有些商号为逃避认购公债，甚至躲进租界。1925 年 9 月 3 日，直隶省财政厅颁发拟募集天津短期市政公债三百万元，并采取各种手段摊派给各商号。很多商号为了规避承购公债，纷纷迁移到租界。1925 年 1 月 12 日天津总商会曾致函劝说这类商号要认清形势予以认购："查劝募市政公债，原系选准直隶财政厅函催，并奉督办严令各商承购，限期交款，不容稍有诿卸。况承购此项公债，利息既优，担保确实，六年即可完全还本，商民金钱绝非从此虚掷，且尤非捐助可比。贵号虽已迁移租界，然华界营业岂能尽行牺牲！且贵号铺东概属绅富，对此公益之举尤应首先提倡。惟有仍请贵号详加酌核，竭力维持，如以该数为巨，不妨来会磋商，倘若固执，将恐由该县署办理，于贵号终不利益也。"[1] 1915 年 7 月安徽省公债怀宁被派认 2 万元，但筹款困难，当时安庆四牌楼正泰昌钱店萧某颇有资产，于是省商会劝其认购公债 200 元。最初萧某坚决不认购，各富商也随之效仿，纷纷推辞。最终商会经过多次居间协调迫使萧某答应承募公债。[2]

第四节　个案分析：直隶善后短期公债——政府、商会、商民三方博弈

在直隶善后长、短期公债和直隶六次公债发行之前，直隶为了管理方便，专门设立了直隶善后公债局负责公债的发行、劝募和管理。直隶善后短期公债发生在褚玉璞督政时期。时值北伐战争时期，为筹集直鲁联军军费，直隶保安总司令兼省长褚玉璞除了千方百计增加捐税，还充分利用发债手段，在其任上发行了直隶善后长、短期公债和直隶六次公债。1926 年发行的直隶善后短期公债总额四百万元，年息八厘，抽签法三年还本付息，以直隶全省杂统税收入一部分及契税收入部分为担保，直隶盐务协款第二担保。直隶善后短期公债分别由直隶善后公债局、天津警察厅、天津县公署、天津银行公会和天津总商会进行劝募，其中分配天津总商会一百万元。

由于直隶长期公债、第六次公债连续摊派劝募，导致直隶商业凋敝，市场凋零，商民哀怨，天津总商会在政府实施高压政策下压力很大，于是围绕商会承担直隶善后短期公债的这一百万元认购募集任务，政府、商会、商民展开了三方迂回博弈。

一、商会要求政府延期认购，公债局认为商会有意拖延

1927 年 1 月，市场凋敝，金融异常紧迫，直隶商会一方面对商民给予

---

[1]　天津市档案馆等编：《天津商会档案汇编（1912—1928）》（第 2 册），天津人民出版社 1992 年版，第 1366 - 1367 页。

[2]　《安徽》，载《申报》1915 年 7 月 11 日第 7 版。

极大同情，一方面对政府非常愤懑，陷于无奈之中，直隶商会曾多次向直隶警务处长和直隶善后公债局陈述商民的惶恐和艰难，一再致函，言辞诚恳，请求将长期、六次公债办理结束，至阴历转春再为进行直隶短期公债的募集。

案查民国十五年九月二十六日准直隶善后公债局来函，嘱派销善后短期公债一百万元。彼时文前总办正在筹设基金委员会之际，迭蒙召集银行公会、芦纲公所并敝会等开会协商，只以章程第五条盐务协款业已抵出，磋商转账未能允办。刷文前总办去职，即相传有缓办之说。迨后十二月初间，天津县公署派募长期并第六次公债，甫在进行，忽又接直隶善后公债局来函并派李委员家驯来会仍促办理。敝会当以长期及第六次甫经分配进行，若再遽加短期巨数，徒兹商民惊骇，转恐两无所成当经面陈县长并李委员请将短期暂缓，俟长期及第六次办理绪束缓至阴历转春，商业稍为活动，再为进行，未蒙谅解。①

此时本埠数十年之茶商、粮商等皆因亏累宣告停业，市面已被牵动，现若再派公债，则无力营业者有所藉口，势必就此纷纷闭歇，届时市面骚动，影响治安，虽原因不由派募公债而起，然适逢其会，咎向斯归，终无以杜悠悠之口。况年关之时，金融艰窘，异乎寻常，即有力承购者亦感于金融困难，不欲多购，力虽费尽，成效毫无。倘若缓至阴历转春，则年关既过，无力者既已歇闭，无所藉口，有力者适在金融活动，尚可踊跃承购。一则力大效无，一则事半功倍，惟恳暂缓须史，仍至转年正月春节后再为进行办理等语。全场一致哀恳，几于泪下。②

可见，商会言辞至诚至恳，催人泪下，有理有据地要求政府缓期举办。但直隶善后公债局却认为商会是有意拖延延宕，严令要求限期认购，1927年初，直隶省长褚玉璞发布直隶善后公债令，要求商会必须按期募集。

---

① 天津市档案馆、天津社会科学院历史研究所、天津市工商业联合会：《天津商会档案汇编（1912—1928）》（第 2 册），天津人民出版社 1992 年版，第 1378 页。
② 天津市档案馆等编：《天津商会档案汇编（1912—1928）》（第 2 册），天津人民出版社 1992 年版，第 1378–1379 页。

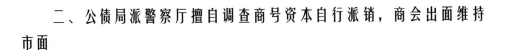
二、公债局派警察厅擅自调查商号资本自行派销，商会出面维持市面

直隶善后公债局误会商会是有意拖延延宕，还派警察厅擅自到各区去调查各商号资本情况，按照资本十分抽一分的原则，自行由直隶善后公债局向各商号派销，到处遍发通知，限期交款，这引起各商号极大的反感和反抗。而且警察厅在调查资本时，询问根本不详尽，各省号搞不准警察厅要做什么，大多随便回答，所以存在"故营业愈空虚者，惧人疑其不稳，所答资本数目愈多，营业愈殷实者，惧人捐及公益，所答资本数目愈寡"①。事实上，市面营业殷实者不过十分之一，空虚亏损者占到十分之九，所以出现了贫困商户反而派募债额多，真正殷实的商号反而派募债额少的不公平现象，直隶商会担心商号之间会酿成内乱，危及治安，不得不出面维持市面。一方面仍然恳请直隶善后公债局允许由商会办理，以免公债局直接派募商号，导致祸端。另一方面，商会按照各行业的情况重新分配债额，计各行商五十万元；房产公司二十万元；三特别区三十万元。

三、商会拟定公债分派办法，商号纷纷申请减免

商会迫于政府压力，转而给各业各界施加认购压力，不仅限定认购公债的限期，还直接把各界遗老姓名、住址名单也添列在认购公债名单上。1927年3月，因直隶善后公债局和直隶财政厅催促直隶善后公债募集，天津商会拟定直隶善后公债一百万元各界分派办法，并将各界遗老士绅名单开列呈上。

当于日前召集会行董全体会议，讨论支配办法，金以年来军事未息，所有华界商号对于摊派公益公债各款，业已负担重重，此次数目既巨，若非妥善普及办法，诚恐收效甚鲜，且亦太觉偏枯，殊非平允之道当经议决华界并特别区绅商计共担任五十万元；（一）在会商号二十万元；（二）不在会商号

① 天津市档案馆等编：《天津商会档案汇编（1912—1928）》（第2册），天津人民出版社1992年版，第1402页。

十五万元；（三）士绅十五万元。租界绅商计共担任五十万元：（一）商号二十万元；（二）遗老士绅三十万元。①

1927年3月，天津行商公所日界公会申诉本行财政困难，生意衰萎，请求减派公债额。接着，在此带动下，各商号纷纷申请减免债额。如3月31日，广仁堂提出，"系办理慈善事业，所有房产收入为数百孤儿寡妇养命之源，非以收益为目的，历年捐税均免，官厅尚有资助，应免派公债"②，申请减免摊派的1500元公债。4月1日，丹华火柴公司提出，"按房产增派公债400元贵会前已借去5000元，超过应认公债甚巨，此次可由前次借垫项下划拨"③，申请由前次借垫项下划拨抵免摊派的公债400元。4月6日，华楼兴津公司提出，"房产无多，近来时势艰难，住户短欠房租甚多，房屋复有抵押借款，月须付息数百元，几于无利可得，派令承购500元，实无力照缴，只能认销200元。"④ 据档案资料显示，从3月28日到8月14日，累计共有30余家单位申请减免摊派的公债⑤。申请减免的理由大多数为时势艰难，经营困难，生活维艰，恳请免派。媒体也佐证了是年天津商业确属萧条之况，例如，《民国日报》在1926年6月10日发表《天津商业萧条异常》一文，"津埠市面商业之萧条，实为向所未有，华界各银行除省银行，外或转移租界，或停止营业，各银号亦然……各绸缎装金店，亦都迁移租界，其尚未迁移者，亦不敢多存货物，并增加物价，以防顾客行使流通券，而血本仍大受损失。普通小商号，除迁移及倒闭之外，其余已不过勉强支持而已……"⑥ 可见各商户因经营困难申请减免公债所言非虚。

四、商会摊派公债认购不佳，公债局严令商会限期募齐

虽各商号纷纷申请减免，但天津总商会对政府屡次逼迫也束手无策，只好进行摊派。表5-2为截至1927年5月20日，直隶善后短期公债各商购交情况。

---

① 天津市档案馆等编：《天津商会档案汇编（1912—1928）》（第2册），天津人民出版社1992年版，第1380-1385页。

②③④⑤ 天津市档案馆等编：《天津商会档案汇编（1912—1928）》（第2册），天津人民出版社1992年版，第1387-1389页。

⑥ 《天津商业萧条异常》，载《民国日报》，1926年6月10日第4版。

表5-2   直隶善后短期公债各商购交情况

行商	原派（元）	已交（元）	欠交（元）
木商	15000	7000	8000
竹货	6000	3000	3000
旧五金	3000	525	2475
行商公所	30000	5000	25000
茶叶	30000	7675	22325
斗店	18000	6000	12000
姜商	6000	15000	45000
砖瓦	6000	2000	4000
当商	30000	13000	17000
面粉	60000	32777	27223
海货	9000	6000	3000
纱厂	60000	30000	30000

资料来源：天津商会档案三类6070号卷。天津市档案馆等编：《天津商会档案汇编（1912—1928）》（第2册），天津人民出版社1992年版，第1400页。

表5-2数据显示，原派额为273000元，但是实募额只有127977元，实募率仅约有47%，尚有53%的摊派额未能募集。鉴于募集情况极不乐观，6月17日，直隶善后公债局致天津总商会，传褚玉璞严命商会三日内办齐百万元短期公债欠交之数的命令。

昨日总座返津，询及贵会承募短期债款久未办齐，谓为玩视军储，存心延宕，不胜震怒，并责敝厅局督催不力，谕即转达，限于三日内将各商家摊销一百万元如额办齐，送局转解，倘再迟误，即惟经手人是问，仍将催办情形先行报核等因。查贵会承募债款，屡次怠延，迄未办竣，不独有失信用，敝厅局亦同受谴责。现在军用如此殷迫，帅意如此严切，实万无诿宕之余地。特亟函达查照，务希也遵帅谕，将短欠之数，尽本月十九日内全数办齐，送局转解，藉济急用，勿再片延，并希即赐示复，以凭上报，至所企切。①

————————

① 天津市档案馆等编：《天津商会档案汇编（1912—1928）》（第2册），天津人民出版社1992年版，第1399页。津商会三类6070号卷。直隶善后公债局公函第232号。

五、商会协同警察厅，挨家挨户强派公债

1927 年 6 月，为使得直隶善后公债顺利发行和推销。商会竟然协同警察，挨家挨户强派公债。下文为《直隶公债局转发芦纲公所诉陈津商会偕同警察挨户强派公债迫使盐商重复认购情形文》①，从中可以看出挨户催购的情形。

案准长芦盐运使署函开，案据芦纲公所呈称，窃据众商来所声称，近日天津商会因承募公债未能足额，复偕同各区警察到商住宅挨户分派巨额，且限期非常迫促。查商等认购公债与他行情形不同，即短期一项，已较他行独多。况商等外岸，上年又经各县公署强令认购长期公债，亦复不少，目下再认商会承销之短期公债，实难承购，请代陈运宪转函公债局电知警区，勿再公派短期公债，以昭公允等语。查芦商认购公债，曾奉钧令只认短期，不购长期。嗣因各外岸管辖县长仍强令认购长期，已属重复，今天津商会再分派短期公债，商力已属万分拮据，若再认购商会所派短期公债，致令纲总等劝募钧署所派短期，必持异议，更感困难。再四思维，惟有恳乞恩准函知直隶善后公债局电知各警区、天津商会查照，勿得挨户催购，实为公便等情。据此，查该商等所称各节尚属实在情形，除指令外，相应据情函请贵局查照转知天津商会暨各警区，勿再重行分派盐商短期公债，以昭公允等因。准此，查善后短期公债，分配各银行、各行商、各盐商购销，银行部分由银行公会承募，各行商部分由贵会承募，盐商部分由芦纲公所承募，各有担任之数目，各有一定之范围，以同时派销同一之公债，芦商既另由纲总劝募，若贵会再令承销，界限固涉混淆，事实亦难办到。准函前因，除函请警察厅转饬各区知照外，相应函请贵会查照；勿再分派各盐商认购短期公债，以昭公允，至纫公谊。此致天津总商会。②

在直隶善后短期公债推销过程中，因为有商民公然拒绝，否认承购，影

---

① 直隶善后公债局公函第 40 号，1927 年（民国十六年）六月十五日。
② 天津市档案馆等编：《天津商会档案汇编（1912—1928）》（第 2 册），天津人民出版社 1992 年版，第 1398 页。

响推销，商会竟然动用警察局将商民扭送到警察厅。山东绅商鲁东侯、同丰栈张世五、元裕栈王占奎、商民赵相臣、连仲、王树芝、杨蔚如等人公然抵抗公债，破坏承购短期公债，商会将这些商民扭送到警察厅，"严令如数照购，以儆效尤"①，后"经该业行董担保悔过，并情愿遵章承购"②，商会请警察厅准将，张世五等人才得以开释。

六、商会痛陈公债局干扰承募，上压下抗百般欺压

1927 年 8 月，虽历经数月，历尽艰困，直隶短期公债仅募债额六十万元，主要原因在于因为迭受战乱影响，市面早已凋敝，城厢富商大多通过各种途径移居租界以逃避公债，现存的华界商户无力迁移，困窘不已，根本无力负担如此繁重频繁的公债摊派。而且在商会进行劝募限期措款之际，直隶公债局忽然又发给警察厅债票四十万元，令其自行派销，以充警饷。此项警饷公债根本没有经过直隶总商会派募，这给正在进行劝募的总商会极大打击，商会派募公债工作几至完全停顿。至于三特别区之派募，原经直隶公债局承认办理，但随后市政局呈准在三特别区以内另行举募市政公债五十万元，也使得商会派募工作遭到中断。因此，商户对于直隶善后公债局的多次干扰，非常不满，对公债局充满抱怨。"倘中间若不参加警饷公债，而特区再能如额派销，则此百万之数，岂非早已募齐？现各行商范围原派之五十五万元业经大致收齐，实亦筋疲力尽。房产公司亦已收入六万余元，其不足者乃系特别三区（三特别区）中途变更计划，以致影响本会派销。"③ 认为如果没有公债局的干扰，商界承购数目早已超过一百数十万元以外了，因此，导致目前没有完成足额的劝募责任不在商会，而在公债局本身。

　　直隶商会认为行政当局募集公债，都应该普遍派销，商会自己在劝募过程

---

　　① 天津市档案馆等编：《天津商会档案汇编（1912—1928）》（第 2 册），天津人民出版社 1992 年版，第 1392 页。

　　② 天津市档案馆等编：《天津商会档案汇编（1912—1928）》（第 2 册），天津人民出版社 1992 年版，第 1398 页。

　　③ 天津市档案馆等编：《天津商会档案汇编（1912—1928）》（第 2 册），天津人民出版社 1992 年版，第 1403 页。

中从来没有优待偏袒富裕绅商甚至免于富商的承购责任，但直隶善后公债局在承募善后短期公债上压下抗百般，偏袒绅富欺压小商。因此，直隶商会直接致函警察厅、财政厅，痛陈公债局的非法行为。"兹据某房产公司报告：某某公司东家已向任司长关说，业蒙允其勿庸承购，并云公债局并未募及房产公司等语。是敝会为公家劝募债款，惟恐其不购，而公债当局口角春风，随地宽免，对绅富则广送人情，于累商则吸髓敲骨，诚不知其是何用心！至于各行商业，大小不等，今以数百元、数十元胼手胝足之微小营业，尚均责其照章购买，而于富豪则竟不令其承购，天下事理之不平，孰有甚于此者！"[①]

直隶商会认为政府发债本应该一视同仁，警察厅私自加增四十万元本是非法的，公债局没有严厉催促警察厅募债，却对商会严令限制募集，商会认为公债局在此事上是有失公允的，而且公债局对此事没有任何解释和答复。商会"动以感情则不应，再四函催而不复，唇焦舌敝，充耳不闻"。商会对公债局的愤懑和不满溢于言表。

复查短期公债发行总额为四百万元，原议支配银行界担任二百万元，天津总商会担任一百万元，芦纲盐商担任一百万元。是发行总额既已按数支配，不知发给警厅之四十万元系增额乎？抑额内乎？果系增额，是天津商界担任之一百万元，业均如数承购，否则任意加增，若再发给戒严司令部数十万元派销商界，而对敝会一百万元仍令如数募足，试问敝会将向何处销售？而天津商民又岂堪屡屡负担耶？倘在额内，则原议既经支配妥协，又孰肯李代桃僵？且公债当局亦何厚于彼而薄于此，致贻事后之纷扰耶？且查历任行政当局对于发行公债，向无如额募足之时，此次既然雷厉风行，必应同等待遇，方昭公允。闻银行界担任之二百万元，大致业已募足，相差无多，敝会现在虽募六十万元，然加入警饷所派之四十万元，亦不得不谓如额担负。惟盐商之一百万元，闻交过者现尚不足三十万元，并未闻公债局如何严催，而亦未闻盐商仍拟继续办理，斯则为各商怀疑莫释，屡向敝会根询而无以答复者也。[②]

最后，直隶总商会认为自己已经为政府服务竭尽全力，而直隶善后公债局既以派销绅富房产为不当，认为直隶善后短期公债余额，实无法另行筹销。

---

①② 天津市档案馆等编：《天津商会档案汇编（1912—1928）》（第2册），天津人民出版社1992年版，第1404页。

七、公债局被裁撤，公债余额向各界强制摊派

因商会和公债局及警察厅的矛盾和相互指控，直隶善后短期公债募集遭遇暂时停止，直隶省在 1927 年 7 月计划裁撤直隶善后公债局，令其"将未尽事宜赶紧清理，一俟就绪，即归并财政厅接收，以资结束"。直隶善后公债局的裁撤并不意味着公债劝募工作的结束，在 1927 年 8 月 2 日，直隶财政厅致函天津总商会，要求其除已交的五十八万元，还需继续劝募。1927 年 8 月 25 日，直隶省长致函商会中德高望重的杜宝祯、高联奎、杨西园、张品题四会董，一方面陈述政府当局的财政困窘，另一方面希望他们等大力协助出头办理短期公债事宜。① 8 月 26 日，天津商会致函直隶省长，一方面诉陈承募直隶善后短期公债遇续派警饷公债冲击情形及解决办法。另一方面认为目前很多公司都将事务所迁移到租界以逃避公债摊派，虽然商会屡屡催缴，但募集相当的困难，目前"统计共售出短期公债债票六十四万二千九百八十五元；其房产公司并绅富方面之尚未承购及未缴齐者，核计仍有二十四万七千六百二十元"②。不得已，直隶商会采取了造册移送直隶财政厅，会同天津警察厅，天津县接续办理，商会尽力协助的迂回办法，这也是不得已的策略。商会向公债局计送房产、绅富原派公债数额清册十二本，债票余额清册一本，并将收售短期公债票面并解送各数目造具清册开列于后。计开："一、收公债局短期公债票面一百万元，以上共收短期公债票面一百万元；二、支解送公债局售出短期公债票面五十八万元；三、支解送财政厅售出短期公债票面六万元；以上共支短期公债票面六十四万元。下余净实存未售出票面三十六万元，此外尚有由公债局售出票面二千九百八十五元不在此数。"并将房产公司住户房产并富绅未承购及购不足数各户分别造册。计开："一、各房产公司十四万六千零二百元，计清册一本；二、各住户房产五万八千六百二十

① 天津市档案馆等编：《天津商会档案汇编（1912—1928）》（第 2 册），天津人民出版社 1992 年版，第 1405 页。
② 天津市档案馆等编：《天津商会档案汇编（1912—1928）》（第 2 册），天津人民出版社 1992 年版，第 1406 – 1407 页。

元，计清册十本；三、各富绅四万二千九百八十元，计清册一本；以上统共该派购公债票面二十四万七千六百二十元。"①

1927年8月31日，直隶省长褚玉璞复函，认为商会应承募各商家应销短期公债一百万元，但现在承募数远没有达到，因此命令"余额酌由绅富及房产公司分别摊认，应准照办。仰即积极进行，催令一律照交，以期克日竣事，藉济急需"②。并命令财政厅协助商会办理摊派事宜。财政厅拟定的摊派额方案，与房屋间数呈10倍比例。例如南一区富绅有房屋300间，摊派金额为3000元，北一区的富绅立善成有房屋150间，摊派金额则为1500元，宝兴公司拥有房产1413间，摊派金额为14130元。③

即使强制进行了摊派，但是天津总商会承担摊销的直隶善后短期公债一百万的募集任务，最终实际认购数目六十四万元，约完成任务的六成。究其原因，客观上，直隶省一直处于军阀混战抢夺，战事频发的地区，省长更迭频繁，政治动荡不安，水旱灾害不断，经济长年凋敝，市场凋零，人们根本没有多余财力购买公债，加上政府信用很低，所以直隶公债失败速度之快令人不容置疑。

第五节　政府、商会、商民围绕公债发行的博弈：基于"胆小鬼"博弈模型分析

一、"胆小鬼模型"与公债发行的博弈理论分析框架

"胆小鬼模型"是经典的博弈模型之一。该模型强调在狭路相逢的博弈中，如果一方前进另一方也前进将会两败俱伤，他们获得的收益为

①②　天津市档案馆等编：《天津商会档案汇编（1912—1928）》（第2册），天津人民出版社1992年版，第1406－1407页。
③　天津市档案馆等编：《天津商会档案汇编（1912—1928）》（第2册），天津人民出版社1992年版，第1408－1409页。

（-2，-2）。如果双方后退博弈双方都无法达成预期目标，他们的收益
为（-1，-1）。如果一方前进一方后退，那么前进一方将会获得最大收益，
获得的收益为（1，-1）或（-1，1）。所以双方的博弈策略中，最佳的纳
什均衡是一方选择前进，而希望另一方后退。

在公债募集中，如果引入"胆小鬼"博弈模型，那么博弈的双方就是政
府与商会，他们分别有两种选择，即前进还是后退。因为公债发行比"胆小
鬼模型"假设的情形要更加复杂，对该模型略作修正，经修正的博弈矩阵如
图5-1所示。

<table>
<tr><td></td><td></td><td colspan="2">发行方</td></tr>
<tr><td></td><td></td><td>前进</td><td>后退</td></tr>
<tr><td rowspan="2">承募方</td><td>前进</td><td>-e, c</td><td>b, c</td></tr>
<tr><td>后退</td><td>a, -b</td><td>b, c</td></tr>
</table>

图5-1　修正的政府与商会"胆小鬼"公债发行博弈模型

在"胆小鬼模型"中，其假设是狭路相逢的博弈方具有势均力敌的实
力，但是在公债的募集中，发行方与承募方明显缺乏均衡的实际条件，因此，
对模型做了一定修正。发行方即政府发行公债，如果达成了预期目标，我们
赋值其达成的目标值为 a，但是如果没有达成目标，那么其预期收益为 c，此
时，c 值小于 a 值。在政府选择不发行公债之时，可视为后退策略，此时 c 值
为 0。但是承募方即商会或商民就不一样了，因为承募方与发行方并非势均
力敌，因此其博弈情况要复杂一些。假设承募方的最大预期为 b，此时政府
选择后退策略，承募方获得最大收益值。但是如果发行方选择前进策略，而
承募方选择后退策略，此时政府获得了最大收益 a，承募方将会获得与预期
相反的值 -b。但是发行方如果采取了前进策略，承募方也毫不让步，此时将
会两败俱伤，在传统的"胆小鬼模型"中，此时二者的收益为（-2，-2），
但是由于承募方并不具备"胆小鬼模型"中与发行方势均力敌的假设条件，
此时承募方获得的收益为 -e。而且通常情况下，-e 的绝对值是等于或大于

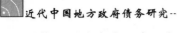

-b 的值，因为商会、商民如果与政府对抗，很明显政府将会"还之以礼"，此时商会、商民将会遭受更大的损失。但是政府情况就不一样了，因为掌握了决定性的话语权，因此即使承募方与政府对抗，政府最大的损失也无非就是终止公债的发行，此时效益最低值也应为其选择后退策略的 c 值。

二、"胆小鬼模型"博弈下的各方决策

（一）"软"还是"硬"：政府公债发行的博弈决策

从政府的决策视角而言，其博弈的关键点在于，对于公债的发行，是以"软"还是"硬"态度面对商会与商民。在北洋政府时期军费甚靡情形下，发行公债本身是补充日渐亏空军费的财政手段，如果以"软"募集，如商会、商民可按自身财力自由认购，势必募款寥寥，因此北洋政府时期大多数地方政府募集公债，皆有勒派之举，因此政府对商会、商民的态度，是以"硬"为主。当然不排除部分地方政府亦有"软"募之举，如暂缓公债募集期限以恤民艰，但是此种"软"之面态，也是建立在"硬"募之举上，因一来历经军兴多数地方商业萧条，确无认购之力，二来强行限期勒派似有不合情理之处，于是便"以恤民艰"暂缓募集，"以恤民艰"或许只是幌子，无非披着仁慈的外衣，好让更多商会、商民认为政府是颇有"政商一体"一心，免得商会商民抗勒反派，此时政府将难以达到预期收益。部分情形下，政府是一面打着仁慈的旗号，一面强行勒派，软硬兼施，以达到公债募集以资军需的效果。

因此，较为明显的是，在"胆小鬼模型"的博弈决策中，政府的博弈决策很明显是选择前进策略。因为政府一旦选择后退策略，不发行公债或者任由商会、商民自由认购，政府的收益将会是 c，远远小于选择前进策略的 a。政府不仅有选择前进策略的动机，即募集款项以资军需，更有选择前进策略的条件，即掌握地方军政大权的政府，其话语权远远大于商会与商民。从文化环境角度而言，虽然北洋政府时期已是民国，但是清政府覆亡不过也才一二十年，官本位的文化思潮并未消除，官大于民的传统文化依然根植于北洋

政府时期的官民心中。政府既然有选择前进策略的动机，又有选择前进策略的条件，在公债发行中，其最佳的纳什均衡就是前进，即选择强硬态度推行公债的发行。

（二）"迎"还是"拒"：商会承募公债的博弈决策

从商会的博弈视角而言，其博弈程度要更加复杂。因为商会在公债募集中，扮演了承上启下的中间角色。对上，商会要尽量不能开罪政府；对下，又要代表广大商民之利益。这就意味着，商会在公债募集中，需要考虑的因素更为繁杂。

前述章节已经明晰，强权政府不太可能让步于发育并不成熟的商会，因此政府在公债发行中，采取的是前进的强硬策略。此时剩下的选择就是商会应该如何应对。商会如果采取前进策略，即与政府"刀枪相对"，很明显处于弱势地位的商会，立即会遭到政府的"刀枪回应"，此时商会将会得不偿失。最大的理性化决策是，商会选择后退策略。

"胆小鬼模型"形象生动地描述了公债发行博弈中商会扮演的角色："胆小鬼"。北洋政府时期的中国，商会发展并不成熟，没有完善的组织网络，更无雄厚的财力资本和金融实力，可谓先天不足。部分商会甚至依附于军阀政府，对政府言听计从。实际上，商会代表了广大商民的利益，但是面对政府的强行勒派，只能"舍鱼而取熊掌"：即舍弃商民的利益诉求，倒向政府一边。部分商会面对政府巨额的公债摊派，也与政府讨价还价，但是政府一旦采取强硬策略，商会将会"退避三舍"，不少商会迫于政府的压力，甚至强行帮助政府推销公债，形象地扮演了"胆小鬼"的角色。

在直隶善后短期公债发行中，生动形象表明了商会扮演的"胆小鬼"决策。在该项公债发行之初，面对政府的强行勒派，商会此时尚且能代表商民的利益，要求延期认购，虽言辞至诚至恳，有理有据，但直隶善后公债局却认为商会是有意拖延延宕，严令商会商民必须按期募集，此时商会立即"胆小"，选择"舍鱼而取熊掌"，从为民请情，转而给民施压，不仅限定认购公债的限期，还直接把各界遗老姓名、住址名单也添列在认购公债名单上，甚至协同警察厅，挨家挨户强行摊派公债，商会"胆小鬼"的形象跃然纸上。

（三）或"认"或"逃"或"抗"：商民承募公债的博弈决策

面对公债的强行摊派，商民的决策余地似乎要小得多。在政府选择了前进策略情况下，连商会都无法抗衡退徙三舍，更何况是分散的商民。面对直隶善后短期公债的强行摊派，商民只能苦苦恳求政府减免派额，此举侧面表明商民在某种程度上认可了政府的勒派之举，只渴求减少勒派的数额，表明商民在博弈中已经基本没有回旋余地。不少商民不堪忍受政府的强行勒派，除了躲进租界以避强派外，似乎也无更好的博弈选择。至于抗行之举，最多只是偶发现象，大多数情形下，商民的博弈决策只能是或"认"或"逃"的后退策略。例如，直隶善后短期公债强派，就有商民公然拒绝，否认承购，政府竟然派出警察将商民扭送到警察厅。分散的商民很明显无法承受政府的抓捕，只能够或"认"或"逃"。1925 年直隶省发行的天津短期市政公债三百万元强行摊派给各商号，很多商号就为了规避承购公债，纷纷迁移到租界。然而能迁移到租界的商号毕竟是少数，在无法逃离的商号中，只能咬牙认购，最终沦为政治压迫、经济剥夺的对象。

比较有趣的是，如果将商会比喻成"胆小鬼"的形象角色，那么政府在公债发行中，自然就扮演了"吸血鬼"的角色，商民最终沦为了"倒霉鬼"。三"鬼"的形象生动表达了北洋政府时期公债发行中政府、商会、商民的博弈决策，作为"吸血鬼"的政府，自然希望多募集公债，采取强行勒派的方式，"吸血无度"；作为"胆小鬼"的商会，虽然代表了商民的利益，但是在政府强行施压下，最终倒向了政府一边；而作为"倒霉鬼"的商民，自然就沦为被"吸血"的对象。

三、公债募集难以均衡的博弈

"胆小鬼"博弈模型在理论上虽然揭示了公债发行中各方的博弈过程，并最终得出发行方前进、承募方后退的博弈均衡，但是实际上，此均衡只能是理论意义上的理想状态，在实际发行中，这种理想的均衡状态在北洋政府时期的中国很难实现。因为政府公债的募集预期目标，大多数情况下超过了商民的实际承受能力，此种情形下，原先预期的均衡目标可能就难以实现。

在直隶善后短期公债发行中，天津总商会承担摊销的直隶善后短期公债原定募集额为 100 万元，但是最终实际认购数目 64 万元，实募率约为 64%，这就表明实际上政府没有达到预期的收益值 a，没有获得最佳均衡。究其主要原因，是因为直隶省常年军阀混战，战事频仍，天灾不断，经济萧条，市场凋零，商民根本无力担负 100 万元的公债募集额，即使政府强行摊派，商会强行推销，其募款仍然寥寥，政府没有募集到预期的 100 万元款项，而商户更是叫苦不迭，在灾患频仍，军事影响，交通断绝，商业停顿，生意凋零，坐耗资本，赔累难支的情形下，还要摊募公债，不少商号纷感芒刺在背，甚至倾家荡产，表明直隶善后短期公债的三方选择的博弈中，实际上并未达到最佳均衡。

直隶善后短期公债发行只是个案，北洋政府时期全国不少地区的公债募集，实际上远未达到预期募集额款，其博弈下的均衡在全国各地皆难实现。例如，北洋政府时期江西省拟发行公债数额为 2668 万元，但是实募额只有 2307 万元，实募比为 85% 左右，而浙江省拟发行公债数额为 1960 万元，但是实募额只有 1425 万元，实募比为 70% 左右，而上海市拟发行公债数额为 46 万元，但是实募额只有 28 万元，实募比为 60% 左右。尚有湖南省实募比仅为 40%，北洋时期湖南省拟发行公债 1380 万元，但是实募额仅为 582 万元，实际募款率只有 42%。[①] 尚有多数单项公债募集比仅有 10%，例如北洋时期云南省的靖国公债拟发行额为 200 万元，但是最终只募集到了 24 万元，实募比仅为 12%。[②] 北洋时期云南省对商号专门发行的整理金融锡税公债，拟募集额为 250 万元，但是最终只募集到了 4.1 万元，[③] 实募比仅为 1.6%。

以上数据表明，理想状况下的博弈均衡结果在北洋时期难以出现。其原因不言而喻，公债发行方军需浩繁，支出无度，而承募方无资认购，个中矛

---

① 潘国旗：《北洋政府时期的地方公债探析》，载《浙江大学学报（人文社会科学版）》，2018年第 4 期，第 216－226 页。
② 《云南省长公署关于查办结束募集靖国公债事给财政厅的训令》，云南省政府秘书处档案，档案号：1106－004－01779－001，1921 年 5 月 3 日。
③ 《云南省公署关于发云南随征整理金融借款暂行条例的训令》，云南省政府秘书处档案，档案号：1106－004－01775－016，1926 年 8 月 18 日。

盾不言而喻，此种情形下，政府无法募集预期款项，商号或其他承募人甚至要敲髓洒膏认购公债，民膏吸尽。而政府所募款项大多数用于军政开支，很少投入实业生产，从而商业更加凋零，经济更加凋敝，人民愈发困苦，政府财政无源，此种长期状态下的均衡，亦很难实现。

综上，直隶短期善后公债背后的政府、商会和商民的三者博弈反映了近代中国官场、商场和市场三场的博弈。

直隶省长、直隶善后公债局、警察厅等反映的官场阶层，无视市场规则，擅自增派警饷公债，蔑视绅商阶层，上下欺压商民，公债在他们眼里，不过是聚敛军费的强制性手段而已，因此政府的信用大打折扣，强派的公债变成了变相的赋税和捐输，并没有实现资源的优化重组，这种威权主义之下的官场强权策略导致中国近代地方公债市场从一开始就不完全符合西方公债学的发行规则，而天然带有政治性强、依附性强的特色。这种官场强权主义控制下的公债市场反映出近代中国的财政投融资市场发育天然不足。

商会作为连接政府与商民的纽带，一方面迫于压力执行政府意旨，另一方面又得千方百计安抚商民，生怕商民内乱。但最终在政府高压政策之下，商会倒向政府，甚至协助警察厅挨家挨户强派公债，扭送商民入警等，商会本应主要站在商民利益这边，但中国商会组织自古与官员阶层结下密不可分的联系，从来没有摆脱官本位的价值，从来没有独立掌控自己的政治话语权，只能在下层商民和上层官员之间政治迂回，一旦涉及自身利益时，商会组织便选择站在政府一边，说明中国商业组织发育的脆弱性和不成熟性。实际上，并非商会在面对政府摊派苛捐、公债之时伊始便选择与政府"狼狈为奸"，而是据理力争甚至反抗。苏州、上海、南京商会在面对政府临时加征捐税之时便做过一定抗争，例如，1921年南京商会就反对承募十年内国公债，"南京总商会因北洋政府发行十年内国公债，增加商民负担，殊难承认……"[①]。然而，在反对公债发行中，商会内心也矛盾重重，因为从表面上而言，商会代表的毕竟还是商民的利益，在公债发行中公然强烈反对，与政府利益矛盾冲突。但是由于自身弱小，商会明显缺乏与政府彻底决裂的勇气，总是通过

---

① 《宁商会反对公债运动》，载《民国日报》1921年8月15日第8版。

上书请命等方式，或适当讨价还价，通过柔性的方式表达自身利益诉求，尽量避免与政府"刀枪相对"。面对公债的不合理摊派，商会也是极其憎厌，当商民请求商会出面为其主持大局之时，商会也面临着两难的博弈抉择：如果正面对抗政府，势必自身难保，但若不为民请命，又势必权威受损，甚至商民生乱，这种下接商民，上应枢宪的尴尬境地，在博弈中确难做出最佳抉择。但是，近代中国商业发展极其缓慢，这也就意味着商会的妥协本质。二者冲突取其轻，经过反复思量，商会最终不得不倒向政府，正如天津商会面对政府摊派的公债，一开始也是为民请命，请求延期认购，但是面对政府的再三催逼，不得不协同政府强派公债，这充分体现了商会私相妥协的软弱特性。但是，天津商会对于公债局干扰承募、上压下抗、百般欺压的行为进行了强烈抗议，这是十分难得的，然而其抗议的方式，也仅仅局限在上书财政厅等政府部门，并未通过其他强硬措施反映诉求，这也就意味着，即使公债局被撤销，但是余下的公债摊派并未停止，仍然强制向各界摊派，可以说，天津商会的柔性抗议，虽有方式等方面的差异，但是亦是近代中国商业萧条、商会软弱妥协的体现。

实际上，商民之所以对公债摊派如此深恶痛绝，除了近代商业不景、经营困难、利润微薄无力认筹外，尚有一个原因，那便是债券市场的信用。梳理北洋时期报刊可发现，商会要求维持政府债务信用频繁见诸报端，例如，1919年《新闻报》便发表了《商会电请维持公债信用》一文，"上海总商会致电北京电云：……元年八厘公债到期未付，展限两年至九年二月二号，转瞬又届，若再失信，不特以后公债无信用可言，即已后各项公债，人人举报危险之想……"[1]，又《民国日报》发表《沪商会请维持公债信用》一文，"上海总商会电请维持元年八厘整理公债信用"[2]，表明北洋时期公债不能按时还本付息已为常态。根据千家驹的统计发现，北洋时期中央政府发行公债累计610069588元，但是偿还额只有447716731元，尚余162352857元未能偿清，换言之，超过四分之一的公债未能偿还（未能如期偿还尚未统计在

---

① 《商会电请维持公债信用》，载《新闻报》1919年11月17日第9版。
② 《沪商会请维持公债信用》，载《民国日报》1925年3月27日第2版。

内)①，表明公债债信已经大打折扣。不仅中央政府公债不能如数按期偿还，天津多项公债亦有逾期。1926年，天津出台《直隶省整理公债条例》，按该条例，因财政紧张，天津政府拟将开滦矿务局所担保的直隶兴利公债等五次公债一律化散为整，延长年限。原计划直隶兴利公债到1932年方可还清，但是延长期限后，要到1950年前后方可偿清，这遭到天津市各界反对，"按照各该公债，原定期限至民国二十一年即可一律还清，为期业已不远，自应仍照原案办理，俾如期清偿，以释人民负担，今若易以分为二十四年偿还之整理公债，不但期限相去殊，执票人损失过巨……"② 政府虽名为整理公债，实则以新长债替代短旧债，政府背弃债信，如再募新债，自然难以让商民信服。债信受损表面上是政府债务未能如期清偿，实则是直隶省政府财力渐趋不敷的体现，以1919~1923年为例，五年内天津财政分别亏空131.1万元、315万元、56.9万元、116.3万元、117.9万元，五年亏空额近737.2万元③，连年亏空的财政，政府自然无力如期偿还债务，商民自然不愿认购新债，政府只能选择强硬摊派，引发政府——商会——商民的多方博弈。需要指出的是，尽管最后商会选择向政府屈服，但是并未意味着公债的顺利筹集，商民或逃或抗，最终公债也未能全数募集。

以商人、百工为主体的商民阶层是中国经济发展源动力，但近代中国多灾多难，危机重重，每当遇有公债筹资派募，商民总是被政府首先拿来摊派任务的首选目标，近代中国出现的劝捐、捐输、公债摊派都是如此。政治方面的专制独裁、经济方面自给自足的自然经济、思想方面保守从众的观念都使得商民为代表的中国的市民阶层缺乏充分的、独立的、开化的发育土壤，因此市场发育程度较低，商民最终沦为政治压迫、经济剥夺的对象，这也是近代中国商业发展萧条的另一原因。

---

① 千家驹：《中国的内债》，社会调查所1933年版，第10-11页。
② 《各省财政近讯·直隶：整理公债改名二次兴利公债》，载《银行月刊》1927年第7卷第2期，第106-107页。
③ 河北省地方志编纂委员会：《河北省志·财政志》，河北人民出版社1992年版，第5页。

第六章

近代中国地方政府债务
与央地财权事权

近代地方政府债务与近代中央地方财税分权息息相关。近代国地税划分不清晰是导致地方债滥发的主要原因之一。国地收支划分上的央地实力博弈深刻影响地方债举债程度，反之，地方债的滥发和军事化用途，又加剧国地税划分的复杂和混乱。集权与分权纠葛、财权与事权错配，既阻滞了近代央地财税分权进程，又深刻影响中央对地方政府举债控制力衍变。中央与地方之间财权、事权、财力与支出责任的划分是近代中国值得深入思考的问题。

第一节　近代央地两税划分与地方债兴衰

中国传统社会在高度集中的财税管理体制下，财税所有权基本归属中央政府所有，地方留存与解缴数额并不能自主，而独立的地方财政需要满足自由的税目设置权与财政收支的自由支配权，因此传统社会中国并不存在严格意义上的地方财税。自清代咸同时期始，由于镇压太平天国运动需要，清廷主张地方督抚可自行"就地筹饷"，就地筹饷权的下放是督抚权力扩展的契机。各省督抚打着"就地筹饷"的旗号，不仅采取盐斤加价、开辟厘金的办法筹款，沿海省份还首开以海关收入作担保向外商举借外债，打破原来各省不得指拨关税的定制。1853 年（咸丰三年），苏淞太道吴健彰为雇募外国船炮攻打上海小刀会起义，向上海洋商借款十二万余两库平银，是为中国外债史之滥觞。随着"就地筹饷"逐步向"就地筹款"演变，进一步扩大到各省筹划海防、举办洋务的过程中。各省不仅自掌厘金、自借外债，还拖欠京饷、截留税款。不但中央与地方财政关系原以"起运""存留"方式加以分配的"春秋拨"体制逐渐被打破，而且仅仅依靠中央权威来掌控省区之间资金调拨的解协饷制度也变得苍白无力。甲午战争2万万两的战后赔款，最终把清政府推向了借债活动的前台。中央举借的巨额外债的摊还实行由中央向地方硬性摊派的办法，直接激化了中央与地方财政关系。外债摊还使地方向中央的解款制由拨改为摊，同时也赋予地方以开征新捐税的权限，各省自行摊派，自开捐费，名目繁多的"外销"款愈来愈多，内而各局院，外而各行省，乃至江北提督、热河都统，莫不各拥财权，地方财政收支独立成为现实，原有高度集中的一元财税逐步转变为央地二元财税模式。1905年，袁世凯在直隶首先举办地方公债，是为中国近代第一笔地方内债，此后湖北、安徽、湖南等省纷纷援例举办，近代中国的地方公债由此发端。清末十年新政，地方大兴编练新兵、兴办实业、政费浩繁。在巨大的财政压力下地方债逐渐增多。

晚清时期，西方财税理论源源不断流入中土，将已成为既定事实的地方财税合理划分，明确央地二级财权与事权权限，成为时人呼吁财政改革的主要焦点之一。庚子以后，由于先前外债摊还和争夺税款，使原本不明晰的中央与地方财政更加混乱，中央对地方的收支情况更加无从了解，中央对地方近于失控，形势迫使清政府开始清理财政。1908年，福建道监察御使赵炳麟上《统一财权整理国政》折，提出了划分央地两税的建议，随后中央选派44名财政监理官，赴各省开展了财政清理计划，稽查督核地方财税实况。随后，宪政编查馆与资政院在预备立宪筹备事项中订颁国家税、地方税章程的三项条款，并计划在1910年对地方税的章程进行厘订。但在实际运作中度支部不了解各地财税情况，只好上奏请饬各省督抚将"何项应入国税，何项应入地方税，详拟办法，咨明度支部分别核定"①。这样，就把中央与地方财权划分的标准下放给地方，出现各省编制地方财政预算计划时，自行其是，任意增减，弄虚作假的现象。无论是各省还是全国的预算，都是以赤字预算交议。

① 朱寿朋：《光绪朝东华录》（五），中华书局1958年版，第5956页。

而弥补赤字的方法无非是发行公债和举借外债。按照度支部计划，于 1912 年筹定央地两税划分计划，并正式拟定地方税与国家税章程，1913 年正式实行。然而未等划分方案颁布，清廷即在 1912 年覆亡，两税划分流产。

北洋政府时期，因战争频仍，各级政府财政时临不敷境地，财权事权难以匹配。面对复杂无章的央地两级税制，1913 年北洋政府颁布《划分国家税与地方税草案》和《国家费用地方费用标准案》（又称"民二税法"），在法律上正式承认了地方税。按划分方案，田赋、盐税、关税等 17 种大宗收入税种划分中央，而地方税种则只有田赋附加税、牲畜税、茶馆捐等 20 余种杂税杂捐。除此之外，该法案还规定将来新征的所得税、营业税、印花税等应归属中央，营业附加税、所得附加税、房屋税等归属地方。此种方案由于受到地方抵制，虽历经修订，但实施效果并不理想。1916 年袁世凯身亡后，地方实力派随意扣解京饷，并乘势扩张地盘。如此局面令人惶恐，1923 年，曹锟上台后，意识到明确中央与地方的财政范围与界限的重要性，根据当时公布的宪法规定，将国家财税分为中央与省级两级，中央税有所得税、营业税、关税等共 15 种，地方税有田赋、牲畜税、房屋税、屠宰税、契税、谷米税、什谷税等 8 种。与"民二税法"相比，地方税种数目由 20 余种骤降为 8 种。由于政局骤变，曹锟下野，这一计划后也付诸东流。总之，北洋政府时期中央与地方财政分权的改革虽屡有筹议，终因政局不稳而无法切实推行。在袁世凯统治时期地方财政收支尚能相符。其后，因战事频繁、军费骤增，各省亏空日甚，各地方政府为筹款而无所不用其极，除截留国税外，纷纷加征附捐、增设杂税，尤不免滥行募借内外债以资挹注。

南京国民政府成立后，吸取北洋政府的教训，注意加强中央财税的控制力，同时削弱地方的财权财力。1927 年时任财政部长古应芬主持的划分中央和省两级分税制方案（以下简称"古氏划分案"），以"实省虚县"为原则，将财政制度划分为中央与地方两级体制，地方财政以省为主体，省控制着全部地方税源；县附属于省，没有独立的税收收入。列入国家收入的有盐务税、关税、常关税、卷烟税、煤油税、厘金及邮包税、矿税、印花税、国有营业收入及禁烟罚款等；列入地方收入的有田赋、契税、牙税、当税、商税、船捐、房捐、屠宰税、渔业税和其他杂税杂捐。1928 年接任财政部长的宋子文主持召开第一次全国财政会议，对古氏划分案进行修订，颁布新的中央和省两级分税制方案（简称宋氏划分案），规定属中央税目有盐税、海关税及内地税、常关税、烟酒税等16项，属地方税目有田赋、契税、牙税、当税、屠宰税等12项。经过此次划分，央地税目逐步明晰，即国家税收以盐税、关税、统税为主体，地方税收以田赋、契税和后来的营业税为主体，统一的财政体系初步形成。1934年第二次全国财政会议召开后，1935年颁布实施中央、省、县三级税制方案，"实县虚省"，将地方收入划分为省与县两级财政，把土地税、田赋附加、印花税、营业税的三成划给了县级财政，增加了县级政府的财力，进一步匹配了基层政府的事权与财权。1941年第三次全国财政会议召开，决定对财政体制进行重大调整，会议通过了《改订财政收支系统办法》。行政院与国防最高委员会核准后于11月正式颁布《改订财政收支系统实施纲要》，规定自1942年1月1日起实行新的财政收支系统：国家财政包括原属国家及省与行政院直辖市（除自治财政收支部分外）之一切收入支出。自治财政以县（市）为单位，包括县（市）、乡（镇）的一切收入与支出。省级财政并为国家财政，省级财政一切收支，纳入国家预算，由中央统收统支。规定地方税包含12种税，比1935年的分税制划分增加了屠宰税、内捐、筵席及娱乐税、特产税、契税附加。12种税中，屠宰税、房产税、营业牌照税和筵席与娱乐税构成这一时期地方自治财政的主要税种。即便是战争时期，也保留了地方税的一定财权。可见地方税已经在民国时期发展到了相当稳固的程度。按照上述决定，各省财政收支，即由国库统一处理，所有各省从前发行之省公债，其债权债务，统一由中央接管和整理，并规定自1942年1月起各省不得再发行公债。此后，财政部设置了整理省公债委员会，具体办理各省公债之接收与整理。抗战结束后，南京国民政府又于1946年恢复中央、省、县三级制财政，实行中央与地方"均权"的财政体制，省财政恢复独立。

纵观近代我国央地两税划分的历史演进，其最主要特征是财税权的蜿蜒式下延。在中国古代，因国家高度集中控制一切社会资源，财税的收支某种程度上取决于以君主为核心的中枢，地方并不能随意增减。随着晚清地方督抚掌握财政实权，地方财政既成事实，原先的解饷制度渐趋失灵，奏效制度亦名存实亡，二级财政既无历史成例，又无现实法理依据，如何合理划分两级税种，匹配地方财政收支权责成为晚清财政改革的重点。尽管由于政权激烈变动，清政府的税制改革并未成功，但在北洋政府时期，已在法律层面上正式承认了地方税。中央与地方各路实力派围绕中央与各省的税目归属问题反复权衡博弈，直到南京国民政府时期，经过古应棻与宋子文的先后改革，才合理明确了中央与地方都乐于接受的国家税与省级地方税的划分体系。两税划分的关键在于中央与省级政府关于税种的争夺博弈。在1934年的分税制改革中，划分了中央、省、县三级政府税制，将本应属于省级政府的税收部分划分给县级政府，以达到"虚省实县"的目的。这一划分不仅使地方税进一步下延到基层县级政府，同时也使基层政府的财权与事权得到某种程度上的匹配。抗战时期第三次全国财政会议所通过的改订财政收支系统、取消省级财政的决定，是战前中央、省、县三者利益难以平衡的结果，这种战时环境下高度集权的财政体制在1945年抗战胜利后无法维持下去，在1946年6月召开的财政部粮食部联合会议上，南京国民政府决定恢复中央、省、县三级制财政，并于同年7月正式实施修改后的财政收支系统法及施行条例。

第二节 集权分权纠葛与中央对地方举债权控制力衍变

一、分权下的集权与晚清收回地方举债权的努力

晚清时期，由于地方督抚设立了直属的财税管理机构，并拥有独立的税目确立权和地方财政收支的自由支配权，地方财政实际上已经形成。知识分子纷纷引进西方财税理论，呼吁在制度上与法律上正式确立央地财政的归属，以改变财税收支央地不分的混乱之局。在知识精英的渲染下，中央政府也欲在分权状态下，收回地方财权包括地方债权，以规复一统之意。

1907年福建道监察御史赵炳麟上奏，拟请朝廷制定预算决算表整理财政。度支部认为，国家预算之所以难以推进，在于中央对地方收支细额难以

得知，于是派遣财政监理官清理地方财政，详查各省收支确数。这令地方督抚藩司大为恐慌，他们担心中央会借财政清理之名收回既有财权，于是视中央委派的财政监理官为肉中之刺。甘肃藩司毛庆蕃在财政清理开展时，对中央委派的财政监理官刘次源处处搪塞。在清理财政中的设局、遴选官员与清查库款中更是处处掣肘，清理数月，藩库款项既不定期盘查，亦不遵章造报，且屡催罔应，刘次源不得不奏报度支部，奏折送到中枢，摄政王左右度量，最终将毛庆蕃革职。然而财政监理官刘次源随即被弹劾，惨遭革职。这并非个案。贵州清理财政监理官以纳贿冶游，通同舞弊之罪遭到御史奏劾，中央不得不严密查办。报界探知，财政监理官屡遭攻揭，疑是挟嫌攻击。①如是偶发性揭发监理官纳贿失职并不奇怪，但是多处地方官纷纷揭发财政监理官冶游纳贿，如此群体性揭发，确另有他意。在地方督抚屡次为难情况下，地方财政清理工作无从着手。一年多的财政清理工作，因员少事多、先核后报、积补无着、事权不一等多种难处，收效甚微，地方财政监理官屡遭地方督抚藩司掣肘，甚有奏劾革职风险，可谓难上加难。除直面交锋外，更多的地方督抚采取的是柔和的政治手腕，以变通的政治策略，以达到表面迎合暗面抗拒之效。例如，在地方外销事项上，按照财政清理章程的规定，各地方的财政出入款项截至光绪三十三年底，全部以旧案论处，历年来没有报部的省份，当将外销清单分年开列，并案销结。但各地方省情复杂，外销款项大多纷芜繁杂，纠结难清，时任湖广总督的陈夔龙奏称将依财政清理章程，将鄂省未经报部的外销款项在清理财政报告内截结列叙，将截至光绪三十三年底未报外销各款免其分年开报。度支部本意是摸清地方财政收支实数，但地方督抚却纷纷要求将外销款项列入清理财政局的调查报告内列销，如此化繁为简，度支部根本难以知晓各省外销前额后数，核查地方财政确数突遭态变，难以推进。地方督抚或明或暗，对中央财政清理计划处处牵制，体现了财政清理的维艰，更显现了暗流涌动的中央与地方财权较量与纷争，制约了中央预算的开展，也阻滞了央地两税的划分。

在历经千辛万苦获得地方收支大概额度后，度支部着手开展划分央地两

---

① 《度支部接得一禀攻揭财政监理官》，载《时报》1909年7月9日。

税。然后在如何划分上，中央与地方再起龃龉。既然中土并无地方税划分的祖制成规，那么如何界定央地收支结构，自然是各执一词。地方督抚自然是想将已据为既得利益的地方财政获得制度上与法律上的承认，而中央却想欲借两税划分收回财权。在1907年度支部《奏议覆制定预算决算表折》中即要求各地奏报款项以凭核办，以求"财权统一"①1911年度支部在《试办全国预算折》中则明确指出，中国财税在历史上同为民财，同归国用，从不区分。1911年度支部《为试办全国预算拟定暂行章程事奏稿》中则更是直接表达了"统一财权之义"："全国预算当合全国一统，系各国岁出预算皆以行政各部以事为目。唐宋会计录，分析军民用意略同，现拟岁入各类均归臣部主管，以符统一财权之义。"② 这表明规复上计留州古制，以符财权一统之义，是度支部考量的重要内容。这明显与地方督抚的财税分权利益诉求南辕北辙。在集权与分权之间，中央与地方反复纠葛，一直到清廷覆亡，税目划分亦无形成双方合意的制度框架。

清末清理财政过程中，中央试图收回地方借债权力，成为收缩地方财权的一个重要步骤。1906年（光绪三十二年），户部"正名为度支部，以财政处、税务处并入"③。1908年（光绪三十四年）度支部设清理财政处，各省设清理财政局。1909年（宣统元年），提出清理财政的六项措施，首条即是"外债之借还宜归臣部（度支部）经理"④，即"各省各部借外债，经度支部同意，由部借入转交各省、部，偿还借款由度支部负责"⑤。自此，清政府试图开始对地方外债的清理，由会议政务处咨查各省借用外债数目，并决定政务处会同外务部新定借用外债办法。同时要求度支部先查已借各款，汇案奏结⑥。为对地方举债进行控制，度支部向各地派任监理财政官，同时拟出版《清理财政官报》，将各地的财政情况按期刊于其上，公诸舆论而资改良，每

---

① 《度支部奏议覆制定预算决算表折》，载《东方杂志》1907年第四卷第3期，第33－38页。
② 《为试办全国预算拟定暂行章程事奏稿》，中国第一历史档案馆藏档案，档案号：41－0025－0001，1911－5。
③ 朱寿朋：《光绪朝东华录》（五），中华书局1958年版，第5577－5578页。
④ 故宫博物院明清档案部编：《清末筹备立宪档案史料》（下），中华书局1979年版，第1018页。
⑤ 梁义群：《清末新政与财政》，载《历史档案》1990年第1期，第103－108页。
⑥ 《贫国之财政苦》，载《时报》1908年7月13日。

月一册，免费分发。度支部认为："今就清理财政之始，即以其成绩共天下共之，宪政本原于是乎。在中国维新之命乌得不推度支部为首功也。"① 但是其效果微乎其微。度支部尚书载泽曾计划"将各省外债除本年应行清还不计外，所有债款统行核计利息之重轻，如实系利息过重，可由中央核其数目招募公债，分拨各省将息重各债一律还清，即以原借指还之款移还公债本息"②，结果也是纸上谈兵。地方财政的做大和日渐独立导致地方外债泛滥并呈现恶性循环之势。当时，"各行省乃至江北提督、热河都统莫不各拥财权。……岁入者，究其实乃各小政团自收自用，安有为大政团之效力乎？"③ 地方财政"握于督抚之手，听其出纳无度，支配无常，而无人为之监督也"④，这势必在地方举债上造成一种恶性循环，"虽政府之官吏百变，而民间之脂膏固在，此乐贷之，彼乐予之。一省五十万，二十行省不既千万乎。一年千万，十年以后不既万万乎。"⑤ 因此，地方政府债务已完全陷入一种借新债还旧债的恶性循环中。它体现的不仅是中央与地方财政的矛盾，而且预示着当时全国财政濒于彻底破产。地方政府债务的泛滥，"遂使全国财政毫无统一，梦如乱丝，而涓涓不塞，将来流毒遂不可思议。"⑥ "各省团体之外债，是并举地方财力以赠他人也。"⑦ 而且，"愈借愈以益其浪费，而政务之腐败乃愈甚。"⑧ 虽然，地方举债是以实行新政为名，但因为缺乏政治体制的彻底改良和财政体制上的监管，结果只能是"倾努以求富，富未可致，而债已盈，于是上下相阁，而俱不言"⑨。这时虽有中央与地方争夺借款权的斗争，但当中央、地方以外债为"苟安目前，挖肉补疮之计"时，由谁来借已不那么重要了。因而，清末地方政府债务泛滥体现的是中央与地方财政的矛

---

① 李振华辑：《中国近代国内外大事记》宣统元年四月，文海出版社1989年版，第855—856页。
② 《泽公拟减轻债息之政策》，载《盛京时报》1911年8月29日。
③ （清）刘锦藻：《清续文献通考》，卷68，国用六。
④ 《资政院劾江督奏稿》，载《国风报》1911年12月1日。
⑤ 梁启超：《中国国债史》《饮冰室合集》，中华书局1932年版，第30页。
⑥ 梁启超：《饮冰室合集》《中国国债史》，中华书局1932年版，第46页。
⑦ 梁启超：《饮冰室合集》《灭国新法论》，中华书局1932年版，第72页。
⑧ 梁启超：《饮冰室合集》《外债平议》，中华书局1932年版，第61页。
⑨ 曾廉：《应诏上封事》《中国近代经济思想资料选辑》（中册），中华书局1982年版，第453页。

盾，预示着当时全国财政濒于彻底破产。①

二、地方分权与北洋政府时期中央对地方举债权从严厉限制到各行其是

进入到北洋政府时期，由于地方掌控财政历经清代的路径依赖已成为既定事实，中央羸弱、地方强悍成为这一历史阶段的基本特征。由于地方都督各有财权，地方财政各自为谋，地方解款多次屡催无应，中央财政岌岌可危。打破财政分权事实，集中规复财权一统，成为中央政府的财政方策。1913年，中央政府以立法形式正式承认了地方财税，但是同时，按照法定的两税税目，中央税包括田赋、盐课、关税、契税等大端税种，而地方只有田赋附加税、商税、牲畜税、船捐等繁杂难收的税捐。中央此举明显是想打破枝强干弱困局，把控主要税源。然而此举遭到地方的强烈反对，难以施行。1916年袁世凯身亡后，原本羸弱的中央政府更无权威。1916年8月，众议院再次提议恢复1913年的国税地税两税划分方案，虽经国务会议通过，但此时很多地方实力派拥兵自立，不予理会。1917年，众议院预算委员会再次将国地两税划分问题提上日程，虽多数代表认为有划分之必要，但是如何划分却谨终慎始，悬而未决。考虑到地方实力派权势渐重的实际，1923年曹锟颁布《中华民国宪法》，将国家大宗岁入田赋下归地方，中央税收则保持关税、印花税、各种消费税、盐税、烟酒税等，以维持统一的中华民国之局。虽此举中央已做较大程度让步，但方案一经发布，立即遭到地方的强烈抨击。江苏省农会更是直接向中央发去《江苏省农会请改正天坛宪法草案电》称"天坛宪法为迎合洪宪帝制而作，与民治潮流绝不相符……此间一致否认"②。随后冯玉祥发动北京政变，曹锟下台后，方案旋即搁梁。

与此同时，北洋政府吸取晚清地方督抚掌财权进而削弱中央政府财政调动能力的教训，在肇基初始中央政府就严厉限制地方举债，拟通过中央政府

---

① 马陵合：《论晚清地方外债的阶段性特点》，载《安徽师范大学学报》1996年第1期，第28－35页。
② 《江苏省农会请改正天坛宪法草案电》，载《宪法会议公报》1922年第55期。

的转移支付方式调度全国财政，以控制全国政局。所谓"财政为办事之母"①，民国肇基伊始，中央政府规定，地方举借债务，"必须并请总统允认后始为有效"②。惠潮铁路修建之时，因面临资金困难，曾有商业机构愿借贷巨款，"是此项借款殊无承借之理由，且按照定章，借款须由中央政府主持，各省断不能自由订借也。"③ "昨江西之南浔公司电知借日币五百万元，未先报部核准，遂行签约，当经本部复电，饬令先行停止……"④ 似可表明北洋政府初期中央严厉控制了地方的自由借款之权。

但由于地方财政奇绌万分，而中央根本无款协济，地方不得不屡筹借内债挹注财政。"各省举债宜严加限制也，举债本出于万不得已，年来政局屡变，财政枯竭达于极点，其瘠苦省分无论矣，即向称财赋之区，亦或以收不敷支举借债款以救一时……本部前曾迭电各省不准自由订借债款，惟自上年滇黔起义以后，各省需款迫切，间有自借债款之举，势难一律限制。"⑤ 此种情势下，中央政府曾于1913年3月，适度放宽了地方政府借款规定，《申报》曾做转载：

民国告成，首为政府之累者，唯财政最为重大，故中央政府肇基伊始，汲汲图谋借款，至今舆论亦不反对。政府方针，诚因军兴以来，各省财政、中央库款无不奇绌万分，来源不见开拓，而去路如泄尾闾旷。观各省际此厄运，理财办法，毫无表显，……纷纷电请中央，拨款协济……中央财政日告穷迫，亡羊补牢，自顾不暇，……中央何能拨济？地方以解倒悬故以现状论之，财政部曾颁禁令，阻止地方借款者，今则因借款无着，竟消灭禁阻。借款又遇桂粤奉黑诸都督相续电请，取销前禁借款部令，准其自由借债。财政部业已目击各省实情，无法可资周转，势不得不许容所请，此财政部所以特取消前禁，决意准予自由借款也，唯民国借款专于救急而疏于后，图急于消费而短于生产，故借款禁弛，各省必纷起效尤，累及国计民生……应设法预防。是以特议定限制数条通饬各省，以防范滥借之弊害，兹将财政

---

① 《地方财政为自治的先决问题》，载《云南自治旬报》1921年第4期，第20-24页。
② 《云南之借法款》，载《顺天时报》1912年4月18日。
③ 《粤路伤心史》，载《申报》1913年10月21日。
④ 《商办铁路借款问题》，载《申报》1912年8月4日。
⑤ 《整理各省债款之实行》，载《申报》1917年4月4日。

部咨行各省借款限制条件登录如左：（一）借债合同须先由省议会认可；（二）借款数目不得超过本省收入十分之三；（三）借款条件及抵押品须先报告中央核办……①

以上反映了中央政府对地方借款的控制力衍变。民国肇基，中央政府制定了"阻止地方借款"的严厉章程，地方一切款项，皆由中央政府转移支付接济完成，以抓牢地方财权进而控制地方。但是，"中央财政日告穷迫，亡羊补牢，自顾不暇，近来电告各省方求其接济，中央何能拨济？"于是放宽了地方借款的条件，但是"以防范滥借之弊害"，制定了"借款条件及抵押品须先报告中央核办"的条件，由此观之，中央政府表面虽允许了地方政府借款，但是借款条件与抵押品依然需报请中央核办，正如《申报》所言，"各该省无论内债外债，均不得自行举办，其有特别为难情形，非借债不可者，亦应据实呈报财政部核准方可订借。"② 说明中央对地方的借款依然尚有控制。

虽然中央三令五申，严禁地方未经中央允许私自举借债务，但多数地方财政十分困难，然中央财政亦左支右绌，面对各省沓来纷至的请求拨款之电，也无能为力③。报界探知，"北京政府之穷，确已到山穷水尽的境地了"④，面对地方的请款，中央恐难准之。"各省……求中央接济，请款之文告急之电，沓来纷至。积案如山，中央仰息外资，入寡出多，累累积欠……"⑤ "云南督军唐继尧，向中央政府索款不能如愿……四川边防史亦要索军费洋七十万元，政府恐难准之"⑥。既然中央政府无法满足地方的接济请求，地方只能自寻他法，跨过中央自行借款以解决财政困境。根据贾士毅的统计，北洋政府时期地方政府发行公债数额高达近8000万元⑦。如浙江省，"第一难在财政……

① 《财政部之自由借债条件》，载《申报》1913年3月7日。

② 《整理各省债款之实行》，载《申报》1917年4月4日。

③ 《中央财政困难的程度》，《现代评论》（1925年1月24日），上海市档案馆馆藏档案，档案号：D2-0-1780-102。

④ 《中国财政状况述评》，《新建设》第1卷第6期（1924年5月），上海市档案馆馆藏档案，档案号：D2-0-1379-118。

⑤ 《财政部为财政困难胪陈维持办法通电（1913年12月）》，参见《中华民国史档案资料汇编·财政》，第94页。

⑥ 《云南督军唐继尧向中央索款不能如愿》，载《时报》1917年3月2日。

⑦ 贾士毅：《民国续财政史》，商务印书馆1934年版，第185-197页。

独立之后，用财更不能稍扩大泊乎，……于是公债问题军用票问题乃随厅长之身，至沪上而决议印行矣。"① 又如安徽省，"皖省财政自民国以来，迭值军兴，所有收入各款，均支付于饷项，现在省库奇绌，诸款待发，近闻黄省长拟举行皖省地方公债，以济要需。"② 再如湖南省，"湘省财政紊乱已历多年，层累积亏，日就穷蹙，推其致病之由，虽缘迭膺政变，支用浩繁而旧欠不能清厘，……财政之基础日益动摇，现拟筹办湖南省十五年地方公债一千五百万元。"③ 再如山东省"欲求保卫地方，妥筹安宁，唯有通盘筹画，较害取轻，舍举办公债更无他法。"④ 就连富裕之地上海，亦"饷粮綦急，企望益深，并祈于五日内将此项券款汇缴劝募。"⑤ 天津更是"现在军事紧迫，待款孔急，公债自应积极进行，以济燃眉。"⑥ 这表明，到了北洋政府中后期，地方迭值军兴层累积亏，日就穷蹙，财政日趋紊乱之下，各地自由发行公债骤然成风，举债早已绕开中央政令，"各省长自由借款，政府叠次发电，严禁无如。"⑦ 各省自由举借内债外债已成常态。

故在清末民初的分权环境下实现集权，难以达到既定效用。国税与地税的划分问题，因中央与地方政治集团的利益冲突，在路径依赖的背景下，通过零和博弈的方式，短期内难以达到效果。各地方实力派面对中央的财权上移改革，岂有让渡之理？ 地方财政早已变成大小军阀穷兵黩武之经济基础。在清末民初，中央财政入不敷出，地方实力派拥财自重，自可任意把持截留中央政府税项。国地两税划分不仅没有改善中央与地方的财政矛盾，反而加剧了央地的财权纷争，多次国地两税改革在央地反复博弈与纷争中无果而终。尤其是北洋政府时期，在双寡头博弈的环境中，中央政府单方面通过政策文件方式欲收财权，明显违背了博弈规则，只能以失败而告终。中央单纯通过

① 《两浙近闻（静眼）》，载《申报》1916年6月10日。
② 《安庆举行地方公债》，载《申报》1918年1月29日。
③ 《湖南发行地方公债详纪》，载《申报》1926年1月4日。
④ 《关于山东国库善后公债局于三月十六日成立的训令》（1926年4月19日），青岛市档案馆馆藏档案，档案号：B0032－001－00366－0045。
⑤ 《上海市木材商业同业公会认捐的军警铂捐款，地方保安捐及认购二五库券公债等有关文书》（1925年1月），上海市档案馆馆藏档案，档案号：S145－1－78。
⑥ 《为催办劝募直隶短期公债事致天津总商会的函》（1927年3月7日），天津市档案馆馆藏档案，档案号：J0128－3－005992－026。
⑦ 《地方自借外债》，载《申报》1919年1月27日。

单方面的非合作博弈方式，利用旧式政权的集权方式，来处理新社会的财政问题，未能认清传统集权与民主建设之间的张力，结果自然是有心栽花，无果而亡。

三、集权下的分权与南京国民政府前期中央对地方举债权的限制

在中国的历史长河中，财力一直是中央与地方的争夺对象，何况是当国民政府处于内忧外患的非常时期，或者是中央的过度集权，或者是地方的截留挤占过多。在 1917 年以后中央与地方政府的税收争端更加激烈，地方政府不仅截留了中央解款以及上解专款，甚至对中央税也开始截留，1916 年至 1927 年期间川、桂、滇、黔、湘、陕、甘、辽、吉、黑、浙、苏、赣等开始截留关税与盐税两大中央税，据统计在此期间地方政府截留了一共 3 亿多元。[①] 最后中央政府除了将盐税和关税划分为共享税以外别无他法。共享税划分如：江苏省与中央五五分成、四川与中央四六分成、河北省以 30 万元军饷为抵扣来上解中央税等。[②] 其他省份对于中央税即便有了划分为共享税的规定，但是对盐税等大税种依然是分文不交。中央与地方政府争端愈加复杂。

1927 年，南京国民政府成立，随后在形式上统一了中国，成为代表中国的合法政府。由于北伐战争消灭了主要的三大割据军阀，中央权威相对于北洋政府时期而言大有跃升，但地方政府截留、扣用中央税收的情况并未显著改善。宋子文向国民党第二届中央执行委员会第五次全体会议所提"统一财政建议案"中明确讲到，至 1928 年 1 月，仅有三省财政受中央支配，"中央税收所恃者，计江、浙、皖三者，皖省尚无款可解"[③]，中央无固定和稳妥财源可言，收入中有四分之一要依赖发行债券和借款，全国财政实际上未能统一。因此，收回地方财权包括地方举债权、建立统一的财政体制、调整中央与地方在财政上的分配成为南京国民政府最重要和紧迫的任务。为此，中央

① 丁长清：《民国盐务史稿》，人民出版社 1990 年版，第 116 页。
② 张连红：《整合与互动：民国时期中央与地方财政关系研究》，南京师范大学出版社 1999 年版，第 6 - 7 页。
③ 财政部财政科学研究所、中国第二历史档案馆编：《国民政府财政金融税收档案史料（1927—1937）》，中国财政经济出版社 1997 年版，第 13 页。

推行一系列政治改革措施，原则上划分了中央政府和地方政府的权责，并对地方政府的权力获取途径进行程式规范。行政上的相对规范与统一，便于南京国民政府实现财权统一。1928 年 7 月，南京国民政府第一次全国财政会议上，提出裁厘改统、废两改元、实行国地税、建立中央银行等重要财经方略。1928 年 11 月 1 日南京国民政府中央银行成立，并在全国设立分支机构，金融网络开始渗透全国。1935 年，南京国民政府正式实施法币制改革，作为全国范围内流通的法定货币，使南京国民政府迅速强化了金融控制，财政集权一统于中央。因此从某种意义上而言，南京国民政府时期的央地两税划分，是集权环境下的分权。南京国民政府的渐进集权措施，使中央在行政财政上改变了北洋政府时期赢弱的局面，进一步明确中央和地方政府的财税权责，合理界定央地两级财税收支，成为集权下中央政府的重要财政施政方针。

第一，实省虚县。1927 年，古氏划分案列入国家收入的有盐务税、关税、常关税等，列入地方的则有田赋、契税、牙税、当税等。1928 年宋子文标准案进一步明确了中央、省两级财政体制，岁入大宗归属基本与古氏划分案无异，同时规定属于国家支出的项目有中央党务费、立法费、监察费等 21 项，属于地方支出的项目有地方党务费、地方立法费等 13 项。纵观古氏与宋氏的划分方案，其最为主要的特征在于明确了省级财税的财政收支结构与权责，且继承了《天坛宪法》将岁入大宗划分为地方税的做法，一定程度上稳定了央地关系。

第二，裁厘改统。厘金是清代咸丰时期为镇压太平天国运动允许地方团练就地筹饷而征的国内贸易税，后成为地方主要岁入之一。早在清季关于废厘的呼声就此起彼伏，光绪帝也曾有废厘筹划，但由于受到手握重财的地方督抚反对而不得不束之高阁。南京国民政府时期厘金已成为地方的重大财源，但脱离中央管制。到 1930 年前后，通过中原大战削弱了地方实力派武装力量，中央政府着手准备撤厘事项，1930 年底宋子文发布裁厘通电，到 1931 年底地方厘金基本得以裁撤，改征统税。裁厘改统的最大意义不仅在于废除了商业贸易的"恶税"，同时切断了地方实力派的重要财源，改变了税率税款由各地政府各自制定并分配的局面，推进了中央财权一统，为后期两税进一步划分奠定基础。

　　第三，实县虚省。虽然裁厘改统后地方财源锐减，但不少省级政府依然手握重财，基层政府只能仰"省"鼻息，进一步削弱省政府的财力，并改善基层政府收支，成为中央政府重要考虑的问题。1934 年，立法院通过了时任财政部长孔祥熙提交的《财政收支系统法》，将中央和地方二级财政体制演变为中央、省（市）、县（市）三级财政体制，并把土地税、田赋附加、印花税的三成、营业税的三成划给了县级财政，使得县级收入大为增强。如此省级的财权得以在一定程度上受到限制，县级政府获得法定税入，无需完全依附于省政府，以省为界、各自为政的省级军事实力派势力削弱。

　　与此同时，南京国民政府逐步建立起自上而下的地方政府债务限制机制。鉴于北洋政府时期地方债发行泛滥干扰了国债的推销，影响了中央政府的财政收入，不利于强化中央集权统治，南京国民政府一成立就开始限制地方政府发行公债。1928 年 7 月公布了《财政部关于发行公债及订借款项限制案》（以下简称《限制案》），明确了中央及地方政府发行公债的权限，对各省发行地方公债作了若干限制性的规定：省市政府的债务由省市财政厅办理，其他各厅局不得自行举办；举债用途专限于建设有利的事业，不得用于消耗性的途径；省市公债发行必须经过财政部的核明，如不经过财政部核明，财政部可以通告取消之；各省收入解款及拨付基金和还本付息款数应当按月报告财政部核查。显然，此《限制案》的主要目的就是将地方公债的发行权上收到财政部，以恢复财务行政的中央集权。1928 年 12 月 11 日，国民政府发出《地方政府不得擅自举借外债》令；1929 年国民政府立法院又通过《公债法原则》和《公债发行及订借款项限制办法》，以此规范地方债的发行不遵。1931 年，又颁布《国民政府监督地方财政暂行法》，其中第 4 条也对地方政府发债权进行了限制，规定：省及特别市地方遇有募集公债时，应呈请国民政府行政院交财政部审核签注意见，呈请国民政府行政院交立法院议决，再由国民政府行政院分别令行，从行政、立法与监察全方位制约和监督地方政府举债权。1927～1935 年，各省政府共发行了 4.1 亿元的省公债，该发行规模只占同时期国债发行总额 25 亿元的 16.4%。可以说《限制案》的颁行在一定程度上遏制了地方公债的滥发，有利于政府债信的恢复。

四、中央集权与国民政府后期中央对地方举债权的取缔①

抗战爆发后，国民政府不仅要为战备提供大量财源，随着国内各省的纷纷沦陷和战事的升级，财政危机频频出现。为应付战时需要，财政体制进行了集权式的调整。1941 年召开第三次全国财政会议，将全国财政分为国家财政与自治财政，取消省级财政。1946 年又拟定了《划分各级政府财政收支系统实施办法》，1946 年 7 月 1 日公布实施，将全国财政划分为中央、省（市）、县（市）三级，省级财政中只有营业税的五成和土地税的两成，实力远不如以前，县级财政也只能靠摊派自给自足。在经济凋敝、财政严峻的情况下，国民政府各省为举办建设事业和弥补政费，发行的省公债总额达到41774 万元。混乱的债务情况使得国民政府的债务信誉在国际很差，导致国民政府拼命想借外债，却借不到多少数额。为此，国民政府聘请 1929 年来华的甘莫尔财政设计委员会及随团来华充任南京政府财政部顾问的美国人杨格教授为顾问，接受他提出"中国急需恢复信用"的意见，开始整理以往遗留的债务，包括整理地方债。抗战时期，国民政府将省级政府预算纳入了国家预算，要求终止各省发行地方公债的权利。从 1941 年起，将所有的省市公债，收归财政部统一整理。财政部设置整理省公债委员会，办理各省公债的接收与整理事宜。规定各省从 1942 年 1 月起不得再发行地方公债，之前已经发行而没有售出的余存债票，一律交国库保管，包括用于抵押的债票一并移缴，各省公债的本息基金均改由国库拨发，1942 年 1 月前所有到期公债应付未付的本息，责成各省自行偿还。财政部先后接受的省公债有广东、陕西、河南、山西、西康各 1 种；江西、浙江、广东各 2 种；甘肃、安徽、湖南各3 种；湖北 4 种；福建 5 种；四川 6 种；共计 14 个省共有公债 35 种，总额达41774 万元。为结清这些省公债，财政部于 1943 年发行了"整理省债公债"1750 万元，原有各种省公债分别予以调换收回。该次公债整理不仅使各省公债名目划一清偿手续趋于简便，也使国民政府财政部完全垄断了各省公债的

---

① 马海涛、马金华：《民国时期的地方政府债务管理及启示》，载《南京财经大学学报》2014 年第 6 期。

发行，加强了对地方政府的财政控制。至此，民国时期的地方公债制度随着南京国民政府集权统治的加强而在抗战期间结束了。国民政府限制直至取缔地方公债制度，将公债发行权集中于中央，这不仅有助于中央政府集中全国财力并遏制地方割据势力，而且也有利于维护政府在国内的债信，稳定金融和经济。

第三节　财权事权错配与近代央地两税收支权责划分

一、财权错配事权

地方财政最先形成，但事权不能匹配财权。1850 年前后，太平天国政权攻城略地，几乎占据中国半壁江山。情急之下，咸丰帝允许地方自办团练以强军力。但地方团练既起，然军费朝廷又不能及时拨付，事权并无财权匹配，由此中央允许地方团练就地筹饷，解决了地方武装力量的军饷问题。然而随着半个世纪的路径依赖，地方督抚通过厘金等税项，逐步把控了地方财政实权，甚至掌控了内部集团的人事任免等。1870 年前后，清政府大兴洋务运动，不少地方随即兴办煤矿钢厂。到 1905 年前后，清政府又兴办新政，地方随即大办学堂、大兴实业、新构司法，这些由地方自行筹款兴办的新政事业，连中央都难以插手，自此，地方要员通过举借地方外债，逐步控制地方的事权、财权、人事权，清王朝高度中央集权的政治格局被打破，形成了央地两级政治格局。

到北洋政府时期，地方都督依然牢牢掌握了地方财政实权，然而财权并不能完美匹配事权。在北洋政府时期，是各大实力派争相割据混战的时代，因此不少地方财政支出大端乃为军费，而兴办实业、发展教育、维护治安等基本政府职能并不能得以发挥，财权错配了事权。

就北洋时期各省公开发行的内债构成而言，多数用于军需。时人指出，

"盖以连年战争，军费陡增，地方偿款，募借益多……综错复杂，不可究诘。"[①] 直接筹集军费名义的公债占比一半以上。这类公债最为显著的特征是直接以"军需"命名，如四川在 1920～1921 年间发行了五期军事有奖公债累计 300 万元，江西省于 1921 年发行军用手票 110 万元等，其余尚有以"有奖""特别""短期"命名的公债，在募集章程中专门指定用于"军需"。虽然其占比仅为四分之一，为数不多，但是，"补充财政"类与"整理及偿还旧债"两类公债，实为间接军需公债。就"补充财政"类公债而言，如 1926 年直隶善后短期公债，虽章程中并未指明为军需公债，但据直隶天津警察厅致总商会抓紧劝募函："公债局逐日收款，报告清单，并未见列收短期债款数目，何以日久迄无成效？殊非所料，现在大军远出……待支尤形紧迫……各行商应购此项债款，负责上紧劝办，总期奋力进行，于最近期内切实协助公债局如数办齐，以济军用。"[②] 即已言明此项公债拟挹注军需。1926 年山东国库善后公债中，规定"各局收入改为山东盐税作债付基金……一律搭收军用票三成，其在七月一日以后认缴纳。"[③] 由此即见，一些公债虽表面为弥补财政不足，实为补充军需。就"整理及偿还旧债"公债而言，多为借新债，偿旧军需债务之举。如 1925 年，江西省发行 800 万元地方公债，借以"整理过往未清偿债券"[④]，而前项旧债"大多为筹措军政各费而发行"[⑤]，借新还旧，不过是间接筹集新的军需内债而已。而用于实业发展的公债，只有不到 9%，"即有时以实业为名，而名亦不能副实。"[⑥] 因此，贾士毅评论说，"二十余年间，所举地方政府债务款数十种，按诸实在用途，无非补助军费弥缝省库，其因振兴地方事业而筹集债款者，实属罕见。"[⑦] 万必轩也评价说，"地方军费，因政局阢陧而增繁，诸如军需饷粮、枪械弹药、军事设施……编遣善后，以及整理保安团队等款项，无不与年俱增，地方收入有限，不得

① 贾德怀：《民国财政简史》（下），商务印书馆 1934 年版，第 621 页。
② 《为军需紧急善后短期公债亟待募集事与天津总商会的往来函》（1927 年 1 月 24 日），天津市档案馆藏，档案号：401206800－J0128－3－005992－009。
③ 《关于发行山东国库善后公债的呈文》（1926 年 6 月 18 日），青岛市档案馆藏，档案号：B0038－001－00414－0025。
④ 万必轩：《地方公债》，大东书局 1948 年版，第 33 页。
⑤ 潘国旗：《北洋政府时期的地方公债探析》，载《浙江大学学报（人文社会科学版）》2018 年第 4 期。
⑥⑦ 贾士毅：《民国续财政史》，商务印书馆 1934 年版，第 185－190 页。

不赖募集偿款以为挹注，地方公债之用途，实以军费为最多。"①

通过各类借款，一些地方巨额军需得以保障。"北洋军阀统治时代的最大特点，就是各军阀此伏彼起、互相厮杀，造成一个兵连祸结的局面。……有人统计，1912～1922年这十一年中，共发生内战一百七十九次。执政军阀在企图以武力统一全国迷梦的支配下，地方军阀在企图凭借武力争夺地盘野心的推动下，军事开支成为当时财政岁出中最庞大的一个项目。"② 各省军需饷亟，甚有部分省区预算竟不敷军需，"至各省财政因各军阀扩张，势力私增，军队其军费自亦大为增加，有数省岁入之数竟不足以抵军费之用。"③ 表6-1是1923年各省军费预算与财政盈亏情况。

表6-1　　　　　　　1923年各省军政费预算情况　　　　　单位：元

区域	岁入数	岁出政费数	岁出军费数	军政费合计数	军政费预算比（%）	比较	
						盈	亏
京兆	1010680	1216466					205786
直隶	10075503	4618772	4980889	9599661	95.28	475842	
奉天	15093922	3316280	8587887	11904167	78.87	3189755	
吉林	9597627	3694481	8218068	11912549	124.12		2314922
黑龙江	7613533	4332501	7826573	12159074	159.70		4545541
山东	10506954	4255180	6245655	10500835	99.94	6119	
河南	10215346	3971663	11550446	15522109	151.95		5306763
山西	7338001	2451169	6117637	8568806	116.77		1230805
江苏	17471031	5032657	7530748	12563405	71.91	4907626	
安徽	6419775	2868864	3800305	6669169	103.88		249394
江西	8277676	4996256	4096902	9093158	109.85		815482
福建	6073318	2934019	2670553	5604512	92.28	466748	
浙江	11177868	6980227	4736910	11817137	105.72		639269

① 万必轩：《地方公债》，大东书局1948年版，第8页。
② 杨荫溥：《民国财政史》，中国财政经济出版社1985年版，第12页。
③ 童蒙正：《民国十三年之战争与各省财政》，载《银行月刊》1925年第5卷第2期，第3页。

区域	岁入数	岁出政费数	岁出军费数	军政费合计数	军政费预算比（%）	比较	
						盈	亏
湖北	7436481	5621779	7014656	12636435	169.92		5199954
湖南	5923058	4284873	3564014	7848487	132.51		1925849
陕西	5624692	2321467	9037560	11359027	201.95		5734335
甘肃	2980505	2495557	3265558	6761115	226.84		3780610
新疆	2546044	2156108	6322065	8478173	332.99		5932129
四川	12747834	3775640	6024078	9799718	76.87	2948116	
广东	15323147	3227913	7614864	10842777	70.76	4480370	
广西	4909501	2701940	5940551	8642491	176.04		3732990
云南	2219988	2128731	3106288	5235019	235.81		3015021
贵州	1573946	1709281	1251790	2961071	188.13		1397125
热河	1441007	585652	1346432	1932084	134.08		491077
绥远	617269	618700	743756	1362456	220.72		745187
察哈尔	1125634	547053	932125	1479178	131.41		353544
川边	492731	519814	1884691	2404505	488.00		1911774
总计	185811071	83362623	134511001	217873624	117.26		32062553

资料来源：根据童蒙正《中央各省财政概况及整理循序刍议》，载《银行月刊》1925年第5卷第5期，第16-17页整理。据童氏所言，因是时资料散失，以上所立预算之数目，有根据十二年度者，有根据十一年度者，有根据八年度者，有根据五年度者，因而数据或有讹误。但在大体可发现，各省税收日以短少，支出日以增多，其不敷之情，为各省之常态。

通过表6-1数据大体可观这一时期各地军费之浩繁。报界访知，安徽1926年"军费较诸民十以前陆军部定案，增加一倍以上矣。"[1] 直隶"军额之多，几等于英国全国军队三分之二。"[2] 江苏省在1925年军费达1800万元，而是年该省财政收入才1500万元。[3] 这些巨额的军事亏空，多乞灵于债务，如1921年山东"军费浮冒……留贻一千万元之亏空……各方政费，无从

---

[1] 《军需浩繁中之安徽财政》，载《银行杂志》1927年第4卷第6期，第85页。

[2] 《中国现状概论（三）各省之跋扈》，载《大公报天津版》1923年4月12日第2版。

[3] 潘国旗：《近代中国地方公债研究以江浙沪为例》，浙江大学出版社2009年版，第78页。

开支，不得已商情边业银行，仅得有三十三万元之挹注。……一千万元之积欠，非临时加税，不足以清理病源；二百余万不敷之开支，非随时借欵，不足以补苴罅漏。"① 再如"去年江浙、奉直二役，尤使各省财政限于万规不复之地。此两次战争，战员几达百万，其战争之费用，达至数万万以上。此种欺项，皆……滥发债券，勒逼借欵而已。……统计仅就报端所见，各省所发行之债券数目，已属骇人听闻矣。"② 江苏省连年兵祸，军需孔多，仅 1923 年举债收入占是年岁入的 42.84%。③ 坊间评论，"近几年来，各省酿成混战的局面，因之军费大为膨胀……于是向地方上或向外借款……借款也没有地方借了，不得已只有发行钞票债券。"④

　　地方债成为地方实力派扩充军需的"取款机"，也成为中央和地方政局关系的"分离器"。时人评论，"盖所谓财政，早已变成大小军阀穷兵黩武之经济基础。"⑤ 如云南在北洋政府初期"不过三个卫戍区师而已。"⑥ 1915 年护国战争爆发，云南通过海外募捐、公债发借方式获得一定军资，"四处招募，以厚实力……有八军之众……即每军以一师而论，其数已在十四十五师之数矣。"⑦ 1918 年发行靖国公债，"专备云南靖国军军饷之用。"⑧ 于是"招兵买马，兵力复增……故不惜穷兵黩武，厚集实力。"⑨ 到 1926 年，滇军已扩张至 15 个军和 4 个飞军部队⑩，使滇系唐继尧得以改组孙中山领导的护法军政府，并与北京政府和广州政府捭阖纵横。奉天省通过公债，其军队扩张至 6 个主力军团，规模达 35 万之众，使张作霖得以组成反皖联盟，并与直系

　　① 《鲁省会反对田督之宣》，载《大公报天津版》1921 年 7 月 28 日第 6 版。
　　② 童蒙正：《中央各省财政概况及整理循序刍议》，载《银行月刊》1925 年第 5 卷第 5 期，第 17 页。
　　③ 潘国旗：《近代中国地方公债研究以江浙沪为例》，浙江大学出版社 2009 年版，第 79 页。
　　④ 《各省财政的穷状》，载《现代评论》第 4 卷第 85 期（1926 年 7 月 24 日），上海市档案馆藏，档案号：D2－0－1783－127。
　　⑤ 张一凡：《民元以来之地方财政》，银行周报社 1948 年版，第 176 页。
　　⑥⑦ 《云南政闻：历年兵额之概数财政之困难现在补救之方针》，载《四民报》1921 年 10 月 29 日第 7 版。
　　⑧ 《云南省长公署关于发云南靖国公债条例一案给官木建筑工程局的训令》（1918 年 9 月 14 日），云南省档案馆藏，档案号：1077－001－01309－016。
　　⑨ 《云南政闻：历年兵额之概数财政之困难现在补救之方针》，载《四民报》1921 年 10 月 29 日第 7 版。
　　⑩ 云南省地方志编纂委员会编纂：《云南省志·军事志》，云南人民出版社 1997 年版，第 85 页。

兵戎相见。^① 广西省通过公债补充军需，使军队规模由 2 万扩张至 10 余万^②，继而使桂系陆荣廷能主导两广，甚至控制护法军政府，并问鼎中央。因而时人评论，"年来军阀把持地盘，名为守土，何殊割据。"^③ 进而导致"中央政令不出国门，大小军阀各据一方，国家四分五裂。"^④ 中央权威日渐下滑，被各地军事实力派轮流坐庄，"你方唱罢我登场"，且不同派系之间矛盾盘根错节，央地关系实际已演变为地方实力派之间的矛盾争斗。1916 年袁世凯身亡后，皖系控制了中央政府，并主张挥师南进，以武力解决西南军事实力派，以唐继尧、陆荣廷为首的西南军阀举借债务（唐向富滇银行举借 1500 万元，陆向广西银行举借 860 万元扩充军备），"联直制皖"，建立"三角同盟"，对抗由皖系坐庄的中央政府。1920 年直皖战争期间，为囤积军资，直系、皖系以及参与的其他省份大量举借债务应战，最终皖系下野，直系和奉系共同入主中央。然随即直奉之间再起龃龉，中华民国第五任大总统竟遭囚禁。央地关系已经演变成为地方实力派之间、党派之间以及军阀内部复杂关系的聚合。故有时人评价，"财政失治，棼若乱丝……各省中多有以督军而兼省长者，一切行政大权，悉在督军掌握中，故督军者，乃各省之真正主人翁……对于武人之命。莫不唯唯从命……今各省督军……惟以穷兵黩武扩充地盘为急务，全省所有之收入……胥用以扩充军备，借以自固。……各省唇齿相接，不知守望相助，反日生猜忌……各省武人之视中央，直孩提之不若，令之不从，命之弗听……猖獗不法，骇人听闻。……各省督军，对于外部行文，蔑视不理，已成通例。今欲制服各省之跋扈，非先打破军阀之淫威不可。非然者，中央政权，永无恢复之望。"^⑤

由此，地方迅速膨胀的债务规模，某种程度上暂时解决了地方政府的军政要需，成为地方扩充军备的财源之一，这壮大了地方的军事实力，成为地方与中央分庭抗礼的重要资本。"在北京政府时期，情形颇为紊乱。中央各

---

① 沈阳市人民政府地方志办公室编：《沈阳市志·人物》，沈阳出版社 2000 年版，第 75 页。
② 广西壮族自治区地方志编纂委员会：《广西通志·军事志》，广西人民出版社 1994 年版，第 102 – 126 页。
③ 童蒙正：《中央各省财政概况及整理循序刍议》，载《银行月刊》1925 年第 5 卷第 5 期，第 16 页。
④ 张一凡：《民元以来之地方财政》，银行周报社 1948 年版，第 176 页。
⑤ 《中国现状概论（三）各省之跋扈》，载《大公报天津版》1923 年 4 月 12 日第 2 版。

部会及各省地方均得自由举借债务，浸无体制，财权分散，监督为难，基金无着。"① 报界评论，"中央极希望整理财政……近来督军跋扈……财厅种种紊乱，地方财政余亦痛恨，但现中央能力薄弱，无可讳言。"② "值此督军跋扈，武力横行之时，中央又焉有为？"③ 地方甚有评论，"若干省区，只管名义上受北京的任命，而实际上却是一毫不睬的。"④ 由是之故，中央权威更趋下滑，中央越孱弱，其"地方借款必须秉命于中央"更成一纸空文，这反过来又导致地方政府借款愈发自由自主，地方财政实力进一步扩张，中央权威又愈发下降，在如此循环往复的怪圈下，央地政局便如此循环演变。

由于大量岁入用于军需等消耗性支出，这直接引发实业资本挤出效应，资本被省政府用于军需消耗，实业反而无款可投，直接制约了实业资本的政府投入。这种资本错配现象随处可见，各大地方军事实力派将主要收入用于军需比比皆是，甚至不惜采取过度借债以应军需，引发银行的惜贷效应和严重恶性通货膨胀效应，致使内需不足，制约实业经营再投资。

财权错配事权，不仅严重引发了资本挤出效应，同时还阻滞了央地两税的权责划分。由于地方实力派将自有的财政收入大量扩充军备，直接造成地方有足够的资本与中央抗衡，因此中央的两税权责划分路径选择一旦损害地方既得利益，各省自然群起反之，这进一步加剧了央地关系的离散，也阻滞了近代央地财权事权权责的划分。

二、事权脱节财权

各省军事实力派连年用兵，但省以下政府事权并不能由财权进行匹配，直接导致基层政府多项职能不能发挥。在晚清时期，随着近代化的逐步推进，原先集中于中央以及省级政府的多项事权下移到县级政府。以安徽省合肥县

---

① 《关于各机关不得迳洽外资举等内债有必要应先由财政部会同洽办的代电》（1945 年 12 月），湖南省档案馆藏，档案号：M0000 - 019 - 00585 - 118。

② 《闽代表与周自齐谈话》，载《申报》1920 年 12 月 18 日第 6 版。

③ 《旅京鄂人之排王运动》，载《申报》1921 年 3 月 16 日第 6 版。

④ 《中央财政的困难程度：现代评论》（1925 年 1 月 24 日），上海市档案馆藏，档案号：D2 - 0 - 1780 - 102。

为例，据史料记载，北洋政府时期合肥县已有自卫、公安、教育、建设、工程等多项事权①，但诸如田赋等正税乃是上缴至上级政府，事权并未有财权匹配，不少县级政府只能通过附加税、公债解决基层的财政困境。史料显示，合肥县每正税一元附加税达到了 1.182 元，换言之，附加税已超过了正税额，这给人民带来了较大的负担。

事权不断下移，而财权不断上移境况，在南京国民政府成立初期亦未能有效解决。1928 年的中央两税划分中，只将财政制度划为中央与地方两级体制，地方财政以省为主体，省控制着全部地方税源，县附属于省，没有独立的税收收入。虽然南京国民政府时期各省军事混战已远小于前，各省级政府事权财权可在一定程度上得到匹配，然而基层政府的事权却依然与财权脱节。地方财政完全依赖于省，不仅加大了省级政府过度集权的可能，还有可能导致地方各项职能难以稳定发挥，影响政府职能运转。

因此，让各级政府的事权能与财权得到匹配，是中央政府着手解决的问题。1934 年财政部开始三级分税制改革，将中央和地方二级财政体制演变为中央、省（市）、县（市）三级财政体制，并将土地税、田赋附加、印花税的三成、营业税的三成划给了县级财政，有效地为地方县级政府提供了财政支持。不仅如此，中央更进一步明确了县级政府的收支权责，规定属于中央支出的项目有国务、行政、立法、国防、教育、外交等共 23 项。省级财政支出项目则包括行政、教育、建设、公安等 17 项，县市级财政支出项目包括行政、教育、公安、建设等 16 项。换言之，县级政府基本已形成了田赋、营业税为主的收入结构和以行政费、社会实业建设费、公安费为主的支出结构。财权与事权得到一定程度上的匹配。财权与事权的匹配程度直接关系到央地两税的划分。其内在理路在于，财权匹配事权，能使政府的财力合理匹配到行政、教育等政府职能发挥中，避免财权过度匹配到各自为政的军备扩张中，避免央地离心离德。而事权匹配到财权，能使地方政府各司其职。有序的制度环境更有利于制度的变迁，这为央地两税划分创造了外部变迁的必要环境。

需要指出的是，尽管在南京国民政府时期已经初步显现了近代意义上的

---

① 南京图书馆编：《二十世纪三十年代国情调查报告》（第 209 册），凤凰出版社 2012 年版。

两税雏形，但并没完全完成现代化的财税分权建设。因为即使划分了较为有序的央地收支权责体系，但受限于当时的经济环境，财政内生动力不足，无论是中央还是地方都面临着财力与支出责任不匹配的情况，不得不依靠苛捐杂税、公债发借等方式以厚财力。这不仅尽夺民富，还导致税目繁杂，不同税种之间难以明晰归属边界。税目并未简洁有序，权责归属难以明晰。

　　不仅如此，面对地方军阀割据和军事对峙的形势，南京国民政府建立的自上而下的地方政府债务制约和监督机制在实际执行中往往得不到真正贯彻，未经呈准财政部各省擅自发债的情况仍时常可见。[①] 更为甚者，在地方举债受到一定限制的同时，地方政府开始另辟财源来弥补财政亏空和发展地方经济，主要包括地方摊派和处分公产。"处分公产"就是指变卖地方政府所有的公有财产，包括地产和若干企事业，以应付临时的经费支出需要。当时美国学者杜赞奇揭示了南京国民政府地方事权与财权的矛盾："省政府不断地命令县政府增设'现代化设施'，但同时，又千方百计地榨取县政府收入，将各县财政控制于自己手中，毫不放松……为了完成其基本的职责，县政府不得不巧立名目，自筹款项，使附加税率提高、临时摊款增加而且更加频繁。"[②]

　　总之，自晚清地方财权形成后，已成为地方政府掌握实权的重要筹码。中央政府做出的划分两税的路径选择，在地方既得利益派看来，无疑是想收回财权，遭到各省反对，改革难以推进。到北洋政府时期，经过半个多世纪的路径依赖，中央财权早已下移，在分权状态下，中央政府明显处于弱势博弈地位，很明显无法取得改革的突破。南京国民政府时期之所以能合理划分，一方面在于前期北伐战争基本消灭了吴佩孚、孙传芳等割据军事实力派势力，同时又通过中原大战等削弱了阎系冯系军事实力派力量，央地政府的力量悬殊已非昔比，因此南京国民政府时期的两税划分最终能初现近代化雏形。国家能力是实现斯密动力运转的重要前提，也是自强型变革的应有维度[③]。与自弱性改革将中央的各项权力分散到地方，使地方能完全自由支配所辖区域

---

　　① 张连红：《民国时期中央与地方财政关系研究》，南京师范大学出版社1999年版，第40页。

　　② ［美］杜赞奇：《文化、权力与国家——1900—1942年的华北农村》，江苏人民出版社1995年版，第74－75页。

　　③ 施成杰：《斯密动力、国家能力与晚清近代化受挫》，第十届中国制度经济学年会论文集，2010年。

的财权事权不同的是，自强型变革更强调中央政府对全国资源的有效支配。回顾晚清到北洋政府时期的改革历程，是一步步走向自弱性财政改革，最终弱化了国家的整体能力。首先，地方政府可以自筹款项，甚至可自由举借外债，意味着地方政府财权已然独立，中央政府若想调度全国财源，可谓难乎其难。尤其是清末奏销制度与解款协款制度渐趋废弛，国家财政管理体制已然失效，地方督抚拥财自重，甚至与中央分庭抗礼，明显弱化了国家的财政能力，以至于到北洋政府时期积重难返，中央政府所做的任何两税划分尝试皆无果而终。

财权与事权的划分与中央、地方事权和支出权责休戚相关。回顾晚清到北洋政府时期，是财权错配事权、事权脱节财权的时代，中央与地方两税划分混乱不堪，难有成效。到抗战爆发前，南京国民政府通过实省虚县解决了中央和省级政府的财权事权匹配问题，又通过实县虚省解决了市县政府事权下移而财权上移的困境，形成颇具近代意义的财税分权雏形。但是也并没有完全实现财权和事权的合理划分，因为当中央对地方举债权被限制甚至取缔后，地方政府转而开始实施处分公产的措施以弥补财政不足。即地方政府变卖地产或者公共企事业取代地方政府债务成为央地之间的又一棘手问题。

第七章

近代中国地方政府债务的规律与启示

近代中国的地方政府债务运行规律和膨胀泛滥给当今地方政府债务问题提供历史镜鉴。客观认识近代中国地方政府债务的特征，正确分析近代中国地方政府债务的得失，对于控制好中国当下地方政府的举债规模、加强债务管理和维护债务信誉具有重要的历史镜鉴和强烈的现实意义。

第一节　近代中国地方政府债务的规律

一、近代地方公债兴衰与国地财政划分紧密联系

近代地方债兴起的直接原因是政府财政困难进而举债弥补财政。追溯起源其实在于晚清就地筹饷权的下放，直接导致中央集权式微，地方财权坐大，最终使得地方财政形成。到清末新政时期，各省自立收支科目，新增许多杂税杂捐，不足之余乃以举借内外债为挹注。

1905 年，袁世凯在直隶首先举办地方公债，此后湖北、安徽、湖南等省纷纷援例举办，近代中国的地方公债由此肇始。进入民国后，北洋政府也曾数次着手划分中央与地方财政的收支，因遭到地方政府的反对与抵制而徒具空文，实际上仍沿用前清解款制度（新增中央专款），地方割据和国家的分裂导致了政府军事开支的分散，中央财权旁落，地方财权坐大，过度分权，

地方政府没有独立的地方税体系导致地方政府预算软约束，进而造成了地方政府债务的膨胀。南京国民政府建立后致力于国地收支标准的划分，虽然受到政局的影响和地方政府的抵制，推行进程艰难而缓慢，但就政策和法规本身而言，历次划分是有进步的。至抗战爆发前夕，随着中央政府对各省地方军权、政权的掌控，中央与地方的财政关系开始逐渐由无序走向有序，现代化财政体制基础也在全国基本得以确立。① 中央和地方财力与事责分配不合理是构成近代地方政府债务的一个重要成因，中央地方财政划分又深刻影响各个历史阶段的举债情况。随着中央地方财权划分的日益明晰和确定，近代中国地方公债制度也逐渐由粗疏趋向完善，中央对地方公债的发行程序、债款用途、基金担保等方面的监管，由最初的无章可循到后期的严密规定、有法可依。近代地方政府债务并非纯粹是自借、自用、自还的地方政府债务。近代地方政府债务产生、发展、泛滥到限制的过程背后都涉及中央与地方财权、事权、行政权的博弈。

二、发行程序从滥发横行到限制规范

就地方公债的发行程序而言，在1928年以前并无明确的规定。虽然北洋政府对地方外债的举借曾三令五申，特别规定须经中央核准，才能认为有效。然而对于地方内债的发行程序，当时并无刚性限制，有时主政者一纸命令，即可发行。由于发行极易，地方公债情形极其紊乱，债务规模肆意膨胀，同时政府公债风险也得不到很好控制，政府债信受损严重。从现有的资料来看，北洋政府时期的大部分地方公债未向中央政府申报，即使少数向中央政府申报的借款，也是采取先斩后奏的手段，即先发行，然后再要求中央承认，以致各省滥行募债，遂致债额日高，地方财政日益陷于困难。1928年全国第一次财政会议的召开规定了地方政府发行公债的程序。1928年7月南京国民政府财政部颁布《发行公债及订借款项限制案》；同年，立法院拟具的《公债法原则草案》呈请国民政府提送中央政治会议议决后，于1929年6月公布施

① 张连红：《南京国民政府时期中央与地方财政收支结构的划分与实施》，载《江海学刊》1999年第6期，第152页。

行。至 1932 年 12 月，国民政府又将《监督地方财政暂行法》予以修正公布，对于地方政府之举债，更有严格之限制。

　　这三份法案文件都对地方债的发行程序和中央地方公债权限作了详细规定：省或直辖市发行一百万元以上的公债需要制订详细的计划，确定公债的利率，担保品等交由财政部进行审查，不合格者返还给地方政府进行修改再交由财政部审查，合格后交由立法机关通过后由国民政府公布，公债才合法。一百万元以下的公债需由财政部进行审查交由国民政府备案就可发行。市县级政府若要发行公债，需要交给当地立法机关进行表决，再由省级财政厅审查，省级政府表决后才可发行。县及普通市政府发行五万元以上之公债，应先拟具发行计划，在县市参事会未成立前，应召集地方法团公开讨论，经公决后，呈报所属之省财政厅审查，等审查合格，即签注意见，呈请省政府会议议决，令准发行，并咨送财政部备案。① 如财政部认为债额过巨、利率过高、担保欠确实，用途欠正当，或其他欠妥之处，即发还原地方政府重新拟定，俟合格后，乃签注意见，呈请行政院转送立法院核议，经立法院议决通过后，呈请国民政府公布，立法程序方告完成，发行公债，始生效力。② 上述措施在一定程度上遏制了地方公债的滥发，如 1931 年 8 月湖南省政府以水灾浩大为由拟发行公债 300 万元，因担保基金不确实，被中政会第 239 次会议议决令其不必举办③。再如，1935 年 7 月福建省清理旧欠公债 500 万元，因立法院未批准，实际并未发行④。类似被中央政府驳回、拒绝批准的省债并不少见。

三、地方债用途从用于军需赤字到用于生产建设

　　马寅初在论述中国重利十大原因时就提到公债滥用作军需。"昔晏才傑先生著《公债论》，谓中国之利重，悉由于公债。余谓公债为我国重利原因

---

　　① 财政部财政科学研究所、中国第二历史档案馆编：《国民政府财政金融税收档案史料（1927—1937 年）》，第 154－156 页。

　　② 万志轩著：《地方公债》，大东书局 1948 年版，第 7 页。

　　③ 刘晓泉：《国民政府地方公债管理政策述评》，载《江西财经大学学报》2014 年第 1 期，第 100－107 页。

　　④ 潘国旗等：《近代中国地方公债研究——以皖川闽粤为中心的考察》，经济科学出版社 2014 年版，第 218－219 页。

之一则可，若谓悉由公债所致，则未敢赞同也。如东三省无公债矣，而利息何若是之高？故公债实为重利原因之一，然公债何能而高利也？其责不能归政府负之。盖政府之发公债，原为吸收现金；若政府能将所收之金，以振兴实业，其利源源来矣。奈政府不但不能用之于实业，且作无谓打仗之费用，数百万，数千万，蠹然一炮，乌消云外矣。是灭其子，而又亡其母也。然社会上之财富，即因之以缺失矣。资本少，需求大，利息高，此当然之事。故公债实亦为我国重利原因之一。"①

由表7-1民国时期省（含特别市）债务发行目的可以看出，大部分的地方债发行目的都是补充军费，但实际上用于军费的开支应该更高，因为很多债务的最终实际用途和发行公告是有出入的。用于弥补预算不足的公债多半也是军费开支过于庞大造成的。1927年以前的地方政府旧债也主要是因为军政费用不足而发行，因此也可把整理和偿还旧债而发行的公债看作军费用途。由于当时地方政府经常拖欠银行借款，因此需要整理和调剂金融，这当中大多数也是战争引起的。这样一来用于地方政府军费开支的公债大约占到了70%以上，属于纯消耗性债务；其他的不足30%主要用于特殊项目和生产建设事业。

表7-1　　　　　民国时期省（含特别市）公债发行目的总表

债务发行目的	发行次数	发行总额（万元）	占总发行额的比重（%）
军费、弥补财政	147	55804.0194	38.41
偿还旧债、整理金融	70	51417.4164	35.40
兴办实业、经济建设	60	37533.82	25.84
赈灾、教育、国防、土地等	32	9511	6.55
合计	309	145266.2558	100

资料来源：根据本书附录"晚清民国时期省（含特别市）公债统计总表"绘制。

关于地方公债的用途，在国民政府之前也无明确的规定，导致晚清和北

---

① 马寅初著：《马寅初演讲集》（第一集），山西人民出版社2014年版，第255页。

洋政府时期的债款经常被滥（挪）用。如晚清时期的几次地方公债，大多打着举办"新政"的名义发行，实则全部被用于军需、弥补财政亏空和偿还旧欠。直隶公债480万两全部用于编练新军，湖北省公债240万两全部用来抵还省善后局历年积欠（即借债还债），安徽省则用来弥补财政出入不敷，[①]湖南省公债也用于弥补财政亏空和发饷赈灾，以至于清户部不得不再三申明："嗣后各省若非兴办实业，概不得援以为例。"[②] 前述北洋政府时期发行的90余次公债和库券，按诸实际用途，无非是补助军费和弥缝省库。其因救灾、调剂金融和兴修水利等有利于地方事业而筹集债款者，只占总额的4.79%。即有时以实业为名而举借，也不能名符其实。

南京政府成立后，政府开始对地方公债的用途进行较严格的限制。在前述《公债法原则》等法律、议案中规定："举债用途专限建设有利事业，不得用于消耗途径"[③]，"中央与地方政府募集公债，均以不得充经常政费为原则"，具体规定了公债须用于"充生产事业上资产的投资"等3种用途。[④] 此后，江浙皖等省发行的公债都有较多地用于地方建设。根据前文的统计，1942年前各省发行的145266.2558万元公债，用于兴办实业、经济建设的债款约为37533.82万元，如加上用于赈灾、教育和国防等事业的9511万元，总计用于"有利"事业的债款约为47044.82万元，占总额的32.39%。这虽然不是一个十分准确的数字，但它对各地社会经济发展起到了一定的促进作用是可以肯定的。如江苏省1930年的建设公债使江苏省公路建设有了较快发展，1931年的运河短期公债和1934年的水利建设公债，对江苏的水利建设起到了积极的作用；安徽省两期内发行的4次筑路公债，在勘测合理路线的前提下，由于募集到了资金，至抗战皖省沦陷前，该省已修通了总长约4000里纵横省内外的公路，形成了皖苏浙公路网，这是安徽省修筑公路的鼎盛

---

① 《清代外债史资料》编委会：《清代外债史资料》（中册），中华人民共和国财政部、中国人民银行总行1988年，第266、513、516页。

② 《清代外债史资料》编委会：《清代外债史资料》（下册），中华人民共和国财政部、中国人民银行总行，1988年，第2页。

③ 财政部财政科学研究所、中国第二历史档案馆编：《国民政府财政金融税收档案史料（1927—1937年）》，第154页。

④ 千家驹编：《旧中国公债史资料（1894—1949）》，中华书局1938年版，第181页。

时期。①

综合民国时期的地方债用途，固有用于生产建设，而下列数种用途，仍占大部分。

其一，补充军需。地方军费，因政局动荡而增繁，诸如军需饷稍、枪械弹药、军事设施、"剿赤清乡"、编遣善后，以及整顿保安团队等款项，无不与年俱增，地方收入有限，不得不赖募集债款以为挹注，地方公债的用途，军费为最多。

其二，整理金融。农村破产，工商停滞，税收短绌，金融枯涩，几乎是各省普遍现象，各省每到山穷水尽的时候，往往发行大量公债，用以增加地方银行资金，充实省钞发行准备，以活泼地方金融，整理地方币制。

其三，弥补预算。1928年以后，地方预算制度，虽经确立，收支很难平衡，裁厘又失去大部分财源，中央补助有名无实，导致地方收入增无可增，地方支出减无可减，举债弥补成为必然途径，尤其是地方库券几乎全部用作弥补预算的不足。

其四，清理债务支出。公债发行日益增加，届期无款清偿，遂再发新债偿还旧债。

其五，赈灾垦荒。民国时期很多地方水利失修，旱潦时生，地方税收锐减，民不聊生，政府只好发行公债赈济灾民，或垦辟荒地。

此外，尚有整理土地，办理义务教育，也依赖发行公债，但数额不多。

四、债务担保从无确实担保走向确实担保

近代中国公债呈现从无担保到相对确定担保，从没有建立稳固公债基金到设立偿债基金制度的变化趋势。

民国地方政府债务发行中绝大部分指定了确实的偿债来源，在无担保的债务发行中，大多数是晚清和北洋时期的地方外债。地方内债从1905年第一笔开始大部分指定了确实担保。地方外债很多没有确实的担保主要原因在于，

---

① 潘国旗等：《近代中国地方公债研究——以皖川闽粤为中心的考察》，经济科学出版社2014年版，第113页。

在晚清政府和北洋政府初期，中方举借的大部分外债，都是委托外商银行在外国市场发行债票以募集债款和经理债款本息的偿付，一般也不需要额外的担保品，后来到北洋时期，为能举借到更多的外债，曾宣布将以关余为担保发行新债，1926 年关税特别会议中止后，财政整理会规定："整理债务在过渡期间，应以关税附加税每年收入之一确定部分为担保，实行关税自主后，应由关税中每年提出相当之确定数目为其担保。"① 没有确实担保的债务多数为对之前债务的展期。但指定担保并不意味着偿债有了确实保障，民国地方政府债务发行后出现了大量的债务违约案例，1912～1936 年中国出现了连续的政府债务违约②，这些债务违约严重影响了地方政府的信用，使得地方公债失去了本身的功能，直至沦为地方政府抢劫人民的金融工具。

民国时期，充作偿债基金担保财源，约有下列数种。

其一，租税收入。凡属于地方收入的租税，如营业税、契税、田赋、牙税、屠宰税，以及各项统税，均可作发行公债偿还担保，但租税收入，预算列有定额，公债偿还，必使地方支出增加，因此以租税为担保所发公债，决不能用于行政经费，否则会增加地方财政来源困难。

其二，实业盈益。创办工矿、兴治水利、修筑道路、发展交通，虽均属有利事业，但地方政府每感财力不足，无法举办，往往以所办之事业作担保，募集债款，拨充开办经费，将来等这些事业营利有盈余时，偿还公债本息，此种公债，既不增加省库负担，又可避免借款重利，符合民有民享的宗旨，应该是最合理的举债方法。

其三，中央协款、公库收入等。过去各级地方政府，常以公库一切收入作为发行公债担保，其中有包括各项正税者，有因历年发行公债过多，原有正税均已指作各债基金担保，以致无税可指者，乃以租税附加、中央拨款、国税截留、特种捐献以及其他收入作为举债担保，此种担保，并不能增高公债信用，反而会表现竭泽而渔的窘象。③

---

① 财政科学研究所、第二历史档案馆编：《民国外债档案史料》（第一卷），档案出版社 1990 年版，第 112 页。
② 王平子、马长伟：《中国政府的债务违约研究（1912—1936 年)》，载《中国社会经济史研究》2015 年第 1 期，第 83－95 页。
③ 万必轩：《地方公债》，大东书局 1948 年版，第 9 页。

从表7-2可知，正税及附加是民国地方债务最主要的担保品，占到一半以上，而实业收入担保占比不到10%，无确实担保的债务竟然几乎占到20%。

表7-2   民国时期地方政府债务担保情况

担保抵押品	次数	发行总额（元）	占发行总额的比重（%）
正税及附加	130	740348440	68.17
实业收入	19	101981340	9.39
其他	8	24200000	2.23
中央协款	7	7100000	0.65
无担保	37	212350313	19.55

注：中央协款指的是根据中央和地方财政收入划分，属于中央收入但补助给地方的部分，相当于现代的税收返还。

资料来源：根据本书附录"晚清民国时期省（含特别市）公债统计总表"绘制。

五、地方债融资模式由单一化走向多样化

晚清和北洋初期，地方政府债务融资基本是通过外资银行或华资银行借款这样相对比较单一的举债融资方式。南京国民政府后，举债融资方式变得多样化，主要的债务融资模式有：一是直接发行公债，这是地方政府筹资的主要方式。地方政府公债以地方政府信用为基础，通常以地方政府的各种税收收入和事业收入等为担保，自行发行或者由银行承销，以摊派或者自由认购的方式向社会公众筹资。由于发行程序不完善，管理模式不健全，民国时期的地方政府公债用途各异，各省利息也有高有低，担保品也各不相同，导致了这时期的地方政府公债出现了混乱的局面。二是盐余借款，是指将盐税作为担保而向银行举借的短期款项。这是民国时期地方政府债务的一部分。当时地方政府截留一部分中央政府的税收收入，其中就包括盐税。通过盐税担保和银行借款在一定程度上缓解了当时地方政府资金短缺的问题，同时也使得地方政府债务进一步膨胀。三是一般国内银行短期借款，除去盐余借款以外的银行借款就是一般国内银行短期借款。这种借款一般没有担保或抵押

品，所以利息比较高，借款条件相当严苛。四是国内银行垫款，是银行代地方政府垫付的款项，这不需要政府和银行逐次逐笔地签订合同，也无需担保，只需要地方政府在银行中开设一个垫款账户，数额随着银行垫款的变化而变化。五是库券，库券全称金库券，是省发行的短期债券，浙江、广东和江西发行库券较多。

六、地方债监管从无序松散到严密规制

民国时期中央政府对于地方公债的监管，在 1927 年后才开始有比较严密的规制，"自兹以后，章则渐备，地方政府发行公债，始有轨则可循。"[①] 相对完善的地方政府债务制度的建立，一方面有助于中央政府遏制地方割据势力、巩固自己的统治，同时也有利于政府债信的恢复，使地方财政金融稍趋安定，有一定的积极意义。必须指出的是，南京国民政府对地方公债监管相关法规的制定和实施，是在划分中央与地方财政收支结构的前提下进行的。因为对地方公债的监管，实质上是对地方财政的监督，而中央政府对地方财政的监督只有在比较清晰地划分国地收支结构的基础上才有实现的可能。但由于国地收支划分有较长一段时间并未在一些省份得到切实执行，中央政府对地方财政和地方公债的监管更多的是停留于法律和政策的制定，而对发行用途、公债偿还等方面的管理却很宽松。[②] 如《公债法原则》规定地方公债不得"充经常经费"，但实际上在国民政府时期发行的 80874 万元省债中，公债条例上明确规定用于弥补财政的就达 10244 万元，约占总额的12.67%，这尚未计入偿还旧债、整理金融等变相用于弥补经常经费的部分。究其原因，根源还在于该时期中央与地方同处财政收支严重失衡的困境，表面上日趋完备的国地收支划分章制并未完全实行。就地方而言，各省财政普遍收不敷支、亏短日甚，把借债作为军政费用的重要来源。即使用之于生产建设事业的那部分公债也因发行计划欠详实等原因，未能充分

　　① 万必轩：《地方公债》，大东书局 1948 年版，第 3 页。
　　② 刘晓泉：《国民政府地方公债管理政策述评》，载《江西财经大学学报》2014 年第 1 期，第100－107 页。

发挥其应有的作用，未臻地方公债的"理想效能"。

第二节　近代中国地方政府债务的得失

一、地方公债制度建设在曲折中进步完善

太平天国运动以后，为镇压国内农民起义，在内忧外患之际，清中央政府责地方政府就地筹饷，就地筹饷权的下放使得地方政府突破传统的盐斤加价等方式来筹措资金，举债成为地方政府融资的手段，1853 年上海道台吴健彰第一次举借地方外债，是为我国地方外债之开端。伴随着各地筹划海防、举办洋务的实践，就地筹饷逐步向就地筹款演变，地方外债越来越多，地方财政逐渐做大，这是地方政府负债的根源。清末举办新政，各省编练新军，举办实业，需款甚巨，1905 年直隶总督袁世凯募集直隶公债480 万两，是为我国地方公债之滥觞。民国肇创，地方内外债一直延续。袁世凯死后，省自为政，地方内外泛滥，导致债额日高，地方财政陷于更加困难境地。南京国民政府成立后，开始对地方债加以限制，各省募债，都得经中央审核，公债用途和公债担保基金都必须力求确实，政府信用日益提升。近代中国的地方政府债务制度建设在曲折发展中逐步得以改善。

清季募债，情形复杂，大抵都因赔款导致国用空虚，因清末新政而需款扩大，债务用途多不一致。民国初年，各省争相扩充军队抢占地盘，大多靠借债度日，各地方军阀置人民负担于不顾，无视中央政府政令，以建设为主要政纲，地方公债的募集除大部分用于军事，有部分用于筑公路、兴水利，这是地方公债改善的第一大进步。

清季各省募债，大多属于零星短期，基金不确实。北洋政府时期，各省当局常凭借其权势，募债或不指定基金，或指定基金但任意移用，导致本息无着，清偿困难。南京国民政府以来，财政部加强监督地方财政，加大对于债务基金的审核，详加考究基金是否确实，有时让债务提供第二担保，并设

基金保管委员会，从事保管以免移用，因此南京国民政府时期新发的地方公债很少有本息延付的，这是地方公债改善的第二大进步。

庚子以后，虽然允许地方自行筹款，募集内债，但中央政府同时恐怕疆吏滥借外债丧失权力，因此命令地方募集外债，须经中央核准；民国以来，仍然如此，地方外债仍多募集，1928 年 12 月南京国民政府以"借用外资，易滋流弊"，严申限制地方政府借用外款的法令，同时，对于地方内债也担心过多过滥，导致加重省库的财政负担，因此 1928 年财政会议通过发行公债及订借款项，呈请国民政府备案并函致各机关，随后便有监督地方财政暂行法的公布，后来经多次修正，因此地方发行的公债，始有严密的监督，这是地方公债改善的第三大进步。

中央政府虽有监督地方财政权力，但往往因税则变动而受限，自 1932 年 12 月颁布《国民政府监督地方财政暂行法》以来，省市（院辖市）公债的募集，都必须遵循先由省市政府拟具计划，咨询由财政部审核签注，呈由行政院核转立法院议决，呈请国民政府公布施行，并咨送财政部备案，非依此程序，不得发行并不得列入预算，在施行细则中更明定募债应以建设事业为原则，这是地方债改善的第四大进步。①

二、地方政府运用公债政策并未完成发展国民经济任务

众所周知，增税、发钞与募债是政府弥补预算的主要手段，增税与发钞，政府办理比较简易，负担较可平均，而支出不致增加，预算无不平衡迹象；但如果超过一定限度，必然导致金融紊乱，民力凋敝，经济危害很大。公债，可以免除上述弊害，民力得以节省消耗，国民经济得以维持正常发展，因此，对于发展国民经济而言，公债政策是较优的融资手段。但是，近代中国的地方公债，实质上未发挥理想效能。主要原因在于地方政府常将公债债款用于消费用途：或弥补预算，或拨充军费，或用以整理债务，或作临时政费，使财政支出更为膨胀，终成为贻害财政之累，危害人民，即便是投资于生产建

---

① 财政部财政年鉴编纂处：《财政年鉴》（下册），商务印书馆 1935 年版，第 2413 页。

设的公债，也未能达成发展国民经济的任务，主要原因在于：

第一，计划欠详实。办理生产建设，必须切合实际需要，更必须审时度势，拟订详实可行的计划，逐步推进，方可成功。但近代各省市发行情形，大多属于标奇立异，以博建设虚名，或假托建设美名，以获得中央核准，只求债额巨大，不计事业成败，移东补西，徒劳无益。如江西省1938年发行建设公债，福建省1940年所发行生产建设公债，其计划兴办的事业，达数十项之多，事业项目繁多，债款分配却甚微，以近代我国人力、财力、物力匮乏程度，数十项生产建设事业，怎么可能一蹴而就？又如，安徽省应军事需要，发行公路公债数次，修筑公路二十余线，但因路线划定，原本就欠完善，各段施工先后不一，新修者刚刚竣工，而已修者部分已损坏，全省公路，根本不畅通；到抗战爆发，各路停工，原发公债，只得移作别用。

第二，消纳方式欠妥。我国地方公债深受政局影响，政府信用旁落，劳动人民多无购债习惯，募销很困难：如广东省曾发行国防要塞公债3000万元，实际仅募销670余万元；福建省发行五厘公债98万元，实际仅募销3760元。不仅如此，地方政府还常常以公债票五折、六折向银行抵押借款，致使公债原额一千万元者，仅得债款五六百万元，债款用途分配，早已事先经计划确定，募销很难足额完成，建设事业，又怎能全部完成？且抵押借款，利息高期限短，对于建设事业发展，根本上具有不良影响。

第三，债款运用不当。地方政府因公债募销不能足额，原定事业无法办理，只好变更计划，改办其他生产建设，而此项生产建设，常不能适合真实需要；或以地方发生意外紧急支出，而将募得债款移用，建设事业无由举办。

因此，近代中国地方政府运用公债政策，虽然使地方财政金融，稍趋安定，但未能使地方公债完成发展国民经济任务。

三、地方政府举借地方债的实际效果是弊大于利

从近代举借地方政府债务的实际效果看，近代百年中战争不断，政权更迭，近代举借地方政府债务在长时间内表现为弊大于利。举借地方政府债务要么是争论不休的混乱局面，要么是政府的短期行为，要么是长期依傍其间。

近代实业家张謇曾强调："地方政府债务可借，但借时即须为还计。用于生利可，用于分利不可，而用之何事，用者何人，用于何法，尤不可不计。"[1] 据本书对近代各省公债投向分析中可知，财政、军事借款占借款总额约2/3，借款总额中实业借款不及1/3。其中一些名为"实业借款"中有许多被挪用于财政军事目的。整体而言，近代地方政府债务使用效率低，地方政府债务投向结构不合理，无法充分发挥稳固财政、盘活金融、刺激经济的作用，正如时人过后之评论："第一，内债的发行，85%以上用于内战，而非用于建设。第二，内债利息的领取者虽为少数的金融资本家，但内债利息之终极的负担者则为一般缴纳租税的民众——因国家付利之财源取之租税，而中国的租税，大部分都转嫁到了农民身上。所以，内债的发行愈多，民众的贫富将悬殊愈甚；内债发行的结果，遂有一种征贫济富的作用产生，小民始终没有些微的益处可得。第三，内债发行，须以租税的收入为担保，故内债发行愈多，则租税之增加亦必愈甚，而一般民众之负担，亦必愈甚。"[2]

另外，近代地方政府债务制度与制度环境在历史发展过程中却存在脱节现象。中国近代在银行制度、汇率制度、货币制度上的建设不足，导致外资银行占据了地方政府债务的主导地位。由于国际国内局势的大动荡，尤其是战争赔款转化为借款，形成近代财政与近代地方政府债务的恶性循环。这就使得晚清的地方政府债务重负，贻害于北洋政府；北洋政府的财政恶化，又遗留给南京国民政府，国民政府后期，面对战争带来的财政压力，不得不重新调整财政体制，开启债务整理，取缔地方债务。这种债务倒逼式的恶性循环不仅加剧了财政的日渐匮乏，而且也降低了地方政府债务的利用效度，使得地方政府债务对于中国近代化的资金供给有益成分很小，中国所付出的政治经济代价远远超过所得利益。

四、地方公债一定程度上推动中国近代化进程

民国时期的地方政府债务虽然一度膨胀混乱，使得政府财政陷于崩溃，

---

① 张謇：《张季子九录·政闻录》（卷七），江苏古籍出版社1994年版。
② 吴承禧：《中国的银行》，商务印书馆1934年版，第80－81页。

政府债信严重受损，但是民国地方债的正面作用不容忽视，它毕竟突破了中国古代惯用的捐输、报效等落后的筹款方式，而采用借债的方式应付地方政府的紧急财政需要，这在财政手段和财政观念上都具有突破和创新意义。地方公债作为政府财政手段之一发挥了其独特的作用和价值。

筹集建设资金是地方政府债务的主要职能之一，这种职能通过举借地方政府债务，购入本国短缺的原材料和设备，或者引进先进设备和先进的科学技术，促进交通等基础设施的建设，提高本国生产效率，推动了中国近代化进程。就铁路为例，近代历届政府都曾以修筑铁路为名大肆举借地方政府债务，据史料记载，到20世纪30年代，国内共修筑铁路达1.7万公里，其中国有铁路为1.3万公里，仅国有铁路投资中，46%为外国贷款。由此可见，近代中国铁路运输的发展，在相当程度上依赖于借用政府债务。另据统计，晚清地方外债中，一般的军政实业外债（不包括赔款性的外债和铁路外债）占40%左右，总额达99366195两。[①] 对于清末新政实业的举办客观上起了积极作用。

地方公债的发行除了用于军事，还有一部分用在了生产建设方面，这在一定程度上也推动了中国近代化的进程。近代地方债用于经济建设（交通、生产、水利、电气等事业）对于推动当时的工业化起步起到了重要的资金引擎作用。这部分资金主要用于兴办实业并建设地方基础设施，成为近代地方政府债务第二大投资方向，为晚清时期"新政"的推行及民国政府时期地方实业发展筹集大量资金。

另外，地方债的发行和转让也促进了地方金融市场的活跃，一大批银行应运而生，地方公债加速了银行资本的原始积累，大批银行从事政府债券的发行和承销，银行和公债相互作用、相互促进，也加速了中国金融市场的发展。银行资本在债务融资后再投资工业资本，促进了中国经济发展。

---

① 中国人民银行总参事室：《中国清代外债史资料》，中国金融出版社1991年版，第1015页。

第三节　近代中国地方政府债务的启示

重温近代中国地方政府债务这段历史，不能不令人掩卷长叹，对现代市场经济国家正在进行的财税改革而言，如何从中国近代地方政府债务的变迁中找到一些值得回味的片段，从而建立责权相对明晰的中央地方财政体系、推动地方债积极发展都具有积极深远的历史意义和启示。

一、地方政府债务背后实质是中央与地方财权上的博弈与制衡

地方举债从开始举借、逐渐活跃、日益泛滥到最终取缔的历史过程中，政府部门特别是中央政府对地方政府债务的管理则经历了从清末地方政府债务管理的混乱无序到南京临时政府时期的管理压制，从北洋政府时期的管理失效到南京国民政府时期对地方政府债务的进一步限制和对地方政府债务的逐步取缔这样一个发展历程。透过现象看本质，这一历史过程不仅仅是近代中国地方公债从萌芽到消亡、政府对地方政府债务管理态度不断变化的一段历史，其背后则实质上是中央与地方在财权上的博弈与制衡，而中央政府与地方政府博弈的筹码则是其各自政治军事实力的强弱。回顾历史可以看到，在清末由于清王朝的腐朽与衰弱，内忧外患的环境下中央政府无力管理地方政府债务，由此出现了清末地方政府债务的混乱无序；在南京临时政府时期与北洋政府时期，民国虽然建立，成立了一个新的中央政府，但此时的地方则是军阀割据，地方军阀的政治军事实力强大，"根本不把中央放在眼里"，由此出现南京临时政府时期和北洋政府时期地方政府债务的泛滥；在南京国民政府时期南北统一完成，集权的中央政府建立，中央与地方的实力对比发生了改变，中央政府有了更多的权威与"筹码"，有能力对地方政府进行管理与限制，由此出现了南京国民政府时期地方政府债务进一步受到限制与约束。蒋介石一步步实行政治军事的绝对独裁，地方实力进一步削弱，中央政府已经足够有能力控制地方，由此出现了地方政府债务的最终取缔。可以看

到在中央与地方的这样一种博弈中，地方政府债务随着地方政府实力的加强、中央政府实力的削弱而萌芽、活跃、泛滥；随着地方政府实力的削弱、中央政府实力的加强而限制、取缔、消亡。

税收的划分、财权事权的分配按照现代的财政理论应该基于公共物品的层级，属于县级的公共物品则应该依靠县级税收收入来提供，属于省内共享的公共物品应该由省级税源来提供，为了统筹解决全国性的收入分配、经济基础设施问题，则应该靠中央的税种来支付。政治的博弈并不能达到这种状态时会造成财政体制的畸形。因此，当下有效化解地方债风险问题，关键是厘清中央和地方财政事权和支出责任划分，先把政府边界界定清晰，再明确政府和市场、政府和社会的关系，紧接着再来划分中央地方间财权事权关系，进而再确定央地收入划分、健全地方主体税体系。在制度统一、政令统一的情形下，建立财力协调、区域均衡的财税归属。对于地方性的公共服务，由地方政府承担主要支出责任，对于跨区域的重大工程建设或影响较大的公共服务，中央政府可以通过转移支付的方式承担部分事权支出责任。要科学划定央地税收分享比例，为各地方的事权功能发挥提供相应的财力保障，避免近代因财权不足而导致地方滥发公债的历史重演。

二、确实建立偿债基金制度，重视政府债信建设

偿债基金也称"减债基金"，是在债券实行分期偿还方式下，政府为偿还未到期公债而设置的专项基金，每年从财政预算拨款中按一定比例提取或者每年按固定金额或已发行债券比例提取部分资金。历史上英国的减债基金制度比较发达，能"一方面视岁计盈绌之现情自由伸缩，一方面有确定不移之款额逐年递增，以少额资金而销却多额，债务其计，莫有善于此者"[①]。日本早在明治三十九年根据国债整理基金特别会计法就确定实施了偿债基金制度；第一次世界大战后美国通过《1919年战争借款法》设立每年用于偿债的支出许可权额，从法律上确认偿债基金制度。

---

① 晏才杰：《中国财政问题·第四编·公债论》，新华学社1922年版，第364页。

民国初年，共和建设讨论会上曾有减债基金的建议，财政部也曾经筹议采用减债基金制度，在英国伦敦设立汇业银行，附设国债基金局，并于1912年设有驻外财政员，但因为第一次世界大战爆发，金融停滞，汇业银行资金紧张未能开办。后来又有学者建议"由国库分二十年摊还资金。一万万交由基金局，分四十二年购买内外各债，依财政部之筹议主张，由国库每年资金一千万元交由银行及基金局，于二十二年间将从前所负洋赔各款，全数收回。其办法虽稍有不同，而用意固皆甚善"①。实行减债基金，必须把握三个原则：减债基金宜以法律保障；减债基金局宜定为独立机关；基金拨付及国债销却宜随时公表。减债基金在公债发行中居于核心地位，事关债务清偿，固不能完全脱离政府范围，减债基金制度即在利用较长之时期，用少数资金而收巨大利益，因此减债基金计划一定要远，基础要求稳固。

重视政府债信建设。大卫·李嘉图曾提出超过财力的公债发行实际上是对民众资本的提前抽离。公债的债信基础，是政府的政治权力和政府掌握的各种社会资源与财富。政府债信主要取决于担保基金是否确实，以及基金保管是否妥当安全。"发行公债，须有偿债之财源，以为确实之担保，如担保财源有欠确实之虞，必另提第二种担保，或第三种担保，以巩固公债信用，并可限制地方政府滥举新债。"② 在公债发行以后，政府即须按期就担保财源划拨本息基金，提存备付，并应设基金保管委员，负责保管监督，委员会应由政府、审计机关、有关法团代表及购债人中公正人士共同组织。公债基金确实与否，可以从其市场交易价格高低表现出来。一般每发行一种公债，都要预先指定好还款来源，这样一方面是取信于民，另一方面对地方政府公债来说，也才能得到中央政府的批准。1928年南京国民政府财政部发函称，国家各机关借款，应指定基金，由财政部办理。省市公债，应由省市政府指定确实基金，报财政部核准，财政部如果认为正当，提交国民政府审查；如果认为不正当，可以驳回。由于南京国民政府重视债信建设，颁布一系列法律法规来规范地方政府债务，使得地方债更多投向生产建设事业，地方债对于奠定南京国民政府1927~1937年经济快速发展时期的局面起到了重要作用。

---

① 晏才杰：《中国财政问题·第四编·公债论》，新华学社1922年版，第365-366页。
② 万必轩：《地方公债》，大东书局1948年版，第9页。

发行长期公债的基础是国家信用和公众的信任。近代对于政府债信建设的认识和建议也非常客观深刻。时人认为："兴办地方事业与人民关系密切，可引起其信用心……至各省地方事业待举者多，人民既顾观成，而国家亦应负责，苟政府善为提倡，以地方债之形式发行国债，国家为其债务主权，而用途则属诸地方，且以地方团体监督其用途，而国家则立于地方团体之上，为二重监督，则其所经营之事业，与地方人民之身家性命、财产关切较深，而其所定用途在地方，人民亦能相信，苟能推行尽力，自可谓恢复信用推广内债之一端也。地方事业起债可使人民负担平均，而培养其购买力，近年政府之募债也或因整理京钞，或为整理金融，此种用途于公债上之原载，固无不合然，以吾国版图之大，人民之众，民情国势莫不具有特别情形，人民之购买公债，其出于真正之储蓄心者甚少，本不能执公债上之原理、原则以相绳……若以地方事业起债，则以甲区之资，办甲区之事业，起债之根本地，即其事业举办之地，应募公债之人，即食报于公债之人负担，既不偏枯民情，自可悦服此，又恢复国信推广内债之一端也。"① 可见，当时就认识到了中央地方的双重监督对于提高债信和债务效率的作用，实际情况是，由于政权的非民主化和传统财政的非公共性，近代中国的现代国家财政转型一直面临诸多困境，试图控制政府举债冲动的现代预算制度只是徒具形式而无实质。政府财政权力并未形成法律的边界，民间公共力量难以对政府举债行为形成有效监督制约，最终的结果是"借新还旧"的举债行为屡屡上演。因此，公债是推动现代国家财政治理、财政与国家信用塑造的关键力量。这一道理对于今天同样适用。

　　政府发行债券以融资，凭借的就是政府信用。当前，2014 年国务院批准上海、浙江、广东等 10 省市将试点地方政府债券自发自还。2019 年，地方债券公开上市，为防范债务风险和稳定债市，亟待需要建立和完善偿债基金或减债基金制度。建议偿债基金从国债投资项目收益中提取一定比例或者从国债基金运作增值部分滚存，或者从财政收入按年注入部分提取。同时对于偿债基金的管理运营和监督作出刚性的制度安排，这是地方债走上良性发展

---

　　① 晏才杰：《中国财政问题·第四编·公债论》，新华学社 1922 年版，第 376－377 页。

的必要条件。

三、地方政府发债要周全考虑、综合评估

"公债者，国省政府所在必要用途之范围内，发行一种有担保有期约之信用证券，向国内外人民募集债款之谓。故其先决问题，首在指定用途之是否确当，次在担保基金之能否完固，更次则及于偿期长短，息率轻重，数者有一缺点，则政府之信用力既弱，人民之信任心不坚，穷其流弊，直与不兑现之纸币相等，呜呼可不慎哉。"① 因此，地方政府发债，优缺点并存，风险收益并存，地方在发债时应深思熟虑发债条件、发债内容等各种因素，综合考虑本地情况谨慎发行。

（一）发行方法及担保利息

地方债有直接募集的，应由地方政府直接发行，中央除在金融、比率、目的等有所限制和监督外，其余都由地方政府决定；有转贷募集的，由中央政府借款转贷给地方政府并按期给予本息，地方政府在一定期限内按照借款额返还给中央，但对债票发行不负责。两者对比，转贷募集更能减轻地方负担，且可利用国家信用而地方不须担保，但近代政府财政经常性困难，中央无力顾及地方，地方纯粹的转贷募集方法很难采用，只能变通实行。即地方举债时，中央居中担保代为募集，直接由中央支付本息，但偿还的责任仍是间接属于地方。地方举债如果用于生产建设事业，中央应该先调查地方的产业经济发展状况，以及所需要资金的多少，收获的早晚，预计收益的盈亏；如果用于清理旧债，中央应先综合考核地方现负的债额多少，与地方省库盈虚的实数和地方人民负担的轻重，斟酌举债的缓急，等认为时机适当，然后定为统计。②

---

① 江西财政厅编：《江西财政纪要·会计》，江西财政厅1930年版，第1页。
② 晏才杰：《中国财政问题·第四编·公债论》，新华学社1922年版，第385页。

（二） 债额多寡与年限长短

地方发债，无论何种原因，债额都不应该过大。最终的负担仍在于地方，因为地方公债负担的轻重与地方人口情况、富裕程度、地方财政多寡都密切相关。况且各省之间经济情况和贫富情况千差万别，若发债额度太多，甚至会导致地方破产。地方发展，无论时局如何，期限都要宜"力求其短"。公债实质是延期的税收，如果期限太长，实质是给子孙后代留下一堆债务负担。况且一个地方还会"发生天灾人事之变，水旱疾疫之灾，乃至荒歉连年疮痍难复者，事所恒有，非若全国之大甲区域，或降鞠凶而乙区域则跻康乐得以互相补助，以资调和，此公债上之原则无待研究者也"①。民国时期南北政争连年不断，政变省份发债频繁，导致经济更加困难。因此为国民子孙长久发展，应该审慎考虑债额和债限。

（三） 借款条件的研究

借款要有担保。因为生产事业的收获多达十数年，少则三五载，起债的第一年，即须付息，势非有两种担保不能，民国时期财源能提供担保者，不外乎关、盐、印花、烟酒、所得个税。而这些税种有的已百孔千疮，关盐两税早为担保外债中坚，已经受人监督稽核之余款。印花、烟酒、所得个税，只可充偿付借款本息，财源及至万不得已，须实行担保时，只能提供一种，因为三种税目无一非良好税源。"将来实行借款，其在生产事业尚未收获盈利时，以之暂充借款本息财源，必能取信于债权者。"②应兼筹并顾借款至利息及折扣。而其中攸关重要者有：如果债务利息重，则折扣力求其小，折扣大则利息力求其轻，二者之间，必得其一，盖高价低利公债与低价高利公债，形式虽异，实质是相同的。为将来国计民生考虑，公债是为调剂财政一种方法，而决不能视为国家一种财源。因此负债以后，"如遇岁计有余足，提前偿还债额之全部或一部，苟非投于他种用途，更能得莫大之利益。"③另外，借款期限要

---

① 晏才杰：《中国财政问题·第四编·公债论》，新华学社1922年版，第386-387页。
② 晏才杰：《中国财政问题·第四编·公债论》，新华学社1922年版，第411页。
③ 晏才杰：《中国财政问题·第四编·公债论》，新华学社1922年版，第415页。

慎重，预算上应有系统的计划，因为借款利息最终都来自地方自身的税源。

四、地方政府发债应该遵循公开、确实、计划的原则

（一）借债要公开

"文明国之财政无不公开，是人们习知其国之财政情形，平时有信仰政府之心，有急则油然生爱国观念，其余国债也以其增重人民现在及将来之负担，尤必使其知负担之所由来，与目前负担之程度，及将来因负担而得之效果。"①欧战期间，英国借债较多，负担较重，首相到处巡行演说，向国民提出节约奖励储蓄，全国人民节衣缩食来应对国家公债，未发生国民与政府之间因为借款问题的风潮。但近代中国往往会出现，政府对借债情况不公开，百姓对政府的财政状况和借款具体情况不了解，一旦政府对外发布某些债款时，国民便言辞凿凿地指责政府，罗列政府借款罪状，指责卖国丧权，甚至怀疑借款中有若干回扣给经手者利润等，一时间政府成为众矢之的。究其原因，政府"借款进行事前概守秘密，事后又不公开，故而经国家财政日渐艰难，政费日形膨胀，且关于借款条件将日见其苛严，而国中之民治潮流，且日见其不可遏抑，前途任重，应付更难"②。建议"与其以无所无谓之秘密而受莫须有之责难，固不如以全部之公开以间执反对者之谗口"③。因此，政府借债首先要对民众公开。只有财政透明，才能谈及财政信任。

（二）借款要确实

借款公开会带给政府很多便利，但往往也会出现这种情况，即借款正在进行中，各界已经开始到处传播，有借款已经成立政府也已经承认，但国民发现，借款实际效果往往与当初的借款承诺不符合，比如，经常会出现甲种事业借款，被移充乙用途，而乙种用途又被移于丙种事项，近代中国的很

---

① 晏才杰：《中国财政问题·第四编·公债论》，新华学社 1922 年版，第 420 页。
②③ 晏才杰：《中国财政问题·第四编·公债论》，新华学社 1922 年版，第 421 页。

多地方债，名义上是用作生产建设，但最后有些被财政挪用弥补军政费，政府肯定不会对外正式宣布，这种借款的不确实，导致百姓对政府缺乏国家认同感，因此，借款的确实性和确定性是建立政府与国民信任感、认同感的必要条件。

（三）借款要有全部计划

政府借债，不过是财政上一时的调剂方法，当国库收支不敷时，政府或增费或募债，一定要仔细审慎当地的财力状况，产业经济发展情况而定；如果确定是募集公债，是募集内债或者起借外债，则又考察当地的金融发展趋势，力求选择适当。如果确定借内债为适当，那就要考察款项的多寡、借款条件的抉择，以及偿债的准备，调研当地财政资金的状况，将来可收财政的消长，一定要制订安全确定的计划。如果政府借款，用途既不确实，偿还也无准确，又不公开，那么就会导致政府财政的纷乱现象。

五、建立健全地方政府债务的全面监督体系

早在民国时期，就有学者指出政府债务希望国民者为适当的监督。"以吾财政之纷乱浪费。无已时终必有受外人监督之日，与其人之监督我，迟乃至无可收拾，不如人之监督我，早尚有可冀挽回。"[1] 而监督的权利就在国民手中，具体监督的内容包括事前监督和事后监督。事前监督主要是借款本息能否按期偿还，借款用途是否用于生产事业。"故国民之监督也，莫善于借款，以前审察其本息之有无着落，为断政府起债，而用诸直接生产事业，则此本息当责政府将来必可得直接生产之财源。政府起债而为间接生产事业，则此本息当责政府将来必取偿于间接生产之盈利。夫如是，则国民之监督乃有限度，而政府之受其监督也，亦不觉其烦苛。"[2] 事后监督主要是国民要督促生产事业的按期顺利进行。事前监督，固然实施，事后监督，更不应忽视。防止政府起债名为生产而实际被挪作移充政费，或者生产事业虽然已经进行，

①② 晏才杰：《中国财政问题·第四编·公债论》，新华学社 1922 年版，第 424 – 425 页。

但进行程度不过是虚设而已。

2018 年，中共中央公布《关于人大预算审查监督重点向支出预算和政策拓展的指导意见》，强化本级人大对地方政府债务的全盘监督。地方人大常委会可以采取听取审议专项报告、专项视察、执法检查、专题询问调研等多种形式，对地方政府债务举债规模、期限结构、举借方式、资金安排、项目建设、用途方向、资金管理使用、资金拨付情况、预算管理的情况、专项债券管理，绩效和信息公开、债务风险管控、债务偿还相关情况等全过程进行监督。通过社会公示和全过程监督，一方面可以减少公众对债务问题的猜测和质疑，另一方面能使举债工作逐步变得更加科学合理。不仅如此，还应强化上级政府、地方人大、社会公众、市场对地方债务的监督。地方政府还应加强对发行债券的信息披露，信用评级、承销发行、定价环节等增加财政透明度，杜绝行政干预，接受社会公众监督。

六、地方政府债务是把"双刃剑"，关键在于有效利用

近代中国地方政府债务具有债务来源涉及范围广、债务管理复杂、借债成本高、偿还期限长、担保物复杂、实际用途特殊多样、偿还能力弱和政治性较强等特点，对近代中国的政治和经济产生了双重影响，体现了债务的二重性和"双刃剑"的特征。

公债固有集中社会闲散资金、实现资源优化配置的功能，但若是公债是按照行政手段摊派而不是债权人根据自己的经济情况选择性购买，若是公债是能拖就拖而不是定期偿本付息，若是公债代表的债权债务关系很容易受外界环节随意肢解而不是稳固地存在，若是公债募集的资金并不是投入社会经济建设等生利事业而是过多耗费在军务国防方面，必然没有偿还本息的经济保障，公债的积极作用不彰，而负面影响极大，这种情形民众是不会信赖公债这种筹款手段和政府的。我们可以看到民国时期的地方政府债务的一般性结果，即使资本追求增值的观念已经在人们的脑海中存在，但是没有良好的社会环境、金融秩序、信用基础，地方债务成为变相的财富转移。从违约责任上来看，地方政府一旦到期无法偿还，往往通过提高利率、延长偿付期限

的方法来缓冲，使得短期债务变成长期债务，进一步加重负担。地方政府借债时多采用抵押公共资产的方式来维持信用，抵押的担保品有国库的屠宰税、契税等单独税种，也有某几种税种为抵押，当不足时由省库收入来补充，有的则直接以省库收入为抵押。各地军阀依据战事需要滥发债券并摊派到各个社会团体和个人，使得近代地方债具有高风险性，地方外债甚至还会用关税作为担保品，又带有了政治侵略的目的性。从债务投资上看，作为缓解政府融资困境的尝试，内债利用金融系统进行民间融资，比传统社会的苛捐杂税似有进步。但其军需式的错配化债务投资，致使政府不能产生持续的财政红利。军需化的消耗，导致政府背上了沉重的债息负担，官方进而或借助于货币超发、又或以苛捐杂税弥缝补隙，这引发了金融系统与财政系统的"多米诺骨牌效应"，致使民国时期大多数情况下从中央到地方的债务融资尝试并未产生可持续驱动财政内生的动力。过度的内债发借造成严重的后果：实业发展日暮途穷，财政金融极度紊乱，民众生活环堵萧然，其中遗留的深刻教训，值得今人反思体悟。

事实上，地方政府的信用是一笔宝贵的资源，地方债本身毫无善恶，关键就在于决策者是否能够好好利用。通过允许地方政府直接在市场上发行债务可以极大地丰富我国债券市场的品种，同时可以有效地降低金融风险，缓解政府性债务对银行类金融机构信贷资金的挤占，纾解中小型私人企业融资难的困境。当前，在经济新常态和供给侧结构性改革的大背景下，现代财政制度建设任重而道远，有效利用地方债，防范债务风险是推动现代财政制度的必要和重要环节，进一步合理划分中央到地方各级政府的事权和支出责任，建立健全地方税体系，明确各级地方政府的财力与其所承担的事权职责，加强地方政府"一级财权，一级债权"，设置较为严格的债务约束性指标，硬化地方政府面临的预算约束，推动现代财政制度建设步伐。

历史的声音在回响。今天，当各界都在热烈讨论如何有效利用政府债务，如何管理和控制政府债务风险，如何使债务更有效地推动中国经济新常态建设，如何实施政府与社会资本的有效合作等一系列问题时，七十多年前的经典著作《地方公债》会给我们一些启发和答案。最后，借用《地方公债》中

"地方公债未来之展望"① 这段文字作为本书的结尾。重温经典，掩卷沉思，感慨万千。

地方公债未来之展望

　　战时财政改制，省市公债停止发行，政府此种非常措施，不过权宜一时，究不能行之久远；迨抗战胜结束，六届二中全会：首议改订收支系统，恢复中央、省、县（市）三级财政，并将原颁收支系统法再交政府修正公布实施，其中关于省县收入部分，均列有公债债款收入：中华民国宪法第一○九条及一一○条关于省县立法并执行之事项，亦有省债县债之名目。而今宪政开始，建国将成，凡百建设事业，无不待从头举办，地方自治，尤应克期实现，将来地方支出之殷繁，不卜可知。是将来地方公债之发行，不仅为法律所特许，尤为事实所必需，且将如雨后春笋，蓬勃发展，惟目前关于发行地方公债之原则，尚缺正式之律文；吾人检讨过去，展望将来，鉴于以往地方公债之庞杂，宜作未雨绸缪之策划，兹就拙见所及，略抒数点，以为将来立法之参考。

　　关于债额问题。债额之决定，固应视事实需要，尤应权衡社会经济情况及公库负担能力；如果滥举巨债，势必贻害地方，前已言之甚详，兹须研究者，乃地方公债之债额，究应如何作最大之限制？债额过小，固妨害生产建设之完成，过大，亦将促使生产建设之失败。盖债额过大，债款过多，事实上一时不能全部运用，徒负担重大利息，增加公库负担，影响事业发展；且债款闲置，易被挪用，尤为生产建设之致命打击。但各地富瘠情形不同，对于债额之限制，殊不宜作一致之硬性规定，一般人主张依地方最近三年平均之一年岁入数，为最大债额之限制标准，在币制稳定时期，此种限制标准，极为合理，如遇币值发生激烈变动，则此种标准，即有伸缩必要，且对于过去债务之累积，尤应予以明及；兹假定公债之清偿年限为十年，利率为百分之六，则每年公债本息之支出，将占岁入总数百分之十六，次年再举新债，则债务支出将占岁入百分之三十二，是公库负担已渐加重，倘再超过此种比例，则财政必入窘境矣；又如地方发生灾歉匪祸，则债额亦必缩小，若地方经济情况良好，则债额无妨增加；总之以不紊乱地方财政为最高准则，倘生

---

　　① 万必轩：《地方公债》，大东书局 1948 年版，第 78－80 页。

产建设规模庞大，可照既定步骤分期举办，所需公债，亦可分期发行。

关于募销地域问题。地方公债之募销，是否应受地域之限制？此为过去未予讨论之问题：拙见以为防止地方金融之紊乱，公债应以就地募销为限，如该地区以外之人民或金融团愿意承购，亦应限由当地售出，方为适宜；此益由各地金融情况不同，市场利率参差，公债之利率，因之亦不一致；譬如甲地金融较灵活，则市场利率及公债利率必较低，而乙地金融枯涩，利率必高，倘以乙地之高利公债持向甲地募销，势必使甲地利率随之趋升；又如甲地以滥发公债为能事，乙地则慎于举债，倘甲地公债持向乙地募销，使乙地之资金，俱被吸收以去，以后乙地如有需要，募债即感困难，乙地生产建设乃生不利影响。因地方有富瘠，办理事业有难易，为谋全国生产建设之平均发展，应由中央应统筹全局，另谋调盈补虚之方，实为至善。

关于发行策略问题。债券之发行，必须当地能按正常方法完全消纳，实为必要之原则，倘为办理某种生产建设发行之公债，而地方仅能消纳一部分，甚至完全不能消纳，是表示当地之财力尚不足以举办此项生产建设，必须另谋补苴，不应独赖举债，倘不检讨正常发行策略，乃地方消纳能力，而采取高利、低折、摊销、抵押或交银团承受等饮鸩止渴之手段，终必自损债信，贻害地方。所谓正常发行策略，盖指公开劝募而言，劝募之先，必须普遍宣传，使人民均能了解发行公债宗旨和内容，并规定奖励办法和优厚条件，引起人民购买兴趣，再将印就债票配交各地代理公库机关，定期开始发售，使人民缴出债款，同时即可购进债票，方不致蹈广东国防公债募销故辙，而被经理募销机关侵蚀，三十公债信用。

关于清偿问题。债信与政局实有密切关系，每当政局递嬗之际，多为债信丧失之时，而地方政局之变动较频，故公债清偿年限不宜过长，省债二十年，县债以十年为宜，如超过此种时限，则不仅债信堪虞，尤恐妨害其他生产建设事业之兴办；如遇币值发生变动，债券市场跌落过甚时，即可设置偿债基金，就市价稍予提高，购买全部或一部分，以为偿还；如币值稳定，债信良好，则无此必要。

关于债款及基金之监督保管问题。债款之移用，基金之延付，使财政更趋艰窘，债信更趋坠落，此乃过去地方公债之普遍情形，欲免此弊，自惟设置债款监理委员会及基金保管委员会；此项委员会宜由当地民意机关负其责，如另组织独立监理机构，权限必将缩小，不足以控制政府，演成有名无实，难达成监理任务。

宗旨，公债乃财政上主要策略之一，运用得当，则可促进生产建设事业发展，活泼地方金融减轻政府负担，维持预算平衡，苟运用不当，适足祸国殃民，使地方财政更陷入困苦泥淖而不克自拔，其本身原无善恶，惟在主政者之依法运用耳。

主要参考文献

（一）经典文献、档案史料

［1］马克思.资本论：第1卷［M］.北京：人民出版社，2004：865.

［2］贾士毅.民国财政史［M］.附录.清末地方公债表［M］.上海：商务印书馆，1918：1159.

［3］贾士毅.民国财政史：下册［M］.上海：商务印书馆，1917：108.

［4］贾士毅.民国续财政史［M］.上海：商务印书馆，1932—1934.

［5］贾士毅.国债与金融［M］.上海：商务印书馆，1930.

［6］万必轩.地方公债［M］.上海：大东书局，1948.

［7］梁启超.外债评议［M］.饮冰室合集·专集［M］.北京：中华书局，1932.

［8］梁启超.中国国债史［M］.上海：商务印书馆，1904.

［9］梁启超.论直隶湖北安徽之地方公债［M］.饮冰室文集之二十一［M］.北京：中华书局，1932.

［10］筹办夷务始末补遗：第1册［M］.北京：北京大学出版社，1988.

［11］筹办夷务始末（同治朝）［M］.北京：中华书局，2008.

［12］曾文正公全集［M］.北京：中国书店出版社，2011.

［13］钞法汇览［M］.中国近代货币史资料.第一辑.北京：中华书局，1964.

［14］清文宗实录［M］.北京：中华书局影印本，1986.

［15］左宗棠全集：奏稿六［M］.湖南：岳麓书社，1992：376.

［16］清德宗实录（卷3）［M］.北京：中华书局影印本，1986.

[17] 朱寿朋. 光绪朝东华录: 三 [M]. 北京: 中华书局, 1958.

[18] 朱寿朋. 光绪朝东华录: 五 [M]. 北京: 中华书局, 1958.

[19] 刘秉麟. 近代中国外债史稿 [M]. 北京: 生活·读书·新知三联书店, 1962.

[20] 刘锦藻. 清朝续文献通考 [M]. 上海: 商务印书馆, 1955.

[21] 财政部三十三度上半期管理银行工作报告 [M]. 国民政府档案 001—080001—0002.

[22] 中国社会科学院经济研究所藏. 户部奏档抄本, 宣统二年正月十六日.

[23] 中国社科院近代史图书馆藏. 度支部清理财政处档案, 清宣统年间铅印本.

[24] 中国第一历史档案馆藏. 外交部·综合电报类, 4595 号.

[25] 中国第二历史档案馆编. 民国外债档案史料 [M]. 北京: 档案出版社, 1990.

[26] 中国第二历史档案馆编. 中华民国史档案资料汇编: 第三辑财政 [M]. 南京: 江苏古籍出版社, 1991.

[27] 中国第二历史档案馆藏. 国民党中央执行委员会秘书处档案七.

[28] 中国第二历史档案馆藏. 国民政府行政院档案二.

[29] 中国第二历史档案馆藏. 国民政府财政部档案三.

[30] 财政科学研究所, 中国第二历史档案馆编. 民国外债档案史料: 全十二卷 [M]. 北京: 档案出版社, 1989—1992.

[31] 财政部财政科学研究所, 中国第二历史档案馆编. 国民政府财政金融税收档案史料 (1927—1937) [M]. 北京: 中国财政经济出版社, 1997.

[32] 清末民国财政史料辑刊: 全二十四册 [M]. 北京: 国家图书馆出版社影印, 2007.

[33] 清末民国财政史料辑刊补编: 全十册 [M]. 北京: 国家图书馆出版社影印, 2008.

[34] 故宫博物院明清档案部编. 清末筹备立宪档案史料 [M]. 北京: 中华书局, 1979.

［35］上海经世文社辑．民国经世文编（陆）［M］．北京：图书馆出版社，2006.

［36］左治生主编．中国财政历史资料选编：第9－12辑［M］．北京：中国财政经济出版社，1987—1990.

［37］中国人民银行总参事室编．中国清代外债史资料［M］．北京：中国金融出版社，1991：79.

［38］中国人民银行总行参事室编．中华民国货币史资料：第二辑［M］．上海：上海人民出版社，1991：233.

［39］编纂委员会编．上海财政税务志［M］．上海：上海社会科学院出版社，1995.

［40］沈云龙主编．近代中国史料丛刊·三编（第88辑）［M］．台北：文海出版社影印，1999.

［41］徐义生．中国近代外债史统计资料［M］．北京：中华书局，1962：95.

［42］徐义生．甲午中日战争前清政府的外债［J］．经济研究，1956（5）：105－127.

［43］杨汝梅．民国财政论［M］．上海：商务印书馆，1930：12.

［44］中国银行重庆分行．四川省之公债［M］．重庆：中国银行印行，1934.

［45］财政部四川财政特派员公署编．四川财政概况［M］．财政部四川财政特派员公署印行，1936.

［46］杨卓庵．福建财务统计［M］．福建省政府秘书处印行，1930.

［47］王孝泉．福建财政史纲［M］．福州：远东印书局，1931.

［48］湖南省公债监管委员会．民国二十二年湖南省公债条例［M］．湖南省档案馆藏，1933.

［49］何浩若．湖南省财政整理报告书［M］．长沙：湖南省财政厅，1935.

［50］陈子钊．湖南之财政［M］．长沙：湖南经济调查所，1934.

［51］财政部调查处编．各省区历年财政汇览［M］．财政部财政调查处编印，1927.

［52］王琴堂. 地方财政学要义［M］. 出版地和时间不详.

［53］秦孝仪主编. 中华民国经济发展史：第 2 册［M］. 台北：近代中国出版社，1983.

［54］京兆地方财政讲习所编. 京兆地方财政讲习所讲义录：第 12 卷［M］. 出版地不详，1919.

［55］周成. 地方财政学［M］. 上海：泰东图书局，1929.

［56］陈公契，曹希政编. 财政［M］. 江苏省区长训练所发行，出版时间不详.

［57］杨叙然. 地方财政论［M］. 长沙：同文印刷公司，1933.

［58］朱博能. 地方财政学［M］. 南京：正中书局，1942.

［59］朱博能. 县财政问题［M］. 南京：正中书局，1943.

［60］秦庆钧. 地方财政学［M］. 广州：广州大学出版社，1948.

［61］彭雨新. 县地方财政［M］. 上海：商务印书馆，1945.

［62］马寅初. 财政学与中国财政——理论与现实［M］. 北京：中华书局，2001.

［63］财政部地方财政司编. 十年来之地方财政［M］. 北京：中央信托局印，1943.

［64］李培生编. 西南军阀史研究丛刊：第 2 辑［M］. 贵阳：贵州人民出版社，1983.

［65］中国史学会，中国社会科学院近代史研究所. 北洋军阀（1912—1928）［M］. 第 3 卷，武汉：武汉出版社，1990.

［66］荣孟源主编. 中国国民党历次代表大会及中央全会资料：上册［M］. 北京：光明日报出版社，1985.

［67］赵既昌. 论重划国地财政收支系统［N］. 中央日报，1946 - 06 - 07.

［68］中国通商银行编. 五十年来之中国经济［M］. 上海：六联印刷股份有限公司，1947.

［69］朱斯煌主编. 民国经济史［M］. 上海：银行周报社印行，1948.

［70］李振华辑. 近代中国国内外大事记宣统 1 年：影印版［M］. 台北：文海出版社，1979.

［71］徐沧水．内国公债史（附录）［M］．上海：商务印书馆，1923．

［72］中国近代经济思想资料选辑：中册［M］．北京：中华书局，1982．

［73］民国二十七年江西省建设公债条例［J］．江西省政府公报第 983 期，1938．

［74］中国史学会，中国社会科学院近代史研究所编．北洋军阀（1912—1928）（第一卷）［M］．武汉：武汉出版社，1990：514．

［75］许毅主编．清代外债史资料［M］．中华人民共和国财政部，中国人民银行总行编印，1988．

［76］张謇．张季子九录·政闻录：卷七［M］．南京：江苏古籍出版社，1994．

［77］左治生．中国财政历史资料选编：第十一辑［M］．北京：中国财政经济出版社，1987．

［78］中国人民银行上海市分行金融研究室编．金城银行史料［M］．上海：上海人民出版社，1983．

［79］杨格．一九二七至一九三七年中国财政经济情况［M］．北京：中国社会科学出版社，1981：304．

［80］小林丑三郎．地方财政学［M］．姚大中，译，上海：崇文书局，1919．

［81］晏才杰．公债论：第 2 版［M］．上海：新华学社，1922．

［82］万籁鸣．整理中国外债问题［M］．上海：光华书局，1927．

［83］蒋士立．国债辑要［M］．日进舍，1915．

［84］天津市档案馆等．天津商会档案汇编（1912—1928）：第 2 册［M］．天津：天津人民出版社，1992．

［85］马敏，祖苏．苏州商会档案丛编（1919—1927）：第 3 辑下册［M］．武汉：华中师范大学出版社，2009．

［86］张郁兰．中国银行业发展史［M］．上海：上海人民出版社，1957．

（二）报刊

《东方杂志》《银行周报》《民吁报》《民立报》《津报》《时报》《国风

报》《中央报》《财政日刊》《财政公报》《国民政府公报》等。

（三）地方志

[1] 湖北省地方志编纂委员会．湖北省志·财政志 [Z]．武汉：湖北人民出版社，1995.

[2] 四川省省地方志编纂委员会．四川省志·财政志 [Z]．成都：四川人民出版社，1996.

[3] 浙江省地方志编纂委员会．浙江省财政税务志 [Z]．北京：中华书局，2002.

[4] 江苏省地方志编纂委员会．江苏省志·财政志 [Z]．南京：江苏人民出版社，1996.

[5] 福建省地方志编纂委员会．福建省志·财政志 [Z]．福州：福建人民出版社，1996.

[6] 安徽省地方志编纂委员会．安徽省志·财政志 [Z]．合肥：安徽人民出版社，1996.

[7] 广东省地方志编纂委员会．广东省志·财政志 [Z]．广州：广东人民出版社，1996.

[8] 河北省地方志编纂委员会．河北省志·财政志 [Z]．石家庄：河北人民出版社，1992.

[9] 华桐主编，谢军总纂，范银飞，刘斌副总纂．江西省财政志 [Z]．南昌：江西人民出版社，1999.

[10] 云南省地方志编纂委员会．云南省志·财政志 [Z]．昆明：云南人民出版社，1994.

（四）学术著作

[1] 中国财政史编写组编著．中国财政史 [M]．北京：中国财政经济出版社，1987.

[2] 汪敬虞．十九世纪西方资本主义对华经济侵略 [M]．北京：人民出版社，1983.

［3］汪敬虞主编．中国近代经济史（1895—1927）：上册［M］．北京：人民出版社，1999.

［4］彭泽益主编．中国社会经济变迁［M］．北京：中国财政经济出版社，1990.

［5］周育民．晚清财政与社会变迁［M］．上海：上海人民出版社，2000.

［6］段本洛．中国资本主义的产生和早期资产阶级［M］．苏州：苏州大学出版社，1996.

［7］中国人民大学清史研究所编．清史研究：第四集［M］．成都：四川人民出版社，1986.

［8］李士梅编．公债经济学［M］．北京：经济科学出版社，2006.

［9］陈克俭，林仁川．福建财政史［M］．厦门：厦门大学出版社，1989.

［10］张仲礼主编．近代上海城市研究［M］．上海：上海人民出版社，1900.

［11］刘志英．近代上海华商证券市场研究［M］．北京：学林出版社，2004.

［12］徐学禹，丘汉平．地方银行概论［M］．福建省经济建设计划委员会，1941.

［13］金普森等．浙江通史·民国卷·上［M］．浙江：浙江人民出版社，2005.

［14］许毅，金普森等著．清代外债史论［M］．北京：中国财政经济出版社，1996.

［15］中国社科院中华民国史研究室等编．阎锡山与山西省银行［M］．北京：中国社会科学出版社，1980.

［16］王孝泉．福建财政史纲［M］．台湾：文海出版社，1987.

［17］林仁川．福建财政史［M］．厦门：厦门大学出版社，1989.

［18］重庆金融编写组．重庆金融：上卷［M］．重庆：重庆出版社，1991.

［19］王生怀．民国时期安徽文化与社会研究（1912—1937）［M］．合

肥：安徽人民出版社，2008.

　　[20] 张公权著，杨志信译 . 中国通货膨胀史（1937—1949）［M］. 北京：文史资料出版社，1986.

　　[21] 陆仰渊，方庆秋 . 民国社会经济史［M］. 北京：中国经济出版社，1991.

　　[22] 李飞等主编 . 中国金融通史（第三卷北洋政府时期）［M］. 北京：中国金融出版社，2000.

　　[23] 樊丽明，黄春雷，李齐云 . 中国地方政府债务管理研究［M］. 北京：经济科学出版社，2006.

　　[24] 国家税务总局 . 中华民国工商税收史纲［M］. 北京：中国财政经济出版社，2001.

　　[25] 赫延平 . 中国近代商业革命［M］. 上海：上海人民出版社，1991.

　　[26] 李飞 . 中国金融通史［M］. 北京：中国金融出版社，2000.

　　[27] 储东涛 . 江苏经济史稿［M］. 南京：南京大学出版社，1992.

　　[28] 潘国旗 . 近代中国地方公债研究——以皖川闽粤为中心的考察［M］. 北京：经济科学出版社，2014.

　　[29] 潘国旗 . 近代中国国内公债研究（1840—1926）［M］. 北京：经济科学出版社，2007.

　　[30] 潘国旗 . 近代中国地方公债研究——以江浙沪为例［M］. 浙江：浙江大学出版社，2009.

　　[31] 申学锋 . 晚清财政支出政策研究［M］. 北京：中国人民大学出版社，2006.

　　[32] 孙翊刚 . 中国财政史［M］. 北京：中国社会科学出版社，2003.

　　[33] 徐矛 . 中国十银行家［M］. 上海：上海人民出版社，1997.

　　[34] 张连红 . 民国时期中央与地方财政关系研究［M］. 南京：南京师范大学出版社，1999.

　　[35] 姜宏业主编 . 中国地方银行史［M］. 长沙：湖南出版社，1991.

　　[36] 王鹤鸣，施立业 . 安徽近代经济轨迹［M］. 合肥：安徽人民出版社，1991.

［37］陈志勇．公债学［M］．北京：中国财政经济出版社，2007.

［38］李娟婷．商会与商业行政：北洋政府时期的政商关系（1912—1927）［M］．北京：经济管理出版社，2015.

［39］陶士和．民国时期浙江省政府与社会经济建设研究［M］．北京：中国社会科学出版社，2016.

［40］马金华．民国财政研究［M］．北京：经济科学出版社，2009.

［41］马金华．中国外债史［M］．北京：中国财政经济出版社，2005.

［42］刘杰．国家债务危机：民国时期政府内债整理与管理问题研究［M］．上海：上海财经大学出版社，2021.

［43］缪明杨．中国近现代政府举债的信用激励、约束机制研究［M］．成都：西南财经大学出版社，2008.

［44］［美］罗斯基．战前中国经济的增长［M］．杭州：浙江大学出版社，2009.

（五）期刊论文

［1］毕学进，马金华．康继尧时期云南省政府内债考［J］．中国经济史研究，2023（1）：117-137.

［2］毕学进，马金华．清末西式财税理论中土融适、移植及其价值再审视［J］．中国经济史评论，2022（2）：17-38.

［3］毕学进．北洋政府与云南地方内债的发借［J］．经济社会史评论，2022（4）：103-113.

［4］马海涛，马金华．民国时期的地方政府债务管理及启示［J］．南京财经大学学报，2014（6）：19-25.

［5］马金华，宋晓丹．地方政府债务：过去、现在和未来［J］．中央财经大学学报，2014（8）：18-21.

［6］卢真，马金华．中西方现代预算制度成长的驱动因素分析及启示［J］．中央财经大学学报，2016（10）：13-18.

［7］马金华，邢洪英．民国时期的分税制改革评价［J］．财政监督，2014（4）：22-26.

[8] 马金华，赵丹．近代湖北地方公债研究及对当今地方债监管的启示 [J]．财政监督，2014（21）：36 – 39.

[9] 马金华，刘沛．近代中国的政府债务与盐税抵押 [J]．盐业史研究，2014（2）：35 – 43.

[10] 马金华，赵一凡．民国时期的地方政府债务管理及启示 [J]．经济研究参考，2014（45）：58 – 65.

[11] 马金华，符旺．近代浙江省地方政府债务及启示 [J]．地方财政研究，2015（2）：92 – 96.

[12] 马金华，赵一凡．近代广东省地方政府债务史 [J]．广东财政理论与实务，2014（5）：40 – 42.

[13] 马金华，宋晓丹．有效解决地方政府债务问题 [J]．广东财政理论与实务，2014（3）：14 – 16.

[14] 马金华，钱婧惊．集权与分权：近代中央与地方财政关系变迁 [J]．创新，2014，8（4）：54 – 59.

[15] 马金华．近现代中国地方政府债务的发展历程 [C] //中国财税博物馆近现代财税历史研讨会论文集．北京：经济科学出版社，2014：122 – 135.

[16] 马金华．民国财政对当今公共财政体制建设的启示 [J]．财政研究，2011（6）：80 – 81.

[17] 马金华．晚清中央与地方的财政关系 [J]．清史研究，2004（1）：94 – 101.

[18] 潘国旗．第三次全国财政会议与抗战后期国民政府财政经济政策的调整 [J]．抗日战争研究，2004（4）：101 – 122.

[19] 潘国旗，朱俊瑞．论晚清时期地方政府的国内公债 [J]．经济研究参考，2002（30）：37 – 40.

[20] 潘国旗，刘大伟．民国时期的江苏省公债初探 [J]．民国档案，2009（3）：63 – 67.

[21] 潘国旗，赵天鹏．论防区制时期的四川省公债 [J]．民国档案，2011（3）：81 – 87.

［22］潘国旗．近代浙江省公债的发行及启示［J］．浙江社会科学，2008（3）：98－128.

［23］潘国旗．论战时的浙江省财政［J］．抗日战争研究，2009（2）：62－69.

［24］潘国旗．从中央与地方财政关系看国民政府时期的地方公债［J］．历史研究，2016（6）：113－132.

［25］杜恂诚．清末民初形形色色的地方银行［J］．银行家，2003（8）：154－155.

［26］杜恂诚．全面抗战前省市立银行的扩张［J］．社会科学，2015（1）：151－159.

［27］杜恂诚．近代中国的政府公债与金融市场［J］．财经研究，2012，38（9）：37－47.

［28］周建树．抗战时期湖北的财政与金融［J］．湖北文史，2003（2）：106－117.

［29］刘玲．试论"官督商办"对中国近代资本主义的启动作用［J］．安徽教育学院学报，2000，18（1）：30－32.

［30］张连红．论南京政府时期的中央与地方财政收支结构［J］．史学月刊，2000（2）：55－61.

［31］张连红．南京国民政府时期中央与地方财政收支结构的划分与实施［J］．江海学刊，1999（6）：148－153.

［32］吴景平．近代上海金融地位与南京国民政府之关系［J］．史林，2002（2）：90－98.

［33］吴景平．近代中国内债时研究对象刍议——以国民政府1927—1937年为例［J］．中国社会科学，2001（5）：175－187.

［34］王菊梅．北洋时期福建省地方公债初探［J］．金卡工程，2009，13（7）：242－243.

［35］王菊梅．国民政府前期（1927—1936）福建省公债发行初探［J］．濮阳职业技术学院学报，2012，25（2）：46－50.

［36］孙建华．抗战前十年公债结构的变迁、原因及影响［J］．学理论，

2009（20）：52－53.

[37] 张晓辉. 广东近代地方公债史研究（1912—1936 年）[J]. 暨南学报，1992（2）：122－129.

[38] 王峰. 近代中国公债增信方法及偿债基金作用 [J]. 地方财政研究，2016（2）：92－96.

[39] 北洋财政制度研究课题组. 北洋时期中央与地方财政关系研究 [J]. 财政研究，1996（8）：59－63.

[40] 陈俊竹. 从晚清及北洋政府时期地方公债发行试谈我国地方公债的发展 [J]. 时代金融，2012（4）：41

[41] 华国庆. 中国地方公债立法研究 [J]. 安徽大学学报，2010（4）：132－139.

[42] 邹进文，李彩云. 中国近代地方政府间财政分权思想研究 [J]. 贵州财经学院学报，2011（2）：6－12.

[43] 黄传荣. 论清末湖北地方政府军政外债的影响 [J]. 沈阳工程学院学报（社会科学版），2012，8（2）：162－164.

[44] 黄传荣. 清末湖北地方政府军政外债的特点探析 [J]. 忻州师范学院学报，2012，38（3）：109－111.

[45] 马长林. 不起眼的官银钱号 [J]. 浙江金融，2013（3）：76－78.

[46] 龚汝富. 近代中国国家税和地方税划分之检讨 [J]. 当代财经，1998（1）：54－59.

[47] 胡铁. 省地方银行之回顾与前瞻 [J]. 金融知识，1942，1（6）：15.

[48] 聂水南. 清末安徽公债票发行章程考 [J]. 安徽钱币，2008（3）：21－22.

[49] 钱健夫. 十五年来上海市财政及其批判 [M]. 财经评论，1946（10）：105.

[50] 陈寿琦. 论省地方银行之将来 [J]. 四川经济季刊，1943，1（1）：277.

[51] 申学锋. 清代中央与地方财政关系的演变 [J]. 河北学刊，2002，22（5）：141－145.

［52］徐继庄. 我国省地方银行问题［J］. 金融知识，1942，1（6）：6.

［53］傅兆荣. 国家银行专业化后之省地方银行［J］. 财政知识，1942，2（1）：29.

［54］杨寿标. 省地方银行业务之回顾与前瞻［J］. 财政评论，1944，11（4）：41.

［55］杨亚琴. 旧中国地方银行的发展［J］. 上海金融，1997（4）：43－44.

［56］李国忠. 民国初期中央与地方发展关系述评［J］. 天津师范大学学报，2002（5）：34－39.

［57］梁发苇. 晚清民国地方政府债务［J］. 新理财（政府理财），2014（1）：32－33.

［58］刘慧宇. 论南京国民政府时期国地财政划分制度［J］. 中国经济史研究，2001（4）：42－48.

［59］刘慧宇. 论中国近代国地财政划分制度的演变［J］. 东南大学学报，2001（3）：14－18.

［60］吕珊珊. 晚清地方政府债务及启示［J］. 地方财政研究，2011（8）：77－80.

［61］马陵合. 转型中的迟滞. 民初安徽财政金融研究［C］//辛亥革命与百年安徽学术研讨会论文集，2011.

［62］马陵合. 新政时期清政府地方外债政策评析［J］. 历史档案，2008（4）：53－59.

［63］马陵合. 论晚清地方外债的阶段性特点［J］. 安徽师范大学学报，1996（1）：28－35.

［64］马陵合. 试析左宗棠西征借款与协饷的关系［J］. 历史档案，1997（1）：105－111.

［65］潘标，刘大伟. 南京国民政府时期江苏省地方公债评述［J］. 湖北第二师范学院学报，2013，30（1）：63－68.

［66］梁义群. 清末新政与财政［J］. 历史档案，1990（1）：101－106.

［67］魏光奇. 清代后期中央集权财政体制的瓦解［J］. 近代史研究，

1986（1）：207－230.

　　［68］魏光奇. 国民政府时期县国家财政和自治财政的整合［J］. 首都师范大学学报，2005（3）：10－17.

　　［69］尹红群. 财权与庶政：抗战后期国民政府自治财政的困局（1941—1945）［J］. 云梦学刊，2006，27（6）：62－65.

　　［70］张朝晖，刘志英. 近代浙江地方银行与政府之关系研究［J］. 财经论丛，2006（6）：95－99.

　　［71］张或定，张卫星，姜林. 民国十年湖北地方公债及其发行背景［J］. 武汉金融，2012（12）：35－39.

　　［72］张侃. 试析直系统治时期的短期外债［J］. 民国档案，2000（4）：59－64.

　　［73］张侃. 论北洋时期地方政府外债［J］. 中国社会经济史研究，2000（1）：69－79.

　　［74］潘健. 民国时期福建财政制度的现代化转型［J］. 福建师范大学学报，2013（5）：131－138.

　　［75］金普森，潘国旗. 论近代中国内外债的相互演变［J］. 浙江大学学报（人文社会科学版），2010，40（4）：78－87.

　　［76］姜良芹. 1927—1937年国民政府公债市场监管体制评析［J］. 江海学刊，2004（5）：150－155.

　　［77］姜良芹. 南京国民政府1932年内债整理案述论［J］. 中国经济史研究，2002（4）：52－62.

　　［78］刘晓泉. 国民政府地方公债管理政策述评［J］. 江西财经大学学报，2014（1）：101.

　　［79］刘晓泉. 民国元年军需公债初探［J］. 西南大学学报：人文社会科学版，2008，34（5）：154－158.

　　［80］刘杰，孙语圣. 清末至北洋政府时期的安徽地方公债［J］. 安庆师范学院学报，2011，30（10）：46－49.

　　［81］彭雨新. 辛亥革命前夕清王朝财政的崩溃［C］//辛亥革命论文集. 武汉：湖北人民出版社，1981：165－174.

［82］刘志英．全面抗战时期国民政府对省地方银行的监管［J］．历史研究，2015（4）：105－122.

［83］刘志英．近代上海的地方公债［J］．财经论坛，2005（4）：97－101.

［84］李爱丽．从粤海关档案看清末广东省两次公债发行［J］．近代史研究，2007（3）：117－126.

［85］林强．抗战时期福建省经济政策初探［J］．党史研究与教学，1991（5）：24－33.

［86］刘天旭．清末湖北财政危机与武昌起义的爆发［J］．江西社会科学，2011（1）：137－142.

［87］武云．近代广东省地方政府债务及启示［J］．社会科学家，2015（2）：142－146.

［88］刘杰．商人团体与政府债务：以1927—1937年公债为中心［J］．江西社会科学，2016（10）：144－152.

［89］戴建兵．白银与近代中国经济（1890—1935）［D］．上海：复旦大学，2003.

［90］刘杰．安徽近代地方公债研究（1910—1941）［D］．合肥：安徽大学，2012.

［91］刘杰．公债与地方社会的互动与冲突：民国时期安徽地方公债研究［D］．合肥：安徽大学，2012.

［92］赵天鹏．民国时期四川省公债研究（1920—1941）［D］．杭州：杭州师范大学，2011.

［93］郑飞．民国时期中央与地方财政分权研究［D］．天津：天津财经大学，2013.

［94］燕红忠．近代中国的政府债务与金融发展［J］．财经研究，2015（9）：108－120.

（六）英文文献

［1］Linsun Chen. Banking in Modern China：Entrepreneurs，Professional

Managers, and the Development of Chinese Banks, 1897 – 1937 [M]. Cambridge: Cambridge University Press, 2003.

[2] Chun – Yu Ho, Dan Li. A Mirror of History: China's Bond Market, 1921 – 42 [J]. Economic History Review, 2014, 67 (2): 409 – 434.

[3] Zhiwu Chen. Financial Strategies for National Building, Capitalizing China [M]. Chicago and London: The University of Chicago Press, 2012.

[4] Haizhou Huang, Ning Zhu. The Chinese Bond Market. Historical lessons, Present Challenges, and Future Perspective. China's Emerging Financial Markets. Challenges and Opportunities [J]. The Milken Institute Series on Financial Innovation and Economic Growth, 2009 (8): 523 – 546.

[5] Goetzmann, William, Andrey Ukhov, et al. China and the World Financial Markets 1870 – 1939: Modern Lessons from Historical Globalization [J]. Economic History Review, 2007, 60 (2): 267 – 312.

[6] Young, Arthur N. China's Nation Building Effort, 1927 – 1937: the Financial and Economic Record [M]. Stanford: Hoover Institution Press, 1971.

[7] Barro, Robert, J. Are Government Bonds Net Wealth [J]. Journal of Political Economy, 1974, 8 (2): 1095 – 1117.

[8] Robert Brooks. Municipal Bonds: A Contingent Claims Perspective [J]. Financial Services Review, 1999, 8 (2): 71 – 85.

[9] Fernando Antônio Ribeiro Soares, Geraldo da Silva e Souza, Tito Belchior Silva Moreira. Are Government Bonds Net Wealth Some Empirical Evidence [J]. Modern Economy, 2011 (2): 412 – 415.

[10] W. Bartley Hildreth, C. Kurt Zorn. The Evolution of the State and Local Government Municipal Debt Market over the Past Quarter Century [J]. Public Budgeting and Finance Silver Anniversary Edition, 2005 (11): 127 – 153.

附录：晚清民国时期省（含特别市）公债统计总表

债务名称	举借主体	发行时间	债务规模	抵押品	用途（举债目的）	利率	偿还时间	实际发行额	偿还情况等其他
直隶公债	河北	1905 年	480 万两	藩库银、连库银、盐款以及铜元余利	军费开支	第一年年息七厘，后逐年增加至一分二厘	6 年		
上海华界第一次地方公债	上海	1906 年	3 万两	大达公司租银	兴办工场		3 年		
上海华界第二次地方公债	上海	1908 年	3 万两	大达公司租银	举办市政工场	年息八厘	3 年		
湖北公债	湖北	1909 年	240 万两	藩库 6 万两、盐库 10 万两、江汉关 6 万两、整顿税契 7 万两、官钱局盈余银 20 万两、签捐局盈余 3 万两	筹办新政	第一年年息七厘，后逐年增加至一分二厘	6 年	96.5 万两由横滨正金银行和华俄道胜银行承购	
安徽公债	安徽	1910 年	120 万两	指定藩库 14 万两，牙厘局出口米厘 15 万两	增练新军	第一年年息七厘，后逐年增加至一分二厘	6 年	几乎全被怡大洋行认购	
湖南公债	湖南	1910 年	120 万两	官矿处和水口山铅矿	政府支用	年息七厘	6 年	省内认购 20 万两，其余被日本人全部承购	到 1934 年尚欠本金 28 万两

440

续表

债务名称	举借主体	发行时间	债务规模	抵押品	用途（举债目的）	利率	偿还时间	实际发行额	偿还情况等其他
上海华界第三次地方公债	上海	1910年	10万两	大达公司租息、船捐、车捐	筹集市政建设经费	年息八厘	5年	实际募得38189两	
直隶二次公债	河北	1911年	320万两	藩库30万两、运库35万两、永平七属盐务余利15万两	筹议军镇改良办法	第一年年息七厘，后逐年增加至一分二厘	6年		
民国元年筹饷公债	湖南	1912年	500万元	省政府担保	支付军费	年息四厘	10年	380.08万元	1918年起每年还本1/10
直隶三次公债	河北	1917年9月	120万两	省国家收入的杂税	弥补军费	第一年年息七厘，后逐年增加至一分二厘	6年		甲号1918年还本、乙号1919年还本，余类推六年还清
中华民国政府军事公债	湖北	1911年	2000万银元	外洋各埠股实商家银行经理，以湖北汉阳铁厂、红砖厂、武昌纱布丝麻四局、造纸厂、毡泥厂、八处产业共银2385万两	军费	年息五厘	10年	2400万元（国务募集2000万元，国内募集400万元）	外洋各埠股实商家银行经理
爱国公债	浙江	1911年12月	500万元	浙西盐课厘收入、丝绢收入	补充财政	年息七厘	4年	49.9208万元	1919年3月还清
中华民国公债票	上海	1911年12月	1000万元	沪军政府及民政财政两总长担保	弥补财政	第一年年息九厘，后逐年增加至一分六厘	6年		4年还清，每年偿还250万元，还本付息机构为上海中华银行

续表

债务名称	举借主体	发行时间	债务规模	抵押品	用途（举债目的）	利率	偿还时间	实际发行额	偿还情况等其他
上海市政厅公债	上海	1912年	4万两	大达公司租息	为新政权筹措政费	年息八厘	5年	2.2万余两	
中华民国广东全省地方劝业有奖公债	广东	1912年11月	1000万毫银	全省地方税收收入	实业建设	年息八厘	10年	432.2024万毫银	实际已偿还22.7538万毫银，余未付
江苏省第一次短期公债票	江苏	1912年10月	100万元	全省租税收入	补充军事、整理庶政	年息七厘	5年	20.854万元	未偿清
军需公债	陕西	1912年1月	200万两		军费	年息六厘	3年	第一期发行100万两，派员分赴陕西各县推销，第二期发行未成功	
民国元年地方公债	江西	1912年1月	600万元	无抵押	军政费、维持革命政权		20年	22.9万元	军政府债信不足，实际认购只有14户。1914年偿还部分，未还之数以该省地方公债换偿
中华民国闽省军务公债（又名南洋公债）	福建	1912年1月	300万元		军政费	二分五厘	1年	30.7万元	福建军政府成立闽省公债局，发行对象是南洋侨胞

续表

债务名称	举借主体	发行时间	债务规模	抵押品	用途（举债目的）	利率	偿还时间	实际发行额	偿还情况等其他
维持市面公债	浙江	1912年2月	100万元	不详	疏通金融、补充军政费用	年息六厘起	5个月	总额100万元，各庄号领借，各业领押各50万元	
安徽米商公债	安徽	1913年11月	漕平银30万两	芜湖米厘	代皖路公司还债	年息五厘	3年	实际募足30万两	1923年止，已还本息22963两，尚欠277037两，折合银元374374元
山东地方公债	山东	1913年	60万元		弥补财政	年息八厘	1年到3年8个月	实募71450元	1915年4月停征
云南随粮公债	云南	1913年	不详	不详	办实业、赈灾	不详	不详	不详	
临时公债	贵州	1913年	100万元	全省田赋、厘金	军政费	月息五厘	3年		
安徽地方短期公债	安徽	1914年	40万元		兑市面纸币之用	第一期无息，第二期二厘，后每年加一厘	4年	募足	1934年偿清
市制公债	江西	1915年12月	400万元	景德镇统税20万元，米捐35万元，九五商捐15万元	整顿币制	年息七厘	10年半		1931年6月还清

续表

债务名称	举借主体	发行时间	债务规模	抵押品	用途（举债目的）	利率	偿还时间	实际发行额	偿还情况等其他
奉天省公债	辽宁	1915年11月	260万元	省税捐	偿还内外债	年息六厘	8年		
护国公债	云南	1916年	1000万元	全省厘金、牲畜、烟酒税	军费	年息六厘	25年		1932年7月1日起偿还本金，1942年偿清
劝募公债（五年内国公债）	广东	1916年	300万毫银		办理善后	年息六厘		100万毫银	
山东地方公债	山东	1915年	100万元		筹办濮阳河工及临时财政支出	年息八厘	2年	实收718670元	
军务善后公债	山东	1916年	140万元		编遣民军及筹办善后	年息八厘	2年半	实收136.2万元	
短期债票	江西	1916年6月	20万元	抵完丁漕厘税	弥补库存不足	年息五厘			已偿清
陕西地方公债	陕西	1917年	200万两议平银	省租税	整束军队、弥补旧欠	年息六厘	12年		
		1927年4月（续办）	20万两议平银						
短期债券	江西	1917年6月	30万元	抵完丁漕厘税	救济军政费	年息五厘			已偿清

续表

债务名称	举借主体	发行时间	债务规模	抵押品	用途（举债目的）	利率	偿还时间	实际发行额	偿还情况等其他
短期公债	江西	1917年11月	30万元	抵纳丁漕统税	弥补军费	年息二厘五毫	六个月	16.34万元	向赣垣绅商募集
短期公债续发1						年息五厘	六个月		
地方有奖公债	湖南	1917年	500万元	矿业余利	维持币制稳定	年息七厘		30.17万元	
短期公债续发两期	江西	1918年3月	50万元	赋税收入	弥补军费	第一期年息五厘 第一期年息七厘五毫			已偿清
金库证券	江西	1918年3月	80万元（分四期）		弥补财政，打发各机关大欠薪	年息八厘	3年		此债券嗣后增发，到期末兑券有499.9万元
临时军需公债	福建	1918年6月	120万元	水旱、厦门各厘局税收	军用	年息六厘	5年	109.9017万元	1926年结欠26.1万元，发行后并未还本付息
奉天公债	辽宁	1918年	500万元	省税捐收入100万元	清理财政	年息八厘		实收326万元	后停募
靖国公债	云南	1918年	200万元	全省烟酒公卖费	军需			到1921年，只募集10%	
七年河南省公债	河南	1918年	100万元	金库经收地方税款100万元作为应付本金，地方银行营业余利项下提银5000元作应付利息	筹设地方银行基金		12年		1927年停募

续表

债务名称	举借主体	发行时间	债务规模	抵押品	用途（举债目的）	利率	偿还时间	实际发行额	偿还情况等其他
民国八年短期公债	江西	1919年	158.7万元（第一次） 133.7万元（第二次）		筹措军政费用				原案已毁无从确查，据闻与江西六年短债相仿
湖南惠民奖票	湖南	1918年11月	314.475万元（2期）		收回湖南银行			硬性摊派，实际发行310.628万元	
地方军需公债	青海	1919年	70万两		军费	月息六厘		实募4.11万两	
定期有利金库证券	湖南	1919年	200万元	国库收入	弥补省库	年息八厘	1年	152.1776万元	
广东省维持纸币八厘短期公债	广东	1919年	150万毫银	烟酒税和厘税	维持中国银行币值	年息八厘		48.284万毫银	偿还58110元，余下未还
七厘短期公债	甘肃	1919年	70万两	皮毛捐	筹集军饷	年息八厘	10～14年	实际募得68.4245万两	
安徽省八厘短期公债	安徽	1919年3月	100万元	丁漕	弥补军政费	年息八厘	4年	实际募得51.0185万元	截止到1930年5月，尚欠18.5万元
民国八年内国公债	福建	1919年12月	121.81万元	田赋	政费支出	年息七厘	20年	89.7万元	至1926年结欠89.7万元

续表

债务名称	举借主体	发行时间	债务规模	抵押品	用途（举债目的）	利率	偿还时间	实际发行额	偿还情况等其他
财政厅第一次定期借款	浙江	1920年	150万元	全省统捐新增比额、国家预算奉准开支利息项下之款	扭转财政周转困难	年息一分二厘	3年	150万元	1924年10月还清
金库有息证券	甘肃	1920年	400万两		拨作军政杂费	月息六厘	10年	实际募得39.8355万两	
民国九年短期公债	江西	1920年	198.2万元（第一次）169.6万元（第二次）		筹措军政费用				原案已毁，无从确查，据闻与江西六年短债相仿
短期库券	湖南	1920年	15万元	全省盐斤收入附加税		月息一分			
山西省定期有利金库券	山西	1920年	200万元	全省赋税一部分	军政机关薪俸、杂费	月息六厘	6个月		
军事有奖公债（共五期）	四川	1920年6月	80万元	省契税、肉厘两税	军费	年息六厘	2年		一年后分别清偿收回，但仍结欠30万元
	四川	1920年9月	60万元						
	四川	1920年10月	60万元						
	四川	1921年1月	50万元						
	四川	1921年1月	50万元						

续表

债务名称	举借主体	发行时间	债务规模	抵押品	用途（举债目的）	利率	偿还时间	实际发行额	偿还情况等其他
金库有利证券	福建	1920年	100万元	契票杂捐	军费	月息一分二厘	15个月	87.9万元	截止1926年结欠60万元
直隶赈灾公债	河北	1920年10月	120万元	开滦矿务总局报效、实业经费盈余	救济灾荒	年息一分二厘	10年	11.6万元	
地方公债	湖北	1921年	200万元	省库收入、武昌造币厂盈余	发放军饷，清偿旧债	年息一分			
临时军事公债	四川	1921年9月	300万元	烟酒税	整理财政，筹措军需	年息八厘	2年		
十年金库证券	安徽	1921年	30万元		军需	月息一分五厘	4个月	实际募得8.996万元	分派安庆道、芜湖、准泗道承募
增比公债	江苏	1921年7月	200万元	全省税厘比额新增款项	弥补财政赤字	月息一分二厘	5年	185万元	到1927年1月仍欠39.775万元，余下未付
民国十年短期公债	江西	1921年	163.5万元（第一次）／24.3万元（第二次）		筹措军政费用				

续表

债务名称	举借主体	发行时间	债务规模	抵押品	用途（举债目的）	利率	偿还时间	实际发行额	偿还情况等其他
省库证券	湖南	1921年	100万元		筹措军政费用	月息六厘	6个月	实际募得38.807万元	
赈灾短期公债	安徽	1921年	60万元	烟酒公卖及印花税两项拨还安徽的赈灾余款项下，划拨100万元	赈灾	一分二厘	4年	实际募得10.079万元	1930年5月仍欠2.2万元
广东地方善后内国公债	广东	1921年	500万毫银	省田赋	编造军队、整理金融	年息八厘	2年	232.359万毫银	本息未能还清
军用手票	江西	1921年	先期30万元，续发80万元	省粮税	弥补省库收入				以1925年地方公债换偿
三七兑现凭条	江西	1921年	10.8094万元	不指定各县局抵解税款					
民国十年江西地方公债	江西	1921年10月	800万元	江西省统税、贩商补助费	清偿前期未还公债	月息一分	6年	580余万元	未清偿部分以金融库券换回
直隶四次公债	河北	1921年8月	300万元	盐税	军事善后	年息一分，后每年增一厘五毫	6年		未还清
十年临时公债	河南	1921年	120万元	代理金库经收地丁款项	筹措发行纸币准备金	年息六厘	10年		未还清

续表

债务名称	举借主体	发行时间	债务规模	抵押品	用途（举债目的）	利率	偿还时间	实际发行额	偿还情况等其他
财政厅第二次定期借款	浙江	1922 年	200 万元	全省契税、牙帖捐税	补充财政	年息一分二厘	3 年	实际募得 198.56 万元	1926 年 6 月还清
临时公债	河南	1922 年	120 万元		筹措纸币准备金	年息六厘	10 年		
十六年地方公债	河南	1922 年 8 月	1000 万元		军政费用				1929 年只募集到 488.5 万元
善后公债	江苏	1922 年 11 月	700 万元	全省货物税	灾歉善后	年息一分	5 年		1934 年 12 月 31 日止，共偿还 294 万元
十一年金库证券	安徽	1922 年 8 月	65 万元	以丁漕、厘税。指定宣城、合肥等 9 县漕粮为还本付息基金	弥补库款军需	期满每元六分息	4 个月		到 1930 年 5 月尚欠库券 8710 元没有兑付
沪北工巡捐局整顿路政公债	上海	1922 年	20 万两	总捐	整顿闸北道路	年息一分	5 年	实际募得 10 万两	1929 年市财政局整顿还清
财政厅第三次定期借款	浙江	1923 年	150 万元	第一定期借款所有基金	补充财政，集资周转	年息一分二厘	3 年	实际募得 141.04 万元	1926 年 5 月还至第 19 期，后归入整理旧欠公债案内办理
广东省金库券	广东	1923 年	600 万毫银		军费				

续表

债务名称	举借主体	发行时间	债务规模	抵押品	用途（举债目的）	利率	偿还时间	实际发行额	偿还情况等其他
十二年金库证券	安徽	1923年8月	60万元	以丁漕、厘税。指定宣城、合肥等9县漕粮为还本付息基金	军政费用	期满每元六分息	4个月	实际募得44.6521万元	1930年欠2095元，偿还44305元
河工公债	山东	1923年	100万元		修复宫家坝黄河决口	年息八厘	2年半	实收78.28万元	
定期有利兑换券	贵州	1923年	100万元	全省厘金、盐商、营业捐、通关税	军政费	月息六厘		实际发行92.7万元	以后仅税内抵缴1709元，其余百分之九十以上券票终成废纸
存饷公债	湖南	1923年1月	800万元	全省田赋附加税	军费				
直隶兴利公债	河北	1923年10月	100万元	开滦矿务煤税、煤厘	筹办兴利事业	年息一分	10年		
财政厅第四次定期借款	浙江	1924年	200万元	全省丝绢	缓解财政困难	年一分二厘	3年	实际募得160.85万元	1926年5月还至第17期归人整理旧欠公债案内办理
江苏省兑换券	江苏	1924年10月	100万元	初为上海兵工厂余地变价100万元，后改为皖赣湘鄂四岸盐斤加价	补充军政费用		6个月	实募94.4254万元	直到1937年中日战起，仍无清偿办法

续表

债务名称	举借主体	发行时间	债务规模	抵押品	用途（举债目的）	利率	偿还时间	实际发行额	偿还情况等其他
善后公债	浙江	1924年	300万元	浙西盐斤加价、屠宰税收入	缓解财政困难，战事善后	年息一分	6年	300万元	采用抽签方式偿还97.5万元
十三年金库证券	安徽	1924年	30万元	以丁漕、厘税。指定宣城、合肥等9县漕粮为还本付息基金	接战军费			30万元	1930年5月仍欠10余万元未还
军需善后借款证券	福建	1924年5月	120万元	丁粮、税捐	军需	年息八厘	5年	120万元	至1926年结欠60万元
军用短期证券	福建	1924年8月	80万元		军需	年息一分	3年		
京兆短期公债	河北	1924年10月	65.48万元	京兆各县田赋和其他税捐为担保	军政费	月息一分		实际募得62.21万元	
湖北省金库借款	湖北	1924年	240万元	全省厘金	军需	年息六厘			
军用短期公债	湖南	1924年	30万元		军需	月息二分		实募13.4万元	
有利兑换券	江西	1924年	300万元						
十四年金库证券	安徽	1925年8月	60万元	宣城等10县丁漕项下拨洋31.8万元，60县契税项下拨洋31.8万元	军政费用	年息八厘	4个月后延期	60万元	到1930年欠3960元

续表

债务名称	举借主体	发行时间	债务规模	抵押品	用途（举债目的）	利率	偿还时间	实际发行额	偿还情况等其他
临时军需六厘公债	四川	1925年8月	80万元	盐税	清理江西县债务	月息六厘	24个月		实际未能履行
市政公债	天津	1925年	300万元	工巡捐务处收入	改良市政	周息一分	6年		发行后除第二号息票外，本息均未偿付
盐余库券	安徽	1925年9月	40万元	每月盐余6万元	军费分配	月息一分	20个月	40万元	1926年仍欠318384元
整顿桥梁路公债	上海	1925年	20万两	捐税项下每月拨2000元	改建桥梁筹资	年息一分	10年		
直隶第五次公债	河北	1924年9月	199.93万元	杂税、屠宰税	弥补预算不足	第一年年息一分，后每年增加一厘五毫		实际募得8.36万两	
天津市政公债	河北	1925年10月	125.22万元	天津工巡捐务处收入项下每月拨足5万5千元	筹措天津市政公债	周息一分			
定期兑换券	贵州	1925年2月	108万元	财政厅、筹饷局主管的各项税捐	军事善后，整理金融	采用回扣办法，第一期5%，第二期8%，第三期11%			百分之九十九的票券均未兑现还本
江西省有利流通券	江西	1925年2月	160万元	统税二成附捐、盐捐、大米出口捐	弥补财政，充军政费用	月息八厘	10个月		未兑券以1925年地方公债清偿

续表

债务名称	举借主体	发行时间	债务规模	抵押品	用途（举债目的）	利率	偿还时间	实际发行额	偿还情况等其他
江西地方公债	江西	1925年6月	800万元	盐斤加价，统税二成，附捐出口米护照	整理过往未清偿债券	月息一分			未还之数由财政厅发行整理金融库券二折收回
短期金库券（发行3期）	广东	1925年	168.75万毫银		北伐军饷	月息六厘		实际募得243万毫银	
第一次有奖公债	广东	1926年	500万毫银		军费		30个月	实际募得499.416万毫银	
第二次有奖公债	广东	1926年	1000万毫银		军费		30个月	实际募得997.28万毫银	
第三次有奖公债	广东	1926年	500万毫银		军费		30个月	实际募得437.2万毫银	
安徽米商公债	安徽	1926年9月	漕平银30万两	芜湖出口米按每石150斤收银5分	接济军需	年息八厘	5年	27.2714万两	1930年12月安徽省米捐局裁撤时共征债银27.2714万两，后米照费停办，偿付延期具体未知
军事善后流通券	甘肃	1926年	97万元	全省赋税	军需				1931年1月底止尚欠46.8万元

续表

债务名称	举借主体	发行时间	债务规模	抵押品	用途（举债目的）	利率	偿还时间	实际发行额	偿还情况等其他
东三省清理金融公债	奉天	1926年	5000万元	奉天省官有地亩	清理金融	年息六分	8年		
十五年金库证券	安徽	1926年8月	120万元	盐河、华阳、运漕、巢县、和全5厘局厘税和芜湖米捐及60县契税	财政厅用款			120万元	1930年大66.3万元，偿还53.7万元
整理旧欠公债	浙江	1926年	360万元	原有善后及整理旧欠两债基金担保的盐斤加价，并以杭州绸捐项下每年提拨30万元附息	缓解财政困难，偿还旧债	年息一分	6年		1936年已还本金258万元，另以整理公债调换收回
地方公债（共两期）	福建	1926年1月	60万元	54.96万元					未承认偿还
		1926年7月	80万元	19.43万元					
直隶善后长期公债	河北	1926年6月	600万元	全省杂税统税契税收入之部分和盐务协款		周息八厘	3年		
直隶善后短期公债	河北	1926年9月	400万元	统税、杂税、契税	弥补军费开支	周息八厘	3年		
整理金融锡税公债	云南	1926年	250万元	全省厘金、牲畜、烟酒税	整理金融、救济财政	年息六厘	不详	到1928年10月只募4.1万元	1926年12月底停募

续表

债务名称	举借主体	发行时间	债务规模	抵押品	用途（举债目的）	利率	偿还时间	实际发行额	偿还情况等其他
整理金融随粮公债	云南	1926年	140万元	全省田赋	整理金融、救济财政	年息六厘	1年		1927年停募
定期省库券	云南	1926年	120万元	全省厘金、牲畜、烟酒税	筹集军饷、军政人员薪俸				
地方公债第二期	湖北	1926年5月	300万元	1926~1928年淮盐商贩报效费					
军用票（两次）	山东	1926年1月	1025万元			年息一分五厘			后停募
山东省国库善后公债	山东	1926年3月	2000万元		弥补军政费用	年息八厘		全省107县摊派发行1360万元	
盐税国库善后公债	山东	1926年11月	2000万元		弥补军政费用			全省107县摊派	
盐余公债	山东	1927年4月	400万元	盐余	弥补财政亏空			盐商垫交税金100万元	
第二次国库善后公债	山东	1927年8月	300万元		弥补军政费用			全省107县摊派	
陕西有奖公债	陕西	1927年	300万元	每年烟亩罚款	军需	年息六厘	3年		
整理金融有奖公债	甘肃	1927年	300万元		整理金融	年息七厘			本息均未偿还

续表

债务名称	举借主体	发行时间	债务规模	抵押品	用途（举债目的）	利率	偿还时间	实际发行额	偿还情况等其他
山西省六厘善后债券	山西	1927年		省房捐、所得税收入	清还冶安借款补偿战时费用		12年		
短期金库券	湖北	1926年5月	300万元	1926～1928年准盐商贩报效费		年息一分五厘			
直隶二次兴利公债	河北	1926年12月	110万元	开滦矿务局应缴地方兴办实业经费、报效、煤税	省兴办实业	年息一分	8年		
直隶六次公债	河北	1927年1月	600万元	井陉矿务收入每年应归本省部分为基金，如有不足另由省库别项收入如数拨补。	整理财政、筹备饷需	周息八厘			
短期金库券	福建	1927年4月	200万元	全省各项税收	军费	年息八厘			
福建省地方善后公债	福建	1927年8月	300万元	全省契税、丁粮附加	救济财政急需	年息六厘	6年	实募额131.675万元	国税负责2/3，省截留国税6万作为偿付第一期本息金，但第二期时停发
天津特别区市政短期公债	天津	1927年4月	50万元	天津特别一二三区每年收入之地租杂捐一部分	政府支用	年息八厘	6年		1932年12月31日全数偿清

续表

债务名称	举借主体	发行时间	债务规模	抵押品	用途（举债目的）	利率	偿还时间	实际发行额	偿还情况等其他
金融公债	云南	1928年	2000万元		救济金融、回收纸币		10年		1929年5月停募
讨赤军事公债	山东	1928年4月	100万元		"剿匪"			向各县商户资本额万元以上者摊派	
资产公债	云南	1929年6月	1000万元		回收纸币、维持金融	年息一分	6个月		后停募
偿还旧欠公债	浙江	1928年	600万元	善后公债、整理旧欠公债基金担保之盐斤加价、杭州绸捐项下每年拨30万元、盐斤加价	偿还各项借款、军事借垫各款	年息一分	8年，第4年开始还本		还清
公路公债	浙江	1928年	250万元	省地丁抵补项下带征建设特捐收入	修筑省道	年息一分	8年		实际仅还145万元，其余债票以1936年整理公债偿还
整理金融库券	江西	1928年1月	800万元	盐税附捐	整理金融	月息五厘			1930年12月还清
广东整理金融库券	广东	1928年	800万毫银	广东省盐税及二五内地税	整理金融	周息一分	21个月	234万毫银	
南昌市公债	南昌市	1928年12月	30万元	该市房屋捐全年收入	市政建设		5年	实际募得10.6197万元	本息自发行均未照付

续表

债务名称	举借主体	发行时间	债务规模	抵押品	用途（举债目的）	利率	偿还时间	实际发行额	偿还情况等其他
八厘公债	河北	1929年	500万元	田房契税	弥补预算不足	年息八厘	8年		还清
短期地方公债	江西	1929年1月	50万元	每石盐税划出1.5万元为基金	"剿匪"军事				1929年3月和6月两次归还
第一次有利短期流通券	江西	1929年6月	60万元	1929年6月起全省所收土地、地丁	应付浃月政费	每半个月息给付当十铜元二枚半			1929年9月偿清
第二次有利短期流通券	江西	1929年11月	60万元	1929年11月起全省所收米折全部的半数	应付浃月政费	每半个月息给付当十铜元二枚半			1930年偿清
第三次有利短期流通券	江西	1930年4月	120万元	整理金融库券基金项下	应付浃月政费	每月按每元给息当十铜元六枚			1931年3月偿清
建设公债	浙江	1929年	1000万元	浙江省原有建设特捐项下每年拨160万元	基础设施建设	年息八厘	9年		还至1936年尚欠本金590万元，至1944年10月整理公债换偿收回
上海特别市市政公债	上海	1929年8月	300万元	上海市房捐收入	支持建设事业	年息八厘	7年		1932年起七年还本息，到1937年2月尚余一期本金30万元及利息，后抗战事起停付

续表

债务名称	举借主体	发行时间	债务规模	抵押品	用途（举债目的）	利率	偿还时间	实际发行额	偿还情况等其他
赈灾短期公债	山西	1929年10月	300万元	田赋附加赈款	救济旱灾	年息八厘			1937年6月全数还清
十八年整理金融公债	辽宁	1929年10月	2000万元	卷烟统税收入	稳定物价	年息八厘			定于1942年4月还清，但实际上九一八事变后，该债就停止偿付
地方实业公债（共两期）	湖北	1929年7月	1000万元	各工厂收益	振兴实业等	年息八厘			1932~1939年每年还1/20，1940~1942年每年还1/10，1943~1944年每年还1.5/10
		1930年7月	1000万元						
建设公路短期公债	安徽	1929年1月	100万元	田赋筑路附加	奉令筹款兴路以利交通	月息八厘		1929年募得23.7425万元，1931年募得33.0327万元	截止到1934年10月共收回债12.35万元，尚欠12.6万元
汉口市市政公债（第一期）	湖北省代发	1929年1月	150万元	各种市税收入、土地税为还本基金	改善汉口市政建设	年息八厘	8年		截至1933年12月底，共还本金60万元
特种债券	河北	1929年2月	236.01万元	借款、押品和开滦矿股票利息		年息七厘			偿清

续表

债务名称	举借主体	发行时间	债务规模	抵押品	用途（举债目的）	利率	偿还时间	实际发行额	偿还情况等其他
南京特别市兴业公债	南京	1929年6月	3000万元	政府指定以车税款保息	城市房屋建设	年息七厘			截至1937年6月末清偿额121.8万元
南京特别市特种建设公债	南京	1929年10月	300万元	该市车捐及市产收入	2/3兴办自来水工程，1/3建筑市民住宅	年息八厘	10年		截至1933年12月底，已还本9次，抽签还本45支，共还本金135万元，后因战事影响未能清偿
广东短期军需库券（共两期）	广东	1929年12月 / 1930年7月	400万毫银 / 50万毫银	国库省库收入	军用	年息一分	五个月	450万毫银	本息未能还清
广东整理金融库券	广东	1930年8月	1500万毫银	省库收入	清理历年库券 维持中国银行纸币信用	周息一分	15个月	1000万毫银	
建设公债	江苏	1930～1931年	700万元（1930年8月第一期发行400万元，1931年8月发行第二期300万元）	全省各县典卖田房契税收入	支持建设事业	年息八厘	10年		以1934年水利建设公债换押，将此债收回销毁清结

续表

债务名称	举借主体	发行时间	债务规模	抵押品	用途(举债目的)	利率	偿还时间	实际发行额	偿还情况等其他
赈灾公债	浙江	1930年	100万元	浙江省牙帖捐税项下每年拨银16万元	赈灾	年息八厘	9年		仅还34万元,其余以整理公债换偿
汽车路借款券	山东	1930年	50万元	全省汽车路收款	修筑公路、够用民地		1年		
政府民国十九年整年库券	安徽	1930年2月	456万元	盐斤附加税收入每月拨2万元	清理积欠中国、交通两银行及芜湖商会暨盐商借款450万余元	不计利息			实际还款421万元,1949年7月偿清
民国十九年整理公债	安徽	1930年3月	106万元	安庆厘金局收入	兑换民国10年至民国15年发行证券				改组后的省政府认为本库券是以地方债收入偿还中央债务,决议中央撤销
编遣欠饷整理公库券	河北	1929年10月	250万元	官府地价、煤税结余	充编遣欠饷				还清
浙江省杭州自来水公债	杭州	1930年7月	250万元	该市土地税收入及自来水厂营业盈余	建设自来水厂	年息八厘			1933年12月底起开始还本,至1950年6月底全数清偿
安庆电灯厂股债债券	安徽	1931年4月	22.94万元	安庆电灯厂收入	清理安庆电灯厂商办时期商股及其债务	年息五厘			

续表

债务名称	举借主体	发行时间	债务规模	抵押品	用途（举债目的）	利率	偿还时间	实际发行额	偿还情况等其他
山东省库券	山东	1931年12月	300万元		筹设山东民生银行		原定1年，实际3年		
湘灾救济公债和湘灾救济有奖债证	湖南	1931年6~7月	300万元	水口山矿、矽余利收入	救灾		10年		
陕西省库券	陕西	1931年10月	300万元	全省金库收入	补助省库			实际募得213.7万元	未偿还
福建省金库券（共两期）	福建	1932春	50万元	中央协款每月所拨15万元	编遣费	月息一分	12个月		
		1932年7月	50万元	省署莘税			25个月		
清理旧欠公债	浙江	1931年	800万元	浙江省契税、营业税项下每年拨120万元	清理旧欠	年息八厘	10年		还清，其中部分由整理公债调换收回
江浙丝业公债	江苏浙江	1931年3月	800万元	江浙两省黄白丝出口时每担征收特税国币30元	救济江浙丝业	年息八厘		实募600万元	实际每担征收特税银下降22.5元
二十年善后公债	河南	1931年	300万元			年息八厘		1935年募齐	

续表

债务名称	举借主体	发行时间	债务规模	抵押品	用途（举债目的）	利率	偿还时间	实际发行额	偿还情况等其他
运河短期公债	江苏	1931年11月	500万元	治港治运亩捐，江北二十五县筑路亩捐收入	修筑运河堤岸并疏浚下河出海水道	年息八厘	5年		1932年6月江苏省政府停止发行，已发部分拨定用运河工程局治运转款分期拨还
善后公债	湖北	1931年2月	300万元	象鼻山矿铁砂收入和丝麻纱布四项租金	清剿军需办理善后	年息八厘	1年	实募270万元	自1932年6月起分20次偿清
第二次续发军需库券	广东	1931年	1000万元	本省国税收入	军用	年息一分	22个月	863.6万元	未还
二十年善后公债	河南	1931年8月	300万元	省营业税项下	善后建设等	年息八厘			1937年6月全数偿清
善后公债	江西	1931年10月	500万元	省矿产税及公路收益	工赈筑路救济金融	年息八厘	10年		1941年如数偿清
重庆市改良电话公债	重庆	1931年	16.8万元	市府奖券每月盈余	改良电话	年息八厘			14次偿完
土地地价公债	湖南	1931年7月	200万元	公路补偿金	修路	月息四厘			
短期金库券	浙江	1932年	600万元	浙江省契税、营业税项的一部分	补充地方银行股本，弥补预算	月息五厘	2年		至1936年偿还192万元，其余以整理公债换偿

续表

债务名称	举借主体	发行时间	债务规模	抵押品	用途（举债目的）	利率	偿还时间	实际发行额	偿还情况等其他
江苏抵借券	江苏	1932 年	400 万元	该省房租，忙漕省税	运堤塘工、战区救济	年息八厘	3 年		偿还 287285 元
汕头市地方自治公债	汕头	1932 年 11 月	3 万元	市库收入	地方自治费用	年息八厘			全数清偿
上海市灾区复兴公债	上海	1932 年 10 月	600 万元	上海市码头捐收入	支持建设事业	年息七厘	20 年	778 万元	1934 年 6 月起抽签法分 20 年还清，1952 年 10 月本息偿清
江浙丝业短期公债	江苏浙江	1932 年 10 月	300 万元	财政部拨付两省裁厘协款项下	救济丝事业	年息六厘	4 年		1936 年 9 月照数偿还结清
二十一年有息金库券	安徽	1932 年 5 月	50 万元	第二期田赋	弥补灾费、政费	月息六厘		实募 50 万元	截至 1933 年共兑现 12.8675 万元
二十一年续发有息金库证券	安徽	1932 年 6 月	25 万元	1932 年第二期田赋	兑现二十一年到期有息金库证券	月息六厘			余款到 1935 年 1 月偿清
广东省国防要塞公债	广东	1932 年	1000 万元	国省两税及附加	扩充海防设备	年息四厘	5 年	676.9 万元	未偿还
短期金库券	甘肃	1932 年	100 万元	省赋税	弥补赤字、筹设省银行				

续表

债务名称	举借主体	发行时间	债务规模	抵押品	用途（举债目的）	利率	偿还时间	实际发行额	偿还情况等其他
维持券	青海	1932~1933年	70万元		军政费用				
民国二十年财政部整理山西省金融公债	山西	1932年1月	2400万元	省烟酒税费、印花税、卷烟统税河东盐税、晋北盐税各收入项下拨付	收回山西省银行	年息八厘	8年		1937年还清
山西省金库借券	山西	1932年1月	200万元	本省赋税	撤收晋钞	月息一分	20个月		1933年8月止本息全数偿清
汉口市市政公债二期	湖北省代发	1932年7月	150万元	汉口市营业税	用以剿匪				后由鄂省财政厅接管，改作善后公债发行
整理重庆金融库券（共三期）	四川	1932年4月	200万元	渝万两地百货税及禁烟项下禁运罚金之收入月拨27万元	整理重庆金融	月息一分二厘	8个月		1932年11月偿清
		1932年12月	300万元	渝万两地税捐局全部收入项下月拨30万元	整理重庆金融	月息一分二厘	10个月		1933年9月偿清
		1933年10月	250万元	渝万税捐局月拨25万元	调剂军需	月息一分二厘	10个月		未偿清

续表

债务名称	举借主体	发行时间	债务规模	抵押品	用途（举债目的）	利率	偿还时间	实际发行额	偿还情况等其他
盐务库券（共四期）	四川	1932年9月	150万元	盐税正税项下月提17.5万元	调剂军需	月息一分二厘	10个月		1933年6月偿清
		1933年7月	500万元	提川南及川东盐税票厘收入项下月拨14万元	调剂军需	月息八厘	10个月		未募足，未偿清
		1933年6月	300万元	盐税收入项下月拨33.6万元	调剂军需	月息一分二厘	10个月		未募足，未偿清
		1934年6月	600万元	盐税收入项下月拨33.6万元	调剂军需	月息一分二厘	10个月		未募足，未偿清
整理川东金融公债（共两期）	四川	1932年7月	500万元	重庆地方附税收入项下月拨7万元	整理二十一军旧债	月息四厘	100个月		到期均偿清
		1932年11月	120万元	重庆地方附税收入项下除第一期整理川东金融公债基金7.5万元外，月拨付1.68万元	整理二十一军旧债	月息四厘	100个月		
续发善后公债	湖北	1932年7月	150万元	汉口市普通营业税	办理匪区善后并换回汉口市第二期政府公债	年息八厘			1935年9月起分10次偿清，1940年6月全部偿清

续表

债务名称	举借主体	发行时间	债务规模	抵押品	用途（举债目的）	利率	偿还时间	实际发行额	偿还情况等其他
善后公债	湖北	1932年10月	300万元	省营业税收入	办理善后绥靖清剿军需	年息八厘			1933年12月起抽签12次至1939年6月按期偿清
广东省维持中央银行纸币有奖库券	广东	1932年1月	500万毫银	全省统税收入	维持纸币	年息八厘		500万毫银	
歙昱路债票	安徽	1932年7月	50万元	省米照费收入每年3月1日及9月1日以前各拨5万元，共10万元	建造杭徽公路歙昱段	年息八厘	8年	实际募得49万元	1938年起停付，1942年财政部整理旧债时由省政府防库拨还
军需债券	四川	1932年12月	100万元	川东税捐总局税收项下提拨20.8万元	调节军需	月息八厘	50个月		未偿清
短期金库券	甘肃	1932年12月	100万元	该省牲商税、屠宰税、驼捐及契税的全部收入	50万元作筹办省银行资金，50万元补充预算不足	年息六厘	6年		还清
贵州银行存款券	贵州	1933年6月	100万元	全省税收	军政费			实际发行20万	80万元未发行出去

续表

债务名称	举借主体	发行时间	债务规模	抵押品	用途（举债目的）	利率	偿还时间	实际发行额	偿还情况等其他
湖南救国公债	湖南	1933年7月	500万元	全省田赋	救济国难"剿匪"	年息四厘	20年		截至1943年6月底，尚欠183.0708万元，由财政部接收换偿
广西省八厘短期公债	广西	1933年8月	100万元	广西银行官股子息及余利	整理收回桂币金库，发还两公路股	年息八厘			1939年9月底全数还清
第一次建设公债	广西	1933年11月	100万元	省富贺钟矿产收入及梧州电力厂余利	兴办建设事业	周息八厘	6年		1939年11月全数偿清
田赋公债	四川	1934年3月	1500万元	预征田赋其中一年的田赋收入为偿还基金	军需	年息八厘	60个月		未清偿
印花烟酒库券	四川	1933年4月	500万元	印花烟酒税收入项下提拨14万元	调节军需弥补政费	月息八厘	50个月		定于1933年6月起至1937年7月还清，但实际未偿清
补助丝公债	山东	1934年	40万元	长山、临朐、莱芜等8县茧捐	清售积压陈丝	年息五厘	2年		
龙州电力厂建设债券	广西	1933年4月	10万毫银	龙州电力厂每月所得纯益	建设龙州电厂	年息一分			1939年4月1日本息全数偿清

续表

债务名称	举借主体	发行时间	债务规模	抵押品	用途（举债目的）	利率	偿还时间	实际发行额	偿还情况等其他
军需短期库券（共六期）	四川	1933 年 11 月~1934 年 1 月	50 万元	1934 年应收粮税项下拨足 300 万元	军需	月息一分			1934 年 4 月及 10 月两期平均摊还实际未偿清
重庆市政改良电话公债	重庆	1933 年 7 月	16.8 万元	市府奖券每月盈余提交基金保管委员会保存备抵	改良电话	年息八厘		实际募得 14.0268 万元	
地方公债	浙江	1934 年 10 月	2000 万元	浙江省普通营业税余额、田赋、牙行营业税、契税、烟酒营牌照税	发展地方建设事业、清理地方政府债务	年息六厘	14 年		1936 年以整理公债调换收回
福建省短期库券	福建	1934 年 11 月	90 万元	中央协助月拨 6.5 万元、省府举税收入	救济财政急需	月息七厘	11 个月	实际募得 90 万元	至 1935 年 9 月偿清
民国 23 年上海市市政公债	上海	1934 年	350 万元	上海市汽车、脚踏车、人力车等的牌照捐	建设公共设施	年息七厘	12 年	实际募得 2000 余万元	抽签法 1938 年尚余本金 84 万元及利息，1946 年全数偿还
玉萍铁路公债	江西	1934 年 1 月	1200 万元	原有库券基金中盐附捐	建筑玉山到萍乡铁路	年息六厘			1943 年 6 月底归还

续表

债务名称	举借主体	发行时间	债务规模	抵押品	用途（举债目的）	利率	偿还时间	实际发行额	偿还情况等其他
水利建设公债	江苏	1934年10月	2000万元	省烟酒牌照税、各县田房契税、财政部拨归江苏的灶课	开凿新运河、赈灾	年息六厘	13年		抽签偿还，1937年6月前曾以公债偿还一部分，抗战之后即行停付
整理金融短期库券	广东	1934年	200万元	省营业税和契税	整理金融	月息一分	10个月	186万元	
整理金融公债	湖北	1934年3月	400万元	租金收入及省银行股利	稳定金融市场	年息六厘	12年	实际募得328.934万元	1943年6月尚负120万元，财政部接收换偿，1945年12月偿清
剿赤公债	四川	1934年6月	1000万元	印花烟酒禁烟盐税附加1/10剿赤捐	筹集剿赤军费	月息八厘	49个月		定于1935年1月至1939年2月还清，实际未清偿
统税库券	四川	1934年1月	300万元	渝万两地统税局收入按月提拨5000元	军需政费	月息一分二厘	11个月		定于1934年8月至1935年7月偿清，实际未清偿
二十三年安徽省库券	安徽	1934年11月	50万元	库券基金	弥补财政收支	年息七厘			销售不畅，改为向银行借款，连同旧欠，共借银元120万元

续表

债务名称	举借主体	发行时间	债务规模	抵押品	用途（举债目的）	利率	偿还时间	实际发行额	偿还情况等其他
整理金融公债	广西	1935年8月	200万元		纸币流通	年息八厘	10年		1944年1月底全数偿清
建设公债	广东	1935年	500万元	西村土敏土场营业盈余	经济建设	年息七厘	1年	300万元	未偿还
汉口建设公债	汉口	1935年	150万元	市税收入	办理建设	年息六厘			至1941年12月偿清
短期金融库券（共三期）	广东	1935年3月	600万毫银	营业税、契税	弥补财政	月息一分	4个月	558万毫银	偿清
		1935年7月	550万毫银	营业税、契税			4个月	517万毫银	
		1935年12月	1000万毫银	舶来农产品税营业税、契税			3个月	940万毫银	
二十四年公路公债	安徽	1935年8月	80万元	田赋筑路附加解省半数	兴修皖西公路等工程	年息七厘	6年	80万元	债票实际上全部拨增省本，银行面募销，向市面募销，最终由省政府提前以完成公路公债及金融公债换偿清结
短期库券	江西	1935年	80万元	省营业税、屠宰税	弥补预算	月息一分	10个月		偿清

续表

债务名称	举借主体	发行时间	债务规模	抵押品	用途（举债目的）	利率	偿还时间	实际发行额	偿还情况等其他
建设公债	湖南	1935 年 1 月	1000 万元	契税、营业税、公路营业额	修建铁路开发矿产、清偿银行旧欠	年息六厘	10 年		截至 1943 年 6 月底，尚负 353 万元，由国民政府财政部接收换偿
民国二十三年定期借款	浙江	1934 年	200 万元	不详	不详				不详
土地抵价券	江苏	1935 年	200 万元	不详	征用土地抵价	年息四厘	15 年		偿还 13 万元
无息存款证	湖南	1936 年 4 月	200 万元	省库收入	弥补省库			实际发出 96.616 万元	后因财政部不予备案，未发出之数概行销毁
汉口市建设公债	湖北	1935 年 5 月	150 万元	汉口市税收入	建立学校、修路等重要工程	年息六厘			偿清
二十四年善后公债	四川	1935 年 7 月	7000 万元	盐税收入	补助剿匪军费善后建设	年息六厘	9 年		结清前期未偿款
整理四川金融公债	四川	1935 年 8 月	3000 万元	盐税	整理四川省旧有长短期债务及公债库券	月息四厘	124 个月		后由财政部代发的 1935 年善后公债按六折收回清结
水灾工赈公债	山东	1935 年	20 万元		赈灾			实募 14090 元	公务员薪俸比例扣解

473

续表

债务名称	举借主体	发行时间	债务规模	抵押品	用途（举债目的）	利率	偿还时间	实际发行额	偿还情况等其他
短期库券	湖南	1935年6月	150万元	省赋税	政费		6个月		
建设公债	湖北	1935年1月	600万元	营业税及中央补助费	修路以防残赈扰	年息六厘	12年	实际募得492.9785万元	1943年6月止尚负债额240万元，其余接收财政部接收偿偿
短期赈灾库券	福建	1935年9月	5万元	省海味营业税	赈济水灾	月息七厘	10个月	4.85万元	1936年6月偿清
地方建设公债	福建	1935年1月	300万元	省铺捐、牙税全部收入	建设	年息六厘	8年10个月	实际募得294万元	中签部分兑换借款，其余库案归入省库案内清理
民国二十四年青岛市政公债	青岛	1935年1月	150万元	该市码头捐增加费及自来水费加价收入	改良市政建设	年息七厘			受中日战事影响，自1937年7月起，尚负90万元，停未还付
福建省短期库券	福建	1935年10月	90万元	省铺税一部，中央协款每月划出5万元		月息七厘	9个月	900000元	1936年6月已还清
偿还旧欠债券	甘肃	1935年12月	200万元		偿还旧欠	不计利息	20年		

续表

债务名称	举债主体	发行时间	债务规模	抵押品	用途（举债目的）	利率	偿还时间	实际发行额	偿还情况等其他
整理各县保安队债券	福建	1935年12月	48万元	各县暂予保留归省的田赋、屠宰税团费附加	军费	月息两厘	21个月	480000元	福建省子各机关职员薪俸内搭配，规定每月支薪公费在51元以上按月搭发债券一成
福建省短期库券	福建	1936年7月	90万元	省房铺税一部分，中央协款每月划出5万元	救济财政急需	月息七厘			1937年3月全数还清
二十五年四川省建设及换偿旧债公债	四川	1936	3000万元	田赋正税	发展交通及生产事业，偿还旧债	年息六厘	15年		1943年6月尚负债2340万元。财政部责成该省在省库结余内，自行清偿，未予接收换偿
整理公债（共四类发行）	浙江	1936年	450万元	浙江省建设特捐，田赋建设附捐，普通营业税、中央补助费	偿还旧欠，特种建设	年息八厘	14年		分14年还清410.4045万元，偿还旧欠公债，公路公债及定期借款37.2905万元；拨充杭州各银行钱庄押品及借款2.3050万元其余存库未发

续表

债务名称	举借主体	发行时间	债务规模	抵押品	用途（举债目的）	利率	偿还时间	实际发行额	偿还情况等其他
整理公债（共四类发行）	浙江	1936 年	1700 万元	浙江省建设特捐，田赋建设附捐，普通营业税，中央补助费	同上	年息七厘	16 年		623.79 万元换偿建设公债及赈灾公债；1052.110 万元拨充整理总借款，其余债票 24.1990 万元存库未发
			1050 万元		同上	年息六厘	18 年		967.7180 万元换偿清理旧大公债及金库券，75.4535 万元拨充整理总借款，其余 6.8285 万元存库未发
			2800 万元		同上	年息六厘	20 年		294.579 万元换偿地方公债，32.9 万元用于本省各项建设，渔业管理委员会 100 万元，杭州缫丝厂借款 30 万元，共发债票 476.879 万元，其余债票库存未发

续表

债务名称	举借主体	发行时间	债务规模	抵押品	用途（举债目的）	利率	偿还时间	实际发行额	偿还情况等其他
二十五年四川善后公债	四川	1936年3月	1500万元		补助剿匪军费、善后建设	年息六厘	15年		
义务教育短期库券	福建	1936年9月	36万元	本省田赋教育附加	义务教育	月息五厘	12个月		1937年6月偿清
整理土地公债	江西	1936年10月	300万元	全省土地登记费收入及整理土地增收的田赋	整理土地	年息六厘			1942年9月30日止本息全数还清
救国公债	江西	1937年10月	500万元		军政费用				全县83个县认购
江西省财政厅二十五年短期债券	江西	1936年1月	100万元	省营业税屠宰税收入	弥补预算	月息一分			1937年3月还清
江西省财政厅二十五年续发短期债券	江西	1936年8月	90万元	省营矿收入	弥补预算	月息一分			1937年1月1日还清
江西省财政厅二十五年第二次续发短期债券	江西	1936年9月	80万元	省营矿收入	弥补预算	月息一分			1937年3月5日还清

续表

债务名称	举借主体	发行时间	债务规模	抵押品	用途（举债目的）	利率	偿还时间	实际发行额	偿还情况等其他
山东省短期金库有息证券	山东	1936年	110万元		弥补财政	月息六厘			
续发义务教育短期库券	福建	1937年7月	36万元	本省田赋教育附加	义务教育	月息五厘	12个月		1938年6月偿清
市政公债	北平	1936年12月	300万元	车铺捐	市政建设	年息六厘			至1942年11月偿清
民国二十五年青岛市建设公债（共两期）	青岛	1936年11月 / 1937年11月	600万元	码头增加费及自来水加价费	市政建设	周年六厘	8年		均自1939年4月30日起开始还本，1944年10月31日本息全数偿清
二十六年安徽省完成公路建设公债	安徽	1937年9月	200万元	公路纯收益及芜节路政支出，歙昱公路基金余额，1935年公路公债基金	修缮京汴国道路政工程，完成归信等公路	年息六厘	15年		当年还12万元，余188万元财政部以民国32年整理省债公债换偿
南京市短期库券	南京	1937年初	96万元	该市房捐	弥补预算	年息八厘	21个月		全部偿清

续表

债务名称	举借主体	发行时间	债务规模	抵押品	用途（举债目的）	利率	偿还时间	实际发行额	偿还情况等其他
二十六年山西省公债	山西	1937年1月	1000万元	省田赋及附加税	还省银行借款	年息七厘	13年	实际并未募售	分两次转向银行抵押借款，1941年财政部整理省债时，将其未还借款归入省库结束案内，由国库代为清偿
建设公债	湖北	1937年10月	500万元	省营业税、内河、航业收入	兴办各项建设事业	年息六厘			截至1943年6月底尚欠大债额252.099万元，由财政部接收换偿
山东省整理土地公债	山东	1937年	250万元		办理土地陈报	年息六厘			1940年9月全数还清
自来水公债	福建	1937年1月	90万元		自来水建设	年息六厘			
广西省整理金融公债	广西	1937年	1700万元	中央在广西所收盐税项下每年提120万元	整理金融，充实桂钞	年息四厘			
二十六年赈灾公债	四川	1937年7月	600万元	救灾准备金	移垦水利等工程	年息六厘	15年		截至1943年6月尚负债450万元，后由财政部换偿

续表

债务名称	举借主体	发行时间	债务规模	抵押品	用途（举债目的）	利率	偿还时间	实际发行额	偿还情况等其他
公路公债	福建	1937年	96万元	汽车牌照季捐收入	公路建设	年息六厘		负债70.08万	财政部以此债既未发行又未予接收换偿，由该省自行清结
充实金短期库券	福建	1937年7月	48万元	省库收入	充实金库	月息五厘	12个月		1938年6月还清
第一次续发金库短期库券	福建	1938年7月	48万元	田赋一部分及屠宰税团费附加	充实金库	不计利息	12个月		1939年6月还清
第二次续发金库短期库券	福建	1939年1月	48万元	省库收入	充实金库	月息六厘	12个月		1940年2月还清
第三次续发金库短期库券	福建	1939年8月	48万元	省库收入	充实金库	月息六厘	12个月		1940年8月还清
建设公债	湖南	1938年7月	1800万元	省营事业收入、锡钨盈余	生产建设、战时自卫	年息六厘		实际发行799万元	截至1943年6月底，尚欠735.02万元，由财政部换偿清结
二十七年六厘公债	河南	1938年7月	500万元	省田赋收入	供应中央军需，活泼内地金融	年息六厘	30年		最后由财政部整理省债时接收销毁

续表

债务名称	举借主体	发行时间	债务规模	抵押品	用途（举债目的）	利率	偿还时间	实际发行额	偿还情况等其他
二十七年建设公债	甘肃	1938年8月	200万元	省田赋收入	经济建设、支援抗战	月息五厘	15年		最后由省银行承购
山东省整理土地公债（二期）	山东	1937年9月	50万元	田赋收入	办理土地陈报	年息六厘			1939年8月偿清
		1938年1月	200万元						1940年12月偿清
民国二十七年江西省建设公债	江西	1938年	2000万元	营钨砂盈余及钨锡照费既省库发补	开发林矿修筑公路等	年息六厘			定于1933年6月偿清，实际未偿清，由财政部接收换偿
民国二十七年浙江六厘公债	浙江	1938年	1000万元	田赋收入	弥补省库短收、调剂社会经济	年息六厘	25年		全部债票未售出，余下财政部接收偿偿
民国二十七年陕西省建设公债	陕西	1938年11月	800万元	陕西省田赋收入既省库其他项收入	筹措军费救济农村、调剂金融等	年息六厘	15年	实际并未募售	转为四行及省银行借用借款等，最后由该省自行收回

续表

债务名称	举借主体	发行时间	债务规模	抵押品	用途（举债目的）	利率	偿还时间	实际发行额	偿还情况等其他
福建省金融短期债券	福建	1937年	48万元	田赋之一部分及屠宰税团费附加	调节金融	月息五厘	8个月		1938年6月偿清
	福建	1938年1月	48万元	全省契税（闽侯除外）	调节金融	月息六厘	10个月		1939年8月偿清
五厘公债	福建	1938年7月	98万元	屠宰税	国防	年息五厘	12年		部分挪用，部分交财政部实售部分财政部换偿
广东省国防公债	广东	1938年3月	法币1500万元	营业税及其他税	军费	年息四厘		实际募得法币1407万元	省财政厅省银行清理收回
福建省短期库券	福建	1937年4月	90万元	中央协款及房铺捐收入一部分	救济财政急需	月息七厘	1年		1938年3月还清
福建省短期库券	福建	1938年4月	90万元	中央协款及房铺捐收入一部分	筹措战时财政	月息六厘	1年		1939年3月还清
福建省短期库券	福建	1939年6月	90万元	中央协款及房铺捐收入一部分	应付库收不足	月息五厘	1年		1940年5月还清
第二次续发义务教育短期库券	福建	1938年7月	36万元	田赋教育附加	义务教育	月息六厘	1年	36万元	1939年6月偿清

续表

债务名称	举借主体	发行时间	债务规模	抵押品	用途（举债目的）	利率	偿还时间	实际发行额	偿还情况等其他
民国二十七年福建建设公债	福建	1938年10月	800万元	营业税及屠宰税之一部	经济建设	年息六厘	15年		部分省库清理，实际售出拨用部分财政部整理换偿
福建省土地陈报短期债券	福建	1938年9月	36万元	仙游、永春、德化、莆田等县田赋溢征额	土地陈报，以利垦荒	月息六厘	10个月		1939年12月偿清
广东省政府短期金库券	广东	1939年2月	法币480万元	营业税、田赋收入	库收短绌	周息六厘	1年	法币480万元	1940年7月全数偿清
民国二十八年建设公债	四川	1939年9月	750万元	田赋正税	办理生产交通建设事业	年息六厘	15年		实际上按票面五五折转由省银行转向四行抵押借款，财政部责成该省在省库结余内自行清偿，未予接收换偿
金融公债	湖北	1939年7月	800万元	股息、矿产收入营业税	盘活地方金融便利出产运销	年息六厘	12年		1943年6月止，尚欠债额50.313万元，由财政部接收换偿

续表

债务名称	举借主体	发行时间	债务规模	抵押品	用途（举债目的）	利率	偿还时间	实际发行额	偿还情况等其他
民国二十八年广西省六厘公债	广西	1939年5月	800万元	广西省营业税	归还银行借款	年息六厘			1943年6月，尚负债额640万元，后由财政部接收换偿
整理土地短期库券	福建	1939年	48万元	九县田赋征额	农业	年息六厘	1年		1940年8月还清
民国二十九年地方金融公债	西康	1940年	500万元	田赋、营业税	发展地方金融	年息六厘	15年	实际并未募售	1941年整理省债时，400万元由省自行清理，100万元由财政部接收换偿
福建省二十九年生产建设公债	福建	1940年1月	600万元	田赋、省营事业盈利，省库补足	经济建设	周息五厘	20年		抵押部分该省清理，挪用部分由财政部换偿
		1940年7月	600万元						
		1941年1月	800万元						
广东省六厘公债	广东	1940年7月	法币1500万元	田赋、其他税收补足	调节金融	年息六厘	2年	实际募得法币1293万元	1941年12月提前偿清
民国二十九年建设公债	四川	1940年10月	750万元	田赋正税	办理交通建设事业	年息六厘	15年		实际上由该省交省银行转向四行抵押借款

续表

债务名称	举借主体	发行时间	债务规模	抵押品	用途（举债目的）	利率	偿还时间	实际发行额	偿还情况等其他
兴业公债（共两期）	四川	1940年	2900万元	省营业税	兴办经济建设事业	年息六厘	15年		债票实际按五五折向省银行抵押借款，因本公债全部用于抵押，财政部未予换偿，该省自行清结
			1100万元		兴业公司股本				
整理地方财政公债	江苏	1940年3月	1000万元	田赋收入	整理旧有公债	年息六厘	10年		财政部换偿其抵押债票该省自行清结
民国二十九年安徽省金融公债	安徽	1940年10月	800万元	田赋省款收入	充实地方银行资金	年息六厘	12年	以预约券方式交由省地方银行承受	1943年6月尚欠本金700多万元，由整理省债公债换偿
民国三十年建设公债	甘肃	1941年1月	400万元	田赋、省营事业盈利	金融组织建设、农业开发、流畅外销货物	年息六厘	30年	省银行全部承购	
		1942年1月	400万元					未准发行	

续表

债务名称	举借主体	发行时间	债务规模	抵押品	用途（举债目的）	利率	偿还时间	实际发行额	偿还情况等其他
民国三十年江西省建设公债	江西	1941年9月	1500万元	锡矿盈余既省库补足六厘	兴办银行、水利事业等	年息六厘			定于1961年偿清，实际上转为给民银行押借现款，财政部未予换偿，后由国库代为清理缴销
水利农矿公债	甘肃	1941年8月	1500万元	田赋、省营事业盈利	开发水利农矿事业	年息六厘	30年		1942年8月，债票转售省银行后，全部接由财政部接收抵偿
福建省短期库券	福建	1941年7月	72万元	中央协款及全省房铺捐收入	应付库收不足	月息五厘			1942年8月全数偿清
福建省短期库券	福建	1941年3月	72万元	省库总收入	应付库收不足	月息五厘	1年		1941年年底全部偿清
民国三十年整理债务公债	四川	1941年	3500万元	省田赋年拨400万元	清理旧债	年息六厘	13年		初以预约劵的形式换偿旧债，后由财政部接收换偿
整理债务公债	福建	1941年12月	2623.0014万元		清理旧债				后由财政部接收换偿

续表

债务名称	举借主体	发行时间	债务规模	抵押品	用途（举债目的）	利率	偿还时间	实际发行额	偿还情况等其他
整理省债公债	甘肃	1943 年	1000 万元		清理债务				
同盟胜利公债	山东	1944 年 7 月	50 亿元法币		军事	年息六厘		1944 年底实募 1365.85 万元	
建设公债	甘肃	1948 年	金圆券 200 万元	省田赋收入	建设事宜	月息五厘	15 年		本息未付
甘肃建设公债	甘肃	1949 年 3 月	银洋 300 万元		建设事宜				后被迫停止

资料来源：中国第二历史档案馆编：《中华民国史档案资料汇编》（第三辑）财政，江苏古籍出版社 1991 年版；万必轩：《地方公债》，大东书局 1948 年版；贾士毅：《民国财政史》，商务印书馆 1917 年版；《中国财政历史资料选编》第 9－12 辑，中国财政经济出版社 1987～1990 年版；潘国旗：《近代中国地方公债研究——以皖川闽粤为中心的考察》，经济科学出版社 2013 年版；潘国旗：《近代中国地方公债研究——以江浙沪为例》，浙江大学出版社 2009 年版；各省市地方志·财政志；各省档案馆史料记载综合编制而成。

后　记

　　我与债的结缘要从读博期间算起，在中国人民大学清史研究所读书期间，我开始对晚清债务、财税和经济问题的结合感兴趣，面对一堆纷繁复杂的数字和图表，总有一种冲动想去探究这些冰冷的数字背后的故事。当时读到厦门大学张侃教授和安徽师范大学马陵合教授的债务文章时，心中的敬佩之情油然而升，读到武汉大学陈锋教授有关清代财政的著述时，更被陈老师关于清代财政数据的严谨考证深深折服。当我最终把研究重心放在晚清外债问题时，那时并不清楚自己能够走多远。后来在中国人民大学清史研究所杨东梁教授和国际关系学院程虎啸教授的建议下，确定《外债与晚清政局》作为博士论文选题。从此，我就开始与债务数字打交道，债务的复杂程度远超过自己当初的认知。晚清债务问题不仅仅是一个财政和金融问题，还是中外交汇下的国际政治问题，也是一个攸关国计民生的问题。三年的刻苦攻读，我的博士论文被评选为中国人民大学优秀博士论文，还参评全国优秀百篇博士论文，特别感谢答辩时北京师范大学龚书铎教授和当时在北京大学的茅海建教授给我提出的宝贵建议。后来，我趁热打铁，整理了近代中国举借外债的情况，到中央财经大学工作后，出版了《中国外债史》一书。由债务及财政，我深深感到，要做好财税史研究，仅仅依靠历史学的史料梳理，没有经济学的理论支撑是不够的，于是又去财政部财政科学研究所从事应用经济学（财政学）的博士后研究工作。刚到中央财经大学的几年，我一方面作为教师在课堂上给学生讲授中国财税史，另一方面转身作为学生坐在教室里听很多老师讲宏观经济学、微观经济学、财政学、中国税制、政府采购、公债原理、经济学前沿、财政学前沿等课程，可谓忙碌得不亦乐乎。求学的十余年是在历史学领域摸索前行，工作的十余年是在经济学领域求索进取，使我理解今天现实的经济问题会有种不自主回溯和联系历史的感觉，同理，看历史上的重要事件时又往往不自主地联系到今天的现实问题，慢慢的，这种古今贯通的思维和意识在脑海中深深扎根下来。以致于有时出去参加会议时，都需要时刻提醒自己这是历史学的财税史会议，还是财政学的财税史会议，毕竟学界还是有明显的学术轸域和研究范式的。中国经济保持中高速增长，国内地方政府债务逐渐成为一个热点问题，我的关注点从外债开始转向地方政府债务，并给财政部做了一些地方政府债务的课题，也相继申请了国家社科基金项目，财税史能在应用经济学领域立项实属不易，可以说，本书就是近年来我在近代中国地方政府债务领域思考研究的成果呈现。书稿撰写过程中，充分汲取了学界目前已有的研究成果，特别感谢安徽师范大学马陵合教授、厦门大学张侃教授、杭州师范大学潘国旗教授、西南大学刘志英教授、华中师范大学魏文享教授、江西财经大学刘晓泉教授、南昌大学刘杰教授和安徽师范大学马长伟副教授，他们的研究成果给了我诸多的启迪和指导。特别感谢上海师范大学周育民教授、暨南大学刘增合教授、上海财经大学燕红忠教授、清华大学倪玉平教授和西南交通大学付志宇教授提出的建设性意见。感谢我的学生们，林源和杨宏承担了大量的书稿文字校对工作，毕学进梳理了云南省的地方债情况。书稿历经周折，几易其稿，其间我的第二个宝贝早产，第一个宝贝历经诸多病痛的折磨，我也在跌跌撞撞中迈入不惑之年。感谢家人、朋友、学生的不断帮助扶持，使得自己能够重拾信心，迎接新生，悦纳当下。感谢学校科研处的大力资助；感谢经济科学出版社王娟、李艳红编辑的大力支持；感谢成长道路上所有帮助支持我的每一个可敬可亲可爱的人。当今世界动荡不安，新冠肺炎疫情让我们每一个人都经历了成长，每一次的相遇都让人倍加珍惜，祝愿世事安稳，岁月静好。

马金华

2021 年 12 月